W0329115

Gerd Habermann

FREIHEIT IN DEUTSCHLAND

Geschichte und Gegenwart

lau verlag

Bibliografische Information
der Deutschen Nationalbibliothek
Die Deutsche Nationalbibliothek verzeichnet diese
Publikation in der Deutschen Nationalbibliografie;
detaillierte bibliografische Daten sind
im Internet über http://dnb.d-nb.de abrufbar.

ISBN 978-3-95768-224-6

Internet: www.lau-verlag.de

Umschlagentwurf: pl, Lau-Verlag, Reinbek
Umschlagabbildung: »Freiheit«. – Holzschnitt (koloriert).
Aus: Thomas Murner, Von dem grossen Lutherischen Narren,
Strassburg 1522 © picture-alliance / akg-images
Satz und Layout: pl, Lau-Verlag, Reinbek
Druck und Bindung: GK Druck Gerth und Klaas GmbH & Co. KG, Hamburg
Printed in Germany

Für Dagmar

Inhalt

Warum dieses Buch? **15**

I. Wir beginnen mit den Begriffen **19**

»Freiheit« **19**

»Deutschland, deutsch« **20**

II. Die Freiheit ganz am Anfang **23**

Der Kampf um das freie Germanien **28**

Gaius Julius Arminius 28

Weiteres Schicksal des Arminius, Nachruhm 29

Die Germanen als »Befreier« begrüßt **30**

Weitere frühe Freiheitskämpfe **34**

Widukind 35

III. Das Lehnswesen als Quelle des deutschen Polyzentrismus **37**

Anläufe zur Zentralisierung **40**

Karl der Große 40

Ottonen, Salier und Staufer 44

Die römische Kirchenorganisation im Dienste des Reiches 45

Die Macht des Königs in einem politischen Patchwork 46

Sacerdotium gegen Imperium 47

Barbarossa 48

Der Triumph des Partikularismus **49**

Ein politisches Kartell 50

Der Kampf um das Gewaltmonopol 51

Das Ende des Alten Reiches 1803/1806 53

Ein Beispiel: Das Ende der Reichsabtei Schöntal (1157–1802) 55

Warum Untergang? Eine Rekapitulation **56**

IV. **Die Freiheit der Bauern** **59**
Mehr als 100 Reichsdörfer 62
Beispiele Sulzbach und Gochsheim 62
Die Fähigkeit zur Selbstverteidigung 66
Der Zug nach Osten **67**
Motive des Aufbruchs 69
Das Schicksal einer Stadt in der »großen Wildnis« 71
Der Kampf der Bauern um einen genossenschaftlichen Freistaat **71**
Friesland 72
Dithmarschen 73
Die Schweiz – das Gelingen 74
1525 76

V. **Die Ritter und ihre Freiheit** **81**
Der »Rittersturm« **85**

VI. **3000 Republiken: Die Freiheit der Städte** **87**
Stendal 93
Schwäbisch-Hall 94
Nürnberg 95
Die Hanse **98**
Lübeck 102
Das Scheitern des Charismas: Jürgen Wullenwever 105
Langsamer Niedergang 105

VII. **Im Märchenland des Partikularismus** **107**
Deutschland als Experimentierfeld **109**
Die thüringische Anarchie 111
Carl-Augusts Sachsen-Weimar 112
Bezaubernde Reichsfürstentümer Lippe 115
Ein Gartenstaat 119

Eine reichsunmittelbare Herrschaft:
Reichsbaronie Schauen 122
Blick auf eine Provinzstadt: Büdingen 123
Frauenstaaten 125
Exkurs zum kurzen Zwischenspiel der
»Mainzer Jakobiner-Republik« (1793) 128
Exkurs: Religiöse Sezession und die Freiheit:
Martin Luther 129

VIII. Zwischen Länderautonomie und Zentralstaat 135

Die Debatte um den Kleinstaat 138

IX. Persönlichkeitsideale der deutschen Klassik 143

Alte und neue Freiheitslehre 143

Was macht einen Menschen zur Persönlichkeit?
Wilhelm von Humboldt 144
»Werde, der du bist!« Goethe 146
Friedrich Schiller, der große Freiheitsdichter 151
Über die »Lokalvernunft«: Justus Möser 157
Die Individualität der Gemeinschaften: Herder 162
Eine gesinnungsethische Begründung der Freiheit: Kant 166

X. Adam Smith in Deutschland 169

Ein Reichsritter reformiert Preußen 170

Die neue Freiheit der Bauern und der Städte 173

Exkurs: Preußen, aus liberaler Sicht betrachtet 176

XI. Liberalismus und Demokratie 183

1848 184

Revolutionäre Republik Baden 189

Wie radikal war der deutsche Liberalismus? 190

Die Abrechnung mit dem alten System.
Liberale und Servile 190

Freiheit als Sozialprogramm 192
Äußerste Positionen des Wirtschaftsliberalismus 194

Der Glaube an die Selbsthilfe **198**
Lehrer wirtschaftlicher Tugenden 198
Gegenseitige Hilfe 199
Gegen Brüderlichkeit am falschen Platze 201
Lujo Brentano 203
Es gab einmal liberale Gewerkvereine 204
»Soziale Wärme«: Private Fremdhilfe, Philanthropie, Mäzenatentum blühten 207

Ein neuer Justus Möser **207**

Die wirtschaftlich freieste Epoche der deutschen Geschichte **211**
Der wunderbare Aufstieg des »kleinen Mannes« 212

XII. Gegen Bismarcks neuen Wohlfahrtsstaat **215**

Im Banne Bismarcks **215**

Entweder – oder **218**
Gegen die Staatsvergötzung: Ludwig Bamberger 219
Eine aktuelle Kritik an Sozialversicherung und Staatswirtschaft 221
Der Angriff der Interessengruppen 223

XIII. Der Niedergang **227**

Im Spiegel der Parteiprogramme **230**
Exkurs: Keine »Vereinigten Staaten von Deutschland «. Zur Weimarer Verfassung 232

Abseits der Heeresstraße **233**

XIV. Wiedererwachen und neuer Kampf **237**

Die neuliberalen »Österreicher« **238**
Ludwig von Mises: Die praktische Undurchführbarkeit des Sozialismus 238
Friedrich August von Hayek: Gegen die Anmaßung von Wissen 239

Im Umkreis des »Ordoliberalismus« **240**
Wilhelm Röpke: Marktwirtschaft ist nicht genug 241
Ludwig Erhard: eine Gesellschaft der Eigentümer 242

XV. Freiheit im Deutschland der Gegenwart **245**
Die Idee hat keine Eile 247

Anhang: Auflehnung gegen die Tyrannis im 20. Jahrhundert **249**
Widerstand im »Dritten Reich« **250**
Ein fast gelungener Staatsstreich 251
Der 17. Juni 1953: Aufstand gegen ein totalitäres Marionettenregime **252**
Annus mirabilis 1989 .... **253**

Aus der benutzten Literatur **255**

Personenregister **277**

»Voll verstehen kann man die Gegenwart nur, wenn man ihren Ursprung und ihre Entwicklung kennt.«

(nach Heinrich Lamer 1920)

»… dass wir durch unsere Bindungen leben und verloren sind, wenn man sie uns wegnimmt.«

(Roger Scruton 2019)

Warum dieses Buch?

Eine deutsche Geschichte als Geschichte der Freiheit: Ist das nicht abwegig? Gelten die Deutschen nicht vor allem als das Volk der Staatshörigkeit, der Staatsmetaphysik, der knechtischen »Freiheit zu gehorchen« (»libertas oboedientiae«)? Uferte der Weg der Deutschen nicht in den Totalitarismus des 20. Jahrhunderts und in die »deutsche Katastrophe« von 1945 aus? Gibt es nicht Kontinuitäten von Karl dem Großen über die mittelalterlichen Kaiser, dann das großstaatliche Preußen mit Friedrich dem Großen und Bismarck bis zum »Führer«? (So sahen es die nationalsozialistischen Historiker.) Und sind es nicht deutsche Philosophen und Ökonomen gewesen, die den Macht- ebenso wie den Wohlfahrtsstaat verherrlicht haben (Hegel, Treitschke, Adolf Wagner, Schmoller) und den utopischen Sozialismus begründeten (Rodbertus, Marx, Engels)?

Dieses Buch will eine andere Geschichtslinie der Deutschen zeigen – als Träger einer reichen politischen Kultur der Freiheit, des Universalismus, einer fast unglaublichen Vielfalt politischer Institutionen und dazu einer reichhaltigen Freiheitsliteratur. Die Deutschen waren nirgends und zu keiner Zeit nur ein Land des obrigkeitstreuen Gehorsams, einer »terra oboedientiae«. Ihr Hauptteil hatte historisch einfach »Pech«, als eine ungünstige politische Konstellation im 20. Jahrhundert eine Entwicklung sich durchsetzen ließ, die schon bei dem Wegdenken einzelner Faktoren – wie zum Beispiel der Weltwirtschaftskrise nach 1929 oder der Dämonie Adolf Hitlers – auch weniger unglücklich hätte verlaufen können; selbst noch in jenem späten Juli 1944, als einzelne Mutige sich auf den Weg machten, den »Führer« in die Luft zu sprengen (nach bis dahin etwa 40 ähnlichen Bemühungen).

National-preußische Historiker, von Heinrich von Treitschke und Gustav Droysen an bis zur Gegenwart, hatten es sich angewöhnt, die deutsche Geschichte bis zum sieghaften Aufstieg Preußens als politische Verfallsgeschichte mit dem Partikularismus und den Spaltungen als deutschem »Krebsübel« zu schildern, seine Dezentralisation und sein »Weltdeutschtum« (Thomas Mann) zu verdammen. In der Tat war der repräsentative Deutsche, auch unserer Klassik, gleichzeitig und vor allem mangels eines nationalen Zentrums betonter ideeller »Weltbürger«, wie Goethe, Schiller, Kant oder Wilhelm von Humboldt. Er entbehrte bis ins 19. Jahrhundert eines politischen Mittelpunktes und hatte das bis zu den napoleonischen Kriegen nur selten vermisst.

Es geht in diesem Buch darum, dazu beizutragen, dass sich in Betrachtung der anderen Seite der deutschen Geschichtslinie, des Polyzentrismus und Wettbewerbspluralismus, bei den historisch entwurzelten Deutschen in ihrem Hauptstaat ein bescheidener liberaler Patriotismus wieder entfalten kann – ein Patriotismus, der im Unterschied zum Nationalismus des 19. Jahrhunderts, nicht erkauft ist mit der Herabsetzung anderer Nationen oder einem hybriden Vormachtsstreben, ein Patriotismus also im Sinne Herders. Er ist, wie Friedrich Nietzsche einmal schrieb, nur ein »Wohlgefühl des Baumes an seinen Wurzeln«. Wie Herfried Münkler in unseren Tagen bemerkte, braucht jede Nation aus Gründen ihres Selbstverständnisses eine »große Erzählung«, Mythen und Symbole, die ihren Zusammenhalt und ihr Überleben sichern. Zu den Elementarbedürfnissen der Menschen gehört eben auch ein tiefes Verlangen nach Zugehörigkeit. Warum nicht die große Erzählung von der Freiheit und dem Wettbewerb in der deutschen Geschichte?

Wir zeigen, dass es in der deutschen Geschichte (»deutsch« als kultureller Begriff) wunderbare Beispiele von Nicht-Zentralisation der Macht gab: ein Freiheitsbewusstsein unabhängiger Bauern und Bürger; genossenschaftliche Bauernrepubliken; stolze, konföderierte Städte; um Wohltaten für ihre Bürger konkurrierende Kleinstaaten mit liberal »aufgeklärten« Herrschern, ja sogar »Frauenstaaten«. Jeder Libertäre wird staunend zur Kenntnis nehmen, dass es sogar unabhängige Dörfer, ja einzelne freie Bauernhöfe, auch Hunderte von kleinen Ritterstaaten gab, deren Vielzahl allein die Macht jedes Einzelnen reduzierte, von politisch selbstständigen Bistümern, Klöstern und Abteien abgesehen.

Neben der institutionellen Vielfalt und dem politischen Wettbewerb gab es auch einen nicht weniger imponierenden religiösen und geistigen Pluralismus. Deutsche – Martin Luther – waren es, die das Glaubensmonopol der römischen Kirche durch eine religiöse Sezession durchbrachen. Ihr Beitrag zum liberalen Denken ist bedeutend: Kants Begründung des freien Rechtsstaates, von Humboldts, Schillers, Goethes liberale Schriften machten Weltgeschichte. Nirgends ist eine so schöne Theorie der individuellen Persönlichkeit entwickelt worden. Besonders stolz können die Deutschen auf ihre institutionelle Untermauerung der Freiheit, auch »jenseits von Angebot und Nachfrage« (Wilhelm Röpke), sein: die Lehren des »Ordo-« und »Neoliberalismus«, die Entdeckungen der Österreichischen Schule der Ökonomie (Böhm-Bawerk, Hayek, Mises).

Für ihren Abfall von den Grundsätzen individueller Freiheit und ihrer überspannten Machtpolitik haben die Deutschen furchtbar büßen müssen:

mit dem Untergang ihrer alten Städte, der Abwanderung oder Vernichtung großer Teile ihrer Elite, der Vertreibung von Millionen aus seit Jahrhunderten angestammten Siedlungsgebieten, der territorialen Verkleinerung, der Teilung mit 40 Jahren totalitärer Fremdherrschaft im Osten des Landes. Und am allerschlimmsten: dem brennenden Gefühl der Schande und der Scham über Untaten, die man, bevor sie geschehen sind, in einer so hochstehenden Nation für unvorstellbar gehalten hatte. Bis heute wirkt auch bei Jüngeren dieser Absturz traumatisierend nach, verhindert ein ruhiges politisches Selbstbewusstsein und treibt in utopische Mythen. Dies wird verstärkt durch die nihilistische Mode der »Dekonstruktion« (Foucault, Derrida, Deleuze u.a.), welche die Menschen »allein in der Welt zurücklässt. Sie haben keinen Anker mehr und keine Beziehung zu einem Ort und sie werden so zum Opfer von jeder Schwärmerei und jeder vorübergehenden Mode, egal wie krank oder gutartig diese auch sein mögen. Unter diesen Umständen ist es nicht weiter überraschend, wenn Menschen infolge solcher Schwärmereien in den wütenden Tonfall verfallen, der die Auseinandersetzungen unserer Zeit in besonderem Maße prägt. Die Raserei entsteht nicht allein durch die jeweils aktuelle Wut, sondern durch ein tiefes Gefühl des nirgendwo Hingehörens, durch das Empfinden, dass die Welt, in der man sich befindet, nicht so ist, wie es einen gelehrt wurde« (Douglas Murray, Vorwort zu Scruton, 2019). Dies gilt nicht nur, aber besonders im unruhigen Deutschland.

Die Geschichte der Freiheit in Deutschland insgesamt ist bisher ungeschrieben, obwohl es viele lesenswerte Gesamtdarstellungen der deutschen Geschichte gibt, worunter ich Veit Valentin, Michael Freund, Pierre Gaxotte, Joseph Rovan und besonders Jürgen Mirow hervorheben möchte. Wir geben für eine solche Geschichte hier erste orientierende Gesichtspunkte. Lord Actons universale Geschichte der Freiheit blieb leider ein Torso: »das größte ungeschriebene Buch der Geistesgeschichte«. Unsere Ambition ist bescheidener.

Besonderer Dank gilt einigen lebenden und verstorbenen Autoren, da sie wichtige Perspektiven für die freiheitliche Aufarbeitung des historischen Stoffes lieferten: Wilhelm Röpke, Hans Maier, Friedrich A. von Hayek, Adolf Gasser, Benedetto Croce, Bertrand de Jouvenel, Robert Nef, Peter Blickle, Roland Vaubel. Auch meinen Freunden im liberalen Umkreis der Hayek-Gesellschaft verdanke ich manche Anregung: Peer-Robin Paulus – mein ständiger Gesprächspartner – sei genannt, auch Detmar Doering, zurzeit in Prag, Sascha Tamm, Hardy Bouillon und Gerhard Papke. Urfreund Klaus hat das Buch einer strengen orthografischen Durchsicht unterzogen. Wilhelm Wilderink (Potsdam) verdanke ich den Hinweis auf die »Frauenstaaten«. Alfred Schüller, Marburg, hat viele bereichernde Anmerkungen gemacht.

Wir haben uns bemüht, in diesem knapp gehaltenen Buch nicht nur die großen Linien zu zeichnen, sondern sind beispielhaft auch ins Detail gegangen, um so ein möglichst anschauliches Bild der Vergangenheit zu geben.

Werder bei Potsdam, im September 2020

I.
Wir beginnen mit den Begriffen

»Freiheit«

Was ist hier mit »Freiheit« gemeint? Es ist zunächst und an erster Stelle: die Freiheit von willkürlichem Zwang durch andere Menschen (Friedrich August von Hayek), die Freiheit vom »Herumkommandiertwerden« (Isaiah Berlin) durch andere, die Freiheit zur Selbstentfaltung. Der Gegensatz zum freien Menschen ist der Sklave. Ein unfreier Mensch ist dem Willen eines anderen unterworfen, er lebt nicht für seine eigenen Ziele, sondern für die eines anderen. Am schönsten hat es vielleicht Bertrand de Jouvenel (1972, S. 377) gesagt: »Freiheit ist nicht die mehr oder weniger illusorische Partizipation an der absoluten Souveränität des sozialen Ganzen über seine Teile, sondern die direkte, unmittelbare und konkrete Souveränität des Menschen über sich selbst, die es ihm erlaubt und ihn zwingt, sich selbst zu verwirklichen, die ihm die Herrschaft und damit auch die Verantwortung über sein Schicksal gibt, die ihm Rechenschaft abverlangt über seine Handlungen gegenüber seinen Mitmenschen, die gleiches Recht besitzen – hier liegt die Aufgabe der Rechtsprechung –, und auch gegenüber seinem Gott, dessen Intentionen er bejahen oder verneinen kann.« Der große französische Sozialphilosoph fährt fort: »Nicht als ein Element des persönlichen Glücks ist die Freiheit von den großen Philosophen immer wieder gefordert worden, sondern weil sie den Menschen aus seiner instrumentalen Rolle befreit und ihm seine Würde zurückgibt.« Dies ist die Freiheit vom Typ I. Etwas unglücklich spricht Hayek von der »negativen« Freiheit.

Auch die freieste Gesellschaft kann ein Minimum von Zwang nicht entbehren, sei es (heute) durch die Zwangsgewalt des Staates, welche ein Mindestmaß an Moral, also die elementaren Regeln der Gerechtigkeit, durchsetzt, sei es durch den disziplinierenden Zwang der Gruppenmeinung (der Sitten und Gebräuche) mit ihren Sanktionsmitteln in anderen nicht staatlichen Formen der Herrschaft. Der Zwang wird gegen jene für legitim gehalten, welche die Normen des Zusammenlebens durch willkürliche Gewalt, Vertragsbruch, Betrug, Raub oder skrupellose Verleumdung durchbrechen.

Daneben gibt es einen kollektiven Freiheitsbegriff im Sinne politischer gleichberechtigter Teilhabe an den gemeinsamen Angelegenheiten wie in einer modernen Demokratie oder ihren nicht staatlichen Vorläufern. Der Zweck dieser Freiheit (Typ II) ist die Sicherung der inneren und der äußeren Freiheit. Die Selbstregierung der germanischen Stämme, der mittelalterlichen Städte und Bauernrepubliken wie auch der modernen Demokratie gehört dazu.

Schließlich ist die damit eng verbundene kollektive Selbstbestimmung einer Gruppe, die sich als Einheit versteht, nach »außen« wichtig (Typ III) als Gegensatz zur Fremdherrschaft, heute völkerrechtlich sanktioniert.

Man könnte noch einen weiteren Freiheitsbegriff (Typ IV) anführen: die »materiale« oder sozialistische Freiheit als »Freiheit von Mangel und Not«, gegründet auf Versorgungsansprüchen gegen den Staat. Freiheit wird hier als Versorgtsein, als Macht über die Umstände und Wunscherfüllung durch Staatshilfe verstanden. Dies ist keine Freiheit im liberalen Sinn (Typ I), sondern ist mit Herrschaft und Zwangsanwendung gegen die Mitmenschen verbunden, mit Überwälzung persönlicher Verantwortung und Haftung auf das Kollektiv. Nach der Gleichsetzung von »frei« mit Versorgtsein ist auch der gut gefütterte Sklave – im Unterschied zum armen Almbauern – frei, selbst der rundumversorgte Gefängnisinsasse oder das Kind. Der wilde Fuchs in den Wäldern, im ständigen Kampf um seinen Lebensunterhalt, wäre »unfrei«, der wohlversorgte Kettenhund im Bauernhof dagegen »frei«.

Im Namen dieser Freiheit vom Typ IV vollzieht sich seit Jahren, begründet mit sozialen Gleichheitspostulaten, die Transformation in den sozialen Bevormundungsstaat, in Deutschland wie auch anderswo.

»Deutschland«, »deutsch«

Mit »Deutschland« meinen wir – mit Jürgen Mirow (1996) – vor allem eine Kommunikationsgemeinschaft (in Sprache, Sitten, Erinnerungen und Mythen), die über die Jahrhunderte geht, ein Kontinuum an Gemeinsamkeiten in Literatur, Ideen, Überzeugungen, Sitten und Bräuchen. Durch Kommunikation zwischen den Generationen entwickeln sich Traditionen, die sich wie alle Kulturbestände im Laufe der Zeit verändern, sodass von einem konstanten Nationalcharakter oder »Volksgeist« nur schwerlich gesprochen werden kann, gleichwohl gibt es auch dieses Kontinuum. Im Falle

Deutschlands verbindet sich dies erst spät mit einem zentralisierten Nationalstaat. Bis heute leben die Deutschen im kulturellen Sinn in mehreren Staaten.

Lange Jahrhunderte war Deutschland – im Unterschied zu England, Frankreich oder Russland – keine politisch geeinigte Nation und umfasste als von den deutschen Kaisern geschaffenes imperiales »Heiliges Römisches Reich deutscher Nation« nicht nur deutsche, sondern auch italienische, französische, slawische u. a. Völkerschaften. Auch sonst kann man mit Recht von mehreren deutschen Geschichten und einem Land des politischen Pluralismus und Wettbewerbs sprechen (Hagen Schulze 1989). So hatte Deutschland jahrhundertelang keine gleichbleibende Hauptstadt. Als solche oder besser als vorübergehende Hauptorte dienten abwechselnd Aachen, Frankfurt a. M., Mainz, Nürnberg, Magdeburg, Quedlinburg, Goslar, Regensburg, Bamberg, Speyer, Wien, Prag, Bonn, Berlin. So gibt es auch keine zentrale Grablege der deutschen Kaiser. Die Gebeine der mittelalterlichen Herrscher liegen an 21 Orten verstreut, von Sizilien (Palermo: Friedrich II., Heinrich VI.) bis nach Sachsen (Magdeburg: Otto) und Ungarn (Wardein: Sigismund). Es gab somit auch kein zentrales Reichsarchiv. Diese Könige und Kaiser herrschten ambulant: Herrschaft durch Umherziehen, durch persönliche Gegenwart (»Reisekaiser«).

Deutschland als umfassende »Kulturnation« und politische Anarchie kannte rivalisierende Stämme, freie Bauerngenossenschaften, einen Kosmos an freien Städten wie in der Antike, Priesterstaaten, kleine und kleinste Privatfürstentümer, selbst praktisch autonome »Reichsdörfer«, souveräne Klöster und Abteien in abgelegenen Waldtälern, darunter etliche »Frauenstaaten«, großflächige Kolonistenstaaten wie in der neueren Zeit Österreich oder Preußen. Am Ende des 18. Jahrhunderts gab es ca. 1800 selbstständige Obrigkeiten. Hinzu kommt der religiöse Pluralismus seit der Reformation, die Aufspaltung in die katholische und viele protestantische Denominationen.

Das Wort »deutsch« erscheint zuerst am Ende des 8. Jahrhunderts zur Bezeichnung der althochdeutschen Volkssprache (»theodisk«) – als Zeichen, dass man die germanische Spracheinheit als Gegensatz zu den romanischen Mundarten erkannt hatte. Seit Ende des 9. Jahrhunderts entwickelte sich langsam die Sprachbezeichnung »deutsch« zur Kennzeichnung eines Volkes. Mit den 960er-Jahren finden wir die Bezeichnung »Teutonici« für die Deutschen nördlich der Alpen als Bezeichnung des eigenen Volkes, auch offiziell in kaiserlichen Urkunden. Das deutsche Volk umfasste Franken, Sachsen, Thüringer, Alemannen und Bayern – also alle festländischen

Westgermanen (mit Ausnahme der Langobarden und der Friesen). Das Bewusstsein, einem besonderen Stamm oder einer Region anzugehören, wurde dadurch nur ergänzt, nicht ersetzt. Es ist in Europa einzig, schreibt Jürgen Mirow (1996, S. 39), dass das Bewusstsein einer sprachlichen Einheit dem Gemeinschaftsbewusstsein als Volk vorausging, dass ein Volksname aus einem Sprachnamen herauswuchs. Bis heute ist die Einheit des deutschen Volkes vor allem im Sprachlich-Kulturellen begründet.

Deutsch wird hier also in einem weiteren kulturellen Sinn verstanden und es umfasst darum nicht nur den heutigen Kernstaat, die Bundesrepublik Deutschland, sondern (bis 1648) die Schweiz, bis 1866 Luxemburg, dazu noch Liechtenstein und Österreich, politisch bis 1648 auch die Niederlande, die ihr eigenes »Niederdeutsch« zur Staatssprache gemacht haben. Es ist der Ansatz, den auch Jürgen Mirow gewählt hat.

Wer wissen will, was »deutsch« ist, muss in die Geschichte gehen. Die Geschichte eines Volkes ist sein Charakter. Angesichts der komplizierteren kulturellen und politischen Gegebenheiten verwundert nicht eine Unsicherheit der Deutschen bei der Frage nach ihrer Identität, während dies in alten Nationalstaaten einfacher zu beantworten ist. Gerade derzeit erscheinen vortreffliche Bücher zu dieser Frage, z. B. Borchmeyer, Demandt, Münkler, MacGregor, schon älter: Erich von Kaehler oder Norbert Elias. Psychologische Analysen zur Mentalität und Lebenseinstellung der Deutschen liefern Müller-Freienfels (1930), auch Wilhelm Röpke (1948) und Willy Hellpach (1954).

Lange herrschte ein Universalismus vor, der das Besondere gerade mangels eines Zentrums in der Weltzugewandtheit der Deutschen sah; so bei den deutschen Klassikern, namentlich Schiller (sein Gedicht »Deutsche Größe«). Seit 1945 hat sich im deutschen Kernland verständlicherweise sogar eine Selbstabneigung, eine »Selbstzurückweisung« (Scruton) und ein Abgeschnittensein von historischen Wurzeln entwickelt, das manchmal pathologische Züge trägt. Dies führte zu einer politischen Orientierungslosigkeit oder auch in einen utopischen Messianismus, z. B. in Umwelt-, Energie-, Klima- oder Migrationsfragen, auch in einen forcierten Europäismus als Reichsersatz. Während sich 1989/90 das große Drama der Wiedervereinigung vollzog, debattierten nicht unbeträchtliche Kreise über ein angebliches Waldsterben und ein bedrohliches Ozonloch über der Erde. Dies vor allem lag ihnen am Herzen, während sie demgegenüber die politischen oder kulturellen Schicksale ihres eigenen Landes offenbar für zweitrangig hielten.

II.
Die Freiheit ganz am Anfang

»Nicht die Samniten, nicht die Karthager, nicht die Gallier, nicht die Spanier, nicht einmal die Parther haben uns so oft herausgefordert wie die Germanen; ja, gefährlicher noch als die Macht der Asarkiden ist dieses Volk mit seinem Freiheitswillen« (Tacitus).

»Wenn der König die Wohnstatt eines freien Mannes verletzt, werden wir ihn verfolgen und töten« (Fluch des alten norwegischen Rechts, nach de Jouvenel 1972, S. 379).

Am Anfang der deutschen Geschichte steht ein lockeres Ensemble von bewaffneten germanischen Stämmen, die passioniert miteinander Krieg führen, sich zu neuen Verbänden vereinen und wieder trennen. Die Liberalen des 19. Jahrhunderts rühmten deren »altdeutsche« oder germanische Freiheit. Diese fernen Vorfahren der Deutschen kannten keine souveräne politische Gewalt, keinen Staat, keine zentralisierte Gesetzgebung, keine Bürokratie – im größtmöglichen Kontrast zum benachbarten Römischen Reich, in das sie gern Raubzüge unternahmen. Sie lebten in der urwüchsig-spontanen Ordnung von Familie, Sippe, Stamm und in allenfalls vorübergehenden Stammesbündnissen. Sie kannten keine Städte, hatten eine Scheu davor, in Städten zu wohnen. Statt eroberte Städte zu nutzen, wurden diese regelmäßig niedergebrannt und zerstört. Dieses Schicksal erfuhren auch so mächtige Städte wie das römische Köln, Mainz oder Trier. Die Germanen kannten keine schriftliche Überlieferung, sodass wir, wenn wir etwas von ihnen erfahren wollen, auf die Berichte griechischer oder römischer Schriftsteller und auf die stummen Zeugnisse der Archäologie angewiesen sind. Sie kannten nicht einmal einen Jahreskalender: Kein Germane wusste genau, wie alt er war.

Die Germanen dieser Zeit lebten vor allem in Dörfern, Weilern und Einzelhöfen. Die Vollfreien lebten als Bauern, Viehzüchter, Jäger und besonders Krieger. Sie kannten auch keinen autonomen Priesterstand wie die keltischen Druiden. Es gab keinen »Urkommunismus«, sondern jeder Freie besaß seine Waffen, seine Kleider, Schmuck, Pferd und Hund sowie sein familiäres Miteigentum an Haus, Hof und Fährnis, über dessen inneren Bereich uneingeschränkt die Frau verfügte. Hinzu kamen die Teilhaberechte an der »Allmende« (Wald, Wiese, Triftwege, Steinbrüche, Torfmoore). Was der Einzelne nötig hatte, stellte er selber her. Der Bauer, der seinen Acker bestellte, war zugleich sein eigener Bäcker, Metzger, Schreiner, Stellmacher. Jeder arbeitete für sich und verbrauchte auch das, was er produzierte. Für den Absatz arbeiteten nur die Töpferei im Süden, an der römischen Grenze, die Weberei, besonders bei den Friesen, die Schmiedekunst in ganz Germanien. Und selbst diese drei Gewerbe wurden größtenteils von Ackerbauern im Nebenberuf ausgeübt. Der Handelsverkehr, soweit ihn die Germanen betrieben, war meistens nur Grenzverkehr (Below 1898, S. 1).

Die Freiheits- und Eigentumsrechte waren eingebunden in die strengen Regeln des Volksrechtes, das als Gewohnheitsrecht und Sitte nicht von bezahlten Richtern und Politikern »gemacht«, sondern als Rechtsgefühl und Gewissen in den Angehörigen des Stammes verwurzelt und von den Rechtskundigen im Thing als altes ewiges Recht »gefunden«, nicht erzeugt wurde (Fritz Kern). Die »Fehde« war nicht nur notgedrungene willkürliche Selbsthilfe, sondern ein streng geregeltes Verfahren, um an sein Recht zu kommen. Wir haben es hier mit einer stark normativ gebundenen Freiheit vom Typ I, in gradueller Unterscheidung von der »individualistischen«, meist »naturrechtlich« oder utilitarisch begründeten Freiheit, wie wir sie heute verstehen; denn es handelte sich hier um eine Freiheit in Bindung an homogene »naturgewachsene« Sippen (Familienverbände) und Stammesgemeinschaften. Die Beschränkungen der Freiheit lagen vor allem im Gewissen der Einzelnen.

Der Begriff des »Staates« war den Germanen fremd. Was die Römer res publica nannten, ein unpersönliches, überindividuelles Wesen, das nicht stirbt, haben sie nicht gekannt. Sie kannten nur persönliche Bindungen, die sie verpflichteten, naturgegebene wie freiwillig eingegangene: so die Blutsgenossenschaft der Sippe, die Herrschaft des Hausherrn über seine Kinder, Knechte und abhängigen Leute, die Treuepflicht gegen einen selbst gewählten Gefolgsherrn, allenfalls noch die lockere Bindung an einen angesehenen Edelherrn oder König, der imstande war, Schutz zu gewähren, ihre Streitigkeiten zu schlichten und sie im Krieg anzuführen (Dannenbauer, II, S. 172). »Jeder Krieger fühlte sich als Häuptling« (de Vries).

Das Leben war durch Sitten und Gewohnheitsrecht, das »harte Gesetz«, strengstens geregelt, die Strafen bei Normverletzung waren grausam. Einen Pluralismus der politischen oder religiösen Ansichten gab es so wenig wie einen Liberalismus als Doktrin. Im Ernstfall pflegte die Sippe die Rache bis zur sakralen Pflicht, zum Kult. Diese zielt auf unangemessene Vergeltung, auf Vernichtung des Gegners ab. Wird der Täter auf frischer Tat erwischt, ist er ohne Rücksicht auf die Schwere des Angriffs dem Tode verfallen.

Als organisierte Rache stellt sich die Fehde dar in der Form der Blutrache, später wurde sie durch Bußgelder ablösbar. Freilich: Der insolvente Schuldner konnte preisgegeben werden. Das Äußerste war die »Friedlosigkeit«, eine extreme Reaktion der Gesamtheit auf eine Verletzung der Rechtsordnung. Der Friedlose darf nicht nur, er soll auch bußlos erschlagen werden wie ein Wolf. Auf seinen Kopf kann ein Preis gesetzt werden, er liegt unbegraben, den Vögeln zum Fraß (daher: »vogelfrei«). Alle seine rechtlichen Bande werden gelöst: Seine Frau wird Witwe, seine Kinder verwaisen, sein Haus wird zerstört, sein Gut wird herrenlos. Jede menschliche Gemeinschaft wird ihm versagt. Niemand darf ihn schützen, ohne selbst friedlos zu werden; er wird zum Waldläufer oder Werwolf. Die Hinrichtung wird zu gesamter Hand vollzogen: Steinigung, Spießrutenlaufen oder gemeinsamer Bau des Galgens (einem entlaubten Baum nachgebildet) oder Scheiterhaufens (Mitteis 1966, Conrad 1966).

Die Freien versammelten sich zur Entscheidung gemeinsamer Angelegenheiten in Things, den Vorläufern unserer Parlamente, etwa in Marklo an der Weser. Besonders berühmt ist der isländische »Allthing«, der es dem zeitgenössischen Libertären Rothbard so angetan hat – ein Organ ohne ständige Exekutivgewalt. In einigen Schweizer Landsgemeinden (wie Appenzell) lebt diese Urform der Demokratie bis auf den heutigen Tag fort. Nicht ohne Ironie berichtet Tacitus (Germania, 11), dass der ausgeprägte Freiheitsdrang der Germanen den Nachteil habe, dass sie nicht alle gleichzeitig, nicht wie auf einen Befehl zum Thing eintrafen, sondern durch die Saumseligkeit der Ankommenden zwei bis drei Tage verloren gingen.

Es ist eine abgestufte Freiheit. So ist zwischen Vollfreien, freigelassenen Halbfreien, Knechten und Sklaven (meist Kriegsgefangenen) zu unterscheiden, auch Ansätze zu einem Besitz- und Verdienstadel (keinem Herrschaftsadel!) kommen vor und bei einigen Stämmen sehen wir auch Könige walten, die freilich laut Tacitus das Freiheitsgefühl der Stammesgenossen vorsichtig zu schonen hatten. Im Frieden gab es keine beständige Obergewalt. Alles Gewicht lag bei der Masse der Volksfreien, die als Bauern, Viehzüchter, Jäger, Hauspriester und besonders Krieger lebten. Die Germanen kannten keinen selbstständigen Priesterstand nach Art der keltischen Druiden oder später der Römischen Kirche. Jeder Vollfreie war im Besitz seiner selbst beschafften Waffen, die als Schwerter häufig sein besonderer Stolz waren und einen eigenen Namen besaßen (wie Siegfrieds Schwert Baldung oder der Excalibur des Königs Artus). Er war so zur Selbstverteidigung, zur politischen Selbsthilfe imstande und dazu berechtigt wie verpflichtet. Als alter Mann freilich, der keine Waffe mehr gebrauchen konnte, hörte er faktisch auf, zu sein (Schulze-Wegener 2010, S. 129). Dieses urtümliche Waffenrecht – die Freiheit und Pflicht zur Selbstausrüstung – kannte der Schweizer Eidgenosse bis 1874 (von da an wurden ihm die Waffen aus staatlichen Magazinen geliefert). Die Nordamerikaner bewahren es als Freiheitsrecht bis auf den heutigen Tag.

Über der politischen Gleichheit der Freien erhoben sich die Gefolgschaften, eine Art politischen Unternehmertums, ein freiwilliges Treue- und Gehorsamsverhältnis auf Gegenseitigkeit zwischen dem erwählten Gefolgsherrn und den Gefolgsleuten. Bei Ungerechtigkeit oder Versagen konnte dem Herrn jederzeit gekündigt werden (»Widerstandsrecht«!). Diese Gefolgschaft von unverheirateten jungen Männern wurde von ihrem (vermögenden) Herrn in dessen Haus versorgt und ging von dort gern nach den Grundsätzen der Beuteökonomie auf Expedition, Abenteuer, Raub, Überfall und Mord aus. Nach Verheiratung und Gründung eines eigenen Hausstandes schieden sie aus der Gefolgschaft aus. In dieser Institution liegt eine Quelle des späteren »Staates«.

Zur systematischen »Landnahme« brachen gelegentlich ganze Völker unter einem auf Dauer bestellten Kriegsführer oder Häuptling, manchmal Herzog genannt, auf. Man denke an die ständigen Invasionen von germanischen Volksverbänden in das Römische Reich und zuletzt an die Wikinger. Sie kämpften dabei in der Ordnung des »Eberkopfes«, nach Sippen gegliedert (eine Tradition, die von den Schweizer Freien am längsten bewahrt wurde). Antike Autoren berichten von einem ungewöhnlich kriegerischen Geist, großer Tapferkeit, Todesverachtung und großer Grausamkeit, auch von einer undisziplinierten Wildheit (»furor teutonicus«), die nicht von der Grausamkeit, aber von der strengen Disziplin und Methodik der römischen Berufsarmee, dieser imponierendsten Kriegsmaschine der Antike, abstach.

Durch die Fähigkeit, jederzeit und mit eigenen Waffen legitimen physischen Widerstand zu leisten, war der freie Germane politisch sozusagen autark. Autark war er auch weitgehend ökonomisch: Durch wenig entwickelte arbeitsteilige Marktverhältnisse war er weitgehend bäuerlicher Selbstversorger (»geschlossene Hauswirtschaft«) – mit entsprechend bescheidener Lebenshaltung und vielleicht stiller Sehnsucht nach dem warmen und üppigeren Süden, nach den glänzenden Städten und Landvillen des Römischen Reiches, die mit reicher Beute lockten.

Verglichen mit der griechischen Frau, die im Gynaikeion eingesperrt war, oder mit der Stellung der Frauen in einigen orientalischen Staaten der Gegenwart, hatte die Germanin eine gleichrangige, wenn auch formalrechtlich nicht gleiche Stellung mit dem Mann. Sie war ungewöhnlich wehrhaft, wahre »Kampfgenossin«, manchmal bis in die Schlachten hinein. Es ist bekannt, wie Tacitus die germanische Eheschließung schildert: Die Frau schenkte dem Mann Waffen wie dieser ihr, ein Zeichen, dass sie nicht seine Sklavin, Haushälterin usw. war, und die Hochzeitsfeierlichkeit prägte ihr ein, »sie komme als Genossin seiner Mühen und Gefahren, um mit ihm im Frieden wie im Kriege zu leiden und zu wagen« (Stemplinger/Lamer 1920, S. 9f.). Die zahlreichen Frauennamen auf wig, hild, gund, hadu, mit ger, brünne, helm usw. zusammengesetzt, zeigen das Bild einer zum Kampf gerüsteten Frau. Es wird berichtet, dass germanische Frauen nicht zögerten, einen versagenden Mann zu verlassen, sogar als »Feigling« zu beschimpfen oder, wenn er im Kampf zurückwich, zu töten. Es wird von bewaffneten »Schildjungfrauen« in Männerkleidung berichtet. Viele töteten nach unglücklichen Schlachten gegen die Römer sich selbst und ihre Kinder, um nicht in die Hände fremder Männer zu fallen. De Vries (1964, S. 18) zitiert eine dieser Heroinen: »Ich will nicht dem Zwang eines Mannes unterlegen sein, solange ich noch am Leben bin und die Waffen führen kann.« Einzelne »weise Frauen« wie Veleda oder Walaburga genossen auch bei den Römern Respekt. Gleichwohl müssen wir von einem Patriarchat, der Herrschaft des Mannes, sprechen, gezügelt durch Sitte, Gewohnheitsrecht und die Macht der Frauensippe. Er war Herr über Frau, Kinder und Knechte (oft versklavte Kriegsgefangene). Im Extremfall konnte er seine Kinder und sogar seine Frau auf Sklavenmärkten verkaufen oder töten. Jeder freie Germane hatte eine unsichtbare »Folgefrau«, die ihn im Leben begleitete; wenn sie ihm sichtbar wurde, kündigte dies seinen bevorstehenden Tod an, sie war dann der »Todesengel«.

Mit dem Fehlen einer besonderen Priesterschicht gab es auch kein religiös-psychisches Monopol, wie es die spätere römische Anstaltskirche mittels Beichte und Bußpraxis und Herrschaft über die Heilsgüter (Sakramente) ausübte. Jeder Hausvater hatte priesterliche Funktionen inne. Die germanische Volksreligion, ein polytheistischer Mythos, war nicht so poesie- und personenreich wie die griechische. Sie zeigte auch unheilvolle Züge, die der düsteren Lebenswelt des kälteren germanischen Nordens entsprachen. In diesem Mythos sind auch die Götter nicht allmächtig, sondern wie die Menschen einem unentrinnbaren »Schicksal« unterworfen. Auch sie werden schließlich in »Götterdämmerung« und »Weltenbrand« untergehen, woraus dann eine neue Welt entstehen wird.

Diese germanischen Stämme hatten keinen fremden politischen Herrn über sich (Freiheit vom Typ III), außer allenfalls dadurch, dass sie sich freiwillig oder vertragsmäßig militärisch in dessen Dienst stellten, was sie gegenüber dem Römischen Reich – als »Foederati« – verbreitet taten, nicht zu dessen langfristigem politischen Glück: Aus Dienern oder »Klienten« wurden schließlich die Herren des Reiches.

Der Kampf um das freie Germanien

Der sieggewohnte Römer hatte Germanien durch den Feldherrn Drusus bereits bis zur Elbe und Saale unterworfen und damit begonnen, die übliche Provinzverwaltung und, was die betroffenen Germanen besonders empörte, Steuererhebung, Rechtsprechung und Strafvollzug nach römisch-rechtlichen Grundsätzen einzurichten, Auspeitschung inklusive. Nordgermanien war zu dieser Zeit schon seit 15 Jahren in römischer Hand. Das Lager Haltern an der Lippe glich schon einer befestigten Stadt, Waldgirmes an der Lahn war als feste Zivilsiedlung ausgebaut. In den verschiedenen Militärlagern auf rechtsrheinischem Gebiet hatte sich ein beträchtlicher Handelsaustausch zwischen Römern und Germanen entwickelt. So sahen denn die Besatzer keinen Grund, die Erhebung von Tributen länger aufzuschieben.

Gaius Julius Arminius

Einem romanisierten Germanen aus dem Stamm der Cherusker, in Rom als Geisel aufgewachsen und wie sein Bruder Flavus perfekt Lateinisch sprechend, römischer Bürger (daher sein lateinischer Name) und »Ritter«, zudem als Soldat eines germanischen Hilfskorps in Kenntnis des römischen Kriegshandwerks, gelang es, sich in das freundschaftliche Vertrauen des römischen Oberbefehlshabers Varus einzuschleichen und hinter seinem Rücken mit gewaltiger Kriegslist eine Koalition germanischer Stämme (nicht alle machten mit) zusammenzubringen, zu leiten und nach römischem Vorbild einigermaßen zu disziplinieren. Wohl bei Kalkriese (nahe Osnabrück) gelang es ihm, die XVI., XVII. und XVIII. Legion mitsamt großem Tross auf dem Rückmarsch ins Winterquartier in einen Hinterhalt zwischen Wald und Sumpf zu locken und die bereits durch das schlechte Herbstwetter demoralisierten Römer, die sich geländebedingt nicht in Kampfformation aufstellen konnten, in mehreren Tagen regelrecht abzuschlachten.

Liberator Germaniae, Befreier Germaniens, nennt Tacitus diesen durchtriebenen Helden. Ein »Zeitzeuge«, der ihn aus dem gemeinsamen Militärdienst persönlich kannte, Velleius Paterculus, beschreibt ihn so: »Es gab damals einen jungen Mann aus vornehmem Geschlecht, der tüchtig im Kampf und rasch in seinem Denken war. Ein beweglicherer Geist, als es die Barbaren gewöhnlich sind. In seiner Miene und in seinen Augen spiegelte sich sein feuriger Geist.«

Dieser von der späteren Nationalgeschichtsschreibung (beginnend mit Ulrich von Hutten) so gefeierte Mann, dem auch Schriftsteller und Dichter wie Justus Möser, Grabbe, von Kleist, Hölderlin, Wieland und Klopstock ihr dichterisches Interesse widmeten (auch Goethe entwarf 1801 ein Arminius-Drama), den etliche Komponisten bis zu Max Bruch in mehr als 50 Opern feierten, befeuert in der Tat die Fantasie, auch durch seine Familiengeschichte mit der Entführung von Thusnelda aus der Familie des opponierenden Segestes und ihre Treue zu ihm. Auch seinen Bruder Flavus und seinen Onkel fand er nicht auf seiner Seite. Es ist ein Streitgespräch der Brüder über die Weser hinweg überliefert (Tacitus, Annalen II, S. 81): der »Römling« gegen den Patrioten! Die Rede wurde bald zum Wortgefecht, zum bitteren Streit. Flavus sprach von der Größe Roms, der Erhabenheit und mild gebrauchten Macht des Kaisers; Arminius verwies auf die Verpflichtung zum Vaterland, die von den Ahnen ererbte Freiheit: »Du darfst dein Haus, deine Familie, ja dein Volk nicht im Stich lassen und zum Verräter werden ...« Das Gespräch endete in Geschimpfe und gegenseitigen Vernichtungswünschen. Trotz einiger Stilisierung durch Tacitus könnte es sich so in etwa zugetragen haben (Fischer-Fabian 2003, S. 384 ff.).

Weiteres Schicksal des Arminius, Nachruhm

Diese Schlacht war für das spätere Deutschland von entscheidender Bedeutung (vgl. Demandt 2010). Die römische Steuerbürokratie wurde von der Elbe wieder hinter den Rhein zurückgedrängt, die Romanisierung nach dem Beispiel anderer unterworfener Völker, wie der Gallier oder Iberer, wurde abgewehrt. Die sprachliche, kulturelle und politische Unabhängigkeit (und politische Anarchie) der Germanen blieb erhalten, damit auch ihre archaische Schlichtheit und ihr gewisses Hinterwäldlertum (keine Schriftkultur!), verglichen mit der römischen Hochzivilisation in ihren leuchtenden schönen Städten und noblen Landsitzen, mit ihrer Kunst, Wissenschaft, Philosophie und ihrem formalisierten Recht. Das spätrömische Vulgärlatein hätte sich – ohne die clades Variana – in Mitteleuropa zu einer weiteren romanischen Sprache entwickelt, dem »Teutoromanischen« (Demandt 2010, S. 56).

Die Völker zwischen Rhein und Elbe entgingen damit auch dem Schicksal, in den Niedergang des totalitär entarteten Spätroms gezogen zu werden – vielmehr wurden sie selbst ein treibender Faktor dieses Niedergangs des (West-) Römischen Reiches, das sie am Ende übernahmen.

Arminius kämpfte auch nach der Schlacht bei Kalkriese gegen die erneut und mit verdoppelter Stärke angreifenden Römer (Feldzüge des Tiberius und des Germanicus bis 16 nach Christus). Sein Kriegsglück war wechselhaft, es kam trotz Niederlage des Arminius am Angrivarierwall bei Minden zu keiner definitiven Entscheidung; die Römer zogen auf kaiserlichen Befehl schließlich ihre Truppen zurück. Arminius und seine Koalition der Willigen bezwang auch noch den alten Rivalen und schwankenden Romfreund Marbod, Fürst der Markomannen. Arminius hatte offenbar hochfliegende Pläne für ein geeintes Germanien und vielleicht auch seine Königswürde im Auge, ggfs. mit Marklo als Hauptstadt. Im Alter von 37 Jahren wurde er schließlich von missgünstigen oder freiheitsbewussten Verwandten ermordet. »Unstreitig Befreier Germaniens« nennt ihn Tacitus und »noch immer besingt man ihn bei den germanischen Völkern«. Sein Grab ist bis heute nicht aufgefunden. Er wird doch nicht nur irgendwo verscharrt worden sein. Sein mit Thusnelda gezeugter Sohn Thumelicus, beide in römischer Gefangenschaft, starb wohl in irgendeiner der Arenen, vielleicht in Ravenna, als verspotteter Gladiator. Die Cherusker wurden später durch die Chatten vernichtet oder gingen in den Sachsen auf.

Die Germanen als »Befreier« begrüßt

Tatsächlich waren die Germanen, die das Imperium schon weitgehend militärisch als Hilfstruppen und schließlich reguläre Truppe bis hoch in das Offizierskorps und in die militärische Führung (als »Heermeister« wie Arbogast, Stilicho oder Aegidius) beherrscht hatten, zwar häufig Zerstörer der städtischen römischen Zivilisation (Köln, Mainz, Trier, Straßburg, Augsburg und viele andere Städte des Reiches bis selbst zur Eroberung von Rom durch den Ostgoten (und römischen Offizier!) Alarich, den Wandalen Geiserich usw.). Aber sie übernahmen – als Minderheit bei einer römischen Bevölkerung, die nach Millionen zählte – auch zunächst Teile der untergehenden römischen Zivilisation und Verwaltung, vor allem die Steuerverwaltung, die Reichsstraßen, sogar die lateinische Sprache als offizielle Amtssprache mit den Unterworfenen. Das eroberte römische Land eigneten sie sich nach vereinbarten Einquartierungsregeln zu einem oder zwei Dritteln oder gänzlich (die Wandalen und Langobarden) an. Man schätzt (Banniard 1993, S. 73), dass die germanischen Eroberer nur nach Zehntausenden, allenfalls hunderttausend zählten – eine winzige Minderheit von vielleicht 5, allenfalls (Franken) 10 Prozent einer Bevölkerung, die es dennoch nicht vermochte, diese Minderheit abzuwehren – ein bedrückendes Zeugnis ihrer vollständigen Demilitarisierung, besonders auch im bevölkerungsreichen Nordafrika gegen die 20 000 Wandalen Geiserichs.

Hans Delbrück (2000, S. 386 f.) zitiert aus der Zeit König Gundobads den Bischof und Poeten Sidonius Apollinaris, der sich bei einem seiner Freunde dafür entschuldigt, dass er ihm kein eigentliches Hochzeitsgedicht gemacht habe. »Wie soll ich, wenn auch sonst wohl befähigt, zum Liebesfest dichten, während ich unter dem Haufen der Langhaarigen sitze, germanische Worte mit anhören und mit ernsthafter Miene die Lieder loben muss, die der gefräßige Burgunder singt, der sich das Gelock mit ranziger Butter gesalbt hat? Brauche ich zu sagen, was meinem Gedicht die Kehle zuschnürt? … Glücklich darf man deine Augen und glücklich deine Nase preisen, der nicht schon am frühen Morgen zehn Gurgeln ihren Knoblauch- und Zwiebelduft zurülpsen. Über dich fallen nicht schon vor Tagesanbruch wie über einen alten Onkel oder den Gatten einer Kinderfrau eine Anzahl Giganten her, wie sie kaum die Küche des Alcinous durchfüttern könnte.«

Das Römische Reich war zur Zeit seiner gänzlichen Übernahme durch die »Barbaren des Nordens« auch sonst teilweise germanisiert und umgekehrt seine Eroberer romanisiert. Heiratsverbote zwischen Germanen und Römern konnten diese Entwicklung nicht auf Dauer aufhalten. Germanische Sitten, z. B. Hosentragen (auch vorübergehend verboten), der germanische Schlachtgesang (»Barritus«) oder die blonde Haartracht seitens vornehmer römischer Frauen (blondes Frauenhaar als Handelsartikel) zeugen davon. Sich germanisch geben wurde zeitweise zur Mode wie das Französische im 18. Jahrhundert in Europa. Ja nicht nur trug ein Cäsar wie Caracalla eine blonde Perücke, es konnte auch ein germanischer Haudegen kurzzeitig römischer (Gegen-)Kaiser werden (Flavius Magnentius, 350–353. Er endete nach drei Jahren seiner usurpierten Herrschaft durch Freitod).

Das Römische Reich entartete, von Finanznöten getrieben (u. a. durch die gewaltige Streitmacht von zuletzt 300 000 bis 600 000 Mann an überdehnten Fronten), in einen fiskalischen Zuchthausstaat, wie wir ihn erst wieder im 20. Jahrhundert erlebt haben. Um den Steuerertrag zu sichern, wurde jeder Bürger und namentlich der Mittelstand in den Städten (die »Curialen«) verwaltungsrechtlich an seine ökonomische Funktion gebunden. Die verschiedenen Berufsgruppen wurden in Zwangskorporationen, oder Kartellen, zusammengefasst (»Collegia«), die für den Eingang der Steuermittel und die Ableistung der umfassenden naturalen Zwangsdienste (»sordida munera«) geradezustehen hatten. Freizügigkeit und freie Berufswahl wurden abgeschafft! Schließlich wurde diese Funktionsbindung sogar erblich. Hinzu kam die Verstaatlichung wichtiger Produktionszweige (Waffenfabrikation, Textilindustrie). Zwar gab es keine Meldeämter, Ausweispapiere, Arbeitsbücher, Personalakten, mit denen die moderne Bürokratie arbeitet: Stattdessen wurden die Bürger wie Vieh mit Brandzeichen markiert, die sie vor der allgegenwärtigen Geheimpolizei (»agentes in rebus«) jederzeit kenntlich machte.

Mit der geistigen Freiheit sah es am Ende nicht besser aus: Christentum als verbindliche Religion für alle, Zerstörung der heidnischen Heiligtümer und Verstaatlichung ihrer Besitzungen (vgl. Nixey, »Heiliger Zorn«, 2017; Demandt 1997), Verbot des freien Philosophierens (Schließung der platonischen Akademie 529). Das allgemeine Staatssklaventum war vollendet. Erst zuletzt endeten auch die berüchtigten Spiele und das kultivierte Bäderwesen, die prachtvolle Wellness-Kultur in Thermen, deren Standards erst im 20. Jahrhundert wieder erreicht wurden, allerdings ohne deren künstlerische Ausgestaltung und architektonische Bedeutung.

Aller Zwang konnte nicht die Stadtflucht, das Aufkommen sich selbst versorgender Landgüter mit mächtigen gegen Steuern und Zwangsdienste aller Art inkl. Wehrzwang immunisierten Landlords (»possessores«) mit eigenen Privatarmeen, den Übergang in eine Naturalwirtschaft, also in das »Mittelalter«, verhindern (vgl. besonders Max Weber 1964). Viele Bürger begaben sich freiwillig in die Abhängigkeit dieser Grundherren (»patrocinium«). Die Geldwirtschaft verfiel. Muss man sich unter solchen Umständen darüber wundern, dass vielerorts die Germanen als »Befreier« begrüßt wurden, dass die Bereitschaft, für das Imperium zu kämpfen, am Schluss vielfach auf null sank? Dass etliche Bürger des Reiches zu den Germanen flohen?

Geza Alföldy schreibt: »Breite Kreise, darunter auch höhergestellte und gebildete Personen, bevorzugten das Leben unter der Herrschaft der Barbaren, da in den sich heranbildenden germanischen Territorialstaaten das Herrschaftssystem nicht auf einem erdrückenden Machtapparat und einem staatlichen Steuersystem, sondern auf feudalen Abhängigkeitsformen beruhte« (1984, S. 177). Salvian, ein kirchlicher Schriftsteller, bemerkte zu der Zeit: »Sie suchen bei den Barbaren die Menschlichkeit der Römer, weil sie bei den Römern die barbarische Unmenschlichkeit nicht ertragen können« (ebd.).

Dass die Qualität der bewaffneten Macht, der Zentraltruppe und besonders der Grenztruppen (»limitanei«, seit Severus verheiratete Bauern) rapide sank bzw. dass am Ende fast nur noch freie Germanen gegen Germanen im römischen Dienst kämpften, kann nicht mehr verwundern. Schließlich wurde im Jahre 476 das letzte römische junge »Kaiserlein« (Romulus Augustulus) von einem germanischen Generalissimus (Odoaker) gegen 6000 Pfund Pension und Zuweisung eines Landsitzes bei Neapel abgesetzt. Was da endgültig zusammenbrach, war nur der politische Rahmen einer Gesellschaft, die sich seit dem 3. Jahrhundert längst dramatisch in eine primitive Agrarwirtschaft verändert hatte (vgl. auch Dannenbauer 1959). Über die Eroberung Roms durch die Goten Alarichs im August 410 schreibt Gregorovius: »Die Goten machten sich kein Gewissen daraus, die unglücklichen Nonnen gewaltsam von dem Gelübde der Jungfrauschaft zu befreien … Der heroische Fall der Städte Karthago, Jerusalem und Syrakus war ein ihrer Größe würdiges Ende, aber der schmachvolle Fall Roms unter das Schwert Alarichs erschreckt durch das Schauspiel der tiefsten Verkommenheit des einst gewaltigsten Heldenvolks der Erde. Nirgends Widerstand, nur Flucht, Mord, Plünderung und greuliche Verwirrung, welche darzustellen kein Augenzeuge gewagt hat« (Gregorovius 1988, I, I). Drei Tage lang plünderten Alarichs Soldaten die alte Hauptstadt des Römischen Imperiums, wobei sie Tempel und öffentliche Gebäude verschonten, am 27. August zogen sie wieder ab. Ähnlich ging es bei der Eroberung Triers durch die Franken zu.

Für viele spätere Autoren verkörperten die Germanen das Element der Freiheit, so bei Montesquieu, bei Hegel, bei Herder. Ricarda Huch schreibt: »Wenn die Germanen sich rühmten, die Freiheit in das zerbrechende Römische Reich eingeführt zu haben, so durften sie das insofern tun, als sie keine Macht gelten ließen, die nicht durch das Recht verewigt gewesen wäre. Auch der mächtigsten Macht setzten sie die Schranken des Rechts (ihres Volksrechts, GH) entgegen.«

Eine alte Bürokratie stirbt langsam. Wer die Kontinuität vom Römischen Reich in das agrarische Mittelalter der siegreichen Franken, Goten, Alemannen, Wandalen usw. hervorhebt, sollte dabei nicht übersehen, von wie vielen individuellen Untergängen, Brandschatzungen, Raub, Mord, Zerstörungen aller Art diese »Kontinuitäten« begleitet waren. Rom hatte einmal fast 2 Millionen Einwohner. Im 7. Jahrhundert waren es vielleicht 20 000, die unter den noch stehenden monumentalen Zeugnissen einer großen Vergangenheit in Dürftigkeit und Armut vermutlich recht melancholisch herumwandelten. Die Lebensbeschreibung des hl. Severin gibt einen Eindruck von jener heillosen Zeit: »Nie sah die Welt ein gleiches Schauspiel der Abwendung des Menschengeschlechts von einer noch völlig stehenden Kultur« (Gregorovius 1988, S. 51).

Weitere frühe Freiheitskämpfe

Zu den ambitiösen Freiheitskämpfern der Germanen zählen nicht nur Arminius, sondern auch einige, die weniger Erfolg hatten. So vor ihm der Suebe Ariovist, der in Gallien von Cäsar besiegt wurde. Nach ihm war es ein anderer Offizier in römischen Diensten, der als Chef eines germanischen Hilfskorps, der Bataver, an der Rheinmündung stand: Gaius Julius Civilis. Er nutzte die Wirren des Vierkaiserjahres (69: Galba, Otho, Vitellius, dann Vespasian) aus, sich mit seinen Batavern von Rom loszusagen, um eine germanische Eigenherrschaft zu begründen. Er war damit zunächst erfolgreich: Die Brukterer, Ubier, Tenkterer, auch rechtsrheinische Stämme, ja sogar die römischen Städte Köln und Trier und einige gallische Völkerschaften konnte er für sich gewinnen und Roms Herrschaft wankte in diesem Teil seines Reiches für einen Augenblick, bis sich dann – unter Leitung von Quintus Petillius Cerialis – doch Macht und Professionalität römischer Streitkräfte durchsetzten. Eine ungewöhnliche Rolle spielte dabei die germanische Seherin Veleda, eine Brukterin, die von beiden Seiten hoch geschätzt wurde und für Civilis in Rom einen günstigen Frieden aushandelte, der den nicht ungünstigen Status quo ante wieder herstellte: Steuer- und Tributfreiheit der Bataver gegen militärische Dienste für Rom: »Keine Tributzahlung erniedrigt sie, kein Steuerpächter saugt sie aus« (Tacitus). Die Bataver gingen später in den Salfranken auf. Von den weiteren Schicksalen von Civilis und der weisen Veleda (Asyl in Rom?) ist nichts Sicheres überliefert.

Die Bataver waren vorzügliche Reiter, die man auch dafür rühmte, dass sie mit ihrer gesamten Ausrüstung (samt Pferd!) in geschlossenen Formationen Flüsse überqueren konnten, während römische Legionäre eher wie Katzen das Wasser scheuten.

Marmorbüste oder Gedenkstein von Arminius, Civilis, Ariovist, auch Veleda (und sogar Odoaker!) sind in dem von dem romantisch-patriotischem König Ludwig I. von Bayern errichteten Walhalla-Ruhmestempel bei Regensburg zu besichtigen.

Widukind

In der Kontinuität des Widerstandes der Germanen gegen zentralisierende Herrschaft liegt auch der Aufstand der Sachsen gegen den imperialistischen und zwangsmissionierenden Karl den Großen (772–804). Die Sachsen waren ein Ensemble von Stämmen ohne einheitliche Leitung: Westfalen, Engern, Ostfalen. Sie attackierten gern das mächtige Frankenreich in ausgedehnten Beutezügen und so beschloss der imposante Frankenkönig, diese Stämme niederzuwerfen und dem fränkischen Herrschaftsgebiet und der römischen Religion einzuverleiben. In Sachsen herrschten damals noch die sozialen und wirtschaftlichen Verhältnisse des alten Germaniens, wie wir sie oben geschildert haben.

Ein Reichstag in Quierzy (775) beschließt, die Sachsen zu besiegen und zwangszutaufen – oder sie »auszurotten« (!). Es begann mit der Schändung religiöser Heiligtümer (Irminsul). Das Land wird erobert, aber nicht wirklich beherrscht. 778 stellt sich ein vornehmer Westfale, Widukind (»Waldkind«?), an die Spitze des Aufstandes. Leider sind keine persönlichen Züge von ihm überliefert (im Unterschied zum vergleichbaren Arminius), nur, dass es ihm immer wieder gelang, sich dem Zugriff der Franken und ihrer Massenzwangstaufen durch Flucht zu den Dänen zu entziehen. Auch hier war die Einführung einer Steuer (des kirchlichen »Zehnten«) ein wichtiges Motiv des Widerstandes. Jede Abgabe von Grund und Boden galt den Germanen als Zeichen der Unfreiheit – nur der Hörige und der Knecht waren dazu verpflichtet. Hinzu kam der verständliche Widerstand gegen eine Zwangsbekehrung. »Sollen wir für den Zwangsglauben noch bezahlen?« Karl ging mit äußerster Brutalität vor. Auf geringste Abweichungen vom römischen Glauben (etwa eine Verletzung der Fastenzeit) setzte er die Todesstrafe. Ein Höhepunkt dieser Gewalttaten war der heimtückische Mord an 4500 sächsischen Edlen in Verden, gerade jenen, die sich Widukinds Aufstand nicht angeschlossen hatten und den Zusagen des fränkischen Königs trauten. Widukind gelang es unterdessen, auch die freiheitsbewussten Friesen zum Mitmachen zu bewegen. Im Unterschied zu Arminius kapitulierte er aber schließlich (Weihnachten 785) und ließ sich hochgeehrt und beschenkt (!) in der Pfalz von Attigny taufen, mit Karl als Taufpaten! »Widersagst du dem Teufel?« – Ich entsage (Ec forsache); »Glaubst du an den Christ, den Sohn Gottes?« – Ich glaube (Ec gelobo) … (Fischer-Fabian 2004, S. 106). Seine heidnischen Götter hatten ihn im Stich gelassen. Der frühere Aufrührer wurde zum Herzog, schließlich zum Heiligen, dessen Reliquien man aufbewahrte. Er soll 807 gestorben sein. Sein wahrscheinliches Grab ist in der Stiftskirche zu Engern (bei Rinteln an der Weser) zu besichtigen. Trotz seiner Niederlage und Demütigung wird er noch heute geehrt. Aus Widukinds Geschlecht stammt die spätere Königin Mathilde, Frau Heinrichs I., Mutter Ottos des Großen.

Der Aufstand flammte aber noch fast 20 Jahre – bis 804 – unter unbekannten Führern immer wieder auf. Karl scheute nach Art des 20. Jahrhunderts vor einer Deportationspolitik von wohl 100 000 Sachsen nicht zurück, woran Ortsnamen wie Sachsenhausen, Sachsenried, Sachsenheim, Saasen bis heute erinnern.

Ohne diese viel kritisierte Gewalttat des Frankenkönigs hätte sich wohl kaum ein Deutschland und ein deutsches Volk in den heutigen geografischen Daten herausgebildet, vielleicht stattdessen ein Nordgemeinwesen mit den Dänen, die in Sprache und Religion den Sachsen näherstanden als die fränkischen und süddeutschen Stämme.

III.
Das Lehnswesen als Quelle des deutschen Polyzentrismus

Die Franken, was »die Freien« bedeutet, ein einzelner deutscher Stamm, wurden zu Gründern eines neuen Imperiums. Sie unterwarfen nach und nach alle anderen deutschen Stämme, sogar die Sachsen und die Bayern, und griffen in ausgedehnten Feldzügen, insbesondere unter dem Merowinger Chlodwig, König Pippin und Karl dem Großen, weit über den germanischen Raum hinaus. Das Reich des großen Karl umschloss schließlich sogar Italien, Nordspanien und große Gebiete im Osten und Südosten, über Elbe und Donau hinaus. Für solch ein Gebiet von schließlich 1,35 Millionen qkm brauchte man eine disziplinierte ständige Berufsarmee nach Art der römischen Legionen, zumal dieses Imperium von aggressiven Reitervölkern wie den Sarazenen und den Awaren bestürmt wurde. Mit einem Volksaufgebot aus an ihre Arbeit gebundenen Bauern ließ sich das nicht mehr machen.

Dazu fehlten indessen die ökonomischen Voraussetzungen: eine Bürokratie auf geldwirtschaftlicher Basis, eine Steuerverfassung, eine verkehrstechnische Erschließung des Raumes. So wurden die fränkischen Herrscher Erfinder des Lehnsfeudalismus, einer, vom alten Japan abgesehen, spezifisch deutschen Erfindung. Der Herrscher (König/Kaiser) gibt aus eigenem Landbesitz oder beschlagnahmten römischen Gütern oder sogar – sehr zum Unwillen des Papstes – aus beschlagnahmten Kirchenbesitz Land und abhängige Leute an Gefolgsleute aus, die nun, von den Zwängen der Ökonomie befreit, sich ganz der Funktion als Berufskrieger, als »Panzerreiter« oder »Ritter« widmen können; die imstande sind, sich selber auszurüsten und das Land flächendeckend zu schützen und zu kontrollieren. Dafür, dass sie sich gut im Sattel halten konnten, sorgten die neuen Erfindungen von Steigbügel, Sattel und Hufeisen. Eine stehende Truppe also, die freilich über das ganze Reich zerstreut war. Man kann sich kaum eine stärker dezentralisierte Form der Herrschaft vorstellen, denn die Zwangsmittel lagen nicht in den Händen des Herrn, sondern seines Apparates, der Gefolgsleute. Man könnte von quantitativer Gewaltenteilung sprechen.

Wie schafft man nun eine verlässliche Bindung zwischen Herrn und Gefolgsmann? Indem man einen Vertrag auf Gegenseitigkeit abschließt und das Lehen – Landbesitz mit abhängigen Bauern – gegen das Versprechen der wechselseitigen Treue (nicht auf der Basis von Befehl und Gehorsam!) dem berittenen Krieger überließ. Die Kernelemente dieses Lehnsfeudalismus waren: der germanische Gefolgschaftsgedanke: ein persönliches Schutz- und Leistungsverhältnis zwischen einem Stärkeren und einem Schwächeren, zwischen einem Herrn und einem Mann, einem Senior und einem Vassus (Vasall). Der Mann verspricht Beistand im Rat, Hilfe im Krieg; der Herr verheißt Schutz. Im Huldigungsakt und Treueid wird eine persönliche, unkündbare Treuebeziehung zwischen ihnen begründet.

Von einem Lehen können Teile weiter verliehen werden. Jeder Vasall kann Aftervasallen gewinnen, ihnen gegenüber zum Lehnsherrn werden und dieser wiederum auch, sodass sich das Lehnssystem zu einer Hierarchie von persönlich-dinglichen Verhältnissen, einer Lehnspyramide, schließlich einer »Heerschildordnung« entwickeln kann. Aber nicht nur Land und Leute, auch einzelne herrscherliche Rechte und »Regalien« (Zollrechte, Gerichtsrechte, Marktrechte, ein Brückenzoll, Mühlenrechte, Münzgerechtsame usw.) können verliehen werden – bis zum Punkt vollständiger Immunität einer Grundherrschaft gegen Eingriffe von »oben«, einer vollständigen »Privatisierung« von politischer Gewalt, wie sie im spätrömischen Reich schon vorgebildet war. Ein verliehenes Gut mit verliehenen Königsrechten und dem verliehenen Privileg, eigene obrigkeitliche Organe zu bilden! Bis heute kennen wir im deutschen Verwaltungsrecht die Figur eines »beliehenen Unternehmens« (z. B. TÜV, Feuerwehr, Lebensmittelkontrolle durch private Sachverständige, Toll Collect GmbH).

Durch die Ungarneinfälle wurde die Feudalisierung beschleunigt. Pierre Gaxotte schreibt: »In Zeitläuften großer Gefahr, wenn überall Tod und Vernichtung drohen, verkaufen die Völker ihre Freiheit um einen geringen Preis. Wer nur ein Schwert besitzt, ein befestigtes Haus, einen Trupp Getreuer, wird zum König für alle, die er verteidigt. Frauen flüchten sich mit ihren Kindern in die Obhut eines kirchlichen oder klösterlichen Schutzherrn, dessen Macht sie beschützen soll.« In diesen unsicheren Jahrhunderten (Araber, Awaren, Ungarn, Normannen) begaben sich auch viele freie Bauern in dieses Schutzverhältnis. Ein freiwilliger privatrechtlicher Tausch, der sich heute ähnlich – öffentlich-rechtlich – im Wohlfahrtsstaat vollzieht (»Soziale Sicherheit« gegen Freiheitsrechte) – ein großer Markt für Sicherheit (Oliver Volckert 2002)!

Diese extreme Dezentralisierung, ja Privatisierung heute »öffentlicher« Gewalt ist der individuellen Freiheit nicht ungünstig: einerseits weil es so viele konkurrierende Herren gibt, andererseits durch die Geltung der »Goldenen Regel« auf gegenseitigen Nutzen. Ein Herr, der versagte, dem das

Glück nicht hold war, der das Recht brach, konnte abgesetzt oder verlassen werden. Freilich wurde aus dem Lehen immer mehr vererbliches Eigentum (»Allodisierung«). Vor allem Küstengebiete an der Nordsee, namentlich Friesland, blieben außerhalb des Lehnssystems.

Diese Wehrverfassung hielt sich über viele Jahrhunderte. Die letzten Reste des Lehnswesens verschwanden erst nach 1918 mit dem Ende der Monarchien. Das Rittertum wie die gesamte Aristokratie verfeinerte das Kriegswesen und wurde zum Schöpfer höherer, schöner Lebensformen. »Ritterlichkeit« und die Tugenden eines Gentleman gelten bis heute als vorbildliche Umgangsform (Schönburg 2018; Scherer 2003). Das Rittertum lag bis ins 19. Jahrhundert wie eine Milchstraße über dem deutschen Land verstreut. Erst 1803 wurde es politisch gänzlich depossediert, nachdem es jede militärische Bedeutung verloren hatte. Aus Rittern waren privilegierte, mehr oder weniger reiche Edelmänner geworden, die auf ihren schönen Schlössern (statt Burgen) auf Basis abhängiger Bauernarbeit überkommene alte Rechte, die nun manchmal wie willkürliche Privilegien wirkten, ausübten, als kleine und kleinste Obrigkeiten und Herren – oder sie hatten sich dem bezahlten Dienst in einer Fürstenbürokratie, vor allem im Militärapparat, unterworfen wie besonders in Preußen.

Diese Verfassung wurde zum Ausgangspunkt der Zersplitterung der politischen Gewalt, des »Partikularismus« und des Föderalismus in Deutschland. Dies wurde gefördert durch die in Deutschland – im Unterschied zu Frankreich – sich durchsetzende Erblichkeit der Lehen und den Zwang, die Lehen immer wieder auszugeben (»Leihezwang«), statt sie beim obersten Lehnsherrn einzuziehen und zu sammeln. In Deutschland gab es nicht einmal ein zentrales Lehnskataster! Die Lehen wurden zu Pfründen in erblichem Familienbesitz. An Stelle eines überpersönlichen Staates tritt eine Pyramide von Schutzbedürftigen und Schutzverleihenden, von Vasallen und Lehensherren, durch Treueid und Huldigung verbunden. Dieses Gebilde wird von deutschen Historikern als »Personenverbandsstaat« (im Unterschied zum »institutionalisierten Flächenstaat« mit klar umrissenem Gebiet, Volk und staatlichem Gewaltmonopol) bezeichnet.

Anläufe zur Zentralisierung

Karl der Große

Zu diesem Herrscher verfügen wir (im Unterschied zu Arminius oder Widukind) dank des gelehrten Einhard (»Vita Caroli Magni«, nach dem Muster von Suetons Kaiserbildern) über eine nicht unsympathische Biografie. Karl war ein gewaltiger Jäger und Krieger, von imponierender Körpergestalt (1,92 m) und Daseinsfreude, voller Wissbegier und ein begeisterter Förderer des versunkenen antiken Erbes sowie auch der Kultur seines eigenen Volkes. Er sprach dank einer sorgfältigen Erziehung neben Fränkisch auch Lateinisch und verstand Griechisch, konnte auch lesen – besonders gern las er im »Gottesstaat« des Augustin –, wenngleich trotz späten Bemühens nicht schreiben. An seinem Hof umgab er sich (wie Friedrich der Große) mit großen Gelehrten seiner Zeit, hatte eine ähnliche Tafelrunde (Einhard, Alkuin, Paulus Diaconus). Sein entschiedenes Christentum hinderte ihn nicht daran, sich ehelich und in »Friedelehen« (Konkubinaten) mit insgesamt acht Frauen zu umgeben, von denen er 17 Kinder hatte. Seine Töchter liebte er so zärtlich, dass er ihre Verheiratung nicht zulassen wollte. Als seine Lieblingstochter starb, weinte dieser harte Krieger, zum leichten Befremden Einhards. Seine Fähigkeit zur Grausamkeit – freilich nicht jenseits der Zeitgepflogenheiten – zeigte sich besonders in den Sachsenkriegen, die mit religiösem Eifer betriebene Kreuzzüge waren. Aber Widukind tötete er am Ende nicht, sondern versöhnte sich mit ihm durch dessen Taufe, ehrte ihn sogar. Auch ließ er den treulosen Herzog Tassilo von Bayern nicht hinrichten, sondern nahm ihm nur sein Herzogtum und begnadigte ihn zum »Klostertod« in Lorsch (die damals eleganteste Art, jemanden »verschwinden« zu lassen, in diesem Falle nicht als Mönch, sondern als Gefangener). Im Übrigen war er ein gewaltiger Krieger von enormer Energie und Spannkraft. Er führte während seiner gesamten Regierungszeit etwa 53 Feldzüge. Ein Mann dieses Kalibers kann leicht zum Tyrannen des Gemeinwesens werden, wenn ihm die Mittel dazu zur Verfügung stehen und es nicht so etwas wie ein athenisches Scherbengericht (»Ostrakismos«) gibt.

Nicht jeder mag sich wohl einem zynischen Urteil von Voltaire anschließen: »Der ehrwürdige Charlemagne hatte Erfolg, darum wird er von gedungenen Historiographen als Zierde der Menschheit gepriesen, obwohl er schreiendes Unrecht tat. Dieser fromme Christ hatte mehrere Frauen zugleich und war der Blutschande verdächtig. Den Mörder von Tausenden hat die Kirche heiliggesprochen. Nicht einmal seinen Namen konnte er schreiben und ging doch als Förderer der Wissenschaft in die Geschichte ein« (nach Fischer-Fabian 2004).

Was hinderte ihn daran, ein absoluter Herrscher im modernen Sinn zu werden? Zunächst die dominierende Naturalwirtschaft, die einen Beamtenstaat wie in Rom nicht zuließ. Statt einer gehorsamen Verwaltung sah er sich umgeben von der Selbstherrschaft selbstbewusster und oft genug ungebärdiger Vasallen, einem unabhängigen Adel in Waffen, der auf seinen Gütern saß. Anstelle einer Stadtwirtschaft mit umfassendem überregionalen Handelsverkehr dominierte die selbstgenügsame Naturalwirtschaft einzelner kleiner Herrschaften, oft im Status der »Immunität»; anstatt eines kaiserlichen Berufsheeres herrschte ein schwerfälliges und unzuverlässiges Aufgebot der über das Land verstreuten Lehnsleute vor; anstelle geordneter Reichsfinanzen mit zuverlässig eingehenden Geldsteuern war Karl der Große auf vergleichsweise unsichere Naturaleinkünfte (Getreide, Obst, Gemüse, Vieh, Honig Holz, Wein …) angewiesen; anstatt einer gebildeten weitläufigen Schriftkultur gab eine auf eine kleine Schicht beschränkte, fast rein klerikale Bildung den Ton an. In alldem steckt eine enorme Einschränkung seiner Macht.

Wie kann man unter solchen Umständen seine Herrschaft durchsetzen? Wir sprachen schon über das Lehnswesen. Mit den Panzerreitern konnte bereits Karl Martell verhindern, dass Mitteleuropa zu einem Kalifat wurde und so die Freiheit des christlich-germanischen Abendlandes bewahrt blieb (Freiheit vom Typ III) – in den bekannten Schlachten von Poitiers (732) und Narbonne (738). Auch im Kampf gegen die angreifenden Awaren – ein mongolisches Hirtenvolk – blieb diese Armee erfolgreich und konnte sogar das fränkische Territorium in Auseinandersetzung mit den Sachsen, den Dänen und den Slawen verdoppeln, von kleineren Erfolgen abgesehen. Auch die Langobarden in Italien mussten sich geschlagen geben. Ihr gefangen genommener Herrscher Desiderius wanderte in ein fränkisches Kloster, wie Tassilo.

Die Verwaltung des Reiches bestand aus 200 bis 250 Gauen oder Sprengeln, die von beamtenähnlich ernannten und in der Theorie absetzbaren Grafen kontrolliert wurden. Ursprünglich war ein Graf Führer einer Heeresabteilung. Nach der Landnahme erhielt er weitere, auch zivile Kompetenzen. Neben der militärischen Funktion (Aushebung und Ausbildung der Mannschaft, ggfs. Dienstbefreiung) hatte er auch polizeiliche Aufgaben: Er organisierte die Verfolgung von Gewaltverbrechern, zog zu öffentlichen

Zwangsdiensten (Straßen- und Brückenbau, Postdienste etc.) heran und führte auch die Finanzverwaltung (Zölle verschiedener Art, etliche waren freilich verliehen). Steuern spielten kaum eine Rolle. »Das reiche römische Steuerbukett war bis auf spärliche Reste abgeblüht« (Mitteis 1966, S. 49).

Hinzu kamen die richterlichen Funktionen im Volksgericht, das im Normalfall alle sechs Wochen tagte, inkl. Vollstreckungsfunktion. Das Grafenamt wurde vom Eigenbesitz seines Inhabers getragen und schließlich erblich. Es bildeten sich Familiendynastien. Dass diese »Beamten« sich aus wohlhabenden adligen Familien rekrutierten und sich bald allzu leicht feudalisierten, schwächte die Macht der Zentrale, die sich mit herumreisenden außerordentlichen Kommissaren, den sog. Königsboten (»Missi«), um die Ausführung der Gesetze, der »Kapitularien«, bemühten. Diese Kommissare mit Vollmachten für Rechtsprechung und Verwaltung reisten einmal im Jahr – je ein weltlicher und ein geistlicher Königsbote – in einen Gau, um dort die Ämter zu kontrollieren, Prozessen beizuwohnen und eigene Gerichtstage abzuhalten. Bestechungen, Vetternwirtschaft und Ausbeutung waren die Hauptprobleme. Sie sollten außerdem die Kirche, die Armen, die Waisen und die Witwen und das ganze Volk vor Übeltaten und Tyranneien schützen (siehe das »Capitulare missorum«) – ein erster Ansatz von königlicher Sozialpolitik und, wie Will Durant (VI, S. 137) meint, eine Magna Charta für das Volk, vier Jahrhunderte früher als Englands Magna Charta für den Adel zustande kam. 63 dieser Anordnungen, die jeweils von den jährlichen Heeresversammlungen gebilligt wurden (die alte Volksversammlung der »Freien« spielte keine Rolle mehr), sind erhalten. »Niemand wage es, mit vermeintlicher Schlauheit nach eigenem Ermessen das gültige Gesetz, wie es leider oft geschieht, oder seine Gerechtigkeit zu seinem Vorteil zu beugen. Es darf nicht geschehen, dass Speichelleckerei, Bestechung, Vetternwirtschaft oder Furcht vor mächtigen Menschen die Justiz auf ihrem Wege aufhält« (Deutsche Geschichte, 1, S. 59). Eine besondere Stellung hatten die eroberten Grenzräume, die Marken, von einem Markgrafen beherrscht, aus denen später besonders selbstbewusste Territorien hervorgingen (Brandenburg, Österreich).

Das Entscheidende aber war für den Zusammenhalt dieses Reiches die Bedeutung und körperliche Präsenz des Herrschers selbst, der als »Reise-« oder »Wanderkönig« mitsamt seinem Gefolge (ca. 2000 Mann) von Hofgut zu Hofgut (»Pfalzen«) ziehen musste, da für eine stationäre Hauptstadt die ökonomischen Voraussetzungen fehlten. Man hat berechnet, dass Karl in den viereinhalb Jahrzehnten seiner Königsherrschaft Entfernungen zurückgelegt hat, die dem mehrfachen Erdumfang entsprechen (Ohler 1986,

S. 209). Und dies nicht in einer Sänfte, sondern zu Pferd und bei schlechten Wegen, fehlenden Brücken, ausgedehnten Wäldern, Sümpfen und schwer passierbaren Gebirgen. Unterwegs mussten die Bauern für die Versorgung des Königs aufkommen (»servitium regis«), gewiss eine Ehre, aber auch eine Last, die man gern wieder los wurde. Diese enorme Beanspruchung führte zum oft frühen Tod der deutschen Könige, nur wenige wurden über 40 Jahre alt.

Die Grafen nahmen vom gewöhnlichen Volk (ab 12 Jahren) einen allgemeinen Untertaneneid (»fidelitas et leudesamio«) ab (798/802), also auch hier war das ethische Element der »Treue« entscheidend, nicht ein polizeilicher Zwang, zu dem die Voraussetzungen fehlten. Dies alles bedeutete – zusammen mit den vielen »Immunitäten«, selbstständigen Grundherrschaften mit politischen Rechten, welche die Grafschaftsbezirke durchlöcherten, die praktische Autonomie der kleineren unteren Einheiten. Zweifellos eine Chance für reale individuelle Freiheit, ökonomisch durch prohibitiv hohe Kontrollkosten begünstigt!

Hinzu kommt: Neben der weltlichen Verwaltung gab es noch die kirchliche der Bischöfe, Abteien und Klöster, die formell aus der Civitas Dei in Rom vom Papst, dem Pontifex Maximus und geistigem Nachfolger des alten römischen Kaisers, zentral gesteuert wurden (auch ihre Herrschaften waren durch zahlreiche »Eigenkirchen« der Grundherren durchlöchert). Diese konnte Karl zwar zu Eigenzwecken nutzen. Sie waren meistens auch dem Lehensverband eingegliedert und stellten Panzerreiter. Aber hierin steckte das Konfliktpotenzial der Zukunft und damit eine weitere Voraussetzung für die günstige Entwicklung der Freiheit.

Karl selber betrachtete sich nach Salbung und Krönung durch den Papst auch als Herrn der römischen Kirche und griff gelegentlich selbst in dogmatische Streitigkeiten ein (etwa im »Bilderstreit«). So spricht Rudolf Wahl vom »karolingischen Gottesstaat«. In der Tat war Karl von einem theokratischen christlichen Verständnis durchdrungen (man bestattete ihn sitzend mit der Bibel auf den Knien) und fühlte sich für den Schutz der Kirche und auch für die gewaltsame Missionierung (Sachsen!) zuständig, so sehr dies eigentlich der christlichen Liebesbotschaft widersprach. Seine imposante Stellung spiegelt sich in seiner Selbstbezeichnung wider: »Serenissimus augustus a Deo coronatus magnus pacificus imperator, Romanum gubernans imperium, qui per misericordiam Dei rex Francorum atque Langobardorum« (Mitteis 1966, S. 74).

Mit Karls Kaiserkrönung in Rom (800) begann die große romantische Fiktion der Fortsetzung des antiken Römischen Reiches durch die Deutschen. Als Kaiser konnte Karl sogar Kniefall und Fußkuss beanspruchen. Symbolisch zeigt sich die Illusion in dem Faktum, dass man zum Bau der Kaiserkapelle in Aachen Säulen, Mosaiken und Marmor aus den Ruinen Roms und aus Ravenna in Ochsenkarren über die Alpen schleppen musste. Rom selber wurde nicht zur Hauptstadt dieses Reiches, obwohl dies doch dem imperialen Anspruch gemäß gewesen wäre. Der mit 24 Jahren verstorbene Otto III. hatte später diesen Plan.

Die »karolingische Renaissance« blieb eine Episode, die sich auf eine kleine priesterliche Oberschicht beschränkte. Schon bald nach Karls Tod fanden die missi dominici, die Königsboten, keine Beachtung mehr, sofern sie noch existierten. Karls Reich zerfiel in den Streitigkeiten seiner unfähigen Nachfolger und in den unendlichen Kämpfen der verselbstständigten Feudalgewalten. Gleichwohl wird man mit Will Durant sagen können: »Wenn man von seinen Kriegen absieht, war die Regierung Karls des Großen die gerechteste und aufgeklärteste, die Europa seit dem Goten Theoderich erlebt hatte« (VI, S. 137). 1165 wurde er trotz seiner Untaten und seiner polygamen Lebensführung, die spätere Kaiser fortführten, von einem folgsamen Papst heiliggesprochen.

Ottonen, Salier und Staufer

Dass sich unter den Stämmen des Ostfränkischen Reiches (Schwaben, Bayern, Alemannen, Thüringer und Sachsen) ein Gemeinschaftsgefühl herausgebildet hatte und damit eigentlich erst eine »deutsche« Geschichte begann, zeigt die Königswahl Heinrichs I. (919). Offenbar konnten sich trotz gewisser Schwierigkeiten (die bis heute andauern) die Stämme miteinander über ihre Dialekte hinweg auch ohne eine deutsche Gemeinsprache verständigen. Sein Nachfolger Otto (»der Große«) kommt in der Geschichtsschreibung sehr gut weg: ein Mann von hohem Wuchs und mächtigen Schultern, achtlos in Gefahr, ein glückhafter Kriegsmann, ebenso kühn wie klug, ein Mann mit Überblick und Weitsicht. Seine formale Bildung war dagegen gering. Seine Erziehung war aufs Praktische gerichtet: Lesen konnte er kaum, Latein verstand er nicht, Slawisch und Französisch konnte er nur radebrechen, aber sein politisches Charisma und offenbar auch sein Charme waren enorm. Schon mit 17 Jahren hatte er einen Sohn von einer schönen slawischen Gefangenen (Gaxotte, Bd. 1, S. 115).

Otto stellte das Reich Karls des Großen – seines Vorbildes – mehr oder weniger wieder her: eine Restauration der Restauration. Er stützte sich vor allem auf die Macht seines Stammes, der Sachsen, und war auch direkter Herrscher über die Thüringer. Seine Persönlichkeit glich die latenten Schwächen des Lehnssystems vorübergehend aus. Seine Panzerreiter besiegten die Ungarn definitiv (Lechfeld bei Augsburg 955) – ein Sieg von größter Tragweite, vergleichbar dem Sieg Karl Martells gegen die Araber bei Potiers 732. Also auch ein wichtiges Datum für die Geschichte der Freiheit, zumindest vom Typ III.

Gleichwohl hatte auch er mit gewaltsamen innerfamiliären Konflikten zu tun (seine Brüder, sein Sohn Liudolf, der sich sogar mit den Ungarn gegen den Vater verbündete, aber sich am Ende demütigen musste). Auch die traditionell widerstrebenden Stämme machten ihm einigen Kummer. Er suchte sie über familienpolitische Patronage zu zähmen. Otto nahm (erneut) die Kirchenorganisation für sich in Anspruch, ja machte führende Positionen zur Apanage für seine Familie, indem er die Herzogtümer an seine nächsten Verwandten vergab: so Lothringen an seinen Schwiegersohn Konrad den Roten, Bayern an seinen Bruder Heinrich, Schwaben an seinen Sohn Ludolf und 961 auch Sachsen an Hermann Billung. Das wichtige Erzbistum von Köln vergab er an seinen Bruder Bruno.

Die römische Kirchenorganisation im Dienste des Reiches

Otto symbolisierte seine Ambition in der Kaiserkrönung durch den fügsamen Papst Johann XI. im Jahre 962, der praktisch der erste Bischof seines neuen Reichskirchensystems wurde. Die Inanspruchnahme der Kirchenorganisation hatte den Vorteil, dass ihre leitenden Erzbischöfe, Bischöfe und Äbte keine vererblichen Positionen innehatten. Vollends seine Nachfolger, die durch die Großen des Reiches gewählten Salier (namentlich Heinrich III. und der problematische Heinrich IV.), setzten Päpste ziemlich beliebig ein und ab. Die deutschen Kaiser dieser Zeit kontrollierten die römische Kirche vollständig. Es gab fünf deutsche Päpste in Folge. Die Lehnsherren besetzten die höchsten Kirchenämter, die Vasallen die Pfarreien. Damals war etwa ein Drittel des deutschen Bodens in kirchlichem Besitz! Auch versuchten diese Herrscher, durch systematischen flächendeckenden Burgenbau ihre Herrschaft zu verdichten und sich eine Eigenmacht über abhängige Berufsbeamte – »Ministeriale« – zu schaffen, die sich jedoch bald ebenfalls feudalisierten und in den Adel aufstiegen. Die Salier schufen sich eine glanzvolle Planstadt in Speyer mit einem gewaltigen Dom, in dem sie auch begraben liegen.

Gegen diesen Verstaatungsversuch der Salier gab es einen weiteren blutigen Sachsenkrieg, da sächsische Adlige (und Bauern) ihre Freiheit und ihr Eigentum bedroht sahen (1073–1075). An der Spitze standen u. a. Otto von Northeim und der spätere Gegenkönig Rudolf von Rheinfelden. Die Sachsen blieben ihrer rebellischen Tradition treu. Heinrich IV. konnte den Aufstand niederwerfen. Die nationale Geschichtsschreibung hat diesen peinlichen »Bürgerkrieg« später gern bagatellisiert oder ganz verschwiegen.

Die Macht des Königs in einem politischen Patchwork

Heute werden Beschlüsse des Bundestages oder der Bundesregierung von Flensburg bis Berchtesgaden, von Aachen bis Görlitz überall in gleicher Weise durchgesetzt. Nicht so die deutsche Königsgewalt im hohen Mittelalter. Hier verdünnte sich die Königsmacht von einem inneren Kerngebiet nach außen immer mehr. Am stärksten wirkte sie an seinem Hof und wo er sich jeweils aufhielt. Dann im Bereich des Reichsgutes, wo der König unmittelbar Grundherr war. In jenen Gebieten, in denen er nur die Herzogsgewalt wahrnahm (wie in Franken oder Thüringen), regelte er bloß die Beziehungen der Großen untereinander. Weitestgehend selbstständig waren die übrigen Herzogtümer. Die Nebenlande des Reiches waren in hohem Maße faktisch unabhängig. Es gab weiterhin keinen königlichen Herrschaftsapparat, der über ausreichende Mittel verfügt hätte, mit denen er Beamte oder Soldaten hätte bezahlen können; auch schriftliche Weisungen waren kaum möglich, um dieses Personal zu steuern, schon wegen des allgemeinen Analphabetentums. An Geldeinnahmen hatte er allenfalls Gerichtsgebühren, Bannbußen, Zoll, Münzgewinne und gelegentliche Steuern aus Italien.

Naturalüberschüsse lassen sich nicht über größere Strecken hinweg transportieren. Im Konfliktfall sah es darum nicht gut für den König aus: Der Beamte ist von den Zahlungen aus der zentralen Kasse abhängig, der lehnsmäßige Herrschaftsträger hat sein Lehnsgut in eigener Verfügung, auch die physischen Erzwingungsmittel. So war der Herrscher auf den good will und die zugesicherte Treue seiner Lehnsleute angewiesen: »Deine Freunde sind meine Freunde und deine Feinde sind meine Feinde.« Zudem hatte der König von den geografischen oder ökonomischen Gegebenheiten seines Reiches kaum genauere Kenntnis, da es weder Landkarten noch Länderkunden noch Statistiken gab. Zudem kann man im Herumziehen kein ordentliches Archiv aufbauen. Dies bedeutet insgesamt: fast übermenschliche Anforderungen an den König. Außer Karl dem Großen, Barbarossa, dann erst wieder Kaiser Sigismund und Friedrich III. erreichte bis zum 16. Jahrhundert kein deutscher König die Pensionsgrenze (Mirow, S. 120 f.; Schulte 1921, S. 11).

Sacerdotium gegen Imperium

Mit der »päpstlichen Revolution« (Dictatus Papae, Gregor VII., ein fanatischer Mönch: »heiliger Satan«, vgl. Nemo 2005, S. 45 ff.) setzte ein Gegenschlag gegen die kaiserliche Kirchenherrschaft ein, der die Macht des Kaisers erschütterte, auch weil die Großen des Reiches sich diesen Zwiespalt zunutze machten (Gegenkönig: Rudolf von Rheinfelden). Der päpstliche Akt des Dictatus Papae (1075) behauptete in 27 kurzen Sätzen die Oberherrschaft des Papstes über alle weltliche Gewalt: »Nur ihm steht es zu, Kaiser abzusetzen« (Satz 12); »Es gibt keinen Rechtssatz und keine Rechtssammlung ohne seine Billigung« (Satz 17). Als Konsequenz setzte er Kaiser Heinrich IV. kurzerhand ab, exkommunizierte und bannte ihn. Da alle Welt nun vom Kaiser abfiel, blieb ihm nur der extrem demütigende winterliche Ritt zur Burg Canossa, wo sich der Papst verschanzt hatte. Mag dies politisch ein »kluger Schachzug« sein, um die Lösung vom Bann zu erreichen – es war gleichzeitig eine Demütigung, wie ihn die Welt der deutschen Herrscher noch nicht gesehen hatte. Der Kaiser drei Tage lang im Büßerhemd um Vergebung flehend vor der verschlossenen Burg! Der Papst gab schließlich widerwillig nach und nahm den »reuigen Sünder« wieder in die Kirche auf. Sein eigenes Ende freilich war gleichfalls demütigend: Er starb als vom Kaiser doch noch besiegter, gebannter Flüchtling, von der stadtrömischen Bevölkerung vertrieben, einsam und verbittert 1085 in Salerno.

Ein vorläufiger Kompromiss war das Wormser Konkordat (1122), in welchem der Kaiser – Heinrich V. – auf die Einsetzung der Bischöfe verzichtete, aber sich vorbehielt, diese in ihre weltlichen Lehnsrechte einzusetzen. Für die Geschichte der Freiheit, der Trennung von Staat und Kirche, der Trennung der geistig-religiösen von der politischen Macht, war und ist bis heute dieser Kampf von großer Bedeutung. Auch waren die Päpste jahrhundertelang selbst Träger einer politisch-territorialen Macht (»Kirchenstaat«) und wurden so Mitspieler in der politischen balance of power Europas (Roland Vaubel, 2018). Ein Katholik in Deutschland hat bis heute sozusagen eine doppelte Staatsbürgerschaft: die der römischen Civitas Dei und der deutschen Civitas terrena. Daraus ergeben sich Freiheitsspielräume.

Barbarossa

Der Staufer Friedrich Barbarossa führte das Reich noch einmal zu großem Glanz, begleitet von ununterbrochenen Feldzügen, besonders im abhängigen Italien. Die Städte der Lombardei, an der Spitze Mailand mit damals schon etwa 100 000 Einwohnern, widersetzte sich den »nordischen Barbaren«. Zunächst siegte der Kaiser und zerstörte die stolze Stadt. Seine anmutige und fein gebildete Gemahlin Beatrix begleitete ihn anhänglich und treu (»Traumhochzeit« 1156 in Würzburg, sie ist in Speyer begraben). Stolz behauptete er seine Gottesunmittelbarkeit. Es war diese Zeit der Höhepunkt des feudalen, des ritterlichen Zeitalters, das sich auf dem berühmten Mainzer Hoffest von 1186 mit 70 000 Gästen, darunter 20 000 Ritter, auf den Rheinwiesen selber feierte. Die höfische Kultur blühte wie nie zuvor – ein wichtiger Beitrag zur Zivilisierung der nordischen Barbaren, der bis heute fortwirkt (s. u. den Abschnitt über die Ritter).

Auch Friedrich blieben innere Kriege – »Bürgerkriege« – nicht erspart. Eine Art Nebenkönig war sein Vetter Heinrich der Löwe, der Bayern und Sachsen beherrschte und sich als Städtegründer (Braunschweig, Schwerin, Privilegierung Lübecks) und Ostkolonisator einen bedeutenden Namen gemacht hat. Er wurde wegen »Felonie« (Hochverrat) in einem formellen Verfahren abgesetzt. Grund: Er hatte seinen Oberherrn Friedrich während dessen italienischen Feldzügen im Stich gelassen, mit der mutmaßlichen Folge von dessen Niederlage gegen den lombardischen Städtebund bei Legnano (1176). Heinrich verlor seine Herzogtümer und musste sich mit einem kleinen »allodialen« Restgebiet begnügen. Noch heute zeugt Braunschweig mit seiner Burg Dankwarderode, dem Löwendenkmal und dem Dom von einer großen Ambition. Im Dom ist Heinrich mit seiner Gattin auch begraben. Zwei anmutige Steinfiguren, auf dem Sarkophag liegend, zeugen bis heute davon.

Friedrich musste diese eingezogenen Gebiete wegen des »Leihezwangs« wieder als Lehen ausgeben, er konnte die Chance einer Zentralisierung durch großen Gebietsgewinn nicht nutzen. Damals gelangte die Adelsfamilie der Wittelsbacher in den Besitz Bayerns (bis 1918).

Sein Sohn Heinrich VI. erweiterte den staufischen Einfluss enorm. England, Polen, Dänemark gingen formell dem Reich zu Lehen, wohl mehr eine höfliche Fiktion. Sein Erbreichsplan von 1196 sollte die weltlichen Großen dazu bewegen, auf ihr Wahlrecht zu verzichten, freilich mit der Gegenleistung, dass ihre Reichslehen erblich werden sollten, nicht nur in männlicher, sondern auch in weiblicher Linie und bei Kinderlosigkeit und sogar in Seitenlinien! Seinen frühen Tod, in Vorbereitung eines Kreuzzuges, 1197, nennt Heinrich Mitteis noch 1949 »die größte Katastrophe der deutschen Geschichte« (und 1648 und vor allem 1945?). Dies gewiss nur unter der Annahme, dass der Zentralismus auch für die Deutschen der beste politische und kulturelle Weg gewesen wäre.

Der Triumph des Partikularismus

Der Liebling der Intellektuellen bis heute – der »aufgeklärte« Freigeist Friedrich II. – führte einen weiteren Kampf gegen das Papsttum, diesmal Innozenz III. Er widmete sich vor allem Italien und besonders Sizilien, wo er einen viel bewunderten Musterstaat jenseits des Feudalismus aufbaute. Historiker schildern ihn als anmutig wie ein griechischer Gott, mit ritterlichem Schneid und dem einnehmenden Wesen eines Barbarossa. Friedrich schrieb Minnelieder und verfasste ein Buch über die Falknerei, war in allen Wissenschaften bewandert, pflegte Umgang mit den großen Geistern seiner Zeit und allen Religionen, war Kriegsherr und Pamphletist; er liebte die Künste und die Frauen und er glaubte unerschütterlich an seinen Stern (Rovan, S. 131 f.). Dies alles machte ihn bei seinen Gegnern besonders verhasst. Ein päpstlicher Chronist, der Minorit Salimbene von Parma, schreibt 1282 über ihn: »Friedrich war ein verderbenbringender und verdammter Mensch, ein Schismatiker, Ketzer und Epikuräer, der den ganzen Erdkreis verdarb. Glauben an Gott war ihm fremd. Er war ein verschlagener Mensch, hinterlistig, habgierig, ausschweifend, boshaft, jähzornig.« Aber er sei auch ein tatkräftiger Mann gewesen und wenn er seine Höflichkeit zeigen wollte, konnte er freundlich, angenehm, ergötzlich, eifrig sein. Salimbene kannte ihn aus persönlichem Umgang.

Deutschland überließ er seinem Sohn Heinrich VII., der den Fürsten des Reiches gewaltige Zugeständnisse machen musste, um gar nur als deutscher König gewählt zu werden: so zunächst einen Vertrag mit den geistlichen Fürsten (Confoederatio vom 26. April 1220), der diesen das Spolienrecht, die Zoll- und Münzhoheit, das Bestätigungsrecht einräumte und so alle Rechte in die Hand gab, in ihrem Gebiet eine Landeshoheit aufzubauen. Dem folgte im Mai 1232 eine ähnliche Garantie für alle Fürsten (»Statutem in favorem principum«). Dies verband sich mit einer städtefeindlichen Politik, die alle Staufer kennzeichnete. Bedauerlich, wenn es darauf angekommen wäre, einen Bund mit den freiheitsstolzen Kommunen und den Ritterbünden gegen die aufkommenden Territorialgewalten zu schaffen. Ein Königtum, das sich auf die Bürger hätte stützen können, mit unabsehbaren, wahrscheinlich günstigen Folgen für die Reichsentwicklung! Das Interregnum – eine Zeit mit einflusslosen Königsfiguren wie Heinrich Raspe oder Alfons von Kastilien, 1250–1273 – war eine gute Zeit für die partikularen Gewalten. Als es 1273 mit der Wahl Rudolf von Habsburgs endete, war der deutsche König nur noch in seinem eigenen Territorium Herr. Es gab in der Folge Kaisergestalten von erbärmlicher Schwäche wie Ruprecht von der Pfalz oder der von den Kurfürsten abgesetzte Wenzel von Böhmen.

Bis heute genießen die Staufer, vor allem Friedrich Barbarossa, ein mythisches Ansehen, wie es sich im Kyffhäuserdenkmal als Sehnsucht nach dem glänzenden alten Reich und der Feier des neuen Reiches Wilhelms I. spiegelt. Die Hohenzollern, die diese Mythologie im Einigungswerk Bismarcks aufnahmen, enttäuschten und bereiteten mit der großsprecherischen Politik Wilhelms II. den »Höllensturz« dieses Gebildes vor, im Unterschied zum ersten (1803) nicht leise wimmernd, sondern unter dem furchtbaren Getöse des Ersten Weltkriegs.

Ein politisches Kartell

Nach dem Sturz und schmählichen Ende der Staufer machten sich die »Großen des Reiches« – die Kurfürsten an der Spitze – vollends zu dessen Herren. Die Goldene Bulle, die ein sonst nicht unbedeutender Kaiser aus der Familie der Luxemburger, Karl IV., im Jahre 1356 in Nürnberg zugestand, vollendet den partikularistischen Enteignungsprozess der kaiserlichen Gewalt. Sie hält Einzelheiten der Königswahl schriftlich fest: den Wahlort Frankfurt, die Krönung in Aachen, das Mehrheitsprinzip unter den sieben Kurfürsten als feststehenden »Säulen des Reiches«. Wer sich vier Kurstimmen erkauft, ist König. Niedersachsen, Bayern, Schwaben bleiben erstaunlicherweise im Wahlgremium ohne Vertretung. Das Wahlrecht ist also auf einen Fürstenklüngel beschränkt und ohne Volkstümlichkeit. Ferner, besonders einschneidend, ist die nunmehr erreichte unbeschränkte kurfürstliche Gerichtsgewalt (kein Appellationsrecht ihrer Untertanen mehr an den König, auch können sie vom König nicht mehr zur Verantwortung gezogen werden).

Königliche Hoheits- und Nutzungsrechte (Regalien) wie das Bergbau-, Münz-, Salz- und Zollregal fallen definitiv an die Kurfürsten; jede Art freier

Einungen wie Ritterbruderschaften oder Städtebünde werden verboten, auch die »Pfahlbürgerschaft«. Dies diente der Macht der Territorialfürsten gegen den kleineren Adel und die Städte. Pfahlbürger nannte man die Zugewanderten, die zunächst vor den Toren der Städte siedelten. Die Artikel 14, 15, 16 und 17 der »Goldenen Bulle« begrenzen bzw. regulieren das Fehderecht, das Recht auf einen »Privatkrieg«.

Was das Reichstagsrecht betrifft, so wurde die Reichsstandschaft der Reichsfürsten, auch der reichsunmittelbaren Grafen und freien Herren, kodifiziert. Die Städte hatten nur ein partielles Mitbestimmungsrecht (Steuern, Landfrieden), die Masse der Bevölkerung, die Bauern, war gar nicht vertreten und konnten dies aus ökonomischen Gründen nicht sein: Wie sollte ein Bauer aus Ostfranken mit einer Hufe Land ein Maifeld an der Maas besuchen und später einen Reichstag in Konstanz oder einen Hoftag in Regensburg?

Der Kampf um das Gewaltmonopol

Der Zerfall der königlichen Machtstellung, der mangels effizienter Gerichtsverfassung nicht durchführbare allgemeine Landfrieden mit der Folge häufig willkürlicher Gewalt der vielen konkurrierenden Mächte und Einzelpersonen sowie auch die kriegerischen Invasionen der Hussiten und der Türken, deren man nur schwer Herr wurde, ließ im 15. Jahrhundert das Bedürfnis nach einer »Reichsreform« aufkommen. Einer starken zentralen Macht, die den Frieden nach innen und außen sichern konnte (wie es ja die Aufgabe des seiner ökonomischen und politischen Mittel beraubten Königs war, sein eigentlicher Daseinsgrund)! Ein recht modern wirkender Reichsreformvorschlag des berühmten Gelehrten und Weisen Nicolaus von Cusa, die »Concordantia Catholica« (1433), sah eine Art Bundesstaat mit ständischem Reichsparlament vor, an welchem der Kaiser, die Kurfürsten und Vertreter der übrigen Stände teilnehmen, ein allgemeines Fehdeverbot mit Neuordnung der Gerichtsbarkeit auf Grundlage einer Kreiseinteilung, die Aufstellung eines stehenden Reichsheeres, schließlich geordnete Einkünfte des Reiches aus Steuern und Zöllen. Auch für die zerrüttete Kirche machte er Reformvorschläge. Zu seiner Zeit kämpfte die konziliare Bewegung gegen die Monopolstellung des Papstes. Cusanus bemerkte damals: Das Reich sei von einer tödlichen Krankheit befallen, daher sei schnelle Hilfe erforderlich, sonst »werde man das Reich in Deutschland suchen, ohne es dort zu finden. Dann werden Fremdlinge von unserer Heimaterde Besitz ergreifen und uns aufteilen und so werden wir einer anderen Nation unterworfen« (Concordantia III, c.32).

Nach 1437 kam eine Reform in Gang, aber sie verlief sich wieder. Ein Kaiser, von dem nur seine lange Regierungszeit erwähnenswert ist, Friedrich III. (1440–1493), ließ jede Reformenergie vermissen. Ein Landfriedensgesetz von 1442 blieb mangels Exekutivorganen und Gerichtsorganisation wirkungslos, ebenso der Reichslandfrieden von 1486. Schließlich nahm der Mainzer Erzbischof Berthold von Henneberg am Ende des Jahrhunderts einen weiteren Reformanlauf. Er wollte an die Stelle der königlichen Regierungsgewalt einen ständischen Regierungsausschuss, ein »Reichsregiment« setzen. Der Kaiser, der umtriebige, joviale und abenteuerliche, chronisch geldbedürftige Maximilian, sah sich damit vollends entmachtet und widersprach.

Zu Maximilian ist persönlich einiges Vorteilhaftes zu sagen: ein Mann mit einem Funken südlichen Feuers, das von seiner portugiesischen Mutter herrührte. Bezaubernd, kräftig, sehr sportlich und polyglott. Freund der Künste und der Künstler, allen widmet er seine gewinnende Freundlichkeit. »Einmal versteckten die Nürnberger Patrizierinnen seine Reitstiefel, damit er die ganze Nacht mit ihnen tanze« (Will Durant). Er möchte ein fürstlicher Humanist und ein ritterlicher König sein (nach Art der Heldenepen und Ritterromane). Er veranlasst auf seiner Burg Ambras die Zusammenstellung des Nibelungen- und des Gudrunliedes. Maximilian gewann mit seinem guten Aussehen und liebenswerten Benehmen schnell das Herz der Tochter Karls des Kühnen, Maria von Burgund. Seine Brautfahrt nach Gent glich einem Roman der Brautwerbung um eine ferne Prinzessin. Wie er begeistert den »Rosenroman« las, ließ er seine eigene Geschichte, speziell die Brautwerbung, in Gestalt eines allegorischen Romans namens »Theuerdank« aufzeichnen. Wer in Innsbruck an seinem Grabmal mit den 28 Kolossalstatuen rundum gestanden hat, weiß, mit wem er es zu tun hat: Alle seine Helden aus Realität und Mythos sind hier versammelt, darunter Theoderich der Große (Dietrich von Bern), König Artus, Chlodwig … Er wäre heute der Liebling aller Illustrierten und romantischen Filmserien (Gaxotte, Bd. 1, S. 357 f.).

Auf dem Reichstag zu Worms 1495 kam es zu einem Kompromiss: Aufrichtung des Ewigen Landfriedens, der die Privatkriege beseitigen sollte und die Streitparteien auf den Rechtsweg verwies; Einrichtung eines höchsten Reichsgerichtes, des Reichskammergerichtes, auf dessen Besetzung die Stände jedoch den entscheidenden Einfluss nahmen; die Erhebung einer allgemeinen Reichssteuer, des sog. gemeinen Pfennigs (eine Kombination aus Vermögens- und Kopfsteuer); ein periodisch zusammentretender

Reichstag mit Einfluss auf die Exekutivgewalt, dann (1500) die Einrichtung eines Reichsregimentes, das aber nur zwei Jahre bestand, auch weil der Kaiser selber seinen finanziellen Beitrag schuldig blieb. Fast all dies scheiterte, geblieben ist nur die theoretische Beseitigung der Fehde, das Reichskammergericht und die Schaffung der Reichskreise. Indessen verhinderte dies nicht die Kriege der vielen Obrigkeiten und Territorien gegeneinander, besonders nachdem noch religiöse Kämpfe hinzukamen.

Das Ende des Alten Reiches 1803/1806

»Man lebte in einem alten mächtigen Baue, über den ein Schlossherr nicht mehr gebot. In den einzelnen Sälen und Zimmern hatten sich die Untergebenen eingerichtet, an einen Neubau dachten sie nicht« (Schulte 1921, S. 24).

Dieses Reich bestand in den altehrwürdigen feudalen Formen und Formeln, aber fast aller realen Macht entblößt bis 1803/1806. »Das gute alte Römsche Reich – was hälts nur noch zusammen?«, heißt es im Faust. Es war seit Langem kein handlungsfähiger Körper mehr, ein seines Inhaltes entleertes Gehäuse. Samuel Pufendorf sprach von einem »irregulare aliquod corpus et monstro simile«, einem Ungeheuer ähnlich also, zusammengehalten nicht durch Zwang, sondern durch einen das Lehnswesen legitimierenden Rahmen und traditionelle Gefühle der Zusammengehörigkeit. Ein Staat ohne Grenzsteine, auf denen der Reichsadler zu finden gewesen wäre (nur noch bei der Thurn- und Taxischen Post und bei Gasthäusern »Zum Adler«); ein Staat mit zwei Spitzen, die fast nur durch Gesandte miteinander verkehrten: ein Kaiser auf Lebenszeit und ein »immerwährender« Reichstag. Ein Staat ohne Bürger, Reichsuntertanen sind nur die Reichsstände selbst: der alte hohe Adel, die Reichsritterschaft, die stimmrechtsbefugten Prälaten und die Häupter der kleinen und großen Reichsstädte. Ein Staat auch ohne klare Verfassung, ohne Hauptstadt, ohne Prinzipien (nur Privilegien), ohne geordnete Zentralbehörden, ohne Steuereinnehmer, fast ohne ständige Einnahmen. Auch keine örtlichen Gerichte, keine eigenen Gefängnisse, keine Gendarmen und keine Gerichtsvollzieher, eine nur rudimentäre Heeresorganisation in den »Reichskreisen« und keine Marine, kein einheitlicher Markt und kein einheitliches Münz-, Maß- und Gewichtssystem. Als auf dieses Gebilde die Attacke der napoleonischen Revolutionsarmeen niederging, war es mit ihm zu Ende und gleich auch mit dem ottonischen Reichskirchensystem, das fast 1000 Jahre bestanden hatte (Schulte 1933, S. 271 f.).

Mit dem Reichsdeputationshauptschluss von 1803, unter dem Druck Napoleons zustande gekommen und vom »ewigen Reichstag« durchgeführt, kam es zu gewaltsamen Enteignungen, wie sie in der deutschen Geschichte bis dato nicht vorgekommen waren, von der Reformation abgesehen. Damals, während der Reformation, sprach man von »Sequestration«. Heinrich von Treitschke spricht von einer gemeinen und niedrigen »Fürstenrevolution«. »Die harte, ideenlose Selbstsucht triumphierte; kein Schimmer eines kühnen Gedankens, kein Funken einer edlen Leidenschaft verklärte den ungeheueren Rechtsbruch« (Deutsche Geschichte, Bd. 1, S. 186). Dennoch hält Treitschke diesen Umsturz für eine »große Notwendigkeit«, er »begrub nur, was tot war, er zerstörte nur, was die Geschichte dreier Jahrhunderte vernichtet hatte«. Ja: »Die fratzenhafte Lüge der Theokratie war endlich beseitigt.«

Reichsfreie Fürsten, Grafen, Herren und Ritter und die Masse der Städte wurden ihrer Unabhängigkeit und ihres Territoriums beraubt, also »mediatisiert«. Sie kamen unter fremde Landeshoheit. Am schlimmsten traf es die Reichskirche. Die katholischen Landesherren holten nach, was ihnen die evangelischen Standesgenossen im Reformationszeitalter vorgemacht hatten. Von den Städten überstanden nur Frankfurt, Nürnberg, Augsburg, Lübeck und Hamburg den Gewaltakt. Von den kirchlichen Staaten verschwanden zwei geistliche Kurfürstentümer (Trier, Köln), 19 Bistümer und 44 Reichsabteien. Die Kurie in Rom protestierte vergeblich. Im Gegenzug verpflichteten sich die triumphierenden Staaten zu Versorgungsleistungen (Gehälter der Geistlichen und Übernahme der Baulasten, Link 2017, S. 146). Diese Zentralisierung war mit einer »Provinzialisierung« erkauft. Axel Gotthard schreibt in unserer Zeit (2006, S. 159): Die kulturellen Folgen der Vermögenssäkularisation waren katastrophal. Der Gedanke des Denkmalschutzes galt aufklärerischem Utilitarismus als unrentierliche Schwärmerei, Mönchtum als Faulenzen. »Viele Zeitgenossen, die es sich nach weit verbreitetem Urteil ›unter dem Krummstab‹ gemütlich einrichten konnten, sahen sich jäh dem erbarmungslosen Zugriff eines auf Effizienz und kalte Rationalität zugeschnittenen Staatsapparates ausgesetzt.« Nach der Etablierung des Rheinbundes mit Austritt vieler Landesfürsten aus dem Reich und nachdem Napoleon die Reichsverfassung für erloschen erklärt hatte, legte auf dessen Ultimatum hin Kaiser Franz II. am 6. August 1806 die Kaiserkrone des Reiches nieder. »Am 6. März hat niemand ernsthaft die Kompetenzfrage aufgeworfen, weil der politische Wille zur Fortführung des Reiches fehlte« (Gotthard 2006, S. 164).

Ein Beispiel: Das Ende der Reichsabtei Schöntal (1157–1802)

Das Zisterzienserkloster Schöntal, nicht weit von Schwäbisch Hall, war eines der reichsten im württembergischen Land. Es erreichte um 1800 laut offizieller Rechnungslegung 50 000 Gulden Reingewinn (wahrscheinlich aber das Doppelte). Die umfangreiche Klosterwirtschaft wurde von etwa 200 Familiaren (Arbeitern, Handwerkern und Beamten) betrieben, vom Gutsverwalter, Syndicus und Sekretär über u. a. Apotheker, Chirurg, Fischer, Maurer, Schmied, Koch, Kammerdiener, Schreiner, Förster und Waldschützen bis hin zur Wäscherin, Büglerin, Vieh- und Küchenmägden und dem Schweinehirten. Für zahlreiche Baumeister, Maler, Bildhauer, Steinmetze war das Kloster wichtiger Auftraggeber. Als sich im Juni 1802 die Dinge ankündigten, ließ der vorsorgliche Abt Maurus Schreiner die Barmittel und angelegten Beträge auf die einzelnen Konventualen verteilen (Bargeld plus eine Schuldverschreibung von 1000 Gulden).

Am 15. Oktober 1802 saßen die Konventualen nach dem Abendessen vergnügt zusammen, als sich mit Hörnerschall eine Compagnie württembergischer Schwarzer Jäger ankündigte und die Abtei besetzte. Am 17. Oktober musste sich sämtliches Dienstpersonal vor dem Brunnen aufstellen. Ein Oberamtmann verliest das Besitzergreifungspatent und entlässt das Personal aus ihren Pflichten gegenüber dem Abt. Abt Maurus musste sich formell dem neuen Herrn unterwerfen, die Konventualen und Klosterbeamten den Untertaneneid gegenüber dem Herzog von Württemberg ablegen. Archiv und Kassen wurden beschlagnahmt und in die Hauptstadt Stuttgart abtransportiert. Dann wurden die Ausstattung der Gebäude, die Orgel und wertvolle Musikinstrumente, Betten und Spiegel versteigert. Dasselbe Los erfuhren Pferde, Ochsen, Kühe, Schweine. Dem letzten Abt Maurus wird das Schloss Aschhausen zugewiesen, wo er wenig später stirbt. Aus einer souveränen Reichsabtei wird so württembergisches Hinterland, »Provinz«. Neue Abtei und Konventsgebäude sind heute Bildungsstätten der Diözese Rottenburg-Stuttgart und samt Kirchen immer noch erfreulich anzusehen. Sic transit gloria mundi! (Katholische Kirchengemeinde Schöntal 2009, S. 68 ff.)

Den anderen Reichsabteien ging es nicht besser. Ein besonderes Problem waren die »Aussterbeklöster«. Sie wurden ausgeschlachtet und dann zu beliebiger Nutzung oder auf Abbruch verkauft (so die Abteien Steingaden, Tegernsee, Polling und Weihenstephan). Die prominentesten Opfer waren die Benediktinerabteien Wessobrunn und Münsterschwarzach. Die Klosterbibliotheken endeten großenteils in Papiermühlen (Demandt 1997, S. 160 f.).

War dieser Gewaltakt der modernen individuellen Freiheit günstig? Gewiss erweiterten sich dadurch die einheitlichen Wirtschaftsräume. Zweifellos erweiterten sich auch die individuellen Freiheitsspielräume bereits geografisch, wenngleich die dafür eingesetzten Mittel fragwürdig waren. Andererseits bedeutete dies eine Steigerung der Staatsmacht, wie schon die Reformation mit dem Kirchenregiment der protestantischen Landesfürsten. In dem großen Spiel zwischen Sacerdotium und Imperium stellte dies einen Triumph der Staatsmacht dar, welcher dem späteren Staatsabsolutismus und Totalitarismus vorarbeitete. Ein wichtiges Gegengewicht gegen den weltlichen Staat fiel dahin. Dagegen stand positiv eine »Entweltlichung« der Kirche, die ihrer Glaubensintensität und ihrem eigentlichen Auftrag nicht ungünstig war. Freilich war auch der kulturelle Verlust nicht gering: Das Klostersterben ließ manches Kulturgut, Juwelen der Bau- und Handwerkerkunst, zu Stallungen, Lagern oder Fabriken herabsinken.

Warum Untergang? Eine Rekapitulation

Wie konnte es zum Niedergang und schließlichen Untergang des Reiches kommen? Entscheidend war wohl der Mangel an Kontinuität. Als das Lehnswesen sich durch die Entwicklung der Geldwirtschaft, die Verschriftlichung der Kultur und die Bevölkerungsverdichtung überholte und es nun wieder möglich wurde, bezahlte Amtsträger und Soldaten, auf Steuern gestützt, einzusetzen, hatte die Zentralgewalt die Kraft verloren, diese Chance zu nutzen. Dies lag an Dynastiewechseln, dem Wahlrecht des Hochadels und Doppelwahlen, Vormundschaftsregierungen und der Unmöglichkeit, unter diesen Voraussetzungen ein Kronland aufzubauen. Hinzu kamen das Verschleißen der Kräfte in dem ständigen Herumziehen, die italienischen Abenteuer, der Kampf mit der römischen Kirche und mancher unglückliche Zufall wie ein unzeitiger Tod des Königs. Die meisten römisch-deutschen Reisekönige starben häufig, ohne einen Sohn oder wenigstens einen Bruder zu hinterlassen. Schließlich kamen der Leihezwang, der Machtwille der Stämme und später der Territorialfürsten hinzu. Zweimal scheiterte die Zentralgewalt daran, sich ein Kronterritorium zu schaffen, zuerst unter

Heinrich IV. und V., dann unter Friedrich I. an inneren und äußeren Widerständen. So wurde enorm viel an ökonomischer Substanz, an Reichs- und Menschengut verbraucht. Die Entwicklung in Frankreich und England verlief günstiger im Sinne eines zentralen Staates.

Aber kein Verlust ohne Gewinn: Die Freiheit und Kulturmöglichkeiten der Deutschen, der Konkurrenzpolyzentrismus, profitierten von dem Fehlen eines Zentrums (Mirow, S. 130 f.). Der Regionalismus triumphierte. Der Dichter Wieland bemerkte 1792: »Wer das Deutsche Reich aufmerksam durchwandert, lernt zwar nach und nach Österreicher, Brandenburger, Sachsen, Pfälzer, Bayern, Hessen, Württemberger usw. mit etlichen Hundert kleineren … Völkerschaften, aber keine Deutschen kennen. Jeder von dieser ungeheuren Menge Staaten im Staat hat seinen eigenen kleinen Gemeingeist …; was Wunder also, wenn Gleichgültigkeit und Kälte gegen allgemeines Nationalinteresse … den Fremden als ein Charakterzug der Deutschen auffällt« (zit. bei Mirow, S. 552 f.).

Bis ins 18. Jahrhundert war das Volk offenbar nicht ganz unzufrieden mit dieser politischen Zersplitterung, den vielen »Dorchläuchtings«, gemütlichen und ungemütlichen. Erst im 19. Jahrhundert wird der Gedanke der nationalen Einheit stark, der diese Zustände verhöhnt und zu überwinden strebt.

IV.
Die Freiheit der Bauern

Die abhängigen oder freien Bauern bildeten bis ins 19. Jahrhundert den ganz überwiegenden Teil der Bevölkerung, im hohen Mittelalter gegen 90 Prozent, der Rest bestand aus eigentumslosen Hilfskräften, Kaufleuten, Handwerkern, Geistlichen und der adligen Herrenschicht. Aus der germanischen Zeit konnten manche ihre »alte deutsche Freiheit« bewahren, um die sich auch Karl der Große aus militärpolitischen Gründen noch sorgte, aber die Masse unterlag doch der »Vergrundholdung« – Schutz und Fürsorge durch einen adligen Kriegsherrn gegen Treue und eine Reihe von Abgaben und persönlichen Diensten: das Modell der Grundherrschaft, die Kombination von Boden mit Herrschaftsrechten. Der Schwabenspiegel aus dem 13. Jahrhundert drückte dies so aus: »Wir sollen den Herren darum dienen, dass sie uns beschirmen. Beschirmen sie uns nicht, so sind wir ihnen nicht Dienstes schuldig nach Rechte« (Rösener 1985, S. 275).

Dies geschah zum großen Teil freiwillig (s. o.), aus der Not der Zeit heraus. Ein Historiker (Adolf Bartels, bei Starke 1975) beschreibt diesen Status anschaulich so: Dem Grundherrn gehörte der gesamte Grund und Boden, das Hofland wie das Bauernland, auch das, was unter dem Boden war (Fund und Pfrundt), ferner Wald, Wasser und Weide, das Wild im Walde, die Fische im Wasser, ja sogar die Luft mit ihren Vögeln und Bienen (Flug und Zug). Er vertrat seine Grundholden nach außen (Vogteigewalt) und hatte im Bereich des Fronhofes und seines Bezirks den Zwing und Bann, d. h. die gesamte Verwaltung und Polizei. Dazu gehörte u. a. das Recht, Zwangsdienste und Bannrechte in seinem Besitz einzuführen (den Mühlen-, Back-, Wein- und Bierzwang z. B.), Märkte und Zölle anzulegen, weiter das Geleitsrecht, schließlich auch die Gerichtsbarkeit, wenigstens die niedere. Jedoch konnte der Grundherr nicht über die Person seines Hörigen unumschränkt verfügen, ihn nicht ohne seine Zustimmung verkaufen; er musste das Erbrecht anerkennen, die Ehe innerhalb der Hofgenossenschaft (»familia«) gestatten, konnte auch die »Abfahrt« eines Grundholden, falls dieser darum nachsuchte, nicht ohne triftigen Grund verhindern und ebenso wenig die Veräußerung von Eigentum in den üblichen Formen. Weiterhin bildete sich auch ein bestimmtes Handels- und Heiratsrecht über die Grenze der Hofgenossenschaft (»connubium« und »commercium«) aus. Das existenzielle Nutzungsrecht der Grundholden an Wald, Wasser und Weide erhielt sich auch, ebenso gewisse Rechtsansprüche an den Herrn, wie die Haltung von Zuchthengsten, -stieren und -ebern oder auch die Haltung eines immerwährenden Feuers auf seinem Hof. Die Gerichtsbarkeit war an die alten Formen, das Schöffentum, gebunden. Man sieht: Das Herrenrecht steht dem Hofrecht, dem Recht der Hofgenossenschaft, gegenüber, das in Weistümern meistens nur mündlich überliefert war. Das Feldgericht entschied über gemeinsame Angelegenheiten wie Bau und Veränderung von Wegen, Triften, Gehegen, Brüchen und Gräben, Verkäufen und Bestellungen; innerhalb dieser war der rechtliche Verkehr der Grundholden vollständig frei, nur ein Bestätigungsrecht, das nicht ohne Weiteres verweigert werden konnte, bestand. Selbst die ledigen Hufen durfte der Grundherr vielfach nicht behalten, sondern war gezwungen, sie wieder zu vergeben. Soweit die Schilderung von Adolf Bartels.

Man sieht: Die »Leibeigenen« oder »Hörigen« hatten trotz Einschränkungen der Freizügigkeit nicht den bedauernswerten Status römischer Plantagensklaven (»instrumentum vocale« des Römischen Rechts), die beliebig, wie eine tote Sache oder ein Tier behandelt werden durften. Denn sie hatten erstens Anspruch auf angemessenen Unterhalt in Form eines Hofes, nicht nur einen solchen auf Wohnung und Nahrung. Zweitens wurden die Güter der Leibeigenen in ihrem erbrechtlichen Charakter anerkannt, was ihnen wirtschaftliche Handlungsmöglichkeiten sicherte. Drittens wurden ihnen, dank ihrer Fähigkeit, im Gericht mitzuwirken, politische Rechte zugesprochen, die den Sklaven abgingen. Die Bauerngemeinden kannten zwar keine Gemeindeautonomie, aber doch ein Satzungsrecht. Das erste Rechtsbuch der Weltgeschichte, das die Sklaverei verwirft, ist der berühmte Sachsenspiegel des Eike von Repgow (1235). Er schreibt, Unfreiheit sei ein Unrecht, das durch Gewohnheit für Recht gehalten wurde. Da der Mensch Gottes Ebenbild sei, gehöre er nur Gott und sonst niemandem (nach Flaig 2011, S. 158).

Auch die agrarkollektivistische Verfassung des russischen Mir ist weit von dieser mitteleuropäischen Leibeigenschaft entfernt. Peter Blickle spricht für das 18. Jahrhundert bereits von einer freiheitsähnlichen Leibeigenschaft, über die eigentumsähnliche Stellung der Güter und die bürgerrechtsähnliche Stellung von Bauern (Blickle 2003, S. 308). Aus dem Leibeigenenen wurde später der »Untertan« des Territorialstaates, dann der Staatsbürger der Moderne. Nicht zu vergessen ist die Fluchtmöglichkeit als häufig praktizierte Form der Freizügigkeit. Das ius primae noctis für den Grundherrn ist eine Legende (Blickle, S. 204). »Ein abhängiger Bauer im Dienste eines mächtigen Herrn war materiell besser gestellt als ein freier

Bauer, der auf seiner eigenen Scholle ein ungeschütztes Dasein führte« (Bühler 2013, S. 21). Nicht so günstig war die Stellung der Bauern in Mecklenburg und Pommern.

Keine so relativ starke Stellung, obwohl auch durch Herkommen geschützt, hatte das Hofgesinde, wozu auch die nicht angesiedelten ländlichen Arbeiter, die vom »Sachsenspiegel« als Tagewerker bezeichnet werden, gehören. Sie hatten angemessene Dienste im Hause oder der Wirtschaft des Herrn zu leisten und benötigten zum Heiraten den grundherrlichen Ehekonsens. Der Herr konnte diese Unfreien verkaufen (!), sie züchtigen, aber nicht töten. Der Sachsenspiegel billigte diesem Unfreien nur zum Spott Wergeld und Buße zu (Conrad, Bd. 1, S. 303). Die Unfreiheit wurde beendigt durch Ansiedlung eines Unfreien auf grundherrlichem Boden und durch Freilassung zu höherem Recht, z. B. als Grundhöriger.

Eine andere Art der bäuerlichen Freiheit ergab sich durch den hohen Grad der Subsistenzwirtschaft bis ins 19. Jahrhundert, die Unabhängigkeit von unpersönlichen Marktbeziehungen: Der Bauer und seine Familie pflanzt das notwendige Leinen selbst und bearbeitet Wolle, webt, spinnt, färbt, schneidert. Er versorgte sich mit Lebensmitteln, stellte Ackerwerkzeuge, Geschirr und Wagen vielfach selber her, töpferte, gerbte Leder, kochte Seife, erbaute sein Haus und stattete es mit Nachbarhilfe aus. Die Spinnstubenabende trugen auch den Charakter gegenseitiger Arbeitsvermittlungen und waren Kommunikationspunkte (Mielke 1920, S. 117).

Es gab Dörfer mit eigenen Wappen und Siegeln, ja Rathäusern, die gleichzeitig Tanz- und Spielplätze waren. Im Übrigen: Die Stellung der Bauern wurde noch besser durch die Ablösung naturaler Dienstleistungen und Fronen durch reine Geldzahlungen (Zinsen, »Rentengrundherrschaft«). Sie erlangten damit eine weitgehende Produktionsfreiheit und waren schließlich recht wohlhabend, was sich auch in der positiven Bevölkerungsentwicklung niederschlug (Jürgen Mirow). Die Abgabenbelastung lag im Westen und Süden des Reiches zwischen 18 und 40 Prozent des Bruttoeinkommens (Rösener 1958, S. 158).

Diese Art Bauernbefreiung war auch ein Ergebnis der Exit-Möglichkeiten für die Grundholden: Den Grundherren drohte die Abwanderung ihrer Bauern durch die Konkurrenz der Städte und die Freiheitschancen durch Abzug in den Osten und im Landesausbau (Mittelgebirge, Küste …). Wettbewerbliche Alternativen sind immer der Freiheit günstig: Der Grundherr musste Konzessionen machen, um seine Bauern zu halten. Von den so »befreiten« Dörfern schreibt Günther Franz (1970, S. 75): »In den befreiten Dörfern waren die Einwohner fast durchweg persönlich frei. Sie besaßen ihren Besitz frei und konnten über ihn verfügen. Auch bestand in der Gattenwahl keine Einschränkung. Sie hatten den freien Zug, ebenso wie Fremde uneingeschränkt in die Dörfer zuziehen konnten. Die Dörfer verwalteten sich selbst und besaßen eigene Gerichte, von denen die Appellation an die Mutterstadt ging. Die Hochgerichtsbarkeit besaßen sie jedoch nicht. Häufig besaßen sie das Marktrecht, bisweilen auch das Münzrecht (!). Sogar Asylrecht und Steuerrecht werden genannt. In Jülich-Berg hatten die befreiten Dörfer zeitweilig auch zu den Landständen gehört.« Diese befreiten Dörfer stehen im Grenzraum zwischen Stadt und Land.

Mehr als 100 Reichsdörfer

In sog. Reichsdörfern, vornehmlich in Franken und Schwaben, ja sogar selbstständigen einzelnen Reichsbauernhöfen, die aus alter Zeit nur dem fernen König oder einem frei gewählten Schirmherrn verbunden waren, waren die Bauern faktisch völlig frei. Sie waren keiner Leibeigenschaft unterworfen und mussten auch keine Frondienste leisten. Ihre Rechte blieben auch bei nicht selten vorkommenden Verpfändungen an lokale Fürsten gewahrt. Zwar waren die Reichsdörfer zehntpflichtig wie andere Dörfer auch, aber ihre Einwohner waren persönlich frei und besaßen ihr Land meist zu Erbzinsrecht. Diese Dörfer waren vielfach befestigt, hatten wohl auch ein eigenes Banner und konnten ihr Vermögen selbst verwalten. Sie konnten später sogar das ius reformandi, die Kirchenobrigkeit, wahrnehmen. Reichsdörfer wählten ihre Schultheißen (Bürgermeister) und Richter, mit niederer, zum Teil auch hoher Gerichtsbarkeit, selbst und setzten Dorfordnungen fest. Sie zahlten nur Reichssteuern. Es gab etwa 120 dieser freien Dörfer. Zum Ende des Alten Reiches (Reichsdeputationshauptschluss 1803) wurden die wenigen verbliebenen Reichsdörfer mediatisiert. Dies waren: die Freien auf der Leutkircher Heide (Allgäu), die Taunusdörfer Sulzbach, Holzhausen und Soden; die unterfränkischen Dörfer Gochsheim und Sennfeld (bei Schweinfurt), das freie Reichstal Harmersbach. (Vgl. Wikipedia-Artikel Reichsdorf.)

Beispiele Sulzbach und Gochsheim

Sulzbach (und das benachbarte Soden) ist ein Beispiel für ein kleines Reichsdorf, das über Jahrhunderte mit wechselhaftem Erfolg seine Reichsunmittelbarkeit verteidigte, bis es dann wie fast alle Kleinterritorien im Jahre 1803 der großen politischen Flurbereinigung zum Opfer fiel. Ursprünglich gehörte es zum Krongut der deutschen Kaiser, die dem selbstbewussten, kämpferischen Ort, solange sie noch Kraft hatten, beistanden. Im Jahre 1434, »Freitag nach Ostern«, stellte der Kaiser Sigismund eine Urkunde aus, die den beiden Orten Sulzbach und dem benachbarten Soden »ihre Gerichte, Freiheiten, Allmende, gute Gewohnheit, Herkommen gnädiglich bestätigt, konfirmiert und wie sie und ihre Vorfahren zu ewigen Zeiten verbleiben sollen, doch unschädlich an uns und dem Reich an unseren Rechten«. Darum, so heißt es am Schluss des Schutzbriefes, »gebieten wir allen und jeglichen Fürsten, Geistlichen und Weltlichen, Grafen, Freien, Herren, Rittern, Knechten, Amtleuten, Schultheißen, Bürgermeistern, Räten, Gemeinschaften …, dass sie das vorgenannte Kirchspiel Sulzbach und Soden an solchen Gerichten, Freiheiten, Allmenden, Gewohnheit und Herkommen nicht hindern, sondern sie dabei zu schirmen, schützen, handhaben und geruhen bleiben lassen, als ihnen lieb sei, unser und des Reiches schwere Ungnade zu vermeiden« (nach Roßbach 1924, S. 24f.). Um diese Freiheit mussten sie dann jahrhundertelang mit der benachbarten Reichsstadt Frankfurt und dem Bischof von Kurmainz schwerstens kämpfen, aber sie gaben lange nicht auf. Hauptsächlich ging es um die höchste Gerichtsbarkeit, die Gerichtsbarkeit in »Malefizsachen«, der dörflichen Blutgerichtsbarkeit mit Hinrichtung, Auspeitschung und sonstigen Körperstrafen.

Das Dorf, ohne Befestigung außer einem Graben mit bebuschtem Wall, war vielerlei Angriffen ausgesetzt, nicht nur durch Raubgesindel, das sich dem Zugriff durch Flucht ins nächste Territorium, wo andere Herren eifersüchtig auf ihre Grenzhoheit pochten, entziehen konnte, sondern auch durch offizielles Militär der Nachbarterritorien. So rückten einmal (im August 1659) zur Durchsetzung eines zweifelhaften »Vergleichs« 129 Mainzische Reiter und Frankfurter Fußvolk in Sulzbach und Soden ein. Widerstrebende wurden ins Gefängnis geworfen oder flohen in benachbarte Ortschaften. Die Sulzbacher wandten sich wiederholt an den Kaiser, das Reichskammergericht oder den Reichshofrat in Wien, mit abnehmendem Erfolg. Schließlich kam die Unterwerfung unter das Fürstentum Nassau (1803). Als dessen Fürst eine Zwangsrekrutierung von jungen Burschen durchsetzen wollte, widerstanden die Sulzbacher – nach vergeblichem Appell an den Reichshofrat – ein letztes Mal. Die Folge: eine Zwangsexekution durch eine Truppe von Offizieren mit 40 Jägern und die Festnahme von 100 jungen »Kriegsdienstpflichtigen«, die sich zunächst versteckt hielten. Unser Historiker, Roßbach, bemerkt abschließend: »Auch hier erkannten die Gemeinden, dass es mit ihrer Reichsfreiheit vollständig vorüber war. Mögen sie auch noch so schwer und so lange derselben nachgetrauert haben, nach und nach lernten sie doch erkennen, dass durch den Untergang der Kleinstaaterei ein größerer Aufschwung des Handels und Gewerbes, Verbesserung und Fortschritte der Landwirtschaft, freie Bewegung der Menschen als Bürger und ein reges nationales Leben befördert worden ist« (Roßbach, S. 114). Bis heute zeigt sich in Sulzbach ein kommunales Selbstbewusstsein. Dank des damaligen Bürgermeisters Karl Reinke und dank des massiven Widerstands der Dorfbevölkerung, der bis zum Staatsgerichtshof Hessen ging, konnte in den 70er-Jahren des 20. Jahrhunderts die technokratisch motivierte Eingemeindung nach Bad Soden verhindert werden.

Roßbach berichtet in seiner Monografie auch von einem unmittelbaren »Reichshof« in Sachsenhausen bei Frankfurt, der oft von Flüchtlingen aus Frankfurt aufgesucht wurde, wenn sie sich gegen die Frankfurter Gerichtsbarkeit vergangen hatten. Hier blieben sie, bis über ihr Vergehen Gras gewachsen oder auf anderem, oft gütlichem Weg beigelegt war (Roßbach, S. 3) – auch ein (ambivalenter) Aspekt von Freiheit.

Und noch ein anderes schönes Beispiel eines Reichsdorfes: Gochsheim bei Schweinfurt. Zu dessen Schicksal liegt die ausführliche Monografie von Friedrich Weber (1913) vor. Dieses Dorf war fast schon eine kleine Stadt mit (niedriger) Ummauerung, durchbrochen von vier offenen Toren, mit Wappen, Siegel, Rathaus, kleinem angekauften Schlösschen (Erthal), einer gewissen Kommunalwirtschaft mit gemeindeeigener Bäckerei, Schmiede, Badestube und Wachhaus. Der Ort mag über 1000 Bewohner gehabt haben (es liegen namentliche Einwohnerverzeichnisse von 1460 und 1559 vor). Was die Wirtschaftsstruktur des Dorfes betrifft: Die Bevölkerung bestand fast ausschließlich aus Bauern (mit unterschiedlichem Rechtsstatus) und ihren Knechten und Mägden, auch die wenigen Handwerker betrieben nebenher etwas Landwirtschaft, so die Gemeindebäcker, der Schmied, der Häfner, der Kacheln brannte, einige Schneider, Schuhmacher, Maurer, Weber und Wirte, auch ein Bader, zugleich Wundarzt, und eine Hebamme. Mit der Kirche hing die Schule eng zusammen (der seit der Reformation evangelische Pfarrer wurde von der Gemeinde gewählt und versorgt). Ortschef war ein Reichsschultheiß mit zwei Dorf- oder Bauernmeistern, die für die alltägliche Verwaltung und das kommunale Rechnungswesen verantwortlich waren. »Da sie mit den Geheimnissen der Rechenkunst und der Führung der Feder nicht besonders vertraut waren, stand ihnen der Lehrer zur Seite, der dafür eine kleine Vergütung erhielt« (Weber 1913, S. 84).

Es gab eine Dorfordnung, in welcher Rechte und Pflichten der Bewohner festgehalten wurden (Beispiel bei Keller 1913, S. 324ff.). In zivilrechtlichen Dingen entschied in erster Instanz das Dorfgericht mit sieben Schöffen, die Blutgerichtsbarkeit lag bei einem auch von Gochsheim beschickten Zentgericht, das auch als zweite Instanz galt. Ein Zentgericht konnte bei Abwesenheit der Angeklagten dieselben in »Acht« erklären. Damit wurden sie »fried-« »ehr-« und »rechtlos«, verloren ihr Eigentum, hatten kein Recht, öffentliche Orte (Wege, Brücken Kirchen) zu betreten, jeder durfte sie straflos angreifen und töten.

Da der König nicht präsent sein konnte und das Dorf zur Selbstverteidigung kaum imstande war, so hatten die benachbarten Territorien (Kurpfalz, das Fürstbistum Würzburg) die Funktion eines Schutzherrn, einer Schutzvogtei, was diese zu etlichen Übergriffen verleitete. Die Gemeinde verschuldete sich über zahlreiche Prozesse, die manchmal nicht ohne Erfolg beim Reichskammergericht oder Reichshofgericht als letzter Instanz endeten. Vor allem 1649, nach vorübergehendem Verlust der Reichsfreiheit (1635), wird die Gemeinde durch einen Restitutionsrezess in den reichsfreien Zustand zurückversetzt, was sie noch heute mit dem populären jährlichen Friedensfest feiert. Auch die Beziehung zur benachbarten Reichsstadt Schweinfurt war nicht spannungsfrei. Es musste auch (gegen den Würzburger Fürstbischof Julius) um seine Religionsfreiheit kämpfen. Die Abgabenlast gegen das Reich (Türkenpfennig, Reichssteuer) war nicht gering – und immer wieder wurde der Ort von Einquartierungen, Kontributionen und Plünderungen durchziehender Truppen heimgesucht, von Wallenstein nicht weniger als von Gustav Adolf, später kamen Franzosen, Preußen und zuletzt die Armeen Napoleons. Die einen brauchten Hufnägel und Hufeisen, die anderen Tabak und Pfeife, auch Schuhe und Strümpfe, Lichter, Schwämme, Pomade und Läusesalbe, dazu Wein, Schnaps, Käse und Würste. Dann die Ausgaben für Arznei, namentlich für die Krätzigen (das Schlösschen Erthal diente als Spital), auch Heu-, Getreide-, Leder-, Tuch- und Leinwandlieferungen, die Wirtshauszechen und Chaisenfahrten der Offiziere, Schneider- und Schusterrechnungen, Bestechungsgelder, um Requisitionen herabzusetzen, oder Einquartierungen, Ausgaben für Briefporto, Eilboten und Vorspanndienste usw.: eine umfassende Plünderung (bei Weber, S. 283).

1803 wurde Gochsheim bayerisch, an Widerstand war kaum zu denken, allenfalls Bittgesuche um möglichste Schonung des Gemeindeeigentums und hergebrachter Rechte waren noch möglich. Die Eindringlinge waren in mancher Hinsicht entgegenkommend, nicht jedoch in Sachen Militärpflicht, da kannten sie kein Pardon (freilich konnten die Vermögenden einen Ersatzmann stellen). Unser Ortshistoriker meint abschließend, damit habe die glücklichste Zeit für Gochsheim begonnen. Auch wenn die politische Selbstständigkeit, für welche die Gemeinde jahrhundertelang gekämpft habe, unwiederbringlich verloren sei, so meint Friedrich Weber, wurden sie damit doch nur von einer zunehmenden Last befreit. Sie tauschten dafür den Schutz eines größeren Staatswesens ein, das ihnen zudem etliche Rechte der Gemeindeverwaltung beließ (1913, S. 289). Weber schließt mit den Worten: »Nun aber heißt es Abschied nehmen von einer mir lieb gewordenen Tätigkeit. Möge es mir gelungen sein, in den Herzen meiner Leser die Liebe zur heimatlichen Scholle zu wecken und zu mehren« (1913, S. 300).

Auch Sulzbach hat seine (relative) kommunale Selbstständigkeit bewahren können. Es nennt sich noch heute stolz »ehemals kaiserlich unmittelbares und freies Reichsdorf«. Es hat derzeit etwa 6500 Einwohner.

Die Fähigkeit zur Selbstverteidigung

Wie stand es mit der Fähigkeit der Bauern zur Selbstverteidigung? Zur physischen Selbsthilfe? Das Fehderecht war einmal ein wesentliches Element der waffentragenden Bauernfreiheit. Es wurde durch Landfriedensgesetzgebung schon seit Heinrich IV. und Barbarossa bekämpft, behauptete sich aber teilweise bis ins 18. Jahrhundert. In den Gebirgsgegenden und Marschen stand es kaum in Frage, wobei das Viehbauerntum stärker als das Ackerbauerntum seine Kampffähigkeit bewahrt hat. Die Notwendigkeit, über Waffen zu verfügen, ergab sich schon dadurch, dass die Bauern damals mehr als heute Naturkräften und Kriegsereignissen ausgesetzt, von zahlreichen Gefahren umgeben waren. Unsicherheit, Not und Gewalt waren jahrhundertelang ein Kennzeichen bäuerlicher Existenz. Die Bauern mussten sich auf Angriffe streitsüchtiger Nachbarn gefasst machen, ebenso auf die Bedrohung ihrer Viehherden durch wildernde Hunde, durch Wolfsrudel und andere Tiere, besonders aber auch durch Angriffe von Räuberbanden, Streifzüge verwilderter Söldnerscharen oder Übergriffe von Nachbargemeinden. »Dann hörte man weithin das Läuten der Sturmglocken von den Kirchtürmen oder den Klang von Warnsignalen.« Die Dorfbewohner versammelten sich auf der Dorfstraße, um die Angreifer mit umgestürzten Wagen oder Baumaterial abzusperren, oder schlossen sich in der Dorfkirche ein, die vielerorts einen ausgeprägten Wehrcharakter besaß. Die

Frauen und Kinder brachte man mit den wertvollsten Vorräten im Inneren der Kirche in Sicherheit, während die Männer sich an den Fenstern und im Glockenturm verschanzten. So verwandelten sich die Dorfkirche und das Dorfgelände in eine Festung, die einer feindlichen Truppe von Söldnern oder Räubern einige Zeit standhalten konnten (Rösener 1958, S. 112 f.).

Der Zug nach Osten

Eine besonders gute Stellung hinsichtlich Eigentumsrechten und Freiheit hatten die Pioniere des deutschen Mittelalters, die Hunderttausende von Flamen, Westfalen, Holländern, Obersachsen, Holsteiner, Franken, Thüringer, Bayern, Schwaben und Hessen, selbst Friesen und Dänen, die unter der Leitung eines Siedlungsunternehmers – »Lokator« – in Trecks mit Planwagen nach Osten zogen (nach 1945 dann in ganz anderer Weise zurück), um das dort von Slawen nur dünn besiedelte und wenig erschlossene Land mit Städten und Dörfern zu beleben und die großen Waldgebiete im Binnenland durch Rodung, Trockenlegung usw. für Ackerbau und Viehzucht nutzbar zu machen. Noch heute hat der nördliche Osten große Wälder und als Vermächtnis der Eiszeit Moore und unendliche Wasserflächen, kleine und große Seen. Das Land hatte zudem durch jahrhundertelange Grenzkriege und Heerfahrten vom Reich wie von Polen aus bevölkerungsmäßig und landeskulturell gelitten. Das von Deutschen besiedelte Gebiet vergrößerte sich bis zum 14. Jahrhundert um 300 000 qkm. Es sollen etwa eine halbe Million Menschen in den Osten gewandert sein.

Ein Lied aus jener Zeit: »*Naer Ostland willen wy ryden/Naer Ostland wollen wy mee/All over die groene heiden/ frisch over die heiden/daer ist en betere Stee.*«

Gewalt kam vor, vor allem in der Anfangszeit (Otto I., Adolf von Schauenburg, Heinrich der Löwe), auch in den Slawenkriegen der deutschen Kaiser und besonders später im Ordensland Preußen, wo die einheimischen Pruszen gewaltig dezimiert wurden, manchmal als eine Art Sport der Ordensritter; im Wendenkreuzzug von 1147 im Baltikum, wo es besonders um Christianisierung ging, kam es ebenfalls zu viel Grausamkeiten. Sogar König Heinrich I., der »Vogler«, stellte eine »Merseburger Legion« auf, eine wilde Truppe aus begnadigten Verbrechern und anderen wenig vertrauenerweckendem Gesindel und Söldnern, die er mit Ackerland im Grenzgebiet entlohnte (Baumann, bei Engel 1983, S. 16). Aber insgesamt wurden die eingeborenen Slawen eher Kooperationspartner und ließen sich bis auf wenige Reste fast vollständig in die als überlegen bewertete deutsche Kultur integrieren (z. B. technisch: Räderpflug statt slawischer Hakenpflug, eiserne Egge, vierrädrige Bauernwagen mit eisenbeschlagenen Reifen , zweiteiliger Dreschflegel, Sense ...). Schließlich assimilierten sie sich bis auf etwas gepflegte Folklore bei geschichtsbewussten Wenden und Sorben. Dass hier (im slawischen Siedlungsgebiet) »Rassenfeindschaft« selten vorkam, zeigt schon die Tatsache, dass von 16 uns bekannten Frauen askanischer Grafen die Hälfte slawischer Herkunft waren. Ein Historiker, Alexander Gieysztor, schrieb 1962 vom polnischen Standpunkt: »Diese Fremden, hauptsächlich Deutsche, aber auch Flamen, Wallonen und Juden, halfen den technischen Fortschritt beschleunigen, die Gesellschaft umzubauen und zu modernisieren im Geist der Zeit und den langen Sprung nach vorn zu machen, der ältere quantitative Entwicklungen im 13. und 14. Jahrhundert in eine neue Qualität verwandelte« (nach Seibt, bei Engel 1983, S. 68). Slawische Adlige traten in den Lehnshof des Markgrafen ein und verschmolzen mit den Deutschen. Die einheimischen slawischen Bauern lebten als hörige Lassiten, als Kossäten oder als besitzlose unfreie Knechte weiter. Noch heute tragen viele Städte, Dörfer und Flüsse Ostdeutschlands slawische Namen, selbst Berlin (alle Ortsnamen, die mit -in, -ow, -itz, -en, -gard enden).

Im Unterschied zur späteren weit weniger ergiebigen Staatskolonisation des großen Friedrich, der 900 zum Teil dahinkümmernde Dörfer planmäßig ins Leben rief, handelte es sich hier um weitgehend dezentrale, spontane Wanderungen, ohne Beteiligung der deutschen Zentralgewalt; um freie Verträge von Siedlungsunternehmern mit den Landesherren und Bischöfen und auch slawischen Herren wie den Fürsten von Pommern, den Pomerellen, Schlesien. Die Siedlungsunternehmer zogen mit Versprechen auf größere Freiheit und stärkeres Eigentum durch die deutschen Lande, um Neusiedler mit freiem Vertrag anzuwerben, darunter auch etliche Ritter. Mit ihnen kamen auch Mönchsorden, vor allem Templer, Prämonstratenser und Zisterzienser. Interessenten gab es in jener durch wirtschaftlichen Aufschwung und Bevölkerungsvermehrung gekennzeichneten Zeit (vom 12. bis 14. Jahrhundert) genug. Der Bevölkerungsstrom ergoss sich weit in den osteuropäischen Raum, bis dem vor allem die Pestkatastrophe von 1348 ein Ende machte. Und dies waren nicht (wie in den USA anfangs) nur Trapper oder Goldsucher, sondern tüchtige und selbstbewusste Bauern und Handwerker und die unverwüstlichen Mönchsorden mit ihrer Arbeitsethik (»Ora et labora!«).

Die frühesten bekannten Aufrufe zur Wanderung in den Osten stammen von Bischöfen der Magdeburger Kirchenprovinz (1108), wo sich noch religiöse mit wirtschaftlichen Gründen vermischten: »Wohlan denn, ihr Sachsen, Franken, Lothringer, Schwaben, ihr ruhmwürdigen Bezwinger der Welt, hier könnt ihr zugleich für das Heil eurer Seele sorgen und, wenn ihr wollt, das fruchtbarste Land zur Siedlung erwerben.« Das Land der Heiden sei das allerbeste an Fleisch, Honig, Mehl, Geflügel, »und wenn es ordentlich bestellt wird, an Fruchtbarkeit aller landwirtschaftlichen Erzeugnisse« (Hampe 1921, S. 29). Oder nach dem Bericht des Helmold von Bosau (aus seiner Slawenchronik): »Weil aber das Land verödet war, sandte Graf Adolf II. von Schauenburg Boten aus in alle Lande, nach Flandern und Holland, nach Utrecht, Westfalen und Friesland, damit alle, die sich durch Mangel an Ackerland bedrückt, mit ihren Familien herbeizögen, sie würden sehr gutes geräumiges Land erhalten, das reich sei an Fruchtertrag und an Fisch und Fleisch sowie bequemer Weide Überfluss habe« (Hampe 1921, S. 31). Aber zunächst musste das Neuland mühselig erschlossen werden. Pioniere der Ostkolonisation waren der eben erwähnte Adolf II. von Schauenburg und besonders Heinrich der Löwe.

Motive des Aufbruchs

Der Siedelmeister – »Lokator«, meistens ein adliger Ministeriale – warb die Siedelwilligen, nahm die Landzuweisung an die Einzelnen vor, hatte die Anlage des Siedelorts zu leiten und zu überwachen. Er selbst erhielt das Recht, ein größeres Gut (4–6 Hufen) in Anspruch zu nehmen, erhielt oft einen Anteil am Hufenzins der bäuerlichen Stellen, ebenso Schankrechte und das Recht des Mühlenbaus; ferner meistens die Übertragung der niederen Gerichtsbarkeit nebst Einnahmen aus Gerichtsgefällen. Der Lokator hatte manchmal auch das charmante Recht, das neu gegründete Dorf nach seinem Namen zu benennen (vgl. auch Bartlett 1996, S. 133 ff.). Mit einem Lokator namens Wilhelm aus der schlesischen Stadt Brieg schloss Herzog Heinrich IV. von Schlesien aus dem slawischen Haus der Piasten 1274 einen Lokationsvertrag: »Wir, Heinrich, Herzog von Schlesien, tun kund zu wissen, dass wir Wilhelm unseren Wald übertragen. Er soll ihn nach deutschem Recht zur Besiedlung in kleinen Hufen austun. Deren Inhaber sollen für zehn Jahre alle Freiheit genießen. Danach gibt jede Hufe anstelle aller Abgaben ein Viertel Mark Silber und ein Malter dreifach gemischtes Getreide. Wilhelm und seinen Nachkommen stehen, weil er Lokator war und nun das Schultheißenamt innehat, vier Freihufen und der dritte Pfennig aus dem Gericht für immer zu« (nach Baumann, bei Engel 1983, S. 22).

Was machte das Siedelrecht interessant? Es gewährte vor allem wirtschaftliche Freiheit. Das Besitzrecht war günstig: Es konnte Grundeigentum sein, meistens aber war es ein Erbzinsgut (zu Erbzinsleihe, Erbpacht) mit dem Recht der Vererbung und beschränkter Befugnis zur Veräußerung. Der Siedler wurde »Erbhofbauer«. Die bäuerlichen Güter waren so bemessen, dass sie eine Familie tragen konnten. Eine flämische Hufe umfasste 16,8 ha. Land. Es gab eine Ortsobrigkeit mit dem früheren Lokator, dann oft Schulze oder Richter an der Spitze und eine Dorfgemeinde in Selbstverwaltung. Der Schulze war nicht Herr der Bauern, sondern vorläufig nur ihr privilegierter Nachbar. Die »rodungsfreien« Neusiedler wurden eine Reihe von Jahren von Abgaben und öffentlichen Lasten freigestellt, später mussten sie nur mäßige Abgaben leisten. Das Schulzenamt konnte im Turnus besetzt werden, häufig war es mit einem größeren Grundbesitz verbunden. Auch bei der Stadtgründung betätigte sich dieses Siedelunternehmertum, manchmal als Konsortium wie im Falle Lübecks (Kötzschke 1937, S. 45–47).

In diesem Zusammenhang berichtet Ferdinand Seibt (bei Engel 1983, S. 69 f.) von dem mutmaßlichen Hintergrund der Sage vom Rattenfänger aus Hameln. Im Jahre 1284 zogen 130 junge, frischvermählte Paare, vermutlich von einem Lokator angelockt, aus dem ärmsten Viertel der Stadt und offenbar in Arbeitsnot nach Osten. Die Erinnerung an den Werber verwandelte sich in den Rattenfänger, aus den Jungvermählten wurden Kinder. Den Zweck des Zuges vergaßen die Zurückgebliebenen und späteren Generationen blieb nur die Überlieferung, dass die jungen Leute aus den ärmeren Quartieren der Stadt gekommen waren und östlich der Stadt auf Nimmerwiedersehen verschwanden. Ein moderner Forscher meint, im alten mährischen Ortsnamen Hamlingow eine Spur von ihnen zu finden.

Der freie Status der Siedelbauern ging nach dem 16. Jahrhundert im Osten verbreitet verloren. Aus den mitsiedelnden Grundherren, den Junkern, wurden exportorientierte Gutsherren mit großer Eigenwirtschaft. Die Bauern sanken zu abhängigen, hörigen Leibeigenen – »Schollengebundenen« – mit umfassenden Abgabenpflichten und Zwangsdiensten herab. Im 19. Jahrhundert – nach der »Bauernbefreiung« im Rahmen der großen Steinschen Reformen – wurden sie persönlich frei, auch wenn sie zu vertraglich abhängigen Landarbeitern wurden. Sie wanderten oft in die expandierenden Städte und halfen dort, die neuen Industrien aufzubauen. Sie trugen zum Aufbau Deutschlands als wirtschaftliche Großmacht bei.

Das Schicksal einer Stadt in der »großen Wildnis«

Um 1330 siedelte sich im Ermland (bei Allenstein) eine Gruppe von schlesischen Kolonisten an und gründete das Städtchen (Alt-)Wartenburg, eine Planstadt »aus wilder Wurzel« mit regelmäßigem Straßennetz, Kirche und Friedhof, Befestigung, Badestube, Kaufhaus. Alle wesentlichen Handwerkerberufe waren vertreten: Fischer, Metzger, Müller, Schmied, Bader, Töpfer, Zimmerer usw. Der Lokator musste offenbar darauf achten, dass in dieser Wildnis jedes grundlegende Handwerk dabei war. Viele Bürger waren auch bäuerlich tätig (»Ackerbürgerstadt«). Solch ein Unternehmen war nicht ohne große Risiken. Ein Volksspruch sagte damals: »Den ersten der Tod, den zweiten die Not, den dritten das Brot.« Im Kampf mit dem Deutschen Orden fiel im Winter 1354 ein litauisches Heer über die Stadt, tötete alle Bewohner und brannte den Ort nieder. Die Katastrophe geschah innerhalb eines Tages und erinnert an das Schicksal Pompejis. »Die Ausgrabungen brachten viele Dinge an den Tag, die seit jenem Unglückstag an Ort und Stelle verblieben oder damals in die Keller gestürzt waren: neben verschiedenen Sachgütern auch Lebensmittelvorräte wie Hühnereier oder im Feuersturm verwehtes Getreide. Von dem schrecklichen Ereignis zeugen aber auch unter den Trümmern begrabene Gebeine« (Biermann/Herrmann/Koperkiewicz, Magdeburg 2019, S. 274 ff.). Neben den Gebeinen eines Kleinkindes fand man Ringe, die vielleicht eine verzweifelte Mutter auf der Flucht – in der Hoffnung auf einen unbekannten Retter ihres Kindes – hier abgelegt hatte.

Der Kampf der Bauern um einen genossenschaftlichen Freistaat

Wenn auch die Masse der Bauern ihre politische Autonomie aufgegeben hatte, so gab es doch Gegenden, in denen sie ihre stolze altgermanische Vollfreiheit bewahrten oder neu errangen: So in Ostfriesland, Westfalen, in Niedersachsen, in Süd-Tirol, in der Schweiz (s. u.) und besonders in den Marschlanden des Nordens, so die Stedinger und vor allem die Dithmarschener Bauern, die sich heroische Kämpfe mit dem aufkommenden Territorialstaat lieferten. Sie konnten sich lange – etwa 350 Jahre – einen freien Status erhalten, weil das von Mooren und Wassergräben durchzogene, von den Bauern erschlossene Marschland einen starken Schutz gegen auswärtige Angriffe gewährte. »Der ständige Kampf mit dem Meer, dem man durch Eindeichung immer neuen Boden abgewann, stählte den Wagemut und den Trotz der freien Küstenbauern« (Adolf Gasser).

Schon die Stedinger verdienen ehrenvolle Erwähnung. Das Land, das sie selbst erschlossen hatten, machte sie stolz und stärkte ihr Selbstwertgefühl gegen den Oberherrn, den Erzbischof Gerhard II. von Bremen. Sie lehnten sich gegen dessen Finanzregime auf, verweigerten Abgaben, da sie erst die Wesermarsch urbar gemacht hätten; mit der Folge, dass der Bischof über sie – gestützt von Papst Gregor IX. – den Kirchenbann verhängte. Unwillig, die geforderten Bußen zu leisten, wurden sie nun zu »Ketzern« erklärt und sogar mit Unterstützung des Reiches (Kaiser Friedrich II.) in die Reichsacht getan. Ja, es wurde sogar ein Kreuzzug gegen sie aufgerufen – der einzige auf deutschem Boden –, dem auch einige Hundert Ritter folgten. Der Papst entblödete sich nicht, jedem Teilnehmer am Kreuzzug einen Ablass in Aussicht zu stellen, wie wenn es ins heilige Land gegen die Heiden ginge. So unterlagen die Stedinger schließlich nach heldenhaftem Widerstreben in der Schlacht bei Altenesch (Mai 1234). Die Namen ihrer Befehlshaber seien an dieser Stelle erinnert: Thammo von Huntorp, Detmat tom Dyk, Bolko von Bardenfleth. Die Hälfte ihrer bewaffneten Macht blieb auf dem Schlachtfeld (etwa 3000 Bauern). Die heutigen Stedinger feierten noch am 27. Mai 2009 den 775. Jahrestag dieses Ereignisses in nachgestellten Schlachtszenen.

Friesland

»Gott schuf das Meer, die Friesen die Küste.«
»Alle halten sich für adlig.« (Ulrich March)

Auch Friesland mit seiner jahrhundertelangen, schon zur Römerzeit bewährten »friesischen Freiheit« sei erwähnt: In demokratischer Weise wählten die Bauern dort jährlich ihre Administration. Am Dienstag nach Pfingsten kamen Abgeordnete aller kleinen Teilrepubliken (Stedingen, Wursten, Ammerland, Butjadingen u. a.) in lockerer Konföderation, als Landfriedensbund, am Upstalsboom, einem Hügel bei Aurich, zur Beratung gemeinsamer Angelegenheiten zusammen. Schon seit Otto II. leisteten sie dem Reich keine Heeresfolge mehr, wohl aber nahmen sie an zwei Kreuzzügen teil. Ein Chronist berichtet 1230 von ihnen: »Um der Freiheit willen setzen die Friesen ihr Leben aufs Spiel und wählen lieber den Tod als die Knechtschaft« (zit. bei Franz 1970, S. 84). Anstelle der gräflichen Beamten traten hier vom Volk gewählte Ratgeber (»consules«) als Träger der Selbstverwaltung und Rechtsprechung auf. Selbst im kirchlichen Bereich gelang es den Friesen, ihre Genossenschaftskirchen zu bewahren, das heißt, die Gemeinde wählte den Pfarrer selbst.

Hier gelangte schließlich im 14. und 15. Jahrhundert eine Großbauernaristokratie an die Macht, die sog. Häuptlinge, ein neuer Adel, der seine Machtstellung auf eine Gefolgschaft gründete. Es herrschten für längere Zeit durch ewige Fehden recht anarchische Zustände. Schließlich gelangte eine Häuptlingsfamilie, die Cirksena, an die Macht und begründete eine eigene Landesherrschaft, die in den Reichsfürstenstand gelangte und erst 1744 erlosch. Aber auch der erste Cirksena wurde noch von der »meene mente«, der Landsgemeinde des Norderlandes, zum Führer und Richter gewählt (Franz 1970, S. 86).

Dithmarschen

Mancher sah in der Dithmarscher Bauernrepublik die Chance zu einer nordischen Schweiz. Es hatten sich hier seit dem 9. und 10. Jahrhundert Bauernfamilien in Genossenschaft zum Deichbau, zur Landgewinnung (»Marschen«) und zum kooperativen Rechtsschutz zusammengeschlossen. Auf dem Höhepunkt (um 1500) lebten um den Hauptort Meldorf und später Heide etwa 35 000 Menschen. Das militärische Aufgebot kam auf 6000 bis 7000 Waffenträger. Es war dies eine Republik, die mit Kaiser und Papst, mit Königen und Herzögen Verträge schloss und dazu in der Lage war, mit eigenen Schiffen den Hamburger Hafen zu überfallen. Die Republik bestand aus autonomen Kirchspielen, erst 1447 kam es zu einem gemeinsamen Organ, den »48ern«. Die Kollegien dieser Kirchspiele waren für den Schutz gegen das Meer (Deichwesen), die Feuerpolizei, die Rechtsprechung, das Heeresaufgebot und gemeinsame wirtschaftliche Interessen zuständig. Der ferne Kaiser Friedrich III., nur durch die Länge seiner sonst fast tatenlosen Regierungszeit bekannt, gab die Dithmarschen dem dänischen König zu Lehen. Jedoch konnten im Jahre 1500 diese Bauern unter Wulf Isebrand (und vielleicht einer Frau, die »De Schwatte Gried« genannt wird) in der Schlacht bei Hemmingstedt ein dänisch-schleswig-holsteinisches Heer unter König Johann besiegen. (Mit einer ähnlichen Taktik wie seinerzeit Arminius die Römer in den Moorgebieten bei Kalkriese.) Die

6000 Bauern schlugen – wie in der Schweiz – ein glänzendes Ritterheer, in dem sogar die vorzüglichste Landsknechtstruppe der Zeit, die Schwarze Schar, mitkämpfte. 1559 jedoch unterlagen die Bauern der Übermacht des Territorialstaates, konnten aber ihr vorbildliches Landrecht und Reste ihrer Autonomie bis zur widerstrebend hingenommenen preußischen Annexion (1864) bewahren. Bis heute sieht man in den Dithmarschen keine Gutshöfe, Herrensitze und Schlösser, wohl aber prachtvolle Bauernhöfe. Die Dithmarschener genießen noch eine gewisse Selbstverwaltung als Landkreis (vgl. Bartels; Nissen 1995).

Die Schweiz – das Gelingen

Was den Dithmarschener Bauern nicht gelang, glückte den bäuerlichen Talgenossen der Schweizer Waldstätte (ursprünglich »Reichsdörfer«), denen sich bis 1513 mehrere reichsunmittelbare Stadtgemeinden anschlossen (zunächst Luzern, Zürich und Bern). Adolf Gasser, der Geschichtsschreiber der Schweizer Volksfreiheit, schreibt: »Als Land allgemeiner Bauernfreiheit und Bauerbewaffnung bildete die Schweiz seit dem 14. Jahrhundert einen geistespolitischen Fremdkörper inmitten eines Kontinentes, der (außerhalb der Stadtmauern) dem feudalen und bürokratischen Herrschaftsgedanken huldigte.« Begünstigt wurde die Unabhängigkeit und Weltläufigkeit der Schweiz durch die Herrschaft über die Alpenpässe, die zwischen zwei Regionalmächten lagen, speziell den Gotthard (»Passstaat«). Ulrich March schreibt hierzu: Allen Passstaaten ist gemeinsam, dass sie, bei aller räumlichen Begrenztheit, notwendigerweise eine überregionale Perspektive entwickeln, da sie stets zumindest zwei, durch den jeweiligen Gebirgshauptkamm getrennte Großregionen im Auge haben müssen (2006, S. 111). Diesen souveränen Blick vom Hochsitz der Schweiz aus kann man bis heute zum Beispiel an der Weltläufigkeit und Qualität der Neuen Zürcher Zeitung wahrnehmen.

Der Nonzentralismus (Robert Nef) dieser Genossenschaft, die sich bis heute behauptet, gewann zu aller Zeit die Bewunderung und Freude liberaler Freiheitsfreunde. Die Gemeinden und Kantone bewahren bis in die Gegenwart ihre Steuerautonomie, die urgermanische »Landsgemeinde« existiert in Appenzell und Glarus bis auf den heutigen Tag. Die Bürger sind durch die Instrumente der wunderbar ausgebauten Direktdemokratie und die kantonale Nonzentralisation bis heute stärker staatspolitisch geschult als in jedem anderen Land, mehr als in den repräsentativen »Wahlaristokratien« ihrer großstaatlichen Nachbarn. Ein durchschnittlicher Stimmbürger der Schweiz wirkt häufig besser informiert und sachlicher als ein durchschnittlicher Bundestagsabgeordneter in Berlin. Kaum gibt es einen echten »Binnenmarkt« zwischen den Kantonen: Wettbewerb auch der Regeln!

Der berühmte Schwurverband vom 1. August 1291, welcher Tag bis heute als Nationalfeiertag gefeiert wird, war freilich eigentlich kein Staatsgründungsakt, sondern nur die Gründung einer Verteidigungsgemeinschaft zur Erhaltung des Status quo, das heißt der Reichszugehörigkeit. Diese dauerte noch formal bis 1499 (Frieden von Basel nach dem »Schweizerkrieg«) bzw. dann endgültig 1648 – Westfälischer Friede – an. Die enge Verbindung zum gemeindeutschen Kulturraum blieb indessen durch die Übernahme der deutschen Hochsprache am Ende des 17. Jahrhunderts erhalten (im Unterschied zu den Niederlanden).

Bis 1848 gab es nur ein schwaches Zentralorgan (die »Tagsatzung«, seit dem 15. Jahrhundert) und keine Einheitswährung. Bis heute verfügt der Schweizer Milizionär, wenn auch stark reguliert, über das Waffenrecht: das Sturmgewehr im privaten Schrank. Man sieht nur wenige Kasernen. Cäsarismus, sozialistische Experimente, Beamtenwillkür finden hier bis heute keinen Nährboden, kaum gibt es eine »Hauptstadt« wie Berlin oder Paris (Bern ist nur »Bundesstadt«). Erst spät, nach dem Zweiten Weltkrieg, zog auch hier der entmündigende Wohlfahrtsstaat ein. Ein wichtiger Entmündigungskoeffizient (Gerard Radnitzky), die Staatsquote, lag bis 1914 unter 10 Prozent und ist auch gegenwärtig noch vergleichsweise niedrig (35 %). Das Milizsystem – der Staatsdienst als »Ehrenamt« – ersetzt bis heute eine Bürokratie in dem Ausmaß Frankreichs oder Deutschlands. In allen internationalen Vergleichen, was Standortqualität und Wohlfahrt, aber auch kulturelle Produktivität betrifft, liegt die Schweiz in der Spitzengruppe, wo nicht an erster Stelle. Sie liegt es auch in der bürgerlichen Zivilität. Zentralisierende, »harmonisierende«, egalisierende Tendenzen gibt es auch in der Schweiz. Aber sie konnten sich bisher dem nivellierenden Sog der sie umgebenden »Europäischen Union« weitgehend entziehen. »Keine fremden Richter!« gilt bis heute. Gleichwohl: Es ist (neben den Niederlanden mit ihrem gewaltigen Freiheitskampf) ein Beispiel für freiheitlich-genossenschaftliche Staatsbildung im deutschen Kulturraum. Es gibt nicht nur Preußens vorübergegangene Glorie. (Zur Schweiz besonders: Hirt/Nef/Ritter 2002; de Rougemont 1963.)

1525

»Das größte Naturereignis des deutschen Staates.« (Leopold von Ranke)

Mancher vermisst in der deutschen Geschichte heroische Revolutionen, Aufstände gegen die Obrigkeit, Widerstand gegen willkürliche Herrschaft. Er braucht dazu nur in die Geschichte des deutschen Bauerntums zurückzugehen, um viele Beispiele dafür zu finden. Friedrich Engels schrieb: »Auch das deutsche Volk hat seine revolutionäre Tradition. Es gab eine Zeit, wo Deutschland Charaktere hervorbrachte, die sich den besten Leuten der Revolutionen anderer Länder an die Seite stellen können, wo das deutsche Volk eine Ausdauer und Energie entwickelte, die bei einer zentralisierten Nation die großartigsten Resultate erzeugt hätte, wo deutsche Bauern und Plebejer mit Ideen und Plänen schwanger gingen, vor denen die Nachkommen oft genug zurückschaudern« (nach Rösener, S. 116). Nun, kein Liberaler wird für gewaltsame und mörderische Umwälzungen mit dem Untergang so vieler Menschen und häufig fragwürdigen Resultaten schwärmen, er ist eher ein Freund evolutionärer Wandlungen und friedlicher Reformen, solange dies immer möglich ist.

Was war die Ursache jenes bekanntesten aller Bauernaufstände in Deutschland? Die Bauern kämpften für den Erhalt ihrer dörflichen Autonomie gegen den vordringenden bürokratischen Territorial- und Steuerstaat. Sie beharrten auf ihren Traditionen und mündlich tradierten Normen und Werten, das »gute alte Recht«, das ihren Besitzstand sicherte. Die Bauern wehrten sich gegen willkürliche neue Steuerlasten und Einschränkungen der Allmendenutzung, zudem gegen das »Römische Recht«, das fürstliche Beamte gegen bäuerliche Weistümer in Stellung brachten. Die Bauern hatten die alte germanische Rechtsauffassung bewahrt, nach der das Recht ein Teil der Weltordnung ist, heilig, ewig und unveränderlich. Menschen konnten dieses Recht nicht ändern, sie konnten auch kein neues Recht schaffen, keine neuen Gesetze machen, »sondern sie konnten nur immer erneut das alte, von den Vorfahren ererbte Recht neu aufweisen oder finden« (Franz 1977, S. 1).

Das alte Recht ist einmal verglichen worden mit einem Urwald, der unmerklich wächst und sich ändert, abstirbt und verjüngt und dennoch der gleiche alte Wald bleibt, der er immer gewesen ist. Es ging einmal mehr um eine Auseinandersetzung zwischen dem gewachsenen genossenschaftlichen Volksrecht und dem obrigkeitlichen Herrschaftsrecht. Der Revolutionär und Rechtsbrecher war hier nicht der Bauer, sondern der Staat.

Interessant in diesem Zusammenhang ist der von Günther Franz (1977, S. 10) erwähnte »Allgäuer Brauch«: Hier war nicht wie sonst im Reich der Aufenthaltsort eines Mannes bestimmend für seine Untertanenschaft (Steuer, Gericht), sondern jeder Untertan, wohin er auch ziehen mochte, trug seine hohen und niederen Gerichtsorte mit sich (und sein Kind erbte diesen Status), was zur Auflösung aller Hoheitsgrenzen führen musste. So gab es in keinem anderen Winkel des deutschen Reiches eine solche Vielgestaltigkeit der Herrschaftsverhältnisse wie im Allgäu: Das Ideal des Basler Professors Bruno S. Frey: FOCJ, »Functional Overlapping Competing Juridictions«.

Eindrucksvolle regionale Bauernaufstände mit markanten Persönlichkeiten an der Spitze gab es schon vor 1525 (etwa Hans Böheim, der »Pfeifer von Niklashausen«, der, Marienlieder singend, verbrannt wurde, oder Jost Fritz); es sei auch der »Arme Konrad« oder der »Bundschuh« erwähnt. Die lutherische religiöse Aufstandsbewegung gab ihnen eine zusätzliche Feuerkraft, auch wenn sie der Reformator schließlich enttäuschte, wo nicht verriet.

Der Anlass kann geringfügig, aber von hohem Symbolwert sein: So soll die Frau des Grafen Lupfen in der Erntezeit ihre Bauern zum Schneckensammeln genötigt haben (Blickle). In der Herrschaft Triberg wurde den Bauern verboten, Wäsche im Hause zu behalten, im Stubenofen zu backen und Hanf in der Stube zu dörren. Würfeln und Kartenspiel nur mit obrigkeitlicher Erlaubnis! (Franz 1977, S. 18)

Auch der Bauernaufstand von 1525 (er dauerte kaum länger als dieses eine Jahr) erfasste nur große Teile von Süd-, Südwest- und Mitteldeutschland. Bayern, der hohe Norden und der Osten blieben ruhig. Die Bauern organisierten sich in regionalen »Haufen«, die mehr oder weniger unabhängig voneinander operierten und vom »Schwäbischen Bund« der Fürsten jeweils getrennt niedergeschlagen wurden (Zabern/Böblingen/Frankenhausen). Diese Haufen zerstörten nicht nur ca. 1000 Schlösser und Klöster, sie konnten auch etliche Städte in ihre Hand bringen, so Memmingen, Ulm, Zabern, Weißenburg, Freiburg, Bamberg, Erfurt, Heilbronn, Rothenburg … Die Fürsten waren zunächst überrascht und wichen vor dem Impetus der Bauern ebenso erschrocken zurück wie der niedere Adel und manche Stadt. Indessen stellten sich einige prominente, ebenfalls vom modernen Territorialstaat bedrohte Ritter wie Florian Geyer und, wenn auch zögernd und mit Vorbehalten, Götz von Berlichingen, den Goethes Drama so gewinnend geschildert hat, an die Spitze von Bauernhaufen, dazu auch einige Priester. Die Ritter führten im Übrigen ja ihren eigenen Krieg gegen die Fürsten (Franz von Sickingen, Ulrich von Hutten, s. u.).

Abgesehen von christlich-sozialistischen Radikalen um Thomas Müntzer und den weitgehenden sozialistischen Forderungen des Michael Gaismaier in Tirol (eine der stärksten Persönlichkeiten auf Bauernseite, der ein Kapitel für sich verdiente) mit seinem Programm der Städteauflösung, einem staatlichen Handelsmonopol, Autarkie, Abschaffung der Binnenzölle und Verstaatlichung der Bergwerke, waren ihre Forderungen gemäßigt. So verlangten die in hohen Auflagen verbreiteten »Zwölf Artikel« der Bauernschaft in Schwaben zunächst die freie Pfarrerwahl, das überlieferte Jagdrecht für alle, eine Mäßigung der Frondienste und Senkung des Kirchenzehnten und der Steuern, insbesondere die Abschaffung der Erbschaftssteuer, des sog. Todfalls, schließlich die Freiheit der Allmendenutzung (Wald, Weide, Wasser). Im Grunde erstrebten sie nur die Wahrung der dörflichen Selbstverwaltung.

Die Satzungen der Aufständischen in Franken gingen weiter: Abschaffung aller bestehenden Gesetze und Verbote, Beseitigung der Handelsgesellschaften, Beschlagnahmung großer Vermögen … Die Bauern appellierten an den fernen König und Kaiser, suchten ihn für eine weitgehende Reichsreform zu gewinnen. Es handelte sich also nicht nur um eine wirtschaftliche und soziale, sondern auch um eine politische Revolution, gestützt (vermeintlich) auch auf die Botschaft der Reformatoren. Man wollte eine neue Reichsordnung unter führender Beteiligung der Bauernschaft, wie sie schon in der früheren sog. Reformatio Sigismundi und in Friedrich Weigandts Reichsreformplan (mit einheitlicher Münze, Maß und Gewicht, gesichertem Straßensystem usw.) gefordert wurde. Diesen Plan sandte Weigandt an den Bauernführer Wendel Hipler, aber da war der Siegeslauf der Bauern schon vorbei.

Die zunächst siegreichen Bauernhaufen unterlagen trotz nicht immer schlechter Bewaffnung, weil es an begabter politischer Oberleitung und Koordination fehlte. Wilhelm Zimmermann hat anschaulich die Ursachen der Niederlage zusammengestellt: Zerstreutheit vieler kleiner Kräfte, viel Masse, wenig eigentliches Kriegsvolk; Fehlen eines überlegenen Feldherrn, der die Bewegungen hätte klug koordinieren können. »Die Zeit, dass ein solcher sich heraus- und heranbildete an den Massen, war zu kurz; und der Krieg ging zu schnell aus, ehe die Bauern selbst den Krieg lernen konnten.« (Die Hussiten waren darin glücklicher [Zimmermann 1999, S. 947 f.]). Hinzu kamen vielfach mangelnde Disziplin (»viele soffen Tag und Nacht«), Mangel an politischer Erfahrung und Verhandlungsgeschick, dazu Verrat auf jede Art. Schließlich: keine Reiterei, kaum Geschütze mit geschultem Bedienungspersonal, keine Festungen als Halt im Hintergrund.

Sieger blieb die vereinigte Gewalt der Herzöge oder Landgrafen von Württemberg, von Sachsen, von Hessen, von Lothringen und einiger Bischöfe. Martin Luther gab nach anfänglichen Vermittlungsversuchen dem mörderischen Gemetzel der Fürsten seinen Segen. Wie schrieb er zum »weltlichen Reich«? »Sein Handwerkszeug ist nicht ein Rosenkranz oder ein Blümlein von der Liebe, sondern bloßes Schwert. Der Esel will Schläge haben und der Pöbel will mit Gewalt regiert sein« (Mirow 1996, S. 415). Seine Kampfschrift »Wider die räuberischen und mörderischen Rotten der Bauern« und später der »Sendbrief von dem harten Büchlein wider die Bauern« forderte dazu auf, die Bauern »wie tolle Hunde« totzuschlagen.

Die Rache der Fürsten war fürchterlich und fortan genossen die Bauern nicht mehr das Waffenrecht des Freien. Etwa 100 000 Bauern sollen in dem Gemetzel umgekommen sein. Gefangene wurden nicht gemacht. Die politische Rolle der Bauern erlosch damit für Jahrhunderte. In der großen Frankfurter Nationalversammlung von 1848 gab es nur einen Bauern. Kein einziger der politischen Führer des 19. Jahrhunderts ist aus dem Bauernstand hervorgegangen. »Der große Fehler in der deutschen Geschichte ist, dass die Bewegung des Bauernkrieges nicht durchgedrungen ist«, meinte Alexander von Humboldt und später auch Wilhelm Röpke.

V.
Die Ritter und ihre Freiheit

»Ich bin Marquis. Was gehen mich die Gesetze an?«
»Die dümmste Sitte ist klüger als das beste Gesetz.«

Ritter, Ritterkultur, Ritterburg werden bis heute mythisch überhöht und sind die Begeisterung unserer Kinder. Das Freiheitsstreben eines Götz von Berlichingen wurde von Goethe verherrlicht, das sorglose Selbstgefühl eines Egmont nicht weniger. Was hat es auf sich mit dieser Freiheit der Panzerreiter, dieser ursprünglich von den fränkischen Königen ins Leben gerufenen Berufstruppe auf ihren schließlich etwa 10 000 über das Land verstreuten Burgen? Es handelt sich hier nach Adolf Waas um eine Gruppe von etwa 100 000 Menschen, die Familienangehörigen eingerechnet, um 1300 etwa 1 Prozent der deutschen Bevölkerung. Wenn Freiheit mit Max Weber als Herrsein des Einzelnen über seine Lebensbedingungen, als Selbstherrschaft, echte Privatautonomie inkl. Waffenrecht definiert wird, dann sind diese Ritter in der Tat sehr frei, erkauft mit dem Gehorsam ihrer Bauern, welche sie auf ihren Besitzungen – in den Grenzen hergebrachter Sitte und Recht – versorgen müssen und damit erst zur ständigen Kriegs- und Fehdebereitschaft instand setzen. Im Unterschied zu einem modernen Offizier in seiner Kaserne sind sie von den Kriegsbetriebsmitteln nicht getrennt, sondern Selbstausrüster mit eigenen Waffen, also zur politischen Selbsthilfe imstande. Ihr Daseinszweck ist die Sicherung des feudalen Gemeinwesens nach außen, damit auch der Schutz ihrer Bauern, deren Gerichtsherren sie sind.

Ihrem Lehnsherrn sind sie Treue und Gefolgschaft auf Gegenseitigkeit schuldig. Der oberste Lehnsherr ist der deutsche König, aber der ist fern und regiert im ständigen Umherziehen. Dieser Lehnsherr ist auch kein kommandierender General, sondern eher ein Genosse auf derselben Augenhöhe. Und die Gefolgschaft der Vasallen ist, weil sie selbst die Zwangsmittel besitzen, nur durch Eide und freie Moral gesichert, sie kann nicht durch Polizeimaßnahmen erzwungen werden (wie zum Beispiel Friedrich Barbarossa erfahren musste). Sie sind im Kreise ihrer Bauern ökonomisch mehr oder weniger autark, nicht elementar von Marktbeziehungen abhängig: ein weiteres Element ihrer Personalautonomie. Krieg, Fehde und (kriegsähnliche) Jagd stehen im Mittelpunkt des Lebens dieser »Freiluftfanatiker«. Wenn sie zunächst auch rohe Gesellen und nicht im mindesten »ritterlich« waren, so entwickelten sie, von Frankreich ausgehend, doch einen verfeinerten Verhaltenskodex und einen Formenkanon, der sich – wie Norbert Elias (1976) gezeigt hat – zivilisierend über die gesamte westeuropäische Gesellschaft verbreitete und auch nicht mit ihrem Untergang verschwand, sondern von den Bürgern »demokratisierend« übernommen wurde: das Ideal des Gentleman, des Weltmannes, der »Ritterlichkeit« und »Höflichkeit«.

Letzteres ist das nicht leicht zu gewinnende Kunstprodukt einer sorgfältigen Erziehung. Zu einer inneren Freiheit, die nur durch Selbstzucht und Affektbeherrschung zu erringen ist und sich in gelassener Heiterkeit bis auf das Schafott, Todesverachtung, Großzügigkeit (»largesse«), ritterliche Inschutznahme der unbewaffneten »Schwachen«, der Frauen, Kinder, Waisen, Priester, Alten, äußerte.

Nicht Investition in Unternehmen und Gewinnstreben, sondern schöner, demonstrativer Konsum, ja Verschwendung ist der Zweck ihrer Vermögen. Ihre Ausrüstung ist aufwendig. Ein Kettenhemd oder später ein Plattenpanzer mag den Wert eines mittleren Rittergutes besitzen, hinzu kommen Anschaffung und Unterhalt von zwei bis vier Pferden, die Versorgung ihrer Knappen und Kriegsknechte und die sonstigen privaten Kriegskosten. So gehörten auch Raub und Beutegewinnung in Fehde (Privatkrieg) und Krieg gegen Fremde zu ihrem ökonomischen Kalkül. Die für legitim gehaltenen Mittel waren Tötung, Brandschatzung, Geiselnahme, Verwüstung der Felder und sogar Vergewaltigung (Frauen als Kriegsbeute). Ihre Exzesse nach der Eroberung von Jerusalem (1099) und in anderen Kreuzzügen, etwa im Preußenland und Baltikum, sind bekannt. Politisches Machtstreben, ökonomisches Beuteinteresse und christlicher Missionierungseifer verbanden sich hier zu einer aggressiven, lange militärisch unwiderstehlichen Synthese.

Im Kampf waren sie Individualisten wie die Helden Homers. Ein geregelter Zweikampf war die Regel, nicht ein Angriff in disziplinierter Formation unter Kommando wie bei der späteren Kavallerie. Tarnung und Fernwaffen wie Armbrust, Langbogen oder gar Kanone waren verpönt. Der Held verbirgt sich nicht, er zeigt sich in äußerer Pracht und Mut möglichst auffällig. Man denke an den Auftritt Karls des Kühnen! Der Herold gestaltet die Zeremonien. Die alltägliche Langeweile auf ihren Burgen vertrieben sie sich durch Frauendienst über Minnesänger, durch Gesang, Vortrag von Heldenepen, Tanz, Spiel, Festmähler und Gelage. Trotz der Muntherrschaft ihres Mannes mit (theoretischem) Züchtigungsrecht war die Stellung der adligen Ritterfrauen vergleichsweise gut. Dauerprogramm waren die täglichen Waffenübungen, besonders in Turnieren als oft gefährliche Kriegsspiele (nicht immer mit stumpfen Waffen), und die wilde Jagd in den Wäldern (nicht eben zur Freude der Bauern).

In den Burgen mag es nicht immer angenehm zu leben gewesen sein. So schrieb einmal der Reichsritter Ulrich von Hutten seinem humanistischen Freund Willibald Pirckheimer in Nürnberg: »… innen von bedrückender Enge, zusammengepfercht mit Vieh- und Pferdeställen, sind dunkle Kammern vollgestopft mit schweren Büchsen, Pech, Schwefel und allem übrigen Waffen- und Kriegsgerät. Überall stinkt es nach Schießpulver und der Duft der Hunde und des Unrates ist auch nicht lieblicher, wie ich meine … und welch ein Lärm« (zit. bei Pollmann, Lesebuch 1984, S. 108). Dies mag in vielen Fällen zutreffen, aber größere Burgen, zum Beispiel Münzenberg in der Wetterau oder die Ronneburg bei Büdingen geben ein angenehmeres Bild.

Durch einige Jahrhunderte beherrschte diese Herrenschicht mit glanzvoller Unwiderstehlichkeit, Prestige und Gewalt das Reich. Dann begann – mit dem 14. Jahrhundert – der Abstieg und das Aufkommen einer neuen Art von plebejischem Militär und einer Kriegsführung, der sie sich nicht anpassen mochten und auch nicht konnten. Große Herausforderungen wie Kreuzzüge und Heidenmission gab es nicht mehr. Manche kleineren Ritter verarmten bis zu dem Punkt, dass sie sich bei gestiegenem Repräsentationsniveau nicht einmal eine Burg erhalten konnten, sondern auf Höfen leben und selbst als Bauern unter Bauern ein kleines Gut bewirtschaften. Andere, welche die Kosten für den Ritterschlag nicht aufbringen können, sinken auf die Stufe von Stallmeistern und Kriegsknechten ab und bilden eine Art Proletariat. Wieder andere entarten zu kriminellen Wegelagerern und »Raubrittern« (ein Ausdruck der Romantik). Ein trauriges Beispiel ist die literarische Figur des Meier Helmbrecht, wie ihn Wernher von der Gartenaere schildert (mit einem grausamen Ende). Sie selbst betrachten sich freilich meist nicht als gewöhnliche Räuber, sondern glauben, ihr angestammtes Wege- und Begleitrecht zur Not im Fehdeverfahren durchsetzen zu müssen. Viele Adlige werden auch zu Höflingen, Beamten, Offizieren im Sold des Königs (Preußen!) oder gar Kaufleute (Gaxotte 1965, S. 366 f.; Rovan 1995, S. 244).

Vor allem der Wiederaufstieg bewaffneter und disziplinierter Infanterie macht den edlen individualistischen Reitern zu schaffen. Gegenüber dem hussitischen Fußvolk, den Schweizer Bergbauern oder auch den flandrischen Bürgern machen die Ritter keine gute Figur: Die Reihe ihrer peinlichen Niederlagen im »Herbst des Mittelalters« geht von Courtray, Sempach, Morgarten bis hin zu Murten und Nancy. Kapitalistische Kriegsunternehmer, oft sogar Ritter, die bezahlte Söldner um sich sammeln, brechen ihr Kriegsmonopol. Kanone, Armbrust, Hellebarde und das beidhändige

Schwert der Landsknechte verändern die Kampfmethoden. Die Schweizer Bauern zerren mit ihren Hellebarden und langen Spießen die gepanzerten Ritter von den Pferden und machen die Hilflosen am Boden nieder.

Mit den aufkommenden Territorialfürstentümern steht den unabhängigen Rittern und ihrem angestammten Recht der politischen Selbsthilfe (Fehderecht) auch die neuzeitliche Bürokratie gegenüber, die durch Landfriedensgesetze eine geregelte Rechtsfindung über fürstliche Gerichte anstrebt und mit am römischen Recht geschulten Räten und Beamten das traditionelle Gewohnheitsrecht, das »gute, alte Recht«, das nur zum wenigsten kodifiziert ist, verdrängen will; auch mit Gewalt, wenn man beispielsweise an den Kampf der Hohenzollern gegen die Quitzows und etliche freie Städte in der Mark Brandenburg denkt.

Die Ritter nahmen Niedergang und Verarmung nicht immer kampflos hin. Etliche entarteten zu Raubrittern, auch Götz von Berlichingen mit seinen Überfällen auf Kaufmannskolonnen gehörte dazu. Andere wurden kapitalistische Gutsunternehmer wie in Preußen, oft auf Kosten der Bauernfreiheit (Schollenbindung, Frondienste, Gesindezwangsarbeit, Ehekonsens). Weitere wurden Anführer von angekauften Söldnertruppen, wie Franz von Sickingen, Georg von Frundsberg, Truchseß von Waldburg, oder setzen sich an die Spitze der aufbegehrenden Bauernhaufen wie Florian Geyer oder – zwar nur genötigt und nur für vier Wochen – der erwähnte Götz.

Der Anfang des 16. Jahrhunderts sah den letzten Ritterkrieg gegen Landesfürsten und sogar Städte. Der bekannteste ist Franz von Sickingen, der mit 15 000 angeworbenen Fußsoldaten und 4000 Berittenen sogar ansehnliche Städte bezwang. Sickingen hätte es beinahe geschafft, sich durch Säkularisierung von Kurtrier ein eigenes Territorium zu schaffen. Er kam in die Reichsacht, schloss sich auch der religiösen Revolution von Luther an. Nun ging es besonders gegen geistliche Territorien, katholische Priester, den Papst und die »Römlinge«. Er nahm auf seinen Burgen, die er »Herbergen der Gerechtigkeit« nannte, auch andere oppositionelle Ritter auf, darunter Ulrich von Hutten, den großen humanistischen Publizisten, militanten Intellektuellen und begeisterten Patrioten, von Kaiser Maximilian mit der »Dichterkrone« beehrt. Mit der Wiederauffindung von Tacitus »Germania« in der Abtei Hersfeld (um 1450) erhielt die Deutschland-Begeisterung ein besonderes Feuer. Hutten schrieb ein Drama über den germanischen Freiheitshelden Arminius.

Sickingen unterlag schließlich bei der Belagerung von Trier und starb am Ende tödlich verletzt auf seiner Burg Nanstein über Landstuhl im Mai 1523. Sein unglücklicher Freund Hutten – gleichfalls in der Reichsacht –

starb krank, vereinsamt, noch sehr jung auf der Insel Ufenau im Zürichsee, freundlich aufgenommen vom Schweizer Reformator Zwingli, nur wenige Monate nach dem Ende seines Freundes Sickingen. Er ist neben der dortigen Kirche St. Peter und Paul begraben. Erasmus von Rotterdam in Basel, ein eigener freier Geist jener Zeit, hatte ihn desavouiert und abgewiesen.

Der Ritter Götz von Berlichingen (»mit der eisernen Hand«) war ein Freund Sickingens, ein gewerbsmäßiger Fehdeunternehmer. Nicht nur führte er 15 Fehden in eigener Sache, sondern auch zahlreiche Fehden für »Freunde und gute Gesellen«, meist für Beute und Lösegeld. Vier Wochen war er gezwungenermaßen Anführer des Odenwalder Haufens im Bauernkrieg. Mehrfach in die Reichsacht getan und wieder freigekommen, zog er mit dem Kaiser 1542 noch in den Kampf gegen die Türken in Ungarn und 1544 gegen Frankreich. Er starb 1562 auf seiner Burg Hornberg am Neckar. Meyers Großes Konversationslexikon (6. Aufl., Leipzig 1906) vermerkt über ihn: »Der historische Götz war nicht das von dem Dichter (Goethe) gezeichnete Idealbild eines deutschen Biedermanns, sondern ein Typus des materiell schwer bedrängten und verkommenen niederen Adels, dem Fehde und Straßenraub Selbstzweck geworden waren, während mancher seiner Standesgenossen wie Frundsberg in dem Kriegshandwerk als Landsknechtsführer einen ehrenvollen, nahrhaften Lebensberuf fanden.« Mag dem so sein, er war jedenfalls ein abenteuerlicher, nicht totzukriegender, freiheitsliebender, gut gelaunter Haudegen aus ritterlichem Geblüt.

Das gemeinsame Anliegen dieser berühmten Ritter war die Wiederherstellung der alten Kaisergewalt und die Zurückdrängung der territorialen fürstlichen Gewalten (und zum Teil auch der Städte), die sich zwischen Ritterklasse und Kaiser geschoben hatten. Indessen waren die Kaiser für dieses Anliegen kaum mehr zu haben, sie waren zu sehr geschwächt (Maximilian, der romantisierende »letzte Ritter«, der kaum mehr seine Rechnungen bezahlen konnte) oder hatten im Kampf gegen die Protestanten andere Ambitionen (Karl V.).

Der »Rittersturm«

Etwa 300 Ritterkleinstaaten konnten ihre politische Freiheit, ihre »Reichsunmittelbarkeit«, bis zum Ende des Reiches bewahren; erst der Reichsdeputationshauptschluss in Regensburg von 1803 gab sie faktisch preis.

Die fürstlichen Territorialstaaten machten kurzen Prozess (»Rittersturm«), eine große Gewaltaktion, der unverhüllte, kaum kompensierte Raub durch den Hochadel, meist ohne angemessene Entschädigung, begünstigt durch die napoleonische Umwälzung des Reiches. Der Kaiser Franz II. und sein Reichshofrat protestierten vergeblich. Er dankte kurze Zeit darauf selber als deutscher Kaiser ab (1806).

Der Reichsgedanke lebte indessen in vielen Ritterfamilien fort. Aus ihnen gingen einige führende Köpfe der Befreiungskriege hervor, so der Freiherr vom Stein. In der Verschwörung gegen Hitler vom 20. Juli 1944 spielten Nachfahren der alten Reichsritterschaft eine hervorragende Rolle, so der Organisator des Attentats, Claus Schenk Graf von Stauffenberg, in dem sich christliche, humanistische und patriotische Motive verbanden (Rovan 1995, S. 246). Die letzten politischen Eigenrechte und Privilegien der Ritter (Patrimonialgericht, Polizeigewalt, Patronatsrechte für Kirche und Schule in ihrem »Gutsbezirk«, eigener Gerichtsstand) verschwanden in Preußen erst nach 1918, als zu ihrer Entgeisterung der oberste Lehnsherr, der König und Kaiser, kampflos aus seinem Amt desertierte und nach Holland floh.

Im Osten kam das ökonomische Ende mit der Enteignung ihrer Güter durch die sowjetrussischen Sieger und ihre kommunistischen deutschen Helfer. Viele »Junker« wurden von den russischen Eroberern ermordet, ebenso viele töteten sich und ihre Familie selbst (vgl. Görlitz 1964, S. 410 ff.) Selten ist wohl eine Adelsschicht so grausam vernichtet worden. Die Schwiegertochter des Reichskanzlers, Sybille Gräfin von Bismarck, eine Frau von 80 Jahren, ließ sich im März 1945 auf dem pommerschen Bismarckgut Varzin ein Grab ausheben, in dem sie sich dann kurz vor der Ankunft der russischen Soldaten erschoss, Gift hatte sie als »unritterlich« abgelehnt.

Im Westen Deutschlands verfügen die Adligen bis heute über beträchtliche Besitztümer, sind oft auch erfolgreiche Unternehmer. Noch heute spielen ihre Familienverbände als Erinnerungsgemeinschaft und soziale Stütze eine für den Zusammenhalt wichtige Rolle und ihre idealen Lebensformen (als »Herr« und »Dame«) sind noch nicht ganz erloschen, haben sich nur demokratisierend verdünnt. Nach der Wiedervereinigung (1990) kauften einige Junkerfamilien (wie von der Marwitz oder von Hardenberg) ihre alten Güter zurück.

VI.
3000 Republiken: Die Freiheit der Städte

»*Was kann reizender sein als das Bild einer Stadt des Mittelalters? Künste, die nur Reichtum ernährt, zogen herbei, kunstreiche Kirchen und öffentliche Gebäude stiegen auf in den sichernden Mauern, grün bepflanzte Plätze erheiterten die zutraulichen Wohnungen, und darinnen ein arbeitsames, reges Schaffen neben aller Lust im Spiel, Scherz, Tanz und Kriegsübungen. Eines gegründeten Reichtums sich bewusst, gingen die schön gekleideten Bürger daher, stolz auf ihre Freiheit, tapfer sie verteidigend gegen jede Anmaßung, großmütig in Geschenken, ehrbar und streng in ihrer Familie und fromm vor Gott*« (Wilhelm Grimm nach Below 1898, S. 135).

Eine großartige Leistung der Deutschen war ihre mittelalterliche Städtekultur, nach dem fast vollständigen Ruin der römischen Städte durch die germanischen Landnehmer oder die Hunnen: Die Franken verwüsteten viermal das prächtige antike Trier, die Schicksale von Augsburg oder Regensburg waren bitter, in Mainz wurden 406 Tausende von Christen in der Kirche niedergemetzelt. Man weiß nicht genau, was nach Attilas Rheinübergang von Straßburg übrig blieb. Einige Städte gingen ganz unter: Wo ist das antike Heddersheim?

Am Anfang stand häufig die unternehmerische Initiative von Fernhändlern, zunächst verwegenen Kerlen, halben Banditen, Vagabunden, beschäftigungslosen, aus der sozialen Ordnung gefallenen Landstreichern, Hausierern, Trödlern, Jägern nach herrenlosem Gut und ähnlichem Gelichter. Diese Wanderkaufleute waren raue Burschen, waffentüchtig, gefahrengewohnt und dem Abenteuer zugetan. Sofern die neuen Städte nicht dem König unterstanden – die »Reichsstädte« –, waren sie meistens zunächst unter der Hoheit von Fürsten und Bischöfen, bis sie sich vielfach zu »freien Städten« hochkämpften und nur noch den König und Kaiser anerkennen wollten. Aber auch als Landstädte hatten sie lange Zeit ziemliche Freiheiten. Es hat schließlich etwa 3000 Gemeinden mit Stadtrecht gegeben, die meisten von ihnen kaum größer als Dörfer. Mit etwa 40 000 Einwohnern war Köln im 14. Jahrhundert die nach Einwohnern bedeutendste Stadt. Nürnberg, Straßburg, kamen auf 20 000 oder 30 000, 15 andere wie Augsburg, Ulm, Danzig, Basel, Frankfurt oder Zürich mögen auf 10 bis

20 000 kommen. Nur ein Achtel der damals etwa 12 Millionen Deutschen lebten in Städten.

Berühmt ist die coniuratio pro libertate (Verschwörung für die Freiheit) der Kölner Patrizier von 1122 gegen ihren Erzbischof, der schließlich nach Bonn floh. Aber auch sonst stand die schwurgemeinschaftliche Verbrüderung der führenden Unternehmer (Frieden untereinander nach innen, Solidarität auf Leben und Tod nach außen) am Anfang der städtischen Autonomie. Jedes Jahr legten die Bürger einen gegenseitigen Treueschwur ab.

Es hieß »In der Stadtluft lebe man besser«: Ein Anreiz für beschwerte Landbewohner, in die Städte oder ihre Peripherie zu wandern, und eine ständige Quelle für den Verdruss der umwohnenden Grundherren, die meistens vergeblich ihre Auslieferung verlangten (das Problem der »Pfahlbürger«).

Die Kompetenzen einer freien Reichsstadt waren, verglichen mit der heutigen kommunalen »Selbstverwaltung«, nicht Selbstregierung, umfassend: An der Spitze die Sicherung der Unabhängigkeit durch eine obligatorische Bürgermiliz (auf Basis einer Selbstrekrutierung mit Waffen, keine Trennung der Bürger von den »Kriegsbetriebsmitteln«), später kamen zunehmend angemietete Söldnerkräfte hinzu. Die Waffen und die Kampfausrüstung bewahrte jeder Bürger in seinem Haus. Des Weiteren richteten die Räte im Rathaus und in Türmen Waffenkammern ein, die einen schnellen Zugriff auf das Kriegsmaterial ermöglichten. Im Allgemeinen lässt sich sagen, dass die reicheren Bürger zu Ross, die weniger bemittelten zu Fuß dienten. Die Zünfte teilten sich die Mauerabschnitte ein, die zu verteidigen waren. Für ergänzende militärische Funktionen und auch innere Polizeiaufgaben seien die mehr privaten Schützengilden und Bruderschaften genannt, die bis heute in vielen Städten eine folkloristische Rolle spielen. Es fanden ständig Waffenübungen statt. Eine Armbrust, die wirksamste Fernwaffe des Spätmittelalters, war nicht leicht zu handhaben.

Ganz zentral für die Selbstständigkeit einer Stadt steht die zumindest zivile Rechtsprechung und Vollstreckung, Marktpolizei (Überprüfung von Maßen und Gewichten), ferner auch eine Wirtschaftspolitik, die immer mehr in eine Protektion der schließlich führenden monopolistischen Handwerkerzünfte ausartete. Dem Prinzip der individuellen Ungleichheit entsprach eine aufgesplitterte Gerichtsverfassung: neben dem Stadtgericht für Universitätsangehörige eine Universitätsgerichtsbarkeit, desgleichen für Zünfte und Spezialgerichte für Berg-, Salz-, Forst-, Wasser-, ggfs. auch Deichangelegenheiten.

Eine am Ende strenge Sitten- und Aufwandspolizei erinnert an den späteren pädagogischen Staatsabsolutismus. Wofür gab es nicht in diesen Städten alles »Ordnungen«: sogar eine Tanzordnung, eine Taufordnung, eine Hochzeitsordnung und besonders eine ausgefeilte Kleiderordnung, welche die Verschiedenheit der Stände betonte und übertriebenen Luxus abwehren und das Decorum sichern sollte. Trotzdem war das Alltagsleben der Vollbürger in der guten Zeit voller Feste und Annehmlichkeiten aller Art, inklusive der zahlreichen öffentlichen Bäder (vermutlich fröhlicher als unsere sterilen Gemeinschaftssaunen) und »Frauenhäuser«, bis die Sittenwende der Reformation dagegen einschritt. Adolf Waas (1996, S. 205 f.) zitiert einen Zeitgenossen, Wilwolt von Schauenburg: »Herr Wilwolt richtete (zu Gent) ein Bankett her, lud dazu den obersten englischen Kapitän mit seinem trefflichsten Adel und viele andere große Herren ein. Dazu hatte er von Brügge und Flandern die allerhübschesten Frauen, die da sein möchten, dazu die besten Spielleute bestellt. Da fingen sie an zu tanzen und waren fröhlich und zur Nacht verehrte er einem jeden Herrn eine hübsche Frau, mit ihr nach des Landes Gewohnheit zu schlafen. Des Morgens wurden sie ihm alle gütlich wieder abgeliefert, wofür er sich höchlich bedankte. Er beschenkte eine jede gebührend und schickte sie ehrlich nach Hause.« In einer Stadt wurden die schönen Kurtisanen »Fensterhennen« genannt. In eroticis war man offenbar in dieser Zeit recht unbefangen.

Bei alldem gab es ein Besteuerungsrecht (indirekte Verbrauchssteuern, dann auch Vermögens- und Personalsteuern). Einnahmen kamen auch aus Zöllen, Handelsabgaben, Münzrechten, Mühlen, Bergwerken, aus Zinsen und Renten. Waren die Steuern zu hoch, drohte der Stadt der Wegzug von Bürgern in eine andere Stadt: die segensreiche Wirkung des Steuerwettbewerbs! Manchmal gingen 80 Prozent der Einnahmen (z. B. in Köln) auf die Sicherung der Stadt nach außen (Mauern, Türme, Bollwerke, Zwinger, Gräben …). Auch die Ausgaben für eine subsidiäre Sozialpolitik (über die manchmal sehr reichen multifunktionalen Spitäler) waren beträchtlich. Die harte Konsequenz ernst genommener Subsidiarität zeigt eine Inschrift an einem der Stadttore von Jüterbog: »Wer seinen Kindern gibt das Brot und leidet nachher selber not, den soll man schlagen mit der Keule tot.« Viele soziale Aufgaben gingen über die genossenschaftlichen Zünfte, eine Beerdigungskasse für verarmte Zunftkollegen eingeschlossen. Wer sich des Friedenbruches schuldig machte, wurde aus der Stadt verbannt, sein Haus wurde zerstört: auch bei Münzverschlechterung und Ehebruch war man vielfach nicht zögerlich: Todesstrafe!

Eine freie Reichsstadt besaß wie alle sonstigen reichsunmittelbaren Herrschaften und der König das wichtige Münzrecht. Es gab darum eine Vielzahl an Währungsangeboten, wobei sich als Leitwährungen der rheinische Gulden und der ungarische Florint durchsetzten.

Das Bildungswesen war weitgehend privat: Scholaren, Stadtschreiber, Kleriker leisteten das Notwendige, häufig im Einzelunterricht. Aber es gab auch städtische Schulen und auch bessergestellte Frauen blieben nicht ohne Bildung. Die Alphabetisierungsquote in den Städten mag im Spätmittelalter bei 30 Prozent gelegen haben.

Man muss sich vor Augen führen, dass es im Mittelalter nicht um eine abstrakte Freiheit und Freihandel im Sinne des liberalen Naturrechts ging, sondern um einzelne Freiheiten, die wir heute Privilegien, Sonderrechte, nennen. Es handelte sich um einen »Privilegienrechtsstaat« (Max Weber). Man muss sich wundern, dass es bei der Vielzahl der Regulierungen, Zwänge, Monopole und Zölle und vielerlei Zwangsgebühren überhaupt zu solche positiver Wirtschaftsentwicklung wie im Hoch- und Spätmittelalter kommen konnte. Bei den Stapel- und Straßenzwängen, Preistaxen, Meisterzwängen, Zuzugssperren, Schikanen gegen das Landhandwerk und oft unfairen Kämpfen gegen die Konkurrenzstädte. Hinzu kommen noch das dominierende konservative Ideal einer gleichmäßigen Nahrungsgarantie für alle Handwerker, der Kampf gegen »Neuerungen«, das Leitbild eines »gerechten Preises«, der die Familie ernährt und ein behagliches Auskommen sichert. Diese Ideale sind auch in der Gegenwart noch oder wieder lebendig (»Mindestlohn«, »Familienlohn«, »sozial gerechte« Preissetzung).

In den freien Städten kam es zur Ausbildung einer repräsentativen Demokratie mit anfangs – und manchmal bis zum Ende – stark patrizischen Elementen (s.u.: Nürnberg): der Bestimmung des führenden Rates durch die Bürgerschaft im Wege der Selbstergänzung. Diese Bürgerschaft war in Genossenschaften, Gilden, Zünften korporativ gegliedert. Die Masse der Eigentumslosen, der Lohnarbeiter, Knechte, Gesellen hatte nichts zu sagen. Vollbürger ist man nur als Eigentümer von Haus oder Grundstück. An der Spitze stand wie heute ein Bürgermeister.

Keine bürokratische Beamtenherrschaft, alles im Ehrenamt (mit Annahmezwang!), allenfalls der Stadtschreiber war ein besoldeter Berufsbeamter. Direktdemokratie wie im antiken Athen war nicht möglich, da die Bürger durch Berufsarbeit »unabkömmlich« waren. Eine Sklavenschicht, welche die Arbeit tut, war unbekannt. Die Kämpfe zwischen den sozialen und wirtschaftlichen Gruppen der Stadt und nach außen waren zu jener Zeit manchmal heftig: die Bürger insgesamt gegen die Stadtherren, die Zünfte gegen die Patrizier, die Gesellen gegen die Meister.

Imponierend sind die sozialen Errungenschaften dieser Städte, die auch christlich motivierte Fürsorge füreinander (in den Gilden und Zünften) und für die Armen (Brüderschaften, Spitäler, Stiftungen wie die zauberhaften Beginenhöfe usw.). Der gut organisierten »Armenpflege« geht häufig parallel eine Kriminalisierung des Bettelns in Bettelordnungen (bis 1973 auch im modernen Deutschland). Die Bettler waren ebenfalls in Einungen oder Genossenschaften organisiert, sogar die Diebe, auch überlokal. So weit ging der Genossenschaftsgeist im Mittelalter (vgl. Otto von Gierke 1866). Ihm entspricht das heutige Vereinswesen.

Auch die wirtschaftliche Selbstständigkeit von Frauen war verbreitet: so im Gastgewerbe, im Einzelhandel oder im Textilgewerbe (Spinnen, Weben). Witwen von Handwerksmeistern konnten im Übergang (bis heute) den Betrieb weiterführen. Es gab auch Frauenzünfte! Die machtvolle Stellung der »Frau Meisterin« ist in manchem Volkslied überliefert.

Alle Freiheitsarten (I–III) waren in diesen Städten in unendlichen Differenzierungen und Abstufungen vertreten: die persönliche Handlungsfreiheit, die politische Partizipation und die (relative) Autonomie nach außen: symbolisiert im Waffenrecht und selbstständiger »Außenpolitik«. Freilich dominierte die katholisch-christliche und später auch die protestantische Religion. Von Religionsfreiheit war nicht die Rede, allerdings war die Praxis der Kirche im späteren Mittelalter großzügig. Die Inquisition hatte in Deutschland keine Chancen. Der erste bestellte Inquisitor, Konrad von Marburg, wurde 1233 von Adligen erschlagen.

Etliche Städte schlossen sich mit meist vorübergehendem Erfolg, manchmal auf Ermunterung durch den König und Kaiser, schließlich aber gegen deren Willen (Friedrich II. 1232, Goldene Bulle von 1356) in Bünden zusammen, um den inneren Landfrieden zwischen sich und zudem ihre Freiheit gegen die aufstrebenden Fürsten zu sichern, so der kurzlebige Rheinische und besonders der Schwäbische Städtebund. Diese Bünde dienten auch der Sicherung der Wege und Straßen gegen räuberisches Gesindel. Trotzdem erlitten diese Bünde manche schmerzliche Niederlage gegen die Fürsten, so in der Schlacht bei Döffingen (1388). Mainz verlor den Kampf gegen den Erzbischof! Ähnlich Erfurt und Münster. Selbst die starke Hansestadt Braunschweig, auch Magdeburg, ebenfalls Hansestadt und leuchtender Vorort des sächsischen Städtebundes, unterlagen im 17. Jahrhundert schließlich fürstlicher Gewalt. Magdeburg wurde zweimal (1631 durch Tillys (»der deutsche Tamerlan«) und Pappenheims Horden und im Januar 1945 durch die Royal Airforce) gründlich zerstört. Der Ausdruck »magdeburgisieren« stammt von der ersten Zerstörung mit dem Verlust von 30 000 Bürgern durch Mord und Brand. Schiller schrieb über die Magdeburger »Würgeszene«, »für welche die Geschichte keine Sprache und die Dichtkunst keinen Pinsel hat« (nach Demandt 1997, S. 152).

Hätte in einem konstanten Bündnis vom Kaiser mit den Städten (und den Bauern) und gegen die Fürsten für Deutschland eine Aussicht auf eine später politisch freundlichere parlamentarische Entwicklung wie in England gelegen, wie Ricarda Huch und Wilhelm Röpke meinten?

Die Städtefreiheit ging im 16. und 17. Jahrhundert in vielen Fällen wieder verloren, meist durch die Gewalt der Territorialfürsten, denn nur wenige Städte verstanden es, nach Vorbild der antiken oder italienischen Städte (Venedig, Mailand, Florenz ...) sich wenigstens in bescheidenem Umfang ein umliegendes Territorium anzueignen, so etwa Soest, Nürnberg, Kolmar, Rothenburg ob der Tauber, Schwäbisch Hall.

Die freien Städte, die es bis ins 19. Jahrhundert noch gab, versanken meistens in provinzieller Enge, mit Ausnahme der großen übrig gebliebenen Hansestädte wie Hamburg, Bremen oder Lübeck. Selbst Köln versank im 18. Jahrhundert in Armut und Schmutz. Am Ende des 18. Jahrhunderts gab es 59 freie Reichsstädte, nach dem Reichsdeputationshauptschluss von 1803 waren es nur noch sechs (Augsburg, Bremen, Frankfurt am Main, Hamburg, Lübeck und Nürnberg).

Der Humanist Äneas Silvius Piccolomini und spätere Papst Pius II. schrieb in einem Bericht (1458): »Wo gibt es in Europa eine prachtvollere Stadt als Köln? ... Nürnberg, diese herrliche Stadt in wahrhaft majestätischem Glanze. Aufrichtig zu reden, kein Land in Europa hat bessere und freundlichere Städte als Deutschland.« Die großartigen baulichen Hinterlassenschaften jener Zeit (Dome, Rathäuser, Plätze, Stadttore, Brunnen, Kontore und Speicher, Hospitäler, stolze Rolandsfiguren wie in Bremen, Stendal und sogar Brandenburg, prachtvolle Bürgerhäuser ...) zeugen bis heute vom Selbstbewusstsein, der Kraft und der Wohlhabenheit jener Städte, aber auch von der Opferbereitschaft und dem Gemeinschaftssinn ihrer Bürger. (Vgl. auch das großartige Buch von Wolfgang Braunfels: Abendländische Stadtbaukunst, 1976.)

Man bedenke: Um 1500 gab es nur 12 Städte, die mehr als 1000 Einwohner hatten. Die meisten hatten nur 500 oder 1000 und waren doch zu diesen heute unfassbaren Leistungen imstande. Wir zehren noch immer davon. Evamaria Engel schrieb: »Das Beste, was eine moderne Stadt aufweisen kann, ist ihre mittelalterliche Altstadt« (1993, S. 12). Walter Muschgs schöne Betrachtungen verdienen ein ausführliches Zitat: »In den Städten wohnen die Handwerker, Kaufleute und Beamten, die den Kern der bürgerlichen Gesellschaft, des Volkes, bilden. Da sie hinter ihren Mauern wie eine große Familie leben, ist die Gemeinschaft ihr höchster Begriff. Die stolze Erinnerung an die Vergangenheit der Stadt und die gemeinsamen Erlebnisse in der Gegenwart erzeugen das Bewusstsein der Zusammengehörigkeit ... Dieselben Eigenschaften, die schon die Städte des Altertums zur Blüte brachten, sprechen aus der Kraft und Lebenslust der spätmittelalterlichen Stadtrepubliken. Ihr geistiges Klima setzt sich zusammen aus heiterer Lebensfreude, sinnlichem Wohlgefallen am Nächstliegenden, Freude am ererbten und erworbenen Reichtum, herzlichem Wohlwollen gegen den Nachbarn. Nie fühlte sich der Mensch auf Erden so wohl wie im Schutz und Schirm dieser reich geschmückten Siedlungen« (2006, S. 378).

Stendal

Die altmärkische Stadt Stendal imponiert heute durch ihr imposantes Stadtbild: Zwei oder drei sehr bedeutende gotische Riesenkirchen (der mächtige Dom St. Nikolai, Marienkirche, die Jakobikirche). Ein Rathaus, schöne Bürgerhäuser, die den Stolz der Bürger ausdrücken, gewaltige Stadttore wie das Tangermünder und mehr noch das Uenglinger Tor zeugen in dem heutigen Provinzort von etwa 40 000 Einwohnern von einer Größe, als die Zahl der Einwohner wesentlich geringer war, vielleicht bei 3000 oder 5000 lag, die allesamt von den großen Kirchen umfasst werden konnten. Stendal wurde als Fernhandelsstadt (bis nach Flandern und England und im Süden bis nach Augsburg und Nürnberg) groß und war im 15. Jahrhundert vielleicht die bedeutendste Stadt Brandenburgs, die schließlich fast die Stellung einer unabhängigen Reichsstadt erreicht hatte, einen altmärkischen Städtebund anführte und von 1359 bis 1517 Mitglied der Hanse war. Sie war im Besitz des Blutbanns, des Münzrechts (der »Ewige Pfennig«), des Judenrechts, des Rechts, mit anderen Städten Bündnisse zu schließen, und von Anfang an natürlich des Marktrechts (1156). Vor dem Rathaus steht der Roland, ein ritterlicher Grobian, »außergewöhnlich groß, grotesk feierlich, deutet mit steif erhobenem Schwert auf das Recht des Blutbanns und ist zugleich eine Warnung vor Frevel und ein Wahrzeichen städtischer Freiheit« (Ricarda Huch 1927, S. 192). Lange hatte das dortige Patriziat die Gewalt, vertreten durch die Gewandschneidergilde.

Mit den rabiat zentralisierenden Hohenzollern kam das Ende der Städteherrlichkeit, auch für Berlin, Brandenburg und Frankfurt an der Oder (auch wurde der Adel gezähmt). Ein Volksaufstand gegen eine Biersteuer – Bier war damals ein Grundnahrungsmittel – gab dem Kurfürsten Johannes Cicero den willkommenen Vorwand zur militärischen Intervention. Er zwang die herrliche Stadt zur Preisgabe sämtlicher Privilegien (Gerichtsbarkeit, Münze) und Bündnisse. Stendal musste die Hanse verlassen. Was der Stadt an Widerstandskraft geblieben war, rafften innere Kämpfe, Feuersbrünste, Pestepidemien, vor allem aber der Dreißigjährige Krieg hinweg, sodass Stendal fortan das Dasein einer unbedeutenden Ackerbürgerstadt führte, die von der Industrialisierung nur spät und verzögert erreicht wurde (Eisold/Lautsch 2012, S. 123). Zum Ausgleich ist in dieser Stadt 1717 der berühmte Wiederentdecker der Schönheit des Altertums, J. J. Winckelmann, geboren.

Das nahe und kleinere Tangermünde, Hansestadt mit sehr schönem gotischen Rathaus mit Prachtfassade und Prachttor, hatte ein ähnliches Schicksal, nachdem es von Kaiser Karl IV., zur Nebenresidenz neben Prag erwählt, einen Anlauf zu größerer Bedeutung genommen hatte. Hier spielte sich das erschütternde Drama um Grete Minde ab, die Theodor Fontane zum Gegenstand eines Romans gemacht hat. Sie wurde vielleicht zu Unrecht beschuldigt, die Stadt in Brand gesteckt zu haben, und grausamst hingerichtet. Eine Skulptur am Rathaus erinnert an sie. Seit 1967 feiern die Tangermünder ein Rolandsfest (Brückner 2008).

Schwäbisch-Hall

Diese mittelgroße Stadt, die ihre lange Prosperität dem Vorhandensein einer Salzquelle verdankte, ist eine echte Reichsstadt. Sie musste diesen Status nicht erkämpfen, wohl aber verteidigen. Friedrich Barbarossa verlieh ihr die ersten wichtigen Rechte und 1276 wurde sie offiziell Reichsstadt. Sie sah jahrhundertelang viele kaiserliche Gäste in ihren Mauern. Die üblichen Bürgerkämpfe fanden auch hier statt und endeten mit einem Rückzug der Adelsfamilien. Sie steuerte glücklich durch die religiösen Kämpfe und auch trotz Verlusten durch den Dreißigjährigen Krieg. Im 14. Jahrhundert hatte sie zwischen 3000 und 5000 Einwohner. Hinzu kam ein relativ ausgedehntes Territorium, das sie sich nach und nach zusammenkaufte. Am Ende (1802) besaß sie etwa 33 Quadratkilometer mit 21 000 Einwohnern, 3 Städten, 21 Pfarrdörfern und 90 Dörfern und Weilern.

Sie war eine exemplarische Reichsstadt mit lange Zeit wehrhaften Bürgern und einer ausgedehnten Sozialpolitik. Ihr Spital bildete den größten Haushalt der Stadt. Es war eine multifunktionale Anstalt, die als Armenhaus, Altersheim, Waisenhaus, Behindertenheim, Krankenhaus, Irrenanstalt und Gefängnis diente. Im 18. Jahrhundert schreibt ein anonymer Autor: »Es ist die Aussicht auf Unterstützung oft die Ursache der Trägheit und des Leichtsinns; das Spital ist nicht selten statt eine Veranstaltung zur Verminderung der Armut eine Ursache zu ihrer Vermehrung« (Maisch/Stihler 2006, S. 331). Die paternalistischen »Ordnungen« dieser Stadt enthalten auch eine solche für Schmalz und für den Holzkauf und eine weit gespannte Sittenpolizei.

In ihren zusammengekauften Territorien ergab sich eine seltsame Mischlage mit Herrschaftsrechten auch von anderer Seite: Benachbarte Herrschaften hatten Rechte auf den gleichen Höfen und über die gleichen Bauern wie die Stadt.

Die elementare Widerstandskraft in dieser mehr und mehr behaglichen Phäakenstadt (auch Weinhandel war ein Hauptgeschäft) ließ schließlich nach und man bediente sich gekaufter Soldaten, während die allgemeine Wehrpflicht einschlief. 1802 war dann wie für viele andere Reichsstädte und geistliche Territorien das Ende da: Im Pariser Vertrag wurde die Stadtfreiheit von Napoleon an das Herzogtum Württemberg verschachert. Zwar schrieb der resignierende Stadtrat noch einen Brief an den traditionellen Schutzherrn, Kaiser Franz II. in Wien, aber der zeigte kein Interesse mehr an der Verteidigung seiner Schutzbefohlenen und ließ den Bruch eklatanter Reichsgesetze geschehen. Ohne Widerstand zu finden, ja offiziell als Freudenfest veranstaltet, besetzte der württembergische General von Mylius mit 500 Soldaten die einst so wehrhafte Stadt. An Bürger und Untertanen erging vom Rat die kleinmütige Mahnung, den eingerückten Truppen freundlich und gefällig zu begegnen: »Es solle sich jeder alles Raisonnierens und unziemlichen unreifen Urteilens bei sonst zu gewärtigen habender scharfer Ahndung enthalten« (Maisch/Stihler 2006, S. 293). Die Beamtenschaft wurde auf den neuen Herrscher verpflichtet. Wer widerstrebte, wurde auf niedrige Posten versetzt oder in den Ruhestand abgeschoben. Pensionen sparte man sich, obwohl der Reichsdeputationshauptschluss diese vorsah. Das Vermögen der Stadt eignete sich der württembergische Usurpator (Herzog Friedrich I.) an. Selten ist eine Selbstregierung so erbärmlich weggeworfen worden. Aber einige Jahre zuvor war schon Ähnliches im großen Venedig geschehen. Und das »ewige« Rom im August 410?

Nürnberg

Die idealtypische Reichsstadt, noch heute – nach vereinfachtem Wiederaufbau – mit geschlossenem Altstadtstadtring, stattlicher Reichsburg auf hohem Keuperfels und mehreren gotischen Prachtkirchen, imposant anzusehen, ist Nürnberg. Die so menschenfreundliche Architektur von Spätgotik und Renaissance prägen ihr Antlitz. Sie ist eine Lieblingsstadt der Kaiser gewesen. Kaiser Sigismund vertraut ihr 1424 die »Reichskleinodien« (Krone, Zepter, Hl. Lanze, Reichsschwert, Reichsapfel) an, wo sie bis 1805 sicher lagerten; seither mit kurzer Unterbrechung in der NS-Zeit in Wien. Friedrich II. privilegiert sie 1229, formell Reichsstadt wird sie erst 1650. Seit dem 15. Jahrhundert verfügt sie über das größte Territorium aller Freien Reichsstädte: 1200 qkm, 6 Städte, 7 Märkte, 70 Dörfer, 35 000 Einwohner (Ende des 18. Jahrhunderts). Mit dieser Größe rangiert sie in der Hinsicht nur nach Köln und Prag. Hier finden zahlreiche Reichstage statt und 1356 wird hier die Goldene Bulle verabschiedet, die auch vorsah, dass jeder neu gewählte König seinen ersten Reichstag in Nürnberg abzuhalten habe.

Hier in Franken (wie in Schwaben) wurde am längsten die »Alte deutsche Freiheit« und Reichstradition bewahrt. Hier (wie in Schwaben) erhielten sich Fragmente der Maximilianischen Reichsreform: ein »Reichskreis Franken« mit bis zum Ende des Kreises wichtigen lokalen Hoheits- und Verwaltungsaufgaben (Wehrhoheit, Polizei, Reichssteuern). Hier wurden u. a. Entscheidungen des Reichskammergerichts exekutiert und im Kriegsfall eine »Reichsarmee« rekrutiert. Wichtigste Träger waren der Bischof von Bamberg, der Markgraf von Ansbach und die Reichsstadt Nürnberg. Kreisdirektor war der Bischof, Kreisobrist für den militärischen Bereich der Markgraf, in Nürnberg lag die Kreiskasse. Es gab einen ständisch-parlamentarischen »Kreistag«. Nürnberg spielte eine führende Rolle bei der Finanzierung der »Reichsarmee« sowie der Stellung von Kontingenten. Nürnberg führte als erste Reichsstadt die Reformation bei sich ein, trotz des damit schwierigen Verhältnisses zu ihrem Beschützer, dem deutschen Kaiser, der katholisch blieb.

Der ökonomische Aufschwung Nürnbergs ist mitbedingt durch seine Lage im Kreuzungspunkt von Fernhandelsstraßen bis nach Leipzig, Prag, Krakau und Venedig. Nürnberg war aber auch eine bedeutende Gewerbestadt mit großartigem Handwerk (u. a. Metall- und Rüstungswirtschaft). Wissenschaft und Künste blühen wie kaum sonst. Noch heute kennt jeder die Namen ihrer berühmten Künstler wie Lukas Cranach, Albrecht Dürer, Tilman Riemenschneider, nicht zu vergessen Adam Kraft oder Veit Stoß oder natürlich Hans Sachs. Dazu kommen Wissenschaftler und Entdecker wie Pirckheimer, Behaim oder Henlein (Taschenuhr, das »Nürnberger Ei«!). Wie in Schwäbisch Hall gibt es auch in Nürnberg ein reiches Stiftungswesen, am bekanntesten ist das Heilig-Geist-Spital. Für die Armen, Kranken, Alten, Invaliden ist gut gesorgt.

Im Rheinischen und Schwäbischen Städtebund bringt Nürnberg wehrhaft seine politische Potenz ein. Nürnberg vermochte im Kampf gegen benachbarte Territorialfürsten wie den Hohenzollern Albrecht Achilles und später Albrecht Alkibiades (schon im Namen ambitiös!) in Ansbach/Bayreuth auch umfangreiche Söldnertruppen zu finanzieren. Eine ständige Plage für die Stadt waren professionelle Raubunternehmer wie Götz von Berlichingen, der einmal mit 130 Mann einen Wagenzug von 55 Nürnberger Kaufleuten überfiel. Und er war nicht der Einzige, der es auf die Nürnberger »Pfeffersäcke« abgesehen hatte. Dem herrschenden Patriziat gelang es wie in Bern oder Venedig bis zuletzt (1806), seine exklusive Machtstellung zu bewahren und schon seit Karls IV. Zunftverbot die Zünfte politisch niederzuhalten: eine aristokratische Republik. Wie in Venedig suchte das kaufmännische Patriziat sich durch Landbesitz zu nobilitieren. Epikuräisches Landleben stand schließlich hoch im Kurs, höher als Heroismus für das Gemeinwesen.

Die Kriege, anfangs vor allem gegen die Hohenzollern und später bei Kämpfen gegen Friedrichs des Großen Streifkorps, dann Napoleons Aggression (Besetzung, Kontributionen, Ausplünderung), auch gegen Bayerns Attacken, stürzten die Stadt in eine Verschuldung von solchem Ausmaß (seit 1785 konnte sie die Zinsen ihrer Anleihen nicht mehr bedienen), dass schließlich ihr Unabhängigkeitswille ermattete und sie sich nach Volksabstimmung mit überwältigender Mehrheit Preußen ergeben wollte. Dieses zog sich wieder zurück, als es auf den Widerspruch von Österreich und Russland traf. Nürnberg überstand auch den Reichsdeputationshauptschluss (1803), aber nicht mehr die Rheinbundakte (1806), die in Artikel 17 die Einverleibung nach Bayern vorsah. Am 15. September 1806 übergab der französische Bevollmächtigte Inspektor Fririon unter Glockengeläut und Kanonendonner die Stadt dem bayerischen Generalkommissar für Franken, Graf Thürheim. Noch am selben Tag entmachtete Graf Thürheim den Rat, indem er das Übergabeprotokoll und das königliche Besitzergreifungspatent vorlas. Alle reichsstädtischen Ämter wurden in den bayerischen Verwaltungsapparat eingegliedert. Mit der Besitzergreifung ging das gesamte Vermögen der Stadt und deren Landgebiet in bayerischen Staatsbesitz über. Dann – unter dem skrupellosen bayerischen Polizeidirektor Wurm – begann eine demütigende Ausschlachtung des Gemeinde- und Stiftungsvermögens wie im kleineren Maßstab in der geschilderten Abtei Schöntal. Hochkarätige Kunstwerke wurden zum Altmetallwert verschleudert oder nach München gebracht, dito Immobilien und Gebrauchsgegenstände im öffentlichen Raum, Kirchen abgerissen, die Universität in Altdorf geschlossen. Nürnberg war zu einer bayerischen Provinzstadt heruntergesunken,

»arm, verlassen, unbeschuht« (Diefenstedt/Beyerstedt/Bauernfeind 2017; March 2006; Künzel/Rellecke 2005).

Im weiteren 19. Jahrhundert kam es dann im Zuge der Industrialisierung zu einem gewaltigen ökonomischen Aufschwung, die Einwohnerzahl vervielfachte sich (um 1800: 22 000, derzeit 520 000). Heute ist Nürnberg ein wichtige Industriemetropole. Dieser Aufschwung wurde durch Krieg und Zerstörung brutal unterbrochen, setzte sich danach aber bis heute fort. In Nürnberg, der »Führerstadt« der Parteitage mit einigen monumentalen Hinterlassenschaften wie dem Parteitagsgelände und der Kongresshalle, gelang es der nationalsozialistischen Partei nicht, eine Mehrheit der Wählerstimmen hinter sich zu bringen. Im April 1945 wurde noch fünf Tage um die ruinenhafte Stadt gegen die vordringende US-Armee gekämpft.

Wer das Glück und den Wohlstand der Städte im Spätmittelalter und in früher Neuzeit erahnen will, gehe nach Nürnberg. Wie gut, dass diese Stadt nicht, wie im gleichfalls zerstörten Würzburg erwogen, nach 1945 aufgegeben und an anderer Stelle neu errichtet wurde, wie etwa die Altstadt von Küstrin.

Die Hanse

»*Ere und gelowe*« (Ehre und Glaubwürdigkeit, Leitmotiv der Hanse)

Zu den erfreulichsten freiheitlich-genossenschaftlichen Bildungen der deutschen Geschichte gehört das Städtebündnis der Hanse, vom 13. bis ins 16. Jahrhundert eine wirtschaftliche Großmacht ohne eigentlichen zentralen Staat und doch von politischer Effizienz und respektabler Selbstbehauptungsmacht, wenn es um gemeinsame Handelsinteressen ging. So setzte es sogar einen dänischen König ein (Friedrich, 1524). Dieses Bündnis fast ohne gemeinsame Infrastruktur bestand aus etwa 200 See- und Binnenstädten Norddeutschlands, mit der Vorrangstellung Lübecks, einer seit 1226 freien Reichsstadt. Ihr Zweck war vor allem die Organisation und der über Geleitzüge organisierte Schutz des Zwischenhandels zwischen Nord- und Ostsee, und zwar im energisch verteidigten Monopolstatus, also insoweit wie die EU keine Freihandelsorganisation nach außen. Selbst kleinere Städte Brandenburgs wie Tangermünde oder auch die Doppelstadt Berlin-Cölln gehörten ihr bis zum Ende des 15. Jahrhunderts an.

Welches waren die besonderen Vorteile dieses Bundes, dieses vorindustriellen global players, der 16 europäische Staaten verband? In der Sprache der »Neuen Institutionenökonomik« eine massive Senkung der Transaktionskosten: die Reduzierung der Zollgebühren, der Lagerungskosten, der Ent- und Beladegebühren und der Fracht, die im Laufe des Transports anfielen und bar zu zahlen waren. Später dann vor allem die Reduzierung unsichtbarer Kosten, der Such- und Messkosten, der Vereinbarungs- und Durchsetzungskosten, zum Beispiel durch Verbriefung eigener Gerichtsbarkeit. Einen ähnlichen Effekt hatte die Netzwerkstruktur des hansischen Handels, Verwandtschafts- und Freundschaftsbeziehungen sowie das gegenseitige Einsetzen als Handelsbevollmächtigter (Graichen 2011, S. 310).

Ein besonderes Ärgernis war das von ihr stets bekämpfte Strandrecht, das Recht der Küstenbewohner oder eines regionalen Herrschers, alles, was vom Meer angespült wird, einschließlich gestrandeter Schiffe, an sich zu nehmen und die Überlebenden zu versklaven (!). Noch im 19. Jahrhundert wurde, wie Max Weber berichtet, von den Bewohnern der Küsteninseln um »gesegneten Strand« gebetet. Dem entspricht die von den Städten bekämpfte »Grundruhr«, eine der fragwürdigsten Erfindungen des Mittelalters: Verunglückte auf einer Straße ein Wagen durch Umstürzen oder ein Lasttier, so erhob der Herr der Straße den Anspruch auf alle Waren, die bei diesem Unfall den Boden berührt hatten (Langenbeck 1909, S. 39).

Es gibt, von der zentralen Versammlung, den unregelmäßigen Hansetagen abgesehen (ab 1356, im Durchschnitt einen Monat tagend, eine Art Europäischer Rat), keine zentralen Organe, auch kein gemeinsames Territorium, keine »juristische Person«, keine reguläre Steuer, keine gemeinsame Münze (obwohl Münzvereine), kein Siegel, keine gemeinsame Behördenorganisation, keine gemeinsame Handels- und keine Kriegsflotte, kein gemeinsames Heer. Nur im Konfliktfall gab es Flottenkontingente auf umgerüsteten Handelsschiffen, den berühmten einmastigen Koggen (später Kolke und die dreimastigen Kraweelen). Angemietete Söldner ergänzten die Kriegsmacht.

Die stärksten Schiffe der Hanse im 16. Jahrhundert waren von gewaltigen Ausmaßen. Die *Peter von Danzig* etwa von 43 Metern Länge und 12 Metern Breite mit einem 32 Meter hohen Großmast, noch übertroffen vom *Großen Adler von Lübeck* von 64 Metern Länge und 14 Metern Breite. Insgesamt verfügte dieser nordische Städtebund auf dem Höhepunkt über 1000 Schiffe, die meisten von Lübeck und Hamburg.

So gibt es auch kein gemeinsames Budget und keinen Bundespräsidenten mit Eigenrechten; die Beschlüsse der Hansetage unterliegen dem Konsensprinzip und außerdem müssen immer noch zusätzlich die einzelnen

Stadträte zustimmen. An Akten gibt es nur die Rezesse, die Protokolle der Hansetage. Gemeinsam war die Sprache: das Mittelniederdeutsche als lingua franca und die weißroten Farben (noch heute in den Wappen unserer verbliebenen Hansestädte). Einen formellen Gründungsakt des Bundes gibt es ebenso wenig wie einen Auflösungsbeschluss. Der letzte schlecht besuchte Hansetag ging 1669 ohne Beschlüsse auseinander. Das Mittelniederdeutsche als Verkehrssprache wurde im 17. Jahrhundert, was mancher bedauern mag, durch das Hochdeutsche verdrängt.

Die Mitglieder dieses Bundes können jederzeit kündigen. Sie sind, sofern sie keine reichsunmittelbaren Städte sind, häufig noch einem Landesherrn verpflichtet (etwa was die hohe Gerichtsbarkeit betrifft). Die einzige zentrale Erzwingungsmacht nach innen ist mangels Militär oder Polizei nur der Boykott oder die Blockade (z.B. bei Brügge oder Braunschweig) und der formelle Ausschluss (die »Verhansung«). Gegen Braunschweig hieß es 1375, dass die Städte »die von Braunschweig aus der Hanse und aus dem Recht und der Freiheit des Kaufmanns ausschließen wollten, also dass kein Kaufmann in Flandern, in England, in Dänemark, in Norwegen, in Nowgorod noch irgendwo sonst, wo man am Recht des Kaufmanns teilhat, Gemeinschaft oder Handel mit ihnen haben soll, weder zu Wasser noch zu Lande, weder bei Einfuhr noch bei Zufuhr, bei Verlust von Ehre und Gut«. Braunschweig hielt diesen Boykott fünf Jahre durch, dann gab es auf.

Mitglieder waren vorübergehend auch der Ordensstaat Preußen mit seinen Städten und die Bauernrepublik Dithmarschen. Gemeinsame Einrichtungen sind die Kontore in Brügge, London, Bergen und das ferne Nowgorod, das vorübergehend ein freier Stadtstaat war, von zölibatär lebenden Männergemeinschaften bewohnt.

Als es um Sein oder Nichtsein des Handelsmonopols ging, fanden sich unter der Führung Lübecks, einer Art Hauptstadt, die Mitglieder des Bundes zu ausreichender Solidarität zusammen: 60 Städte gegen den dänischen König Waldemar Atterdag. Nach einer Niederlage unter der Führung von Johann Wittenborg, der dafür hingerichtet wurde (!), kam es mit dem glücklicheren Brun Warendorp zum Sieg und zum gloriosen Frieden von Stralsund (1370), dem Höhepunkt der Macht dieses Städtebundes, der sich über 100 Jahre etwa auf dieser Höhe hielt. Kaufleute können Könige besiegen! Ein letzter Triumph war der Frieden von Utrecht (1474) nach einem erfolgreichen Krieg gegen England. Ein genialer Lübecker Syndikus versuchte noch eine stärkere Organisation des Bundes, mit zentraler Bundeskasse, aber dieser Reformversuch schlug fehl. Die Städte Hamburg, Bremen und Lübeck bildeten einen engeren Bund, der erst 1920 endete.

Die Rivalitäten der Städte untereinander traten immer wieder zutage. 1249 wurde das verbündete Stralsund von Lübeck zerstört. Die Kriegsform auf See war der Kaperkrieg, in dem es auch von den Städten beauftragte Fehdeunternehmer gab, die dann zu reinen Seeräubern entarten konnten und sogar einen Seeräuberstaat schufen (Wisby!). Die Vitalienbrüder, der legendäre Klaus Störtebeker und Gödeke Michels sind das bekannteste Beispiel. Sie wurden schließlich niedergekämpft und die Anführer mit ihrer Mannschaft in Hamburg hingerichtet. Die meisten Führer der Piraten waren von Adel. Schon in einer gemeinsamen Entschließung von 1259 verkündeten die Räte der Städte Lübeck, Rostock und Wismar: »dass alle diejenigen, die Kaufleute in Kirchen, auf Friedhöfen (!), zu Wasser und zu Lande berauben, keinen Frieden haben werden, sondern von den vereinigten Städten und Kaufleuten geächtet werden«, das heißt zu Deutsch: Jeder, der einen Piraten oder Räuber erwischt, darf ihn ohne Gerichtsverfahren töten (Graichen 2011, S. 67).

Das Reich, der Kaiser nahmen kaum Notiz von diesem Städtebund. Sie waren weder in der Nord- noch der Ostsee je zu sehen, von einem festlichen Besuch Karls des IV. in Lübeck abgesehen, der aber mehr der Reichsstadt galt.

Die fehlende gemeinsame Infrastruktur und fehlende Territorialität, die fehlende »Staatlichkeit« letztlich, wurden zum Nachteil, als im Westen, Norden und Osten zentralisierte Mächte feindselig auftraten (England, Dänemark, das Großfürstentum Moskau) und die Vorrechte der Hanse zerbrachen. Andere Faktoren wie die Erstarkung des Landhandels (auch über die süddeutschen Städte wie Nürnberg oder Augsburg) und die höhere Sicherheit im Verkehrswesen kamen hinzu. Die neuen bürokratischen Fürstenstaaten taten ein Übriges. Skrupellos erschienen sie unerwartet mit einem großen Heer vor der Stadt und warfen sie nieder. So heißt es bei Fritz Rörig: »Mit der bedingungslosen und harten Unterwerfung des stolzen Stendal, mit der Vernichtung der Privilegien der Stadt, der Beseitigung der städtischen Münze und des städtischen Gerichts, der landesherrlichen Kontrolle der Ratswahl, der Durchsetzung einer rücksichtslosen landesherrlichen Besteuerung endete 1488 im Wesentlichen die Unabhängigkeit der märkischen Städte« (1964, S. 122). Ein Weiteres tat der Dreißigjährige Krieg. Ungünstig wirkte auch die Reformation, die große religiöse Spaltung. Sie brachte die evangelisch gewordenen Hansestädte in Distanz zum katholisch gebliebenen Kaiser und zur Spaltung untereinander, auch erstarkten die protestantischen Fürsten durch den Raubzug am Kirchengut.

Am Ende steht der engbrüstige, devote Untertan, der »Spießbürger«, der nur die späte Verfallserscheinung des deutschen Bürgertums darstellt, nicht dieses selbst. Aber noch heute stehen wir voller Bewunderung vor den gewaltigen Türmen und Kirchen wie in Stendal, in Stralsund, in Lüneburg, das mit der Salzlieferung für den berühmten Ostseehering groß wurde und etliche Jahre praktisch souverän war (1371–1639), in Lübeck und in vielen anderen Orten, welche die größte Zeit deutschen Bürgertums hinterlassen hat, oft nach den Verwüstungen des Zweiten Weltkriegs liebevoll wiederhergestellt und hingebungsvoll bis heute bewahrt. Wenn diese Stadtkultur und diese Hanse auch nicht mehr sind, so waren sie doch immerhin auf eine beträchtliche Zeit – über 300 Jahre – möglich. Ein schönes Beispiel für spontane Selbsthilfe und spontane Ordnung. Beständig ist nur der Wandel und die immer neue Herausforderung, die auf eine kluge Antwort wartet.

Lübeck

»Libera semper sit et ad dominium imperiale specialiter pertinens« Freiheitsbrief (1226).

Nichts repräsentiert so die Wehrhaftigkeit, den Trotz und die Macht dieser Stadt wie sein Holstentor und es war ein Zeichen des mentalen Heruntergekommenseins, dass es im 19. Jahrhundert nur mit einer Stimme Mehrheit im Rat vor dem Abriss bewahrt wurde. Um 1500 war Lübeck mit 25 000 Bewohnern die zweitgrößte Stadt des Reiches, nach Köln, der »Mutter aller Städte« mit 40 000 Bewohnern, und etwa gleichauf mit Nürnberg. Als später Beobachter staunt man zunächst über die Tatsache, dass Lübeck sich so lange gegen misstrauische oder eifersüchtige Mächte wie Dänemark, Schweden, Russland, England zu behaupten und Handelsbeziehungen aufrechtzuerhalten und auszubauen verstand, noch abgesehen von der ständig wachsenden Macht der umgebenden Fürsten wie den Herzögen von Mecklenburg und Pommern, den Grafen von Schwerin und von Holstein, den sächsischen, brandenburgischen, braunschweigischen Territorialherren. Und dann die oben schon geschilderte Tatsache, »über siebzig Glieder der Hanse Jahrhunderte hindurch in einer Verbindung und einmütigen Tätigkeit zu erhalten ohne geschworenen Vertrag, ohne Gesetzeszwang, nur durch Freundschaft, welche auf gleichen Lebensbedingungen und gemeinsamer Erinnerung an gemeinsamen Kampf und Ruhm beruht« (Huch 1927, S. 243). Erst 1937 verlor Lübeck durch einen Gewaltakt der Nationalsozialisten die letzten Reste seiner selbstständigen Stellung und fand auch nach 1945 nicht mehr die Kraft und die Mittel wie Hamburg oder Bremen, an alte Traditionen wenigstens relativer Selbstständigkeit anzuknüpfen. Das Bundesverfassungsgericht wies die Volksinitiative eines Lübecker Vereins mit formalistischen Gründen ab (»Lübeck-Urteil« von 1956). 1990, als im Zuge der Wiedervereinigung manches wieder auf die Tagesordnung kam, war der Wunsch nach mehr Selbstständigkeit offenbar erloschen.

Am Anfang standen zwei Stadtgründungsunternehmer: Graf Adolf II. von Schauenburg und mehr noch der tatkräftige und ehrgeizige Heinrich der Löwe (1143/1158). Diesen gewaltigen Herrscher und am Ende unterlegenen Gegner Friedrich Barbarossas, Herzog von Sachsen und Bayern, schildern zeitgenössische Schriftsteller (nach Graichen, Hammel-Kiesow 2011, S. 15) mit diesen Zügen: »Er ist ein gut aussehender Mann mit großen dunklen Augen, fast schwarzen Haaren, schlank und durchtrainiert. Sein bis zur Arroganz übersteigertes Selbstwertgefühl lässt er seine Umgebung immer wieder spüren. Schließlich ist er nach dem Kaiser, in seinen Augen eher neben ihm, der mächtigste Mann im Reich.«

Mit lockenden Worten schickte Graf Adolf Botschafter in die nähere und die weitere Umgebung, bis nach Westfalen, Flandern, Holland, Friesland: »Warum wollt ihr als Letzte kommen, das Land in Besitz zu nehmen? Seid die Ersten und wandert in das liebliche Land ein.« Daraufhin brach eine zahllose Menge aus verschiedenen Stämmen mit Familie und Habe auf (Graßmann 1989, S. 43).

Die herrschende Stellung in den Jahrhunderten der Dominanz hatte das (nicht geschlossene) Stadtpatriziat, das wie in Venedig Weitsicht mit Härte und Waffengewalt verband, nicht um Freihandel für alle, sondern um das eigene Fernhandelsmonopol in der Ostsee zu sichern. Hering und Salz aus Lüneburg waren wichtig, aber es kamen auch Gewürze, Getreide, Wein, Südfrüchte, Wachs, Holz, Tuche, Pelze, Eisen und Kupfer als Gegenstände des Handels hinzu. Diese Aristokratie aus Reedern, Kaufleuten und Schiffern übte die politischen und militärischen Funktionen im Rat ehrenamtlich aus, der Bürgermeister führte – wie Wittenborg oder Warendorp – in Kriegszeiten selbst die Flotte. Doch gab es Aufwandsentschädigungen in natura oder Geld. Nach jeder Sitzung schenkte man Wein aus dem Ratskeller aus, feierliche Mahlzeiten waren häufig. Auch Naturalleistungen wie Fisch, Hühner, Wild, Brennholz fehlten nicht (Graßmann 1989, S. 225).

Wie war die sonstige Stellung eines Lübecker Bürgers? Ein jährlich erneuerter Bürgereid (Treue, Hulde und Gehorsam) band ihn an seine Pflichten. Er wird in ein Bürgerbuch eingetragen, das auch das Bürgergeld festlegt. Er ist damit steuerpflichtig (»Schoß«), dessen Höhe je nach Notwendigkeit in Relation zum Vermögen festgelegt wurde. Wichtig war der Wachtdienst, der reihum ging. Dies war so bis in die Neuzeit. Das andere waren die Stadtverteidigung und der Kriegsdienst, der in der besseren Zeit nicht nur geworbenen Söldnern oder den Verbündeten überlassen wurde. Man erwartete vom Bürger, dass er Harnisch und Waffen anschaffte und in Ordnung hielt, um jederzeit kampfbereit zu sein. Man verbot die gewaltsame Selbsthilfe oder den Appell an fremde Gerichte. Außer den ehrenamtlichen Räten gab es in Lübeck wie in anderen großen Städten neben dem Kanzleileiter auch besoldete Marktknechte, Münzmeister, Torwächter, Waageknechte, Strandmeister und Schulmeister und sogar Hirten und Ratsschmiede (Ziegler 1994, S. 233).

Wie in allen freien und namentlich Hansestädten war das politische Recht abgestuft. Auch in Lübeck war das Handwerk nicht am Stadtregiment direkt beteiligt. Gelegentliche Verschwörungen waren hier wie überall unvermeidlich (der Knochenhauer- [Schlachter-]Aufstand, Hinrich Paternostermaker …). Der Rat ergänzte sich selber. Die Bürgergemeinde entschied in repräsentativen Organen über Krieg und Frieden und internationale Verträge. Bürger im Rechtssinn waren nur Männer in selbstständiger Stellung und mit erblichem Grundbesitz. Innerhalb dieser inhomogenen Schicht dominierten die etwa 1000 Kaufleute, denen die breite Schicht der Gewerbetreibenden und besonders Handwerker im sozialen Ansehen nachstand. Die Masse der Einwohner (unselbstständige Handelsgehilfen, Handwerksgesellen, Lohnarbeiter) besaß einen minderen Rechtsstatus, wurde aber zu den Verteidigungsleistungen und (teilweise) Steuern herangezogen.

Einen besonderen Status hatten die über 300 Weltkleriker und etwa 100 Nonnen und Mönche. Die zahlreichen Armen, Kranken und Alten in den Armenhäusern, Hospitälern und Konventen gehörten zwar zur Stadtgemeinschaft, konnten aber keine besonderen Rechtsansprüche machen. Hier wie in anderen Reichsstädten gab es eine große Zahl von privaten und öffentlichen milden Stiftungen. Es gab eine öffentliche Essensausgabe durch Bruderschaften (die »Pröven«). So gab es kein Proletariat als sozialrevolutionäres Potenzial. Die zahlreichen Luxusordnungen zeigten, dass nicht eben existenzielle Armut das große Problem der Stadt waren (Graßmann 1989, S. 348 f.). Die Stadt gab eine relativ wertbeständige Silberwährung, seit 1340 auch eine Goldwährung (Gulden und Dukaten) aus.

Das Scheitern des Charismas: Jürgen Wullenwever

Ein außergewöhnliches Zwischenspiel gab es mit einem großen Volkstribun und hinreißenden Redner, von Geburt Hamburger: Jürgen Wullenwever, ein Charismatiker, der zwei Ideenströme der Zeit miteinander verband: die demokratisch-revolutionäre und die protestantische. Er wird besonders von sozialistischer Seite als Sozialrevolutionär dichterisch gefeiert. Zum Bürgermeister gewählt, suchte er (zusammen mit dem Stadthauptmann Markus Meyer, einem Räuberhauptmanntyp, und intellektuell und theologisch beraten von Johann Oldendorp) durch einen Gewaltschlag gegen die Niederländer (1532/1535), mit Kaperkrieg und Sundsperre den sich damals abzeichnenden Abstieg Lübecks umzukehren. Er war dabei allein auf die Macht der Stadt gestellt, ohne die Hilfe der anderen wendischen Hansestädte (wie Wismar, Stralsund, Rostock, gar Danzig). Dieser Versuch und ein anschließender Staatsstreich scheiterte unter furchtbaren Schiffsverlusten für die Stadt. Wullenwever wurde gefangengesetzt und hingerichtet. Zunächst sollte er lebendig gevierteilt werden, dann wurde er zum Tod durchs Schwert »begnadigt» und erst anschließend gevierteilt. Eine Episode, an die man sich in Lübeck bis heute mit Bewunderung und Schrecken erinnert.

Langsamer Niedergang

Nicht zum Ruhmesblatt der Stadt gehört, dass man die verbündeten Dithmarschener Bauern in der Stunde politisch existenzieller Gefahr im Stich ließ (1550).

Lübeck konnte den Abstieg ab dem 16. Jahrhundert aus dem im vorhergehenden Abschnitt genannten Gründen nicht verhindern, aber so herunter wie viele andere Hansestädte kam es nie. Fähigkeiten und Erfolg sind das eine, aber die Ausschläge des Rades der Fortuna haben immer ihren besonderen Anteil. Nicht alle Umstände lassen sich voraussehen oder beherrschen. Immer wieder tauchen unerwartete »Schwarze Schwäne« auf.

Noch am Ende des 18. Jahrhunderts, als Antwort auf die Französische Revolution, konnte es mit den Worten eines jungen Lübecker Juristen (Anton Diedrich Gütschow) heißen: Lübecker sind Bürger eines freien Staates, welcher »unabhängig von aller fremden Leitung, das wichtige Vorrecht genießt, in allem, was seine innere Organisation und seine äußeren politischen Verhältnisse betrifft, nach eigener Willkür« selbst bestimmen kann. Außerdem habe es eine »ausgezeichnete politische Freiheit«, ein glückliches Gemisch aus Demokratie und Aristokratie, das allen Bürgern Partizipationsrechte ermögliche. Auch gälten Recht und Gesetz, Sicherheit der Person und des Eigentums. Natürlich fehle es an historisch bedingter systematischer Einheit und Regelmäßigkeit: Aber hier erwarte er alles von schrittweisen Verbesserungen – ein verständiger Liberalkonservatismus in der Art Goethes.

Der Rationalismus Napoleons zertrümmerte dieses historisch gewachsene Gebilde, die Stadt wurde unterworfen (sie hatte am Ende nur noch 475 Soldaten), ausgeplündert und durch Entwaffnung, Zwangskontributionen und Einquartierungen gedemütigt, schließlich dem französischen Imperium einverleibt. Nur mit Mühe und guten Beziehungen fand es im Rahmen des Deutschen Bundes seine weitgehende Selbstständigkeit mit eigener Außenhandelspolitik und traditionell eigener Währung wieder. Nur zögernd trat es dem Zollverein bei, noch zögernder dem Bismarck-Reich und widersetzte sich auch vergeblich Bismarcks Sozialpolitik. »Hamburg, Lübeck und Bremen, die brauchen sich nicht zu schämen, denn sie sind eine freie Stadt, wo Bismarck nichts zu sagen hat.« Aber mit der freien Außenhandelspolitik und Handels- und Freundschaftsverträgen mit den USA, China, der Schweiz, Brasilien, Russland, Mexiko usw. war es nun vorbei.

Der Bau des Nord-Ostsee-Kanals war ein weiterer schwerer Schlag für die Handelsinteressen Lübecks; es geriet in einen »toten Winkel«, der Handel ging an ihm vorbei und suchte einen bequemeren Weg. Heute ist Lübeck eine freundliche Provinzstadt von über 200 000 Einwohnern mit immer noch beachtlichem Hafenbetrieb und etlicher Industrie, pflegt seine wiederhergestellte Altstadt als »Weltkulturerbe« und ist stolz auf seine großen Dichter: Emanuel Geibel und die Gebrüder Mann, Heinrich und Thomas. Mit Thomas, dem manchmal sarkastischen Schilderer einzelner Persönlichkeiten der Stadt in den »Buddenbrooks«, haderte die Stadt lange.

VII.
Im Märchenland des Partikularismus

Manche betrachten die schier unglaublich nicht zentralisierte Welt der Klein-, Kleinst- und Mittelstaaten nach der schrittweisen Entmachtung des deutschen Königtums (durch Wahlkapitulationen und Privatisierung von Lehensgewalt und Herrschaftsrechten in verschiedensten Formen) als die originellste politische Schöpfung der Deutschen. Es gab schließlich vor der geschilderten gewaltsamen politischen Flurbereinigung durch den Reichsdeputationshauptschluss im Jahre 1803 etwa 1800 Obrigkeiten aller Art. Da waren die freien Reichsstädte, die sich erhalten hatten, die zahlreichen Fürstenstaaten verschiedenster Größe, auch die selbstständigen Abteien und Stifte, darunter auch »Frauenstaaten«, die über 1000 reichsritterlichen Territorien, die Reichsdörfer wie Soden oder Sulzbach (ja selbst nicht staatsfähige Einzelhöfe), bis 1648 die genossenschaftliche Schweiz (in sich wiederum dezentralisiert bis hin zu unterschiedlichsten Münzen, Maßen und Gewichten) und die niederländische Republik, die sprachlich ihre eigenen Wege ging. Manche Territorien waren so winzig, dass sie auf einer Karte im mittelgroßen Maßstab nicht aufgezeichnet werden können. Manche Ritter waren so arm, dass sie sich eine Burg nicht leisten konnten, sondern auf Höfen lebten und als Bauern unter Bauern ihre kleine Landwirtschaft bestellten, ja es kommt gar zu ritterlichem Proletariat, das sich nicht einmal den Ritterschlag leisten konnte und auf die Stufe von Stallmeistern oder Kriegsknechten herabsank.

Es gab Monarchien, Aristokratien, Theokratien in verschiedenen Formen, Bauerngenossenschaften, Republiken in einigen Städten – 1792 sogar vorübergehend eine jakobinische Republik in Mainz (s. u.) –, alles (bis 1806) überwölbt von dem formell obersten Lehnsherrn, dem deutschen König, der sich immer noch hochtrabend Kaiser nannte, aber konkrete Macht nur noch in seinem eigenen Territorialbereich besaß und im Übrigen allenfalls ein Chefkoordinator war und den Legitimationsgrund und damit einen gewissen juristischen Schutz für die vielen »Reichsunmittelbaren« darstellte. Für jeden Anhänger eines liberalen Nonzentralismus eine Augenweide, selbst wenn und auch gerade weil mangels zentralem Staat Rechtsgleichheit in diesen Gebilden wenig vorzufinden war. Man kannte garantierte ständische »Freiheitsrechte«, aber nicht die individuelle gleiche Freiheit des Naturrechts unter dem modernen bürokratischen Staat.

Alle selbstständigen Territorien besaßen das Münzrecht. So finden wir neben dem Taler mit dem Konterfei des Kaisers auch Münzen des Grafen von Lippe-Detmold (s. u.) mit zwar nur 20 000 Untertanen in einem Winkel Westfalens, aber auf seiner Münze prangend wie der Kaiser selbst. Auch die freien Reichsstädte ließen einige wunderschöne Münzen prägen, auch als Möglichkeit, ihre Silhouette zu präsentieren (Köln mit dem Dom und unvollendeten Turm mit Baukran). Hamburgs Münze war am großartigsten: mit dem Stadtpanorama und davor der Hafen mit den Segelschiffen. Auch die Bistümer, Abteien und Ordensbesitzungen prangten mit eigenen Münzen, oft prächtige Golddukaten. Eine Handvoll Reichsäbtissinnen ließen sukzessiv Münzen mit ihren Porträts ausgeben (s. MacGregor 2015, 124 ff.).

Die Vielfalt der Grenzen relativierte die Macht jeder Einzelnen und begünstigte so die Freiheit, die religiöse und geistige vorweg. Abwanderung und Widerspruch waren relativ leicht möglich. Bereits die Furcht vor Abwanderung ihrer Untertanen, ihrer »mobilen Produktionsfaktoren«, musste die auf »Peuplierung« bedachten Obrigkeiten im Zaum halten. Das beneficium emigrandi, das Abzugsrecht, die spätere Auswanderungsfreiheit, waren faktisch überall zugestanden, wenn auch manchmal durch Ablösegelder erschwert. Im liberalen Zeitalter wird ein Carl von Rotteck mit Feuer einen Zwang zum lebenslänglichen Verbleib in einem »Verein« ablehnen, weil es den Staat in einen »Zwinger« verwandle.

Noch stärker Robert von Mohl: »Ein Mensch, der im bisherigen Staatsverband seine wesentlichen Lebenszwecke nicht erreichen kann, hat nicht nur die Befugnis, sondern sogar die Pflicht, denselben zu verlassen und sich einen geeigneteren zu suchen« (Scheuner 1950, 213). So viele oft geschilderte Tyrannen und seltsame Käuze (»Dörchläuchtings« wie in Mecklenburg) es unter den Potentaten gegeben haben mag, man konnte ihnen leicht entfliehen, da die nächste Grenze nicht weit und die technischen Kontroll- und Überwachungsmittel noch gering waren. Ein mecklenburgischer Kleinfürst zu einem seiner Untertanen: »Ich verweise Sie des Landes binnen 24 Stunden.« Der rebellische Untertan: »Majestät, dazu werden mir 15 Minuten genügen« (frei nach Fritz Reuter).

Gewiss gab es unter den Fürsten Pflichtmenschen und Fromme, Schlemmer, Trinker, Bösewichte, Halbirre, Verschwender, Geizhälse, noble Mäzene und harmlose Tyrannen. Aber in einem Einheitsstaat hätten ein Martin Luther, Friedrich Schiller oder später noch Richard Wagner und viele liberale Revolutionäre von 1830/1848 wohl kaum frei überlebt. Überall in Deutschland konnte fast jede Lehre öffentlich gelehrt werden. Man kann die Machtzersplitterung und die (auch nur relative) Behinderung der ökonomischen Effizienz bedauern, die unendlich plagenden Zölle und Mauten (allein auf dem Rhein gab es zwischen Basel und Köln 64 Zollstellen, auf der Elbe 35, dazu die Binnenzölle) und Handelsbeschränkungen aller Art (wie z. B. das Stapelrecht), Schikanen oder willkürlichen Privilegierungen, Ausbeutung in vielen Varianten, den Mangel an »Harmonisierung« in Maßen und Gewichten und besonders den beinahe Hayekianischen Münzwettbewerb. Dazu Pierre Gaxotte (1965): Es gab keine Münzeinheit, keine Maßeinheit. Die Länge der Meile schwankte zwischen sieben und neun Kilometern, der Wiener Fuß war ein wenig länger als der Hamburger Fuß, das Münchner Pfund etwas schwerer als das Berliner Pfund. Man rechnete in Reichstalern, Talern, Gulden, Kreuzern und Pfennigen, aber von Staat zu Staat änderten diese Bezeichnungen ihren Gehalt. Indessen gab es Leitwährungen wie den rheinischen Gulden. Flexible Wechselkurse mit entsprechenden Münztabellen wirkten einer Geldentwertung durch münzverschlechternde Maßnahmen entgegen.

Deutschland als Experimentierfeld

Dennoch ermöglichte dies alles auch einen unglaublichen kulturellen Reichtum, verbunden mit verbesserter Produktivität (Volckart 2002) und Gelegenheiten, im Wettbewerb die besten Verfassungen auszuprobieren: Deutschland als riesiges politisches Experimentierfeld. Es war ein Wettbewerb auch um die interessantesten Köpfe und tüchtigsten Bürger, auch aus dem Ausland (zum Beispiel die Hugenotten oder Salzburger Emigranten) und um mobiles Kapital: Wenn es je einen Wettbewerb der Systeme gab, dann im Deutschland vor der (zunächst auch nur mäßigen) Zentralisierung durch die »kleindeutsche« Reichseinigung 1871. Der Wettbewerb der vielen kleinstaatlichen, mittelgroßen und großmächtigen Gebilde (Preußen, Österreich, beides Kolonisationsstaaten) erinnert an den fruchtbaren Wettbewerb der griechischen selbstständigen Poleis, oder an die glänzende Stadtkultur der italienischen Renaissance, auch wenn es – ordoliberal gesprochen – oft nur ein Behinderungswettbewerb war. Mit der Reformation und besonders seit dem Westfälischen Frieden von 1648 war es auch religiös mit monistischem Glaubenszwang überwiegend vorbei.

Im 18. Jahrhundert gab es die interessantesten ökonomischen Experimente (Karl Friedrich von Baden, der »Gartenstaat« Anhalt-Dessau mit seinen »physiokratischen« Herrschern). Zudem waren die vielen kleinen konkurrierenden Despoten auch Schöpfer kultureller Schönheiten (Schlösser, Parks, Residenztheater, Bibliotheken, Museen, Sammlungen usw.), eine Quelle der Freude bis heute (wenn auch gewiss mit der oft starken Belastung ihrer Untertanen erkauft, aber das ist im heutigen »Fiskalsozialismus« nicht anders). Dann auch der schöpferische Wettbewerb um Wissenschaftler, Philosophen, Künstler und Dichter. Es wurde ein wahres kulturelles Wunder wie das klassische Weimar möglich und andere Kleinstaaten wie Sachsen-Rudolstadt oder Sachsen-Meiningen suchten nachzuziehen. Machtpolitik, Expansion nach außen aber waren im Theatrum Europaeum für Kleingebilde dieser Art nicht vorgesehen, da mit einer Handvoll Soldaten und dilettantischen Bürgerwehren Kriege kaum zu führen waren. Dieses »Reich« war also nach außen ein friedfertiges Gebilde, im Unterschied zu den zentralisierten Großstaaten rundum.

Zum ökonomischen Vorteil der Staatenkonkurrenz bemerkt Peter Lange (1994, S. 195): Sie war für die Ansiedlung neuer Gewerbezweige günstig, denn obwohl meist nur ein neues Gewerbe konzessioniert wurde, entstand Wettbewerb durch die Vielzahl der Staaten, die dem nacheiferten. Kleinstaaten haben überdies nur eine kleine Bürokratie, sodass ein unternehmungslustiger Bürger leicht bis zum Souverän durchdringen konnte. Auch blieb die vorhandene Bürokratie »bürgernah«. So war Thüringen mit seiner Staatenanarchie bis zur industriellen Revolution bereits wirtschaftlich weit entwickelt und für die Gewerbefreiheit gut vorbereitet.

Die Bürger oder Untertanen waren allgemein vor der Französischen Revolution und der Aggression Napoleons mit diesen Verhältnissen nicht unzufrieden. Das Alte Reich barg so große Vielfalt, bot so viele Freiräume, dass sich dort in den Augen der meisten europäischen Beobachter angenehm leben ließ. »Sein guter Ruf wurde erst später ruiniert, durch üble Nachrede des nationalstaatlichen 19. Jahrhunderts« (Gotthard, bei Künzel/Rellecke 2005, S. 7). Der Schweizer Liberale Benjamin Constant schrieb um 1800: »Seit dreißig Millionen Bürger sich aufgeteilt fanden unter eine beträchtlich große Anzahl voneinander unabhängiger Fürsten, deren Autorität ohne wahrnehmbare Einbuße allein durch die Tatsache der Kleinheit ihrer Besitzungen Grenzen gezogen war, bedeutete das für diese dreißig Millionen ein geregelt friedliches Dasein, eine hinreichend große Sicherheit, eine fast uneingeschränkte Meinungsfreiheit und für den aufgeklärten Teil dieser Gesellschaft die Möglichkeit, sich der Pflege der schönen Literatur, der Verfeinerung der Künste, der Suche nach der Wahrheit zu widmen.« Bekannt ist auch Goethes Lob dieses vornationalen kleinstaatlichen Deutschlands.

Wie von Hayek schrieb Christoph Martin Wieland: »Vorausgesetzt, dass alle bisherigen Staatsverfassungen großer Völker nicht als Kunstwerke menschlicher Weisheit nach einem festen, ganz durchdachten und mit sich selbst durchaus übereinstimmenden Plan entworfen und gleichsam mit einem Guss hervorgebracht, sondern als langsame und stückweise zusammengefügte und ausgebildete Produkte des Schicksals und der Zeit zu betrachten sind, wird jeder unbefangene Weltbürger gestehen müssen, dass die dermalige Organisation des gesamten deutschen Staatskörpers die beste ist, die ihm unter allen stattfindenden Umständen von jener berühmten Nationalversammlung zu Osnabrück gegeben werden konnte« (nach Volckart 2002). Wieland gab auch Nachteile der Zersplitterung zu, hielt aber dagegen, dass die Vorteile dieser Zerteilung die Nachteile überwögen, das sind bei ihm Gedankenfreiheit, Verbreitung der Aufklärung und besonders der wirtschaftliche Aufschwung. Treitschkes spöttisches Urteil indessen soll auch nicht unerwähnt bleiben; er sprach – auf die geistlichen Territorien bezogen – etwa von der »weichen Herrschaft des Krummstabes«, wo »im Behagen der Vetterschaft und der Sinnlichkeit ein bequemes Stillleben« herrschte.

Wir nehmen einige Beispiele für das behagliche kleinstaatliche Leben des 18. Jahrhunderts, wo aber so manches fortschrittliche ökonomische und politische Experiment möglich war und jedenfalls Deutschland einen kulturellen Aufschwung von weltgeschichtlicher Ausstrahlung nahm.

Die thüringische Anarchie

Ein wunderbares Beispiel anarchischer Buntheit bietet der ursprünglich einheitliche Stammesstaat, dann die Landgrafschaft Thüringen, die den Raum zwischen Harz, Saale und Thüringer Wald umfasste. Um 1700 war der Höhepunkt der territorialen Zersplitterung erreicht: Es gab damals zehn ernestinische, zehn reußische Herrschaften, vier schwarzburgische Grafschaften. Dazu kamen die ursprünglich freie Stadt Erfurt und das Eichsfeld (beide im Besitz der Erzbischöfe von Mainz) sowie die freien Reichsstädte Mühlhausen und Nordhausen. Auf diesem Raum existieren im 19. Jahrhundert noch acht Kleinterritorien nebeneinander: das Großherzogtum Sachsen-Weimar, die Herzogtümer Sachsen-Meiningen, Sachsen-Altenburg und Sachsen-Coburg-Gotha sowie die Fürstentümer Schwarzburg-Sondershausen, Schwarzburg-Rudolstadt und Reuß, das in zwei Teilstaaten zerfällt (Reuß ältere [316 qkm] und Reuß jüngere Linie [827 qkm]), jedes mit prachtvollem Herrschaftszentrum, kleiner Armee und bedeutendem Kulturmäzenatentum.

Dieses Gebilde überstand Napoleon, den Reichsdeputationshauptschluss, den Wiener Kongress von 1815 und die Bismarck'sche Reichsgründung. Alle Residenzen wurden nach 1990 großzügig restauriert und strahlen in alter Schönheit. Erst 1920 schlossen sich diese Territorien zu einem »Freistaat« Thüringen zusammen (nur Coburg-Gotha schloss sich mit Volksabstimmung zu seinem späteren Glück Bayern an und entging so der Sowjetdiktatur).

In diesem kleinteiligen Raum waren Untertanen ein ebenso knappes Gut wie finanzielle Ressourcen. Die wohlmeinenden Kleindespoten bauten im Wettbewerb eine relativ rationale bürokratische Verwaltung auf, in Schach gehalten durch die »Stände« (Adel und Städte), die eine rabiate Steuerpolitik unmöglich machten, und durch das Herkommen in Sitten, Religion und traditioneller Eigenwirtschaft selbst in den Städten. Der kulturelle Schönheitswettbewerb führte unter Heinrich von Sachsen-Römhild (reg. 1680–1710), Sohn Ernsts des Frommen und Herrscher in einem dieser Kleinstterritorien, die sich aus fortgesetzter Erbteilung ergaben, zu erstaunlichen Bauten nach dem Vorbild von Versailles: z. B. ein Schloss (»Glücksburg« wie er es nannte), eine neue Schlosskirche, Kavaliershäuser, ein Reithaus, eine Rennbahn, eine Orangerie, ein Theater, zudem ein inzwischen verschwundenes »Grottenhaus« für seine geliebte Ehefrau Marie-Elisabeth. Er ließ einen Lustgarten anlegen und eine Sommerresidenz, das Merzbacher Lustschloss, erbauen. Dieser aristokratische Mikrokosmos zeigte sich auch in der personellen Ausstattung des Hofes: Oberhofmeister, Kammerjunker, Reitknechte, winzige Militäreinheiten, sogar mit Artillerieabteilung und Zeughaus. Aktive Außenpolitik konnten diese Zwergstaaten nicht treiben, so konzentrierten sich einige der Fürsten auf die Förderung von Kunst, um auf diesem Wege nachhaltigen Ruhm zu gewinnen, und dienten militärisch (wie auch Heinrich) größeren Fürsten. Heinrich hatte keine Erben und hinterließ sein Königreich von Yvetot hoch verschuldet.

Carl-Augusts Sachsen-Weimar

Auch das hochberühmte Weimar war nur ein Kleinstaat von 1900 qkm und etwa 120 000 Einwohnern, davon 800 Beamte. Die Stadt Weimar selbst hatte zur Goethezeit etwa 6000 Einwohner. Ein Goethe-Biograf, Eduard

Engel (1910, S. 194) beschreibt Weimar so: »Ein Städtchen so dürftig in allen Bequemlichkeiten des Kulturlebens, wie man es in den rückständigsten östlichen Gefilden des Reiches antrifft. Jämmerliches Pflaster, Straßenbeleuchtung ein dunkler Begriff; Wohnräume der Vornehmsten, der geistigen Führer, von der bescheidensten Art. Schiller, selbst Goethe haben in Kammern geschlafen, die großstädtischen Dienstboten heute zu schlecht dünken würden.« Um 1775 gab es dort auch noch kein Hoftheater, kein Museum, keine »öffentliche höhere Lustbarkeitsstätte irgendwelcher Art«. Und selbst 100 Jahre später »kam sie dem Schreiber dieses Buches (Engel) reizlos, nein hässlich, über alle Maßen kläglich vor«. Weimar kannte zu Goethes Zeiten nicht einmal eine Poststation. Die nächste Station war Buttelstedt, 15 Kilometer nördlich von Weimar, an der Straße Leipzig – Erfurt. Und doch war es ein Höhepunkt deutscher Kulturgeschichte und des Freiheitsdenkens, was damals dort möglich wurde!

Sachsen-Weimar war auch einer dieser unsystematischen thüringischen Minimalstaaten, von ständisch-feudalen checks and balances und sonstigem Herkommen eingeschränkt. Treitschke schrieb einmal missbilligend von Thüringen als »der gemütlichen Anarchie eines patriarchalen Völkchens, das den Ernst des Staates nie gekannt« habe (1886, 2, S. 395). Praktisch konzentriert sich die Staatstätigkeit auf die Sicherung von Recht, Ordnung und »Schicklichkeit«. Es gab etwas Gewerbe, etwas Verkehrspolitik, eine eher symbolische Militärpräsenz von 500 Mann, dazu eine lavierende Außenpolitik. Das welthistorisch Entscheidende war die Kulturpolitik Carl-Augusts, eines Mannes, den Goethe für das Muster eines »dämonischen» Menschen hielt.

Wie praktisch liberal dieses Regiment war oder sein musste, zeigte sich beispielsweise daran, dass sich gegen den Widerstand der besitzenden Stände keine Vermögens-, kaum eine Einkommensteuer durchsetzen ließ. Oder an der weitgehenden Befreiung von der Militärdienstpflicht selbst während der napoleonischen Notzeit. Die Befreiung umfasste alle befähigten (!) Studenten und Gymnasiasten, alle »kleinen« Leute (unter viereinhalb Fuß), begabte (!) Künstler, alle im Gewerbe unentbehrlichen Söhne … Die Differenzierung noch innerhalb dieses Kleinstaates zeigte sich daran, dass zwölf verschiedene Gewichtsmaße für Getreide in Gebrauch waren, woran ein Justus Möser wohl seine Freude gehabt haben mag. Was Goethe als Verkehrs-, Kriegs- und am Ende sogar Finanzminister leisten konnte, beschränkte sich auf umsichtige Verbesserungen, zum Beispiel eine Ausbesserung des Wegenetzes; weitergehende Agrarreformen scheiterten am Widerstand der Rittergutsbesitzer. Es kam auch nicht zu radikalen Gewerbereformen und Freihandel. Aber Goethe entlastete das Gewerbe durch eine Steuerreform und förderte den schon vorhandenen patriarchalen Frühkapitalismus (Textilfabriken, Glasbläsereien, die bekannten Strumpfwirkereien in Apolda).

Auch setzte Goethe eine erstaunliche Militärreform durch: Er reduzierte die Infanterie von 532 auf 293 Mann; er bekämpfte Carl-Augusts Neigung zu großartigen Festen und Müßiggang in ausgedehnten Jagden. Insgesamt charakterisierte Goethe sich als »gemäßigten Liberalen wie alle vernünftigen Leute«. Friedliche Evolution, nicht Revolution, war sein Motto. Er war im Unterschied zu Schiller oder Herder von Anfang an ein Gegner der Französischen Revolution und später auch des sozialistischen Saint-Simonismus.

Man muss sich wundern, dass Goethe diesen kleinen Staat, diese kleine Stadt als Wahlheimat angenommen und zum Mittelpunkt seines Wirkens gemacht hat, obwohl er hier politisch nichts wirklich Bedeutendes schaffen konnte. Der Germanist und Goethe-Kenner Emil Staiger gibt eine plausible Antwort: »Alles Vergängliche war für Goethe ein Gleichnis, sein Leben nannte er symbolisch und Weimar fasste er als ›Symbol der Welt‹ auf. In diesem Weimaraner Mikrokosmos spiegelt sich der Makrokosmos. Indem er diese Stadt als kleinen Kosmos annimmt, erfüllt sich hier sein bewusst bejahtes irdisches Schicksal. Wie Goethe sagte: ›Ich bin Weltenbürger, bin Weimaraner.‹«

Sachsen-Weimar war das erste Territorium, das am 5. Mai 1816 die Landschaftsdeputation durch frei gewählte Volksvertretungen ersetzte. Als »Stände« galten nun die drei Wählerklassen der Rittergutsbesitzer, der Bürger und Bauern, hinzu kamen die Vertreter der Universität Jena, die damals auf ihrem Zenit stand. Der Landtag besaß unter anderem die Rechte, Landesgesetze und den Haushalt zu beschließen, den Etat zu kontrollieren, Gesetze anzuregen und Verfassungsverstöße der Regierung und Behörden ahnden zu lassen. 1821 kam es dann auch zu einem Steuergesetz, das alle Vermögen nach dem gleichen Prinzip belastete.

Das berühmte Wartburgfest der liberalnationaldemokratischen Studentenschaft (1817) konnte auf weimarisch-sächsischem Boden stattfinden. Der spätere Großherzog Carl-Alexander bot bekannten Liberalen nach 1848 Zuflucht, so Karl Biedermann, Heinrich Hoffmann von Fallersleben, Johann Gustav Droysen und Fritz Reuter. Ernst II. nahm Gustav Freytag, Karl Mathy und Karl Philipp Franke auf. Freilich waren dies keine radikalen Demokraten nach Art Gustav Heckers. Hier, in der liberalen Atmosphäre des Kleinstaates, gründeten sich 1861/62 der Deutsche Schützenbund und der Sängerbund, wenig später die SPD. Aber nicht alle thüringischen Kleinstaaten fuhren einen vorsichtig-liberalen Kurs.

Die beiden Linien Reuß stemmten sich lange gegen jede Reformpolitik, Reuß ältere Linie sogar gegen Bismarcks Expansionspolitik (und musste dafür 100 000 Taler »Kriegsstrafe« zahlen). Sein damaliger Herrscher, Heinrich XXII., genannt »der Unartige«, opponierte auch weiterhin gegen Bismarck und die Reichspolitik. Er stimmte als einziges Mitglied des Bundesrates gegen die Einführung der Zivilehe, gegen die Einführung des BGB, gegen die Kulturkampfgesetze, gegen das Sozialistengesetz, gegen die China-Expedition (1900) und gegen den Kolonialetat. Preußen brach daraufhin die diplomatischen Beziehungen zum Fürstentum Reuß ältere Linie bis 1892 ab (Gehrlein, 2015, 100).

Es ist erstaunlich, dass die thüringischen Kleinstaaten außenpolitisch die Katastrophen des 19. Jahrhunderts überstanden haben, vor allem die Napoleonzeit, wo sie eine gespaltene Linie zeigten. Sie wurden zwangsweise Mitglieder des Rheinbundes. Die Frankfurter Nationalversammlung (1848) bestand (mit Mehrheit) auf der Erhaltung auch der Kleinstaaten und selbst 1866 (der preußisch-österreichische Krieg) brachte nicht das Ende. Erst 1920 wurde es ein Gesamtstaat. Nach den jeden Föderalismus vernichtenden Jahren 1933 bis 1989 konstituierte es sich im Deutschen Nationaltheater in Weimar als »Freistaat« neu (25. Oktober 1990).

Es bleibt für immer erstaunlich, dass in diesem Kleinstaat die deutsche Geistesgeschichte auf einen Zenit kam, während Deutschland um 1800 politisch auf einem Tiefpunkt war. Bis heute glänzen aus dieser Zeit wie leuchtende Sterne die Namen Wieland, Herder, Goethe, Schiller, Fichte, Hegel, von Humboldt (Wilhelm und Alexander), Schelling, die Gebrüder Schlegel, Jean Paul, Novalis, Tieck …

Bezaubernde Reichsfürstentümer Lippe

»Je besser ein Staat regiert wird, desto weniger bemerkt man von den Regierenden« (Graf Wilhelm).

Bis heute bezaubern die Landschaften der ehemaligen Grafschaften, dann auch Reichsfürstentümer Lippe-Schaumburg und Lippe-Detmold durch ihre natürliche Schönheit – ein freundliches Hügel- und Bergland um die mittlere Weser mit den märchenhaften Kleinodien ihrer »Hauptstädte« Bückeburg, Detmold, auch Stadthagen, Lemgo (Hansestadt!), Lippstadt (anfänglich ebenfalls Mitglied des Hansebundes) und Rinteln nicht zu vergessen, mit ausgedehnten, lieblichen Wäldern und den prachtvollen Hinterlassenschaften der »Weserrenaissance«. Man muss sich wundern, dass sie, wie die thüringischen Kleinstaaten, alle politischen Flurbereinigungen der Neuzeit durch geschickte Anpassung ihrer Herrscher bis weit ins 20. Jahrhundert bewahren konnten und heute noch in den Gefühlen ihrer Bewohner verankert sind. Ihre Streitkräfte waren – von einer kurzen Epoche unter dem Grafen Wilhelm (bis 1777) abgesehen –, wie Hermann Löns sie mehr spöttisch als liebevoll genannt hat: »Duodezarmeen«. Die Kegelbahnen des Landes, so höhnte der eben Genannte, waren gebogen, um die Landesgrenzen nicht zu verletzen.

Sie marschierten mit Friedrich dem Großen wie mit Napoleon (als Mitglieder des Rheinbundes) und dann auch mit den siegreichen Armeen der preußischen Könige und Bismarcks. Sofern ihre einberufenen Landeskinder nicht vorher desertierten, was sie im ziemlichen Umfang taten (1758 desertierten trotz massiver Strafandrohungen drei Viertel der Wehrpflichtigen). Aus jener Zeit stammt das Volkslied »Lippe-Detmold, du wunderschöne Stadt«, in dem spöttisch geschildert wird, wie mit dem Verlust eines Mannes die Kampagne beendet ist: »Als der General das erfuhr/da rauft er sich den Bart/womit soll ich führen meinen Krieg/weil mein Soldat ist tot.«

Die Herrscher und Herrscherinnen dieser Länder zeigten sich meistens milde aufgeklärt. Eine große Persönlichkeit wie Franz im Gartenstaat Dessau (s. u.) war in Schaumburg-Lippe der schon erwähnte Graf Wilhelm (1724–1777). Er hatte Ehrgeiz im großen Stil. In seinem Auftrag wurde 1762 das erste Unterseeboot der Welt gebaut, das als »Steinhuder Hecht« bekannt wurde. Er war vielfacher staatskapitalistischer Unternehmensgründer (Webereien, Spinnereien, Ziegeleien, eine Schokoladenfabrik in Steinhude, eine Papiermühle an der Ahrensburg usw.). Auch sonst suchte er sein Land vom Gesundheitswesen und der Landwirtschaft und dem Handwerk rationalisierend zu fördern. Scharnhorst, der preußische Militärreformer, schreibt lobend über ihn: »Seine Leutseligkeit, Menschenliebe und Guttätigkeit machten ihn zum allgemeinen Vater und Versorger des Landes. Er ließ zuletzt allen Aufwand seines kleinen Hofes eingehen und war allein dadurch glücklich, dass er glücklich machte« (Kampelmann 2019, S. 19).

Die Herrscher dieser Länder kamen auch den liberal-konstitutionellen Bestrebungen im 19. Jahrhundert entgegen. Dies gilt besonders für die energische, geistreiche und bis heute in Detmold verehrte Regentin Pauline (bis 1820). Pauline, die gegen den Widerstand der Stände 1809 die (milde) sog. Leibeigenschaft aufheben ließ und im Kampf eine relativ liberale Konstitution durchsetzte. Sie war auch die Schöpferin vorbildlicher integrierter Sozialeinrichtungen (das heutige Paulinenstift). Bis heute hält man – nach Umfragen (2009) – diese Regentin für die bedeutendste Persönlichkeit in Lippe. Den Reichsdeputationshauptschluss von 1802/1803 überstanden die Fürstentümer und – ebenso knapp – den Wiener Kongress (Schaumburg-Lippe wurde der zweitkleinste Staat des Deutschen Bundes). Dies war nicht selbstverständlich, denn Pauline war bis zuletzt Verehrerin Napoleons.

Im Revolutionsjahr 1848, als die Nationalversammlung in Frankfurt sich anschickte, diese Kleinstaaten zu mediatisieren, kam es zu einer von über zwei Dritteln der Bevölkerung unterschriebenen Petition mit der Bitte um die Erhaltung der Unabhängigkeit! Während der Zeit des Deutschen Bundes hatte dieses Land die niedrigste Steuerbelastung.

1867 freilich gewann Preußen die Oberherrschaft über das Lipper Militär, das heißt, sie wurde ihm mit Staatsvertrag übertragen. Mit dem Anschluss an den Norddeutschen Bund und später das neue »Reich« verloren sie weitere wesentliche Merkmale ihrer Eigenstaatlichkeit: so das Staatsbürgerrecht (gemeinsames Indigenat), die Regelung des inneren Verkehrs, das Gewerberecht, Zoll- und Handelspolitik, die für Bundeszwecke zu verwendenden Steuern, das autonome Maß-, Gewichts- und Münzsystem, das Bankwesen, das Außenhandelsregime (Zollunion), die Schifffahrt, konsularische Vertretungen, Eisenbahn, Post- und Telegrafenwesen, das Obligationen-, Konkurs-, Straf-, Handels-, Patent-, Wechselrecht, das Gerichtswesen, Medizinal- und Veterinärpolizei, die Vertretung nach außen (Kittel, S. 227). Bundesrecht brach fortan Landesrecht.

Im Bundesrat des Bismarckreiches bewahrten sie ihre eine Stimme und dann auch im Reichsrat der Weimarer Republik, wo sie ihre Steuerhoheit verloren. Noch 1926/1930 votierten die Schaumburger in Volksabstimmungen für ihre staatliche (relative) Selbstständigkeit (und gegen den Anschluss an Preußen) und erst nach 1947 wurden sie – bis dahin »Freistaaten« genannt – mit dem Diktat der Siegermächte den neu geschaffenen Bundesländern Nordrhein-Westfalen und Niedersachsen zugeschlagen, wogegen sie (wieder Schaumburg) 1975 in einer weiteren Volksabstimmung erfolglos aufbegehrten, nicht ohne doch wenigstens den Status von Kreisen bzw. Regierungsbezirken (Detmold) zu bewahren. Das nordrhein-westfälische Wappen enthält die Lippische Rose.

Erhaltene Mausoleen in Park und Wald zeigen noch heute das Selbstgefühl ihrer »Landesväter« (und »-mütter«). Den Staatsbedarf finanzierten sie in ihrer guten Zeit weniger über Steuern als aus ihrem Einkommen aus den umfangreichen Domänen, Forsten, Salinen und Staatsbädern. Wie in allen anderen Staaten des Reiches dankten die Fürsten 1918 ohne massive Gegenwehr nach siebeneinhalb Jahrhunderten ihrer Herrschaft ab, wenn auch zögernd, nach zu späten Konzessionen an die demokratische Bewegung (Klassenwahlrecht bis zuletzt!). Volks- und Soldatenräte übernahmen wie überall mit einem revolutionären Staatsstreich die Macht. Das nach Hause kommende Militär vereinigte sich mit der Arbeiterbewegung, sodass Widerstand für die Fürsten aussichtslos war. Hätten sie das nicht getan, wären sie in »Schutzhaft« genommen, aber vermutlich gleichwohl »anständig« behandelt worden, denn blutrünstige und ausbeuterische Monster waren sie zu keiner Zeit gewesen.

In Detmold wie in Bückeburg überließ ihnen die revolutionäre Bewegung 1918 – im Kontrast zu Russland – nicht nur ihr Leben, sondern auch ihre Schlösser und beträchtliche Teile ihres »Domaniums«, um das sie gleichwohl noch lange (in Lippe bis 1938!) prozessierten. In ihren Residenzschlössern wohnen sie bis heute (in Lippe derzeit Prinz Stephan) und sind anhaltend beliebt. Im Bückeburger Schloss und Park veranstaltet der dortige eh. Fürst, aktuell Alexander, gern besuchte Weihnachtsmärkte von einzigartigem Charme (nicht als Sozialtat, sondern mit gern gezahlten hohen Eintrittsgeldern). Der Lokalhistoriker Hans Platte schreibt von ihm: »Das heutige Fürstenhaus hat zwar keinerlei Regierungsgewalt mehr, ist jedoch im wirtschaftlichen und gesellschaftlichen Leben von Bückeburg und Umgebung fest verankert. Die Bevölkerung identifiziert sich mit ›ihrem‹ Fürstenhaus und nimmt regen Anteil an allen Geschehnissen« (Kampelmann 2019, S. 40).

Herder ist nicht die einzige große Persönlichkeit, die sich dort zeitweise, freilich ungern, aufhielt. Auch Christian Grabbe, Ferdinand Freiligrath, Georg Werth oder die Nietzsche-Freundin Malwida von Meysenbug sind Lipper und das Land hat etliche bedeutende Unternehmerpersönlichkeiten hervorgebracht. Rinteln besaß von 1619 bis 1810 eine Universität! Auch wirtschaftlich hielten diese Landschaften im 19. Jahrhundert schließlich, wenn auch stark zögernd, mit diverser Industrie und modernen Verkehrsanbindungen ihren Anschluss, auch wenn die von Theodor Fontane erwähnten »Lipper Ziegler« in Scharen auswärts ihr Auskommen suchen mussten. »Proletarier« waren sie nicht: Diese zahlreichen Wanderarbeiter (nach Holland oder ins Reich) blieben mit Haus- und Bodenbesitz meistens der Heimat verbunden.

Ein Gartenstaat

Wer nach einer realisierten liberal-aufgeklärten Utopie mit vielleicht recht glücklichen Bewohnern sucht, gehe zurück in das kleinstaatliche Anhalt-Dessau im 18. Jahrhundert (900 qkm, 50 000 Einwohner nach der Vereinigung mit Zerbst, also noch weit kleiner als Sachsen-Weimar oder die Reichsstadt Nürnberg). Was sich in Thüringen oder in Lippe zutrug an fortschrittlicher kulturfreundlicher Politik, das findet sich hier womöglich noch überboten. Anhalt-Dessau war unter dem Fürsten Leopold III. Friedrich Franz von Dessau (»Vater Franz«) ein Gesamtkunstwerk mit modern-physiokratischer Landwirtschaft und Infrastrukturpolitik (Straßenbau, Chausseen), klassizistisch-romantischer Architektur, damit verbundener Park- und Gartenkunst, volkspädagogischen Schulreformen nach den utilitarischen Idealen Basedows (»Philanthropinum«), vorbildlicher betrieblicher Sozialpolitik und Medizinalwesen (gesetzliche Pockenimpfung) sowie einem reichen Musik- und Theaterleben. Dieses kleine Fürstentum zog prominente Besucher aus ganz Europa an, darunter Fürsten, Philosophen und bewunderte Dichter wie Wieland und besonders Goethe, der viele Male dort war (Carl August über 31 Mal) und von einem Elysium schwärmte. Es hat als Vorbild nicht nur in Deutschland, sondern europaweit gewirkt. Die noch vorhandenen Hinterlassenschaften dieses Idealstaates strahlen heute weltweit aus, namentlich die Wörlitzer Parkanlagen. In der Urkunde zur Verleihung des UNESCO-Weltkulturerbestatus (2000) heißt es: »Das Gartenreich Dessau-Wörlitz ist eine der sinnbildlichsten und repräsentativsten gestalteten Landschaften Europas … ein herausragendes Beispiel für die Anwendung der philosophischen Prinzipien des Zeitalters der Aufklärung auf die Gestaltung einer Landschaft, die Kunst, Pädagogik und Ökonomie zu einem harmonischen Ganzen vereinigt.«

Noch heute kann man die künstlerisch gestaltete Gesamtlandschaft an der Elbe durchstreifen: vom Wörlitzer Park mit seinen elysischen Reizen über Oranienbaum, das Luisium und Georgium in den einzigartigen Kühnauer Park, der die Elbe einbezieht und wo herrliche Solitäreichen am Altwasser das Auge erfreuen, und schließlich nach Mosigkau mit Schloss und Garten. Die Residenz Dessau selbst freilich ist im Weltkrieg (noch in den letzten Kriegstagen) so vollständig (zu 84 Prozent) zerstört worden wie keine andere deutsche Stadt außer Pforzheim. Was die britischen Bomber nicht taten, tat der DDR-Sozialismus. Es ist heute eine langweilige Provinzstadt und nur ein erhaltener Flügel des Schlosses und die Stadtkirche erinnern daran, was es einmal war. Immerhin finden sich hier einige Pionierbauten des modernen Funktionalismus (»Bauhaus«). Ähnlich trostlos sieht es in Zerbst, das »mitteldeutsche Rothenburg«, aus, das bis auf einen nicht restaurierten trümmerhaften Flügel des Schlosses, der noch melancholisch hochragt, plattgemacht wurde, diesmal vor allem von erobernder Artillerie.

Fürst Franz, england- und italienbegeistert wie sein wichtigster Mitarbeiter Erdmannsdorff und sein Gärtner Eyserbeck, war ein Schüler Winckelmanns, wollte das Schöne mit dem Nützlichen verbinden. Wer die erhaltenen Obstgärten oder die Tabakfelder im Zauberpark Wörlitz sieht, wird nicht bezweifeln, dass dies möglich ist. Ebenso wie die schön gestalteten Wirtschaftsgebäude. Die gepflasterten Chausseen waren links und rechts von neu eingeführten Straßenbäumen (Pappeln, Platanen, Robinien) und Obstbaumreihen gesäumt. Nützlich und schön bis heute!

Die Basis dieses Fürstentums war die Landwirtschaft, die in Anhalt-Dessau revolutioniert wurde. So wurde die seit karolingischen Zeiten übliche Dreifelderwirtschaft durch die Fruchtwechselwirtschaft ersetzt, was den Ertrag um wenigstens 1/3 steigerte. Dann der von England eingeführte Klee, der die Fruchtbarkeit des Bodens hob und die Viehfütterung verbesserte. Der berühmte Agrarreformer Albrecht Thaer sah sich in Anhalt-Dessau gerne um. Die rationale Viehzucht (Pferde, Rinder, Schweine, Schafe) wurde eingeführt. Die abhängigen Bauern mussten nicht länger fronden, waren befreit von Huf und Trift, wurden maßvoll besteuert, erhielten aus Domanialbesitz eigenes Land, was die Arbeitsmotivation enorm förderte (Separation und Dismembrierung). Die auf dem Domanialbesitz arbeitenden Bauern wurden ebenso wie ihre Witwen gutsherrlich versorgt, wenn sie nicht mehr arbeiten konnten. Ferner wurden Arbeits- und Armenhäuser gegründet.

Die geistige Toleranz ging so weit, wie das in einer aufgeklärten Monarchie möglich ist, die Juden emanzipiert (dagegen die Jakobiner gar nicht geschätzt). Die Freischaren von Schill und Lützow wurden gern begrüßt, obwohl dies politisch gefährlich war. Die Volksbildung war vorbildlich, die traditionelle Prügel- und Paukpädagogik ersetzt durch freie Bildung an anschaulichen Realien, die Aktivierung der Schüler, dem späteren polytechnischen Ideal nicht fern. Fröhlichkeit, Wanderungen, Sport und Spiele (Drehberg mit großem Sport- und Volksfest), Turnunterricht stehen auf dem Stundenplan. Man wird manches in Goethes Wilhelm Meisters Wanderjahren wiederfinden.

Auch die Friedhofskultur wurde revolutioniert. Der düstere christliche Totenkult wich einer freundlicheren Auffassung. Der neue »Begräbnisplatz«, wie Erdmannsdorff ihn nannte, ist überkonfessionell. Über dem

Tod und seinem Zwillingsbruder, dem Schlaf, steht die Hoffnung. »Tod ist nicht Tod, ist nur Veredlung sterblicher Natur.« Der Tote geht durch einen Triumphbogen, der schöne Todesengel begleitet ihn. Der Schriftsteller Wekherlin schrieb: »Wer schön ruhen will, muss zu Dessau sterben. Ja, wem man von nun an was Gutes wünschen will, dem rufe man zu: Stirb zu Dessau!« (Hirsch 2006, S. 73). Man bestattete hier der Reihe nach und ohne Grabsteine in einem »Totengarten« der Gleichheit, wie es pantheistischer Naturfrömmigkeit entsprach. (In Goethes »Wahlverwandtschaften« ist dieses Ideal in Charlottes Dorffriedhof dargestellt.)

Das Schönste war und bleibt jedoch die Garten- und Parkkultur im englischen Sinne, mit Architektur und Skulptur verbunden, auch mit menschenfreundlicher Philosophie und einsamen Orten, die zur Meditation einladen, schöne Sichtachsen überall. Das Schloss Wörlitz war der klassizistische Pionierbau im palladianischen Sinn für den europäischen Kontinent.

Wie war rein ökonomisch dieses Kunstwerk möglich? Der Fürst war der einzige Großgrundbesitzer, nachdem sein Vater den Adelsbesitz zwangsweise aufgekauft hatte. Außerdem besaß er große Domänen in Brandenburg und Ostpreußen, die mehr Quadratkilometer und Einwohner als das Fürstentum selbst umfassten. Die Aufteilung dieses Domanialbesitzes wurde später wie überall zum Gegenstand heftigen Kampfes. Was gehört dem Staat, was steht dem Fürstenhaus zu?

Man hat Wörlitz auch Irenopolis genannt, Friedensstaat. Der Militärstaat Preußen, dem der Vater des Fürsten Franz – »der alte Dessauer« – mit vielen anhaltinischen Offizieren und Soldaten so hingebungsvoll gedient hatte, war dazu der Gegenwurf. Franz quittierte – zum Verdruss Friedrichs des Großen – den preußischen Dienst und blieb in Preußens Kriegen neutral. Als Napoleon das Land besetzte, konnte er diesen Kurs nicht länger durchhalten und trat auf die Seite Frankreichs (Rheinbund). Die Tragödie des Kleinstaates jener Zeit zeigt ein überlieferter Dialog von Napoleon mit dem Herzog. »Der Kaiser: Haben Sie ein Kontingent zur preußischen Armee gestellt? Der Herzog: Nein. Napoleon: Warum nicht? Der Herzog: Weil keins von mir verlangt worden. Napoleon: Und wenn man es verlangt hätte? Der Herzog: Dann würde ich es haben stellen müssen, Eure Majestät kennen ja das Recht des Stärkeren« (Biegel 1993, S. 149).

Anhalt schloss sich (1828) dem Zollverein an und war zu seinem Glück 1866 auf der Seite Preußens, um dann in den neuen Bundesstaat eingegliedert zu werden. In der Revolution von 1918 ging es in Sachsen-Anhalt nicht anders als überall im Reich zu: Der Fürst bzw. Fürstregent dankte kampflos ab (12. November). Inzwischen hatte das Land seine Sozialstruktur vollständig geändert: Es war ein von Industrie geprägtes Land geworden. Der »Freistaat« wurde nach den totalitären Zwischenspielen 1990 wiederhergestellt.

Das Zitat eines Zeitgenossen des Fürsten Franz (Andreas R. Riehm 1796) sei an den Schluss dieses Kapitels gestellt: »Das ganze Land ist ein Garten Gottes und die Gegenden um Dessau ein wahres Paradies. Die Chausseen dieses Landes sind die einzigen in ihrer Art. Kein Fleckchen Land liegt unbenutzt. Sogar die Seiten der Chaussee, das Land zwischen den schönen Baumreihen, hat er armen Untertanen gegeben, und es blüht eine Fruchtbarkeit, die voll den Wünschen des wohltätigen Fürsten entsprach ... Vor mir lag die Residenz desselben, überraschend schön durch sich selbst und die glücklich verteilten Partien der Kunst und einer edlen Architektur ... Sobald man in die Stadt kommt, sieht man allenthalben Industrie, Kunstfleiß, Handel und jeden sichtbaren Zweig einer guten Staatswirtschaft. Bei diesem Fürst kann es nicht anders als seine Untertanen müssen glücklich sein« (Hirsch 2006, S. 192).

Eine reichsunmittelbare Herrschaft: Reichsbaronie Schauen

Kommen wir vom Klein- zum Kleinststaat. Schauen, am Rande des Harzes gelegen, war als ursprünglicher Besitz eines Reichsministerialen, als Rittergut und Dorf, immer umkämpft von den umliegenden Herrschaften, sei es die Stadt Osterwiek, sei es das Kloster Walkenried und später Territorialherren wie die Grafen von Stolberg, das Haus Braunschweig oder Brandenburg. Anerkannt reichsunmittelbares Lehen wurde es erst 1689 mit einem Verkauf an einen hannoverschen Kammerpräsidenten, Otto Grote, der zeitgleich als Reichsfreiherr mit dem Ort belehnt wurde. Damals hatte das Dorf 50 Häuser mit etwa 200 Bewohnern, ein Teritorium von 3/8 Meilen Länge und noch weniger Breite ... (s. Reinecke 1889).

Wer sich ein Bild machen will, wie typische Fehden in Mittelalter und früher Neuzeit verlaufen sind, sollte die Geschichte dieses »Staates« studieren. Da wurden zum Beispiel von der einen Seite zehn Kühe weggetrieben, die andere rächte sich mit der Wegführung von Schweinen oder Schafen, es wurde Getreide entwendet oder eine Scheune niedergebrannt, Weiden geköpft und ausgerodet. Wenn es schlimm kam, sah es so aus: Das benachbarte Stift Halberstadt ließ (für das Kloster Walkenried) im Kampf gegen den Grafen von Stolberg, der damals das Vogtrecht in Schauen innehatte, im Jahre 1570 1000 Mann zu Ross und Fuß samt Geschützen und Sturmleitern anrücken; diese stürmten den Gutshof, durchschossen Türe und

Fenster; die zehn Verteidiger wurden gefangen genommen, geschlagen, gefesselt, geschmäht und gelästert und ihrer Habe beraubt. Im Dorf zerschlugen die Männer dem Pfarrer die Tür und nahmen ihm seine Würste weg, dem Schmied wie dem Vogt Andreas Weidemeyer schlugen sie die Fenster ein, zerstachen die Betten und schlugen seine Frau zu Boden. Sie zerschlugen auch den Mehlkasten, streuten das Mehl und ausgedroschenes Korn herum und nahmen alles Essbare, vor allem Käse und Würste, mit sich fort. Von dem geraubten Gut gaben die Angreifer nichts wieder heraus, indem sie behaupteten, was sie mit stürmender Hand genommen hätten, gehöre ihnen. Dieser Fall ging vor das Reichsgericht in Speyer, das nach beträchtlicher Zeit (1581) urteilte, dass das Kloster Walkenried den Hof und das Dorf Schauen an die berechtigten Grafen von Stolberg wieder herauszugeben hätte.

Der Reichsfreiherr hatte mangels Polizei große Mühe, seine Autorität gegen die Dorfgemeinde zu behaupten, die sich nichts gefallen ließ, was gegen ihre Rechte oder Gepflogenheiten verstieß. Er war auch zumeist im fernen Hannover. 1808 wurde das Dorf auf Antrag der Gemeinde (!) in das napoleonische Königreich Westfalen eingegliedert, 1815 endgültig mediatisiert und dem Königreich Preußen zugewiesen; der Reichsfreiherr durfte seinen Titel behalten, wurde aber samt seinem Gutshof nun Privatmann. Die Schauener konnten ihre noch relative kommunale Unabhängigkeit bis zum Jahre 2010 behaupten und wurden dann, ohne auffälligen Widerstand, Teil einer neuen Großgemeide Osterwiek. Schauen hat derzeit etwa 540 Einwohner. Die Familie Grote besaß das Rittergut bis 1945.

In Schauen gab es keine Militärdienstpflicht, daher hatte es immer wieder Zulauf von »Wehrdienstverweigerern«. Der Reichsfreiherr hatte auch die Möglichkeit, ein verliebtes Paar (nach nächtlicher Entführung der Braut) bei sich trauen zu lassen, wenn in der Nachbarherrschaft die Trauung von den Eltern verweigert wurde. Auch dies ist ein nicht uncharmanter Freiheitsaspekt der vielen Grenzen.

Blick auf eine Provinzstadt: Büdingen

Das hessische Büdingen in der Wetterau bietet das Bild einer fast komplett erhaltenen mittelalterlichen Stadt und Festung am Rande eines großen Waldes. Man nennt diesen übersichtlichen Ort auch das hessische Rothenburg. Er ist gut geeignet, mittelalterliche Stadtverhältnisse zu veranschaulichen. Der Ausgangspunkt ist eine bezaubernde, wohl ursprünglich staufische runde Wasserburg mit märchenhaftem Innenhof (spätgotische Erker, Renaissance-Elemente, Treppentürme, ein plätschernder Brunnen, über dem ein alte Linde hängt, weiße Tauben …). Burg und Stadt sind wie Venedig in den Sumpf gebaut, ruhen auf Eichenbohlen, die auf Buchenpfählen aufgestelzt sind. Noch heute bewohnt die Fürstenfamilie Ysenburg-Büdingen diese Anlage in der 21. Generation (Fürst Wolfgang Ernst). An die Burg und die gleichfalls runde große Vorburg schließt sich die Handwerker- und Kaufmannssiedlung an, die von einer imponierenden Festungsanlage, einer geschlossenen Mauer mit Türmen und Toren geschützt wird. Ein Ensemble von Fachwerkhäusern auf Stein und zwei imposanten Steinbauten (Rathaus und »Steinernes Haus«), dazu eine gotische Marienkirche und die sehr alte Remigiuskapelle geben ein von Stilbrüchen fast freies Bild. Die Stadt wurde im Juli 1330 von Kaiser Ludwig dem Bayern mit dem Marktrecht beschenkt. Sie bekam von den Stadtherren den Auftrag, durch den Bau von Mauern und die Bildung einer (noch bestehenden und jährlich feiernden) Schützengesellschaft selber für die Sicherheit ihres Ortes zu sorgen, den man nun mit Recht »Stadt« nennen konnte. Auf Mauer und Toren wachten Tag und Nacht »ewige« Wächter.

Bürgerliche Stadtfreiheit war nur im Schutze der Mauer möglich. Eine Ansiedlung ohne Mauer, mochte sie noch so groß sein, war keine Stadt, sondern ein Dorf. Büdingen wurde jedoch keine freie Stadt, gar Reichsstadt wie das nahe Gelnhausen, sondern blieb in der Abhängigkeit von den Herren zu Büdingen, die recht großzügige Herrschaften gewesen zu sein scheinen (»Großer Freiheitsbrief« für die Stadt durch den Grafen Heinrich II., 1353). Hier bahnte sich auch die religiöse Toleranz an, indem Graf Ernst-Kasimir 1712 (mit einem »Toleranzpatent«) Hugenotten, Waldenser, »Inspirierte«, Pietisten, Wiedertäufer und Separatisten aufnahm. Die aus Sachsen ausgewiesenen Herrnhuter legten unter dem Grafen Zinzendorf nahe Büdingen eine eigene geschlossene Siedlung an: den Herrnhaag, der bis heute besteht. Zeitweilig residierten die Herrnhuter auf der nahen Ronneburg – beliebtes Ziel aller Burgenromantiker.

Ein Schandfleck für die schöne Stadt (und viele andere Städte) war die Hinrichtung von 400 sog. Hexen und Hexern (diese wurden am 12. Oktober 2012 durch den Stadtrat, nicht eben besonders zeitnah, rehabilitiert!) und die Judenmisshandlung während des »Dritten Reiches«. 1806 wurde das Fürstentum Ysenburg samt seiner zauberhaften Hauptstadt mediatisiert und erlitt also das übliche Schicksal vieler kleiner Staatsgebilde.

Die Stadt wurde nach 1970 durch die damals üblichen rabiaten Gebietsreformen beschädigt. Die herrschenden Technokraten der Landesregierung (von einer liberalen Partei angetrieben!) gingen stur über den Eigenwillen der Stadt hinweg. Sie gehört jetzt dem Wetteraukreis an. Ihre Einwohnerzahl ist mit heute 20 000 Bürgern eine Röpke-Kohrsche Civitas Humana geblieben. Der Frankfurter Architekturhistoriker Heinrich Klotz hat Büdingen ein liebevolles Kapitel seiner Architekturgeschichte gewidmet (1991, S. 149 ff.).

Frauenstaaten

Die deutsche Geschichte kann auch etwa 1000 Jahre Frauenstaaten mit unverheirateten oder verwitweten adligen Frauen als selbstbewusste Herrscherinnen, als Reichsfürstinnen mit Reichtagsberechtigung bieten, selbstständig wie die Reichsstädte oder diverse weltliche Territorien. Man spricht von Damenstiften. Im Unterschied zu einem Amazonenstaat oder einigen rabiaten Frauenutopien unserer Zeit waren die herrschenden Damen nicht männerfeindlich und auch nicht kriegerisch gesinnt. Auch bedienten sie sich der Hilfe von freien Männern für Verwaltungs- und priesterliche Zwecke, also für exekutive Details.

Es handelt sich hier um Einrichtungen, die, von adligen Familien, selbst Königen gestiftet, mit Eigentumsrechten an Dörfern, kleinen Städten, verstreuten Bauernhöfen und Eigenkirchen als ökonomisch-politische Basis der Versorgung lediger adliger Frauen und Mädchen, oft auch als Witwenversorgung, dienten und die zudem dem Seelenheil des Stifters gewidmet waren. Die Staatschefin stellt die Äbtissin, manchmal als »Reichsfürstin«, mit ihrem Kabinett dar; etwa im Stift Gernrode sind leitende Ministerinnen die Pröpstin, die Dechantin, die Kellnerin, Sangmeisterin, Schatzmeisterin, Küsterin, Schließerin, Pförtnerin. Sie kümmerten sich um die Besitzverwaltung und das Gerichtswesen; die Stiftsdamen – »Kanonissinen« – wählten die Äbtissin. Ihnen half das Dienstpersonal, vorweg die Kanzleibürokratie mit männlichen Räten, Syndikus, Notar, Pedell und anderen; dann das Haushaltspersonal der Abtei von der Hofdame und Kammerjungfer bis über den Gärtner und Jäger hin zur Silberwäscherin und Küchenmagd. Dienstmannen, »ministeriales«, hatten weitere Funktionen inne, auch die sog. Burgmannen mit Sicherungsaufträgen, dann die Handwerker wie Bierbrauer, Hufschmiede, Bäcker, Krämer usw., die dem Konvent zulieferten. Schließlich die männlichen Priester, Diakone und Vikare, die unter Aufsicht der Frauen kirchliche und seelsorgerische Aufgaben wahrnahmen. Ein kompletter frauengeführter Kleinstaat!

Das Stift Gernrode besaß 24 Dörfer, 21 Kirchen und 1000 Hufen im Streubesitz; Stift Buchau, eines der größeren, besaß ein kleines Territorium mit der Stadt dieses Namens; das Stift Herford hatte in seiner besten Zeit 39 Oberhöfe und 800 zinspflichtige Unterhöfe und lange Zeit auch Herrschaft über die Stadt. Das Stift Quedlinburg, von König Heinrich I. gegründet, umschloss 110 qkm mit 14000 Einwohnern.

Als »reichs-« und oft auch »papstunmittelbar« waren diese Reichsdamen unabhängig von Bischöfen, Herzögen, Grafen usw. und nur dem »Reich« zu militärischem Dienst verpflichtet; so hatte zum Beispiel das Stift Buchau im 16. Jahrhundert zwei Reiter, zehn Fußsoldaten oder 90 Gulden zu entrichten. Buchau betrieb auch Außenpolitik als Mitglied im Schwäbischen Bund (1524) und später in der Katholischen Liga (1610). Herford war Mitglied des Rheinischen Städtebundes. Durchziehende Könige und Kaiser mussten bewirtet werden …

Da sie, wie die Reichsdörfer, zur Selbstverteidigung kaum imstande waren, bedienten die Frauen sich wechselnder Schutzherren, Schutzvögten, die, oft vom König bestellt, ihre Unabhängigkeit zu schützen hatten und auch für das Hoch- und Blutgericht zuständig waren, aber sie doch recht häufig bedrängten und sogar bekriegten. Diese Frauen, oft hochgebildet (man denke an die Kanonistin Roswitha von Gandersheim, die erste deutsche Dichterin in lateinischer Sprache), waren keine Nonnen, sie blieben Privatpersonen mit Dienerschaft, Privaträumen, eigenem Mobiliar und unverkürztem Erbrecht, lebten aber in lockerer, christlich geprägter vita communis (Stundengebete, Hl. Messe, Totenmessen, Kommensalität im Refektorium). Sie waren nur dem Gelübde der Keuschheit und des Gehorsams gegenüber der Äbtissin verpflichtet. Es gab in diesen klosterähnlichen Residenzen keine strenge lebenslange Klausur als »Braut Christi«: Es war jederzeit möglich, z. B. zu begehrten Heiratszwecken, den Konvent zu verlassen. Manche wohnten, namentlich im 18. Jahrhundert, nicht einmal innerhalb der Stiftsmauern, sondern wie in Herford in hübschen Privathäusern (»Kurien«). Ihr Lebenswandel war, wie sich unter diesen Umständen leicht denken lässt, manchmal Gegenstand feindseliger Angriffe der strikt mönchischen Asketen. Von Askese hinsichtlich des Lebenskomforts war selten die Rede. Die Mahlzeiten (ohne Fleischverbot) waren manchmal so üppig, dass der strenge Papst Gregor VII. sich veranlasst sah, nicht nur das Laster des Privatbesitzes an sich anzugreifen, sondern auch die üppigen Speisen, die »mehr für Cyclopen als für mäßige Christen, mehr für Matrosen als für Kanoniker, mehr für Frauen mit stattlicher Kinderzahl als für Kanonissen« geeignet sei (nach Andermann, S. 116). Eine erste Angriffswelle ging von den Kirchen- und Klosterreformbewegungen des 11. und 12. Jahrhunderts aus. Ein fester Topos ist die Kritik an den Kanonissinnen als »unsittlich« und »disziplinlos«. »Recht witzig wird er in der Vagantensatire ›Das Liebeskonzil von Remiremont‹ vorgetragen, wonach die Stiftsdamen des vornehmen Damenstifts Remiremont in den Vogesen ein Konzil einberufen haben sollen, um darüber zu entscheiden, ob es besser sei, sich einen Kleriker oder einen Ritter als Liebhaber zu halten, worauf der Entscheid zugunsten der Kleriker ausging, wegen ihrer größeren Verschwiegenheit und ihrer feineren Sitten« (Suckale 2001, S. 28).

In der Tat mangelte es den Stiftsfrauen an nichts. Fleisch stand fast täglich auf dem Küchenplan. Die Individualisierung steigerte sich im 18. Jahrhundert, der geistliche Zweck trat neben dem Versorgungsgedanken mehr und mehr zurück (Andermann/Kaspar 2019). Diese Reichsstifte hinterließen imposante Abteien und Wirtschafts- und Verwaltungsgebäude, freundliche Privathäuser und großartige Kirchen (Quedlinburg!), ihr Beitrag zur Kunst war beachtlich und auch als Ort schulischer Bildung und Erziehung von Adelskindern und in karitativer Hinsicht hatten sie einen guten Ruf. Allerdings wurde ihre Gewerbetätigkeit (Weben, Spinnen usw.) von Handwerkern und Zünften angegriffen. Der Lebensalltag einer typischen Kanonissin (in Wartestellung auf einen akzeptablen Heiratskandidaten) war nicht nur durch Gebete, sondern auch durch Tanz, Musik, Zeichnen, Lesen und Spazierengehen geprägt. Zum Ende hin war das Leben mit Theater, Kartenspiel, Billard, Reisen und Jagd eher weltlich geprägt, aber es gab auch verarmte, verfallende Stifte. Häufig waren die verheirateten ehemaligen Stiftsdamen gelehrter als ihre Männer, die manchmal nur »gekrönte Trottel« waren.

Im evangelischen Herforder Stift machte die Äbtissin Elisabeth von der Pfalz – Witwe des unglücklichen »Winterkönigs«, Korrespondenzpartnerin des französischen Philosophen René Descartes – von sich reden, als sie zum Verdruss der in Herford dominierenden Lutheraner religiöse Außenseiter wie Quäker und Labadisten (mystische Schwärmer) beherbergte. Einige Stifte werden, ohne eigene Herrschaftsrechte, bis heute als gehobene Altersresidenzen für Frauen von beiden großen Kirchen weitergeführt. Das Ende politischer Selbstständigkeit kam auch hier mit dem Jahr 1802. Die Abteien wurden, wie geschildert, mehr oder weniger von den Fürsten ausgeplündert. Die letzten Äbtissinen wurden in den Ruhestand gesetzt und in Naturalien oder Pensionen versorgt, solange sie lebten. Somit endete – mit Zustimmung der Kirche – die einzige selbstbestimmte Lebensform von Frauen in der deutschen Geschichte.

Ohne politische Eigenrechte ist das Kloster Lüne heute, wie es heißt, »eine fröhliche, aktive und moderne evangelische Gemeinschaft. Bis zu zehn Konventualinnen bewahren neben der Äbtissin (derzeit Freifrau Reinhild von der Goltz) die malerische Anlage«. Noch im 20. Jahrhundert wurde auf Schloss Ehreshoven (in NRW) ein adliges Damenstift eingerichtet. Die meisten aber sind heute weltlichen Zwecken, z.B. als Klinik, gewidmet oder verschwunden. Herford, wo fast nur noch die Münsterkirche an die großartige Vergangenheit erinnert, ist kein Ruhmesblatt für diese geschichtsvergessene Stadt.

Von den 12 Frauen, welche die Ehre hatten, in König Ludwigs hall of fame (»Walhalla« bei Regensburg) aufgenommen zu werden, stammt eine aus der Abtei Gandersheim: die berühmte Kanonissin Roswitha.

Exkurs zum kurzen Zwischenspiel der »Mainzer Jakobiner-Republik« (1793)

Als Ausstrahlung der Französischen Revolution kam es in Mainz zu einem kurzlebigen politischen Experiment. Die französischen Truppen unter General Custine waren im Revolutionskrieg bis zum Rhein vorgestoßen. In den eroberten Städten bildeten sich Jakobinerklubs, man tanzte um die Freiheitsbäume. Nur Teile der Bevölkerung unterstützten die Repräsentanten einer Revolution, die sich radikalisiert hatte. Im Februar 1793 wählten Bürger zwischen Landau und Bingen ein Parlament. Am 18. März konstituierte sich in Mainz (im Deutschhaus, heutiges Landtagsgebäude) ein Rheinisch-Deutscher Nationalkonvent. Erstmals wurde hier eine nach demokratischen Grundsätzen organisierte Republik ausgerufen.

Artikel 1 des ersten Dekrets dieser Republik lautete: »Der ganze Strich des Landes von Landau bis Bingen … soll von jetzt an einen freyen, unabhängigen, unzertrennlichen Staat ausmachen, der gemeinschaftlichen, auf Freiheit und Gleichheit gegründeten Gesetzen gehorcht.« Artikel 2: »Der einzige rechtmäßige Souverän dieses Staates, nämlich das freie Volk, erklärt durch die Stimme seiner Stellvertreter allen Zusammenhang mit dem deutschen Kaiser und Reiche für aufgehoben.« Im Weiteren erklärt das Dekret alle fürstlichen Herrschaftsrechte für erloschen und droht den bisherigen Landesherren und allen, die ihnen bei der Rückgewinnung ihrer Herrschaft helfen, mit der Todesstrafe.

Bedroht durch das Koalitionsheer der alliierten Monarchen, sprach sich der Konvent im März 1793 für den Anschluss an Frankreich aus. Indessen unterlagen die französischen Truppen und mit der Mainzer Republik war es damit bereits zu Ende (Juli 1793). Bald aber stießen die Franzosen erneut an den Rhein vor und es gab nach dem Frieden von Campoformio eine vorübergehende territoriale Neugliederung nach französischem Muster (1797). Ein großer Teil des heutigen Territoriums Rheinland-Pfalz wurde bis 1813 Teil der französischen Republik (Brüchert 2005). Den Historiker der Freiheit in Deutschland kann bei diesem Experiment zweierlei nicht erfreuen: dass es nach Eroberung durch die französische Republik künstlich mit Besatzungsmacht inszeniert wurde und dass es die pseudoliberalen, radikalen Jakobiner an die Macht brachte.

Exkurs: Religiöse Sezession und die Freiheit: Martin Luther

Haben Luther und allgemein die Reformation der Freiheit in Deutschland vorgearbeitet? Nur indirekt und ungewollt. Streng genommen war das Anliegen der Reformatoren nicht »modern«, nicht konservativ, sondern reaktionär. Man wollte weit zurück zu einem christlichen Urzustand. Luther selber war alles andere als ein Liberaler, vielmehr ein inbrünstig Glaubender von entschiedener Intoleranz gegen jeden anderen Glauben, wobei er der Meinung war, es könne nur eine wahre Auslegung der Bibel geben ... Er verteufelte in wilder Sprache Vernunft und Wissenschaft, verwarf die antike Philosophie, hetzte in maßlosen Reden gegen eine katholische Kirche, die zu seiner Zeit in hohem Maße pluralistisch und tolerant und fast schon renaissancemäßig säkularisiert war. Jakob Burckhardt (1942, S. 87) schrieb: »Der bisherige Katholizismus, ohne wesentlichen Druck, hatte keine Idee gehemmt, nicht einmal die atheistische Frevelrede, und gerade das Reformatorische aufkommen lassen.« Hexenverbrennung, Todesstrafe für Ehebrecher, am Ende selbst für Täufer machten ihm keine Probleme. Seinen reformatorischen Kollegen Huldrych Zwingli verfolgte er mit Hass. Es überrascht kaum, dass in jener Zeit des Konfessionshasses der bei Kappel (1531) im Kampf gegen die katholischen Kantone gefangen genommene Zwingli in widerlichster Art getötet, geschändet und verbrannt wurde. Vielleicht deswegen ließ Calvin sich später vorsichtshalber anonym bestatten. Immerhin war in jener verrohten Zeit erfreulich, dass ein Erzgegner Luthers, Kaiser Karl V., nach der Eroberung Wittenbergs Luthers Grab in der Schlosskirche unangetastet ließ: »Ich führe Krieg mit den Lebenden, nicht mit den Toten.« Ricarda Huch schrieb, dass ein so inbrünstig religiös Liebender wie Luther einen ebenso starken Hass brauchte, »um sich ganz zu fühlen«.

Er hing dem grausamen Prädestinationsglauben an, der den Wert guter Werke leugnet (»sola fide«). Er brach deswegen mit seinem innigsten Freund und Lehrer Johann von Staupitz und fast gleichzeitig auch mit dem milden Erasmus, dem er so viel verdankte. (»Erasmus hat das Ei gelegt, das Luther ausgebrütet hat.«) Seine Lehre förderte eine Verwilderung der Sitten, eine Verrohung des Volkes, wie er selbst sie früher nicht wahrgenommen hatte. Ricarda Huch: »Jetzt blieben die guten Werke aus, die Stiftungen und Schenkungen, die im Papsttum, wie Luther selbst sagte, zugeschneit wären, niemand gab für kirchliche Zwecke, die Pfarrer mussten fast verhungern, die Menschen gefielen sich in rücksichtsloser Ausgelassenheit, sich auf die Erlösung durch Christi Blut verlassend, die ohne ihr Zutun wirke« (Huch, Geschichte, S. 648).

Pazifist war Luther (im Unterschied zu Erasmus) nicht. Er hielt es für die berufsmäßige Pflicht der Obrigkeit – nach der Zwei-Reiche-Lehre im Sinne Augustins –, dem Bösen in dieser verdorbenen Welt auch mit dem Schwert zu wehren, »schöne Blümelein« würden hierfür nicht genügen. Aber ein Widerstandsrecht gegen die Staatsgewalt wollte er den Bürgern nicht zugestehen. Leibeigenschaft, gar Sklaverei machten ihm keinen Kummer. Er verbot den Leibeigenen, für sich die Freiheit zu fordern. Selbst der Christ, der an einen Türken als Sklave verkauft war, sollte seinem Herrn nicht entfliehen dürfen (G. Franz). Es ging ihm nur um das persönliche Verhältnis zu Gott, um die Rechtfertigung durch den Glauben, nicht um eine soziale oder politische Umwälzung … Seine Schriften gegen die Juden und Bauern sind brutal. Luther schrieb die krassesten Schmähschriften der Weltgeschichte (Will Durant). Er setzte neue Ketzerverfolgungen in Gang gegen alle, die nicht seiner Meinung waren. Er schwieg zum Raub an Kirchengütern und wollte (nach 1520) die katholische Kirche gänzlich vernichten.

Mit seiner Obrigkeitslehre ermöglichte er die vielen Territorialkirchen, in denen die Fürsten zu Päpsten in ihren Landen (»cuius regio, eius religio«: Augsburg 1555) avancierten – ein großer Schritt zur staatlichen Allmacht, obwohl den Dissidenten wenigstens das ius emigrandi (mit Sack und Pack) zugestanden wurde. Das »allgemeine Priestertum« blieb eine Illusion. Es scheiterte an der Unbildung der Laien. Melanchthon verfasste Instruktionen zur Ausbildung eines neuen Priesterstandes.

Aus dem »allgemeinen Priestertum« wurde eine neue Kirche – oder eine Vielzahl davon: Der Landesherr übernahm die gesamten Aufgaben der geistlichen Gewalt, die Feststellung der Lehre und des Kultus, die Ausübung der geistlichen Gerichtsbarkeit. Zu diesem Zweck wurden besondere

Organe in den Konsistorien geschaffen. Dem Aufsichtsrecht der weltlichen Obrigkeit und der Handhabung der geistlichen Gewalt entspricht ihre Zusammensetzung aus weltlichen und geistlichen Räten.

Fassen wir mit Karl Heussi (Kompendium 1956, S. 307 f.) einmal das Ergebnis der lutherischen Reformation zusammen: Sie hat beseitigt die spezifisch katholischen Autoritäten (Papst; Konzilien, kirchliche Tradition, den Priesterbegriff, die hierarchische Verfassung, die Vorstellung »göttlicher« Bestandteile des Kirchenrechts, den Glauben an das Fegefeuer, das Messopfer und was damit zusammenhängt: Winkelmessen, Seelenmessen, Messpfründen), die katholische Auffassung der Sakramente, die Sakramente selbst außer Taufe und Abendmahl, die gesamte »Religion zweiter Ordnung« (Heiligenanrufung, Bilderverehrung, Reliquien, Wallfahrten, Prozessionen, Weihwasser, Amulette usw.), den gesamten Werkdienst, das Mönchtum und die doppelte Sittlichkeit, den religiös sanktionierten Bettel, den ekstatischen und visionären Zug der Frömmigkeit, grundsätzlich die allegorische Schrifterklärung.

Was blieb unangetastet? Die gesamte supranaturalistische Weltanschauung, der Glaube an Engel, Teufel, Dämonen und Hexen, der starke Pessimismus gegenüber dem Erdendasein (der Körper als »Madensack« usw.) und die damit zusammenhängende eschatologische Erwartung, die altchristliche Vorstellung von der einen allein wahren Kirche. Luthers letzte (schriftlichen) Worte waren: »Wir sind alle arme Bettler.«

Die Liberalen seiner Zeit waren dagegen die epikuräisch-fröhlichen Humanisten, an der Spitze Erasmus von Rotterdam. Selbst sein engster Helfer, der »milde« Melanchthon, konnte sich Luthers Radikalismus nicht immer anschließen und litt unter seinen Grobheiten. Wie nannte er denn seine Gegner? *Farzesel, Papstsau, Rotzlöffel, unflätiger Sack, Scheißpfaff, Bauchdiener, Säurange, Bock, Hurentreiber* usw. So überrascht nicht, dass sich auch viele Humanisten von ihm abwandten: Willibald Pirckheimer, Beatus Rhenanus, Ulrich Zasius, Crotus Rubeanus u. a.

Dies alles schmälert nicht Luthers Verdienst um die deutsche Sprache (Bibelübersetzung, »Volksbibel«) und die deutsche Volksbildung, als vorbildlicher zärtlicher Familienvater (die rührenden Briefe an seine Kinder, vor allem an die mit 14 Jahren früh verstorbene Lieblingstochter Magdalena), die ergötzliche Beziehung zu seiner Ehefrau, dem »Herrn Käthe«, als Dichter und Komponist berühmter Kirchenlieder, als volkstümlicher Plauderer mit etlichen Deftigkeiten und volkstümlichen Ratschlägen fürs kluge Leben (»Tischgespräche«, ähnlich Goethe und Bismarck). Es sei auch die Tradition des evangelischen Pfarrhauses erwähnt, die mit ihm begann und die viele so bedeutende Größen des deutschen Geisteslebens hervorgebracht hat.

Mit seinem Wirken begann aber auch der erbarmungslose Kampf der Konfessionen gegeneinander, der in der größten Katastrophe der deutschen Geschichte (vor 1933/1945) gipfelte, im Dreißigjährigen Krieg. Wie es in ihm zuging: Dafür ist Grimmelshausens Simplicius Simplizissimus ein einzigartiges dichterisches Zeugnis (mit Matthias Habich eindrucksvoll verfilmt). Der Erschöpfungsfrieden von 1648 brachte Deutschland in fast jeder Hinsicht auf den Tiefpunkt. Ein hoher Preis für Luthers »Freiheit eines Christenmenschen«! Schweden eignete sich die deutschen Küsten an, Frankreich annektierte linksrheinische Territorien; mit dem Reichtum und dem stolzen Sinn der freien Städte und der Wohlhabenheit war es auf lange Zeit zu Ende, von den Bevölkerungsverlusten und entsprechenden »Wüstungen« vieler Landstriche ganz zu schweigen.

Dennoch: Die Folge seiner Lehre wurde die Individualisierung und »Verinnerlichung« des Glaubens, zunächst in strengster Bindung an die Bibel (»sola scriptura«), was eine strenge Regulierung des privaten Lebens nach sich zog (»innerweltliche Askese«). Die persönliche Erleuchtung als Leitbild statt dem Folgen von Lehrautoritäten (außer seiner eigenen), allgemeines Priestertum, also zumindest ein persönlicher Zugang zu Gott, verbunden damit eine allgemeine Öffnung der Bibel für jedermann und damit die Zerstörung des Glaubensmonopols der Kirche in Rom mit ihrem Berufspriestertum. Der noch lange Weg zur Glaubensfreiheit und zu religiösem Individualismus war beschritten. Die Künstler werden es ihm danken, dass er kein Anhänger des Bilderverbotes war. In seinem Katechismus fehlt das Bilderverbot (Ex 20,4), im Unterschied zu den radikalen Bilderstürmern.

Die Folge war auch eine Aufspaltung der protestantischen Bewegung in viele besondere Glaubensgemeinschaften, Sekten und Konventikel, während die strenge Einheit der katholischen Kirche gewahrt blieb. Es kam mit alldem zu einem Wettbewerb und »Pluralismus« der Konfessionen, also vielfältigen Glaubensangeboten, leider auch mit kriegerischen Mitteln, der schließlich über den Dreißigjährigen Krieg mit dem westfälischen Frieden zur modernen Toleranz und geistigen Freiheit hinführte – eine Quelle der allgemeinen Freiheit. Gewiss förderte Luther und eher noch Calvin in seinem Kirchenstaat Genf indirekt die Demokratie: »Menschen, die ihre Pastoren wählten, wählten bald auch ihre Gouverneure« (Will Durant). Mit der Aufwertung der Arbeit und des Berufs (als »Berufung« und als »Gottesdienst«) bereitete Luther die spezifische Wirtschaftsethik des Kapitalismus vor, obwohl er alles weniger als ein »Freihändler« war und in ökonomischer Hinsicht mittelalterlichen Ansichten anhing (»gerechter« Preis, Prinzip der ständischen Nahrungsgarantie, Zinsverbot, Kampf gegen die großen Handelsgesellschaften usw.).

Luther war ein religiöser Revolutionär, die Folgen seines Auftritts waren immens, besonders auch für die Deutschen und ihre Geschichte. Er gab den Deutschen ihre gemeinsame Schriftsprache und ihr politisches Gemeingefühl (im Kampf gegen das katholische Rom), aber auch – im protestantischen Deutschland – ihren folgenreichen Obrigkeitsglauben. Mit der herrlichen Renaissance und den begeisterten Humanisten ging es nach ihm zu Ende. Es dauerte einige Zeit, bis die »Aufklärung« an die Tradition der menschenfreundlicheren Renaissance anknüpfen konnte. Wie Erasmus sinngemäß sagte: Das Luthertum beseitigte ruhige Wissenschaft.

VIII.
Zwischen Länderautonomie und Zentralstaat

Auch noch nach 1815 (Wiener Kongress) blieb Deutschland bzw. der Deutsche Bund enorm dezentralisiert, wenn auch nur ca. 40 Staaten (inkl. dreier freier Städte) übrig geblieben und die Kleinstterritorien der Ritter und geistlichen Fürstentümer hinweggefegt waren. Aber der Deutsche Bund war ein schwach zentralisierter Staatenbund ohne Staatsoberhaupt und ohne oberstes Gericht (im alten Reich hatte es einen Kaiser und ein Reichskammergericht gegeben). Der Zentralist Treitschke nannte die Bundesakte »die unwürdigste Verfassung, welche je einem großen Kulturvolk von eingeborenen Herrschern auferlegt ward, ein Werk, in mancher Hinsicht noch kläglicher als das Gebäude des alten Reiches« (bei Forsthoff 1961, S. 87). Der Deutsche Bund war nicht selber Staat, sondern ein Gebilde völkerrechtlichen Charakters nach Art der Vereinten Nationen (Forsthoff 1961, S. 90). Nie war Deutschland föderaler als zwischen 1815 und 1866 organisiert.

1866 – der preußisch-österreichische Krieg – war das Jahr des Bruchs mit den echten altdeutschen Traditionen. Ein gewaltsamer Einschnitt von kaum geringerer Tragweite als die Fürstenrevolution von 1803! Wer nicht zu Preußen gehalten hatte (wie Frankfurt, das Königreich Hannover, Nassau, Kurhessen) wurde brutal annektiert. Das Übergewicht Preußens im neu geschaffenen Norddeutschen Bund und dann im Kaiserreich war bedeutend und folgenreich.

Aber auch das neue Bismarck-Reich trug noch starke staatenbündische Züge. Es schlossen sich hier ja unter mehr oder weniger Druck die bis dato souveränen Landes- und Stadtherren in einem Gebilde zusammen, dessen Macht in einem »Bundesrat« symbolisiert war, einem Gremium, das neben dem Gesetzesinitiativ- auch ein absolutes Vetorecht im Gesetzgebungsverfahren besaß. Es gab keine Vorschriften über die jeweilige Staatsform: ob Republik oder Monarchie – dies gehörte zur politischen Organisationshoheit der Mitglieder dieses Bundes. Auch gab es keine zentralen »Grundrechte« (blieb auf Länderebene). Der alte Bismarck plante als Mittel gegen die erstarkende Sozialdemokratie sogar die Wieder-Auflösung des Reiches via Staatsstreich, durch Fürstenbeschluss (Zechlin 1929).

Einige Staaten behielten eindrucksvolle »Reservatrechte«. So erhielten die süddeutschen Staaten das Recht der besonderen Besteuerung von Bier und Branntwein; Bayern und Württemberg behielten selbstständige Postverwaltungen und im Frieden eine eigene Heeresverwaltung. Wie üblich gingen die bayerischen Sonderrechte noch weiter, z. B., was die Zuständigkeit im Eisenbahnwesen betraf; sodann zwei bis 1918/1932 geheim gehaltene Vergünstigungen: das Recht, zu Friedensverhandlungen einen eigenen Bevollmächtigten zu entsenden, und noch darüber hinaus: der Verzicht des Reichs auf eine Reichsexekutive gegen Bayern. Zudem erhielt Bayern im Bundesrat zwei Stimmen mehr, als ihm nach seiner Größe zugekommen wäre (Laufer/Münch 1998, S. 56).

Die Reichszuständigkeit blieb gleichwohl weitreichend: das Recht zu Krieg und Frieden und zum Abschluss völkerrechtlicher Verträge; das Präsidium des Bundes stand der Krone Preußens zu. Wichtig zur Schaffung eines Binnenmarktes: Freizügigkeit, Staatsbürgerrecht, Gewerberecht, Zoll- und Handelswesen, Maße, Münzen und Gewichte, allgemeine Bestimmungen über das Bankwesen, Patentrecht, Schutz des geistigen Eigentums, Schutz des deutschen Handels im Ausland, Eisenbahn und Wasserstraßen, Post und Telegrafie (Forsthoff 1961, S. 148). Eine eigentliche Bundesregierung mit Ministern gab es nicht. Die Bundesgeschäfte führte der Bundeskanzler, also Bismarck, der gleichzeitig preußischer Ministerpräsident war. Sehr wichtig war, dass die Steuerhoheit bei den Ländern blieb. Das Reich wurde auf Matrikularbeiträge gesetzt und besaß keine eigene Steuerverwaltung.

Der Sog der Zentralisierung durch das übermächtige Preußen blieb dennoch stark (fast zwei Drittel des Gebietes, drei Fünftel der Bevölkerung) und besonders der neue Wohlfahrtsstaat nach 1878 (Arbeiterversicherung, sozialrechtliche Gesetzgebung), massenwirksame Themen wie Kolonial- und Flottenpolitik, das preußisch imprägnierte Kaiserreich begünstigten die Zentralisierung und Egalisierung in hohem Maße und mit großer Geschwindigkeit. Nach preußischem Vorbild genoss nun fast überall das Militär höchstes Sozialprestige.

Die Verfassung der Weimarer Republik war unter föderalen Gesichtspunkten ein weiterer Rückschlag, um nicht mit Wilhelm Röpke von einem »Gnadenstoß für die Föderativstruktur« zu sprechen: So wurde die Steuerhoheit der Länder gebrochen und die Thüringer Kleinstaaten wurden zusammengefügt (1920). 1929 kam noch das Land Waldeck zu Preußen. Die relative Autonomie der 1866 von Preußen gewaltsam annektierten Länder Hannover, Hessen oder der Reichsstadt Frankfurt wurde nicht wiederhergestellt. Der demokratische Wohlfahrtsstaat brach voll durch (Arbeits- und Sozialrecht). Eine strikte liberale Opposition dagegen gab es nicht mehr.

Der »Reichsrat«, die Länderkammer, hatte seine absolute Vetofunktion verloren, die Zentralisierung der Politik (und die Kartellierung der Wirtschaft) schritt gewaltig voran.

1933 bis 1945 bzw. (in der DDR) bis 1990 fand die Zentralisierung den Höhepunkt und nahm totalitären Charakter an. Es war dies die einzige Zeit, in der Deutschland ein echter Einheitsstaat war. Das Ergebnis war in beiden Fällen erschreckend. 1945 gab es keine Selbstbestimmung in Deutschland mehr, nicht individuell, nicht kollektiv. Der absolute Tiefpunkt der deutschen Geschichte war erreicht. Die Freiheit jeden Typs lag am Boden. Es war nicht sicher, ob dieses Gebilde als Nation überhaupt weiter bestehen würde.

Die Siegermächte waren sich nicht einig: Die Sowjetunion wollte einen zentralistischen Einheitsstaat, die USA einen Bundesstaat, Frankreich (trotz eigenem Zentralismus) eine lockere Konföderation, diese verfocht damals auch Wilhelm Röpke (1948, S. 256). Nach diesem mutigen liberalen Streiter sollte der Neuaufbau Deutschlands im Sinne des Schweizers Adolf Gasser von unten her beginnen: bei den Gemeinden, Kreisen und Ländern. Es sei dies einer »Nation von Nationen« das Angemessene. Aber kann man das »Rad der Geschichte zurückdrehen«? Röpke meinte, dass man individuell wie kollektiv aus Irrwegen und schlechten Erfahrungen lernen könne und dass das Gegenteil nur »im Namen einer heute reichlich verstaubten Geschichtsphilosophie des 19. Jahrhunderts, die im Banne des Entwicklungsgedankens stehe«, behauptet werde. Da hat er wohl recht.

In der Bundesrepublik nach 1948 fand der Föderalismus einen neuen Auftrieb, wenn auch die neuen »Länder« nur teilweise an alte Ländergrenzen anknüpften. Politische Kunstgebilde wie Nordrhein-Westfalen, Rheinland-Pfalz oder Baden-Württemberg wurden geschaffen. In der DDR verschwanden die alten Länder zugunsten einer rationalistischen Bezirkseinteilung 1952 gänzlich, jedoch konnte man 1990 wieder an alte, noch lebendige Traditionen und Gefühle anknüpfen.

Das Einheitlichkeitsgebot der Verfassung (»gleichwertige Lebensverhältnisse«) und besonders die fehlende Steuerautonomie der Länder (und auch Kommunen), die Politikverflechtung, die Mischfinanzierung inklusive Bundessubventionierung und der fragwürdige Finanzausgleich begünstigten die Zentralisierung enorm. Der Wohlfahrtsstaat der Gegenwart liegt quer zu allen Wünschen nach mehr Länderautonomie und Subsidiarität. Man spricht von einem »unitarischen, kooperativen Bundesstaat«, allenfalls einem Beteiligungs- und Verwaltungsföderalismus, der einen gesunden Wettbewerbsföderalismus auf Basis unangefochtener Kompetenzen der Länder mehr und mehr verschwinden lässt. Die jüngste Föderalismusreform (2009) war eher zaghaft und wird bereits wieder rückgängig gemacht. Hinzu kommt die Egalisierung vonseiten der Europäischen Union, einem problematischen Gebilde zwischen Staatenbund und bundesstaatlichen Ansätzen, Demokratie und technokratischer Diktatur. Stärkste Elemente des Zentralismus sind derzeit die Währungsunion (»Euro«) und die Personenfreizügigkeit im Schengen-Raum. Jedoch liegen Konzepte zur Rückübertragung von Kompetenzen an die Länder und zu deren Steuerautonomie (nach Schweizer Vorbild) vor.

Der Föderalismusfreund Axel Gotthardt schreibt, dass die Uniformität globalisierter Lebensstile kleinräumige Besonderheiten heute gar nicht erst entstehen lasse. Hoffnung mache ihm aber »das Bedürfnis nach neuer Übersichtlichkeit, nach einer Balance von Weltläufigkeit und heimatlicher Geborgenheit« (bei Künzel/Rellecke 2005, S. 31). Dies wird zusammen mit den wachsenden Finanzproblemen des überforderten, demografisch zunehmend geschwächten Wohlfahrtsstaates dem Wettbewerbsföderalismus und der vertikalen Gewaltenteilung neue Chancen geben.

Hartmut Klatt bemerkt: »Das Ziel besteht nicht in der Einheitlichkeit der Lebensverhältnisse, sondern in einer regional bezogenen Vielgestaltigkeit bzw. Unterschiedlichkeit der Lebensverhältnisse gemäß den Präferenzen der jeweiligen Bevölkerung« (bei Meier-Walser/Hirscher, S. 71), was unterschiedliche Formen z. B. der sozialen Sicherung, des Gewerberechts, der Bildungsorganisation und der Steuersätze nach sich ziehen wird. »Einen verfassungsrechtlich zwingenden Grund, kleine arme Länder bis zur letzten Finanzausgleichsmark am Leben zu erhalten, gibt es nicht. Ein lebendiger Föderalismus beruht auf der Lebenskraft der Mitgliedstaaten. Fehlt es an dieser Lebenskraft, muss entweder die Abgrenzung korrigiert oder die Ungleichheit in Kauf genommen, aber nicht unentwegt nachfinanziert werden« (Arndt, bei Meier-Walser/Hirscher, S. 33).

Die Debatte um den Kleinstaat

»Die kleinen Staaten gehen an den großen zugrunde, die großen an sich selbst« (Montesquieu).

Nach der Massenkatastrophe der Klein- und Kleinststaaten im 19. Jahrhundert durch Napoleon (in Deutschland wie in Italien) und wegen der nationaldemokratischen Bewegung, die ebenfalls auf Zentralisierung ausgerichtet war, sollen hier Zwischenbetrachtungen eingeschoben werden.

Das Ideal eines echten Liberalen war immer die Nonzentralisation der Macht nach dem Subsidiaritätsprinzip, also möglichst kleine politische Einheiten, allenfalls ein stark dezentralisierter Bundesstaat nach Vorbild der alten USA und der Schweiz. So mag er nicht ohne Wohlwollen auf die »Libertätenanarchie« des alten Deutschen Reiches schauen. Es gibt eine Reihe von bedeutenden Autoren, die den Kleinstaat im 18. und 19. Jahrhundert verteidigt und Stellung gegen den Großstaat bezogen haben.

Es versteht sich, dass Platon und Aristoteles sich einen Idealstaat nur in Gestalt einer griechischen Polis wie Sparta oder Athen vorstellen können und darum vor dem persischen Imperium zurückschauderten. Nur in diesem politisch überschaubaren Format sei das »gute Leben« möglich.

Auch für Montesqieu war es klar, dass sich mit einem zentralisierten Großstaat am leichtesten die Despotie verbinde, denn mangels innerer Homogenität kann ein Großstaat anders als durch Zwang und Furcht kaum zusammengehalten werden. Ganz anders dagegen die Republik, die auf der Identifikation und gleichen Mittätigkeit der Bürger beruhe. Rousseau – sonst als Theoretiker des demokratischen Totalitarismus verrufen – überrascht durch seine Frage nach der optimalen politischen Betriebsgröße. In jedem Staat, so schreibt er, gibt es ein Maximum an Stärke, das er nicht überschreiten könne und von dem er sich oft durch seine Vergrößerung entferne. Je mehr sich das gesellschaftliche Band ausweite, desto mehr lockere es sich. Ein kleiner Staat sei darum verhältnismäßig stärker als ein großer. Wieso? Die Verwaltung werde über große Entfernungen mühsamer, auch lästiger und teurer. Die Regierung habe weniger Schwung und Schnelligkeit, um den Gesetzen Achtung zu verschaffen, Missbräuche abzustellen oder Schikanen zu verhindern. Das Volk habe hier wenig Anhänglichkeit an seine Führer, die es nie sehe, an ein Vaterland, das es nicht übersehen könne, und an seine Mitbürger, deren Mehrzahl einander Fremde sind. Gleiche Gesetze passten nicht zu den unterschiedlichen geografischen und kulturellen Verhältnissen. »Zu guter Letzt konzentrieren sich alle staatlichen Anstrengungen auf Maßnahmen zur Aufrechterhaltung der Gesamtautorität«, der sich die lokalen Beamten entziehen möchten (nach Habermann 1993).

Der liebevollste Schilderer (Osnabrück!) und Verteidiger des Kleinstaates in Deutschland ist Justus Möser (s. u.), dessen »Patriotische Phantasien« Goethe so begeistert und in seinem Weimaraner Ministeramt inspiriert haben und der in manchem (seiner Wissenstheorie und seinem Evolutionismus) Friedrich August von Hayek nahesteht. Seine Vorliebe für Pluralismus, Wettbewerb und Nonzentralisation, für unmittelbare Erfahrung statt Theorie geht so weit, dass er gute Worte auch für die politische Selbsthilfe, das Fehde- und Faustrecht, findet. Möser wird zum verständnisvollen Verteidiger der kleinen griechischen Stadtstaaten wie auch der Städtefreiheit und Kleinstaaterei des alten Deutschen Reiches. Begünstigt nicht das Faustrecht persönliche Tapferkeit (im Unterschied zur mechanischen Disziplin in modernen Massenheeren)? Auch sei es ökonomischer: Der Schaden, den eine geregelte Privatkriegsführung, »ein Kunstwerk höchsten Stils«, angerichtet habe, sei gering im Vergleich zu den Verwüstungen eines modernen Krieges von Großstaaten. Wie im antiken Griechenland solle auch heute jedes Städtchen seine besondere politische Verfassung haben und seine Institutionen nicht nach einem allgemeinen Plan bilden müssen. Nur in diesem Rahmen könnten die Menschen »alles, was ihnen die Natur gegeben, aufs Schärfste nutzen und aus jeder Menschensehne ein Ankerseil machen«. Hierin unterscheidet Möser sich nicht von dem französischen Liberalen Mirabeau, der schrieb: Überhaupt seien die kleinen, miteinander verbundenen Staaten die einzigen, in welchen das menschliche Geschlecht zu der möglichst großen Entwicklung aller seiner Anlagen gelangen könne. Der »Gemütswert« eines Kleinstaates stehe über allen technisch-rationalen Vorteilen des Großstaates.

Kaum anders Herder: Seine Frage war, unter welchen Bedingungen Kultur am meisten gefördert werde. Er stellt fest, dass dies in kleinen Staaten als »organischen Einheiten« am ehesten der Fall ist, während Großreiche (der Perser und Römer) als »verwesende Leichname« ohne inneren Zusammenhang, als »Ungeheuer« dahinvegetierten. Der Wettbewerb der Städte und Kleinstaaten im Mittelalter und in der Antike wirke sich als »Schule des Leistungsstrebens« aus. Ja, die selbstständigen Städte seien »stehende Heerlager der Kultur«. Wohl niemals gab es eine so schroffe Ablehnung des Imperium Romanum mit seiner nivellierenden Bürokratie (Herder 1982, S. 182 ff.).

Zu vergessen ist nicht der Geschichtsschreiber der Schweiz: Johannes von Müller. Der Regsamkeit und Betriebsamkeit der Kleinstaaten stellt er die »toten Massen« der seelenlosen Großstaaten gegenüber (»unförmliche Körper ohne Seele«). Ähnlich wie Aristoteles, Hayek oder Popper ist für ihn nicht die Frage, welches die beste Staatsform sei, sondern jedes Land müsse seine eigene Verfassung haben. So hebt Müller die Demokratie in Unterwalden, die Aristokratie in Venedig oder Bern, die Monarchie in England hervor. Die Hauptsache ist ihm die Garantie der Freiheit, die eben unter verschiedenen Staatsformen möglich sei.

Ein anderer Freund des kleinen Staates ist der Göttinger Professor Arnold Hermann Ludwig Heeren. Kleinstaaten sind für ihn ein günstiges Feld für politische Versuche aller Art und fördern den Reichtum politischer Ideen. »Einförmigkeit ist in der politischen wie ästhetischen Welt die Mutter der Beschränktheit, Mannigfaltigkeit dagegen die der Kultur.« So verteidigt er die griechische Städtekultur und das politisch zersplitterte Deutschland. Einen deutschen Zentralstaat sieht er als »Grab deutscher Kultur und europäischer Freiheit« (Kaegi, Bd. 2, S. 284f.). Voraussetzung für die deutsche wie europäische Staatenwelt und ihre Freiheit sei die Existenz eines Gleichgewichtes zwischen den Mächten. Ein Großreich ist für ihn – wie für die schon genannten Autoren – nur durch Despotismus zusammenzuhalten, ein Ort »ruhigen Vegetierens«.

Auch der Berner Karl Ludwig von Haller – Theoretiker der Restauration – findet überraschend warme Worte für die kleinen Republiken, in denen echter Patriotismus in Frieden wie in Kriegszeiten am besten gedeihen könne: »Da strebt man nach der Ehre, im Kampf für das Vaterland zu fallen, da opfern andere freudig ihr Vermögen, ihre Gesundheit und jedes Glück des Lebens auf; da ist keine Arbeit zu strenge, keine Entbehrung zu hart, keine Gefahr zu groß, dass sie nicht mit Freuden unternommen, ertragen, besiegt werde.« Aber auch im Frieden bringe der Patriotismus Gutes hervor: gemeinnützige Anstalten und wohltätige Stiftungen aus Privatvermögen; er gebe »Mut und Eifer zur Erfüllung jeglicher Pflicht« (Kaegi, S. 289). Allbekannt ist das Diktum Jakob Burckhardts: »Der Kleinstaat ist vorhanden, damit ein Fleck auf der Erde sei, wo die größtmögliche Quote der Staatsangehörigen Bürger im vollen Sinne sind. Der Kleinstaat hat überhaupt nichts als die wirkliche tatsächliche Freiheit, wodurch er die gewaltigen Vorteile des Großstaates, selbst dessen Macht, ideal völlig aufwiegt« (Kaegi, Bd. 2, 1946, S. 311).

Kein Autor bestreitet die Nachteile des Kleinstaates, das ist vor allem seine geringe militärische Leistungsfähigkeit, damit seine Erpressbarkeit. Was kann das Gegenmittel sein? Es ist die freie Konföderation. So schlossen sich die griechischen Staaten zu einem Seebund, die deutschen Städte zu Bünden wie dem Rheinischen Städtebund oder der Hanse zusammen und heute tun dies die für sich schwachen Nationen Europas durch einen Bund untereinander und mit einem Großen. Sismondi, ein weiterer Freund des Kleinstaates, schrieb: In einem Staatenbund entfalte jedes Bundesglied bei äußerer Bedrohung alle Kräfte, deren es überhaupt fähig sei. Nicht in der Zentralisation liege die militärische kraft, sondern in der Differenzierung der Glieder (Kaegi, Bd. 2, S. 280).

Die Diskussion um den Kleinstaat ist auch heute aktuell. Nehmen wir als Kriterium der Kleinstaatlichkeit die Bevölkerungsgröße (weniger als 10 Millionen Einwohner), so sind die Kleinstaaten heute weltweit in der Mehrheit. Sie stellen zwei Drittel aller Mitgliedsländer der UNO. 37 von ihnen haben sogar weniger als eine Million und 11 weniger als 100 000 Einwohner, darunter Mikrostaaten wie Andorra, San Marino, Monaco oder das Fürstentum Liechtenstein. Ein besonders überzeugter Verteidiger der Kleinheit im 20. Jahrhundert ist der Österreicher Leopold Kohr. Er schreibt: »Das Maß aller Dinge ist der Mensch, nicht die Menschheit, die Gesellschaft, die Nation oder der Staat. Da der Mensch klein ist, müssen auch seine Institutionen – Familie, Betrieb, Wirtshaus, Spital, Dorf, Stadt, Gesangverein – relativ klein bleiben.« Aus demselben Grund sei die beste Regierung nicht die stärkste, sondern die schwächste, die gerade ausreiche, dem Bürger ein aristotelisch gutes Leben zu sichern; eine Regierung, die nicht am meisten für ihn tue, sondern sich am wenigsten in sein Privatleben einmische und ihn in Ruhe lasse (Kohr 2002, S. 34). Eine Horrorvorstellung für ihn wäre ein Weltstaat.

Das Ideal eines solchen Kleinstaates hat Fürst Hans Adam II. von Liechtenstein geschildert (der Staat des dritten Jahrtausends, 2009) – nach dem Vorbild seines Kleinstaates Liechtenstein (ca. 161 qkm, 38 000 Einwohner, wovon 34 Prozent Ausländer). In diesem Staat hat nach der novellierten Verfassung von 2007 jede Gemeinde das einzigartige Recht, mit Volksabstimmung einzugreifen. Steuerlast und Staatsversorgung sind für die Bürger erträglich; der aus Eigenmacht und Eigenmitteln regierende Herr kann jederzeit von den Bürgern abgewählt, die Monarchie abgeschafft werden.

Schlussendlich gilt das Wort des Schweizer Historikers Werner Kaegi: »Der Großstaat ist wohl fähig, den kleinen Nachbarn zu vernichten. Stirbt aber der Kleinstaat in ihm selbst, stirbt in ihm die Familie und die Gemeinde, dann ist im Gewebe seines eigenen Lebens eine Krankheit ausgebrochen, die noch immer tödlichen Ausgang nahm« (Bd. 2, S. 80).

IX.
Persönlichkeitsideale der deutschen Klassik

Alte und neue Freiheitslehre

Die Menschen des Mittelalters und darüber hinaus forderten »Freiheit« nicht als allgemeines, durch Vernunft begründetes Menschenrecht, sondern als ihr volksrechtlich »gutes, altes Recht«, das sie seit Germanenzeiten erworben oder erkämpft hatten und das in Gewohnheitsrecht und populären Rechtsbüchern wie dem Sachsen- oder Schwabenspiegel niedergelegt war. Die Freiheit war keine Doktrin, sondern fußte – in England als »birthright« – auf bestimmten, begrenzten Rechten und bildete sich aus den individuellen geschichtlichen und persönlichen Erfahrungen als »Rechtsgefühl«. Es fand in Weistümern und Rechtssprüchen der Volksgerichte seinen lebendigsten Ausdruck. Es ging nicht um »den Menschen«, sondern um den Bauern, Bürger, Adligen, Geistlichen. »Dies Recht habe ich mir nicht selbst ausgedacht«, schreibt Eike von Repgow in der Reimvorrede seines »Sachsenspiegels«, »es ist uns vielmehr seit alters von unseren rechtschaffenen Vorfahren überliefert worden. Wenn ich es vermag, will auch ich es bewahren.« Die beiden Freiheitshelden Goethes – Götz und Egmont – sind, wenn sie Freiheit als ihr Höchstes fordern, keine modernen Liberalen, sondern argumentieren volksrechtlich: »Und wenn unser Blut anfängt, auf die Neige zu gehen, wie der Wein aus dieser Flasche, erst schwach, dann tropfenweise – was soll unser letztes Wort sein? Es lebe die Freiheit! Es lebe die Freiheit, und wenn die uns überlebt, können wir ruhig sterben.« Der Ritter von Berlichingen ist zum Bild des deutschen Volks geworden, das im Kerker schmachtet, von den Fürsten gefesselt, seiner alten Ehren und Rechte beraubt (Huch, S. 1211).

Schiller dagegen ist, nicht konsequent, enthusiastischer Vertreter der vernunft- oder naturrechtlichen neuen Freiheitslehre, des Liberalismus und der universalistischen Lehre von den allgemeinen Menschenrechten: »Seid umschlungen, Millionen, dieser Kuss der ganzen Welt.« Sein Freiheitsheld Wilhelm Tell spricht freilich volksrechtlich: »Wir wollen frei sein wie die Väter waren.« Hayek spricht von der evolutorisch-empirischen (britischen) und der rationalistischen (französischen) Freiheitsrichtung. Letzterer geht leicht in den Konstruktivismus und schließlich Sozialismus über.

Wir haben in den vorangegangenen Abschnitten überwiegend die Geschichte institutioneller Freiheit in Deutschland geschildert. Diese allein ist allen Ruhmes wert. Indessen ist der Beitrag der Deutschen auch zur liberalen Persönlichkeitslehre, zum »Individualismus«, von großer historischer Bedeutung. Dies betrifft die Schriften der deutschen Dichter und Philosophen in der »klassischen« Zeit Weimars, Jenas oder Königsbergs. Nicht nur die schottisch-britische und die französische Aufklärung haben Entscheidendes zur neueren Freiheitslehre und zur Theorie der spontanen Ordnung geleistet, es waren auch eine Reihe deutscher Autoren.

Was macht einen Menschen zur Persönlichkeit? Wilhelm von Humboldt

Ein junger Mann von 24 Jahren wurde zum Verfasser der berühmtesten Schrift Deutschlands zum Liberalismus: Wilhelm von Humboldt mit seinem Essay »Ideen zu einem Versuch, die Grenzen der Wirksamkeit des Staates zu bestimmen« (1792). Freiheit, Handlungsfreiheit, so schreibt er, ist die wichtigste Voraussetzung für Kraft, Ausprägung, menschliche »Größe« einer Person, denn nur so kann sie eigene Erfahrungen machen, Probleme aus eigenen Mitteln überwinden. Es komme darauf an, die Kräfte durch vielfältige Erfahrungen und Kämpfe zu einem Ganzen zu bilden. »Freiheit erhöht die Kraft, Zwang erstickt die Kraft und führt zu allen eigennützigen Wünschen und allen niedrigen Kunstgriffen der Schwäche« (1962, S. 94). Der Zweck des Menschenlebens sei aber spontane, durch möglichst viele durchlebte und durchlittene »mannigfaltige Situationen« erworbene »Bildung«. Genuss ist nach Humboldts energetischer Auffassung das Bewusstsein eigener Kraft, »Glück«, das Streben nach einem selbst gewählten Ziel, das Überwinden von Hindernissen und die Entfaltung der Kräfte im »Sieg«. »Der Sieg freut höher als das eroberte Land« (1962, S. 14). Das nur passive Glück des »genährten Sklaven« (1962, S. 93), das Ideal des Wohlfahrtsstaates, wird damit verworfen.

Mit »Bildung« meint von Humboldt nicht die rein literarische Bildung des »Bildungsaristokraten«, sondern sie ist jedem zugänglich, der sich auf eigene Faust durch die mannigfaltigen Lebenssituationen und Aufgaben kämpft und sich darin behauptet, sei es selbst im Krieg. Leben und Sich-Bilden als Problemlöser! Humboldt macht in unsentimentaler Weise klar, dass es gerade Notsituationen sind, die eine persönlichkeitsbildende Wirkung haben, Kräfte mobilisieren, die den Menschen bereichern. »Not« schaffe auch menschlich und moralisch allein wertvolle spontane Solidaritäten. »Not ist nötig«, wird später der Philosoph und libertäre Staatsfeind Friedrich Nietzsche schreiben.

Damit wird er zum hervorragenden Kritiker des Wohlfahrtspolizeistaates seiner Zeit (in Preußen und Österreich), der die »Glückseligkeit« von oben organisieren will. Wer gewohnt ist, sich auf fremde Hilfe, namentlich des Staates, zu verlassen, der bleibt nach Humboldts Ansicht passiv, untüchtig, unerfahren; sein sozialer, am Mitmenschen interessierter Sinn wird abgestumpft, das Schicksal seines Nächsten überantwortet er den staatlichen Behörden. Er selbst kann sich entlasten, auf seine persönlichen Wünsche konzentrieren und wird so erst zum »Egoisten«.

Diese Ansicht verdient ein längeres Zitat: »Wie jeder sich selbst auf die sorgende Hilfe des Staates verlässt, so übergibt er ihr das Schicksal seines Mitbürgers.« Dies aber schwäche die Teilnahme und mache zu gegenseitiger Hilfeleistung träger. Wenigstens müsse gemeinschaftliche Hilfe da am tätigsten sein, wo das Gefühl am lebendigsten ist, dass auf ihr alles beruhe, und die Erfahrung zeige auch, dass gedrückte, gleichsam von der Regierung verlassene Teile eines Volkes immer doppelt fest untereinander verbunden sind. »Wo aber der Bürger kälter ist gegen den Bürger, da ist es auch der Gatte gegen den Gatten, der Hausvater gegen die Familie« (1962, S. 30 f.).

Von Humboldt ist darum auch – ähnlich Goethe – über die naive Gegenüberstellung von »Egoismus« und »Altruismus« hinaus. Man kann dem Nächsten nur etwas sein und nützen, wenn man selber etwas darstellt. Wir haben die Freiheit auch dazu, freie Gemeinschaften zu bilden. Der Staat müsse bestrebt sein, »die Menschen durch Freiheit dahin zu führen, dass freie Gemeinschaften entstehen« (1962, S. 108, 158). Von einem individualistischen Atomismus, den man ihm gelegentlich unterstellt, ist er also weit entfernt. Er ist kein Max Stirner.

Mit dieser Position ist eine Staatsvorsorge gegen elementare Lebensrisiken wie Krankheit, Alter, Invalidität, Arbeitslosigkeit ausgeschlossen. Von Humboldt ist der konsequenteste deutsche Vertreter eines Minimalstaates. Selbst staatliche Armenanstalten (»Sozialhilfe«) fordern seine Bedenken heraus: »Tötet etwas anderes so sehr alles wahre Mitleid, alle hoffende, aber anspruchslose Bitte, alles Vertrauen des Menschen auf Menschen? Verachtet nicht jeder den Bettler, dem es lieber wäre, ein Jahr im Hospital bequem ernährt zu werden, als nach mancher erduldeten Not nicht auf eine hinwerfende Hand, aber auf ein teilnehmendes Herz zu stoßen?« (1962, S. 47 f.). Wie weit ist unser Versorgungs- und Anspruchsstaat von diesem hochherzigen Standpunkt entfernt, wie demoralisiert, wie »sozial kalt« insoweit!

Dass mit diesem Ideal staatliche Bildungsmonopole oder das Angebot staatlich lizenzierter Bildungsgüter nicht vereinbar sind, lässt sich denken. Sie nivellieren die Individuen, nehmen ihnen von ihrer Eigenart: gleiche Ursachen, gleiche Wirkungen. Mit standardisierten Erziehern nach einheitlichen Curricula, gar mit einem allgemeinen Schulzwang, ziehe man nur Konformisten heran. Was würde Humboldt zum aktuellen Verbot des »home schooling«, des privaten Hausunterrichts über Eltern oder Privatlehrer in Deutschland sagen – eine Hinterlassenschaft des Dritten Reiches (1937), im übrigen Europa und auf der Welt fast unbekannt?

Dass sich Humboldt auch sonst für umfassende Gewerbe- und Konsumentenfreiheit, weit über das heutige Ausmaß, ausspricht, nimmt nicht wunder. Auch die sog. freien Berufe (Ärzte, Rechtsanwälte usw.) sind hiervon nicht ausgenommen. Jede Staatswirtschaft wird abgelehnt. Prohibitivgesetze dürfe es nur zur Abwehr große Gefahren geben. Im Allgemeinen tue es die individuelle Haftpflicht.

»*Werde, der du bist!*« Goethe

»Goethe hat seine Freiheit schöpferisch gebraucht. Er ist ein Beispiel dafür, wie weit man damit kommen kann, wenn man es als Lebensaufgabe annimmt, zu werden, der man ist« (Safranski 2013, S. 650).

Zur liberalen Ordnungstheorie, zur liberalen Naturrechtslehre hat Goethe wenig beigetragen, wohl aber zu der wichtigsten Frage jedes persönlich freien Lebens: Was soll ich mit meinem Leben beginnen? Goethe war nicht nur der Dichter der Schönheit, damit menschliches Leiden lindernd, menschliche Freuden vermehrend, er war vor allem selber auch ein Meister der Lebenskunst, der seine Lehre lebte und damit Generationen von Menschen in Deutschland und in aller Welt bis heute Orientierung und Lebenslust gegeben hat. Dabei hat er sich um Konventionen wenig geschert. Sein freies Liebesleben (lange nichteheliche Verbindung mit einem Weimarer Blumenmädchen, Christiane Vulpius; die moralisch bedenklichen Frauenspersonen wie Philine oder Mariane im »Wilhelm Meister«, die Römischen und Venezianischen Elegien) ist allbekannt, ebenso die anfänglichen tolldreisten Abenteuer mit seinem Chef und Freund Carl August in den thüringischen Wäldern, das Nacktbaden in der Ilm, auch im Winter, seine

Ansichten zum Freitod. Goethe war ein fröhlicher Pantheist oder toleranter Polytheist, zeitweise auch Freimaurer, dabei kein Antichrist, sondern nur, wie er sagte, ein »dezidierter Nichtchrist«. Die römische Kirche schätzte seine freigeistigen Werke nicht.

Was ist das Ziel des Lebens? Es liegt für Goethe in ihm selbst, es hat keinen höheren Zweck als sich selbst, in jedem geschenkten Tag. Es kommt dabei nicht auf ein Resultat an. Das ist der wahre Sinn des »Carpe diem«! Vielmehr liegt alles daran, den Gehalt dieses Lebens zu steigern und das heißt zu handeln und sich im Handeln zu bewähren und dadurch das zu entwickeln, was in einem ist (»Entelechie«). Dies ist Goethes Bildungsbegriff (der heute auf rein instrumental-technisches Wissen reduziert ist). In jeder persönlichen Entelechie steckt ein Stück Ewigkeit (Grönbeck 1949, S. 471). Goethe erscheint wie Gottfried Keller das Leben als glänzender Strom, der an ihm vorüberzieht und der durch die Betrachtung als Dichter und durch die Tat – als handelnder Mensch – nur zu begleiten, nicht zu leiten ist.

»Was machst du an der Welt? Sie ist schon gemacht,/der Herr der Schöpfung hat alles bedacht./Dein Los ist gefallen, verfolge die Weise,/Der Weg ist begonnen, vollende die Reise:/Denn Sorgen und Kummer verändern es nicht,/Sie schleudern dich ewig aus gleichem Gewicht« (West-östlicher Divan).

Die persönliche Bestimmung erfährt man durch das Handeln, wie es Wilhelm Meister im kleineren Rahmen zeigt und im Großen der lebenseifrige, ja lebensgierige Titan Faust – im Handeln wie im Leiden und Leidenmachen. So liegt denn die »Wahrheit« immer nur in der eigenen Person, in der Offenbarung des eigenen Ich. Ihn interessiert darum keine für alle verbindliche Wahrheit. »Die Leute wollen immer, ich soll auch Partei nehmen, nun gut, ich stehe auf meiner Seite«, meinte er 1831 ironisch (Boyle, I, 1991, S. 21). »Individualistischer« geht es wohl kaum. Darum liebt er auch jeden, der nach Selbstständigkeit ringt und sie erreicht. Für ihn kommt alles darauf an, dass der Einzelne sich in seiner Besonderheit entwickeln kann. Die Zeit preist er, wie Benjamin Franklin, den er verschiedentlich lobend erwähnt, als »höchste Gabe Gottes und der Natur«.

Von daher seine Abneigung gegen Kollektivbegriffe und Abstraktionen und den Sozialismus, der in seiner Zeit besonders als Saint-Simonismus aufkam. Empiriker, Praktiker, Nominalist, der er ist, sind ihm Begriffe nur Wortschwalle. Zum Historiker Heinrich Luden bemerkt er im Jahre 1806: »Die Menschheit? Das ist ein Abstraktum. Es hat von jeher nur Menschen gegeben und wird nur Menschen geben.« Und mit den Völkern sei es genauso: »Sie bestehen ja aus Menschen. Auch sie treten ins Leben wie die Menschen, treiben's etwas länger, in gleich wunderlicher Weise, und sterben gleichfalls entweder eines gewaltsamen Todes oder eines Todes vor Alter und Gebrechlichkeit.« (Biedermann 1998, 2, S. 114 f.). »Der Brand eines Bauernhauses ist ein wirkliches Unglück, der Untergang des Vaterlandes ist eine Phrase« (nach Staiger 1952, 1, S. 282).

So steht er auch dem modernen abstrakten Staat mit ähnlicher Abneigung gegenüber wie der Mathematik. Wirklich könne man nur »das Nahe« wissen. »Allgemeine Begriffe und großer Dünkel sind immer auf dem Wege, entsetzliches Unheil anzurichten« (Wilhelm Meister, Betrachtungen im Sinne der Wanderer). Auch restaurative Fantasien, jene rückwärtsgewandte Art des Konstruktivismus (wie bei Karl Ludwig von Haller), lehnt er ab: »Es gibt kein Vergangenes, das man zurücksehnen dürfte; es gibt nur ein ewig Neues, das sich aus den erweiterten Elementen des Vergangenen gestaltet« (zu von Müller, 4. November 1823). Gleichwohl unterstützt er die reaktionären Karlsbader Beschlüsse und war kein Freund der Pressefreiheit. Er paktierte mit der Macht, die ihn schützte, und war zu Kompromissen bereit. Andererseits: »Die Welt kann nur durch die gefördert werden, die sich ihr entgegensetzen. Wer sich ihr akkommodiert, ist für alles tüchtige Leisten verloren. Die Nachgiebigkeit macht untätig. Sie paralysiert den, der ihre Meinung, ihre Urteile respektiert« (zu Riemer, nach Biedermann 1998, 5, S. 56).

Auf den Vorwurf, er sei ein »Fürstenknecht«, antwortete er: »Diene ich etwa einem Tyrannen, einem Despoten? Diene ich etwa einem solchen, der auf Kosten des Volkes nur seinen eigenen Lüsten lebt? … Soll ich denn also mit Gewalt ein Fürstenknecht sein, so ist es doch wenigstens mein Trost, dass ich doch nur der Knecht eines solchen bin, der selber ein Knecht des allgemeinen Besten ist« (Eckermann, 27. April 1825).

Er nennt sich einen »gemäßigten Liberalen wie alle vernünftigen Leute«. Als Gradualist, als evolutorischer Reformer weist er Benthamschen Radikalismus ebenso zurück wie des Grafen Saint Simons Ideen von Planwirtschaft und Altruismus. Dessen sozialistische Methoden und die Unterordnung aller Lebenszwecke unter die materielle Wohlfahrt und den technischen Fortschritt und seine Ideen von Kollektiveigentum waren ihm ein Greuel (Safranski 2013, S. 621). Seine Hauptmaxime war: Kehre jeder vor seiner Tür – dann nütze man mehr, als wenn man Theorien über die Glückseligkeit der Menschen aufstelle (Brion, S. 272). »Ich dächte«, sagt er am 20. Oktober 1823 zu Eckermann, »jeder müsse bei sich selbst anfangen und zunächst sein eigenes Glück machen, woraus dann zuletzt das Glück des Ganzen unfehlbar entstehen wird.« Das »Glück des Ganzen« – eine bewegliche »Ordnung« – ergibt sich so als Resultat spontanen individuellen Handelns. Nicht viel anders sagt es auch Adam Smith.

Ein Individualist wie Goethe wird darum auch eine freundliche Beziehung zum persönlichen Eigentum haben, Gustav Radbruch sprach von seiner Persönlichkeitstheorie des Eigentums. Ihm ist Eigentum als Persönlichkeitserweiterung und Persönlichkeitsausdruck, als Persönlichkeitsprojektion bewusst geworden (Radbruch 1963, S. 237). »Mir ist Besitz nötig«, sagte er zum Kanzler von Müller, »um den richtigen Begriff der Objekte zu bekommen. Frei von den Täuschungen, die die Begierde nach einem Gegenstand unterhält, macht erst der Besitz mich ruhig und lässt mich unbefangen urteilen. Und so liebe ich den Besitz, nicht der besessenen Sache, sondern meiner Bildung wegen und weil er mich ruhiger und dadurch glücklicher macht.«

Goethe ist, wenn schon Individualist, so doch kein Freund der modernen Demokratie und war von Anfang an ein Gegner der Französischen Revolution, weil, wie Safranski (2015, S. 82) schreibt, die mit ihr verbundene Politisierung die Menschen in Verhältnisse und Aktivitäten verwickelt, die sie notorisch überfordern. Das Nahe und das Ferne werden nicht mehr richtig unterschieden. Der Lebenskreis, wo man sich auskennt und den man verantworten kann, wird überschwemmt von Anreizen und Aufforderungen zum Mitmachen und Mitmeinen. (Das Internet hat diese Situation noch verschärft.)

Goethe hängt wie Justus Möser am historisch Gewordenen und der gegebenen ständischen Gliederung seines Fürstentums, an dessen Spitze kein Despot, sondern ein aufgeklärter Fürst stand, dessen herzlicher Freundschaft und Wohlwollen er schließlich seine privilegierte Stellung in Weimar verdankte.

Seine Freiheitshelden sind nicht die Kämpfer des revolutionären Frankreich, die er in mäßig lustigen Schauspielen karikierte (»Die Aufgeregten«, »Der Bürgergeneral«), sondern die aristokratischen Freiheitshelden wie der reichsunmittelbare Götz von Berlichingen oder Graf Egmont im niederländischen Freiheitskampf, beides wohlgemute, selbstsichere, arglose Typen mit der geheimnisvollen Anziehungskraft, die Goethe von sich selber kannte. Im »Egmont« schildert Goethe den Konflikt zwischen den traditionellen Rechten und Freiheiten einer dezentralisierten Gesellschaft und den unerbittlichen Ambitionen einer vereinheitlichenden, rationalisierenden Zentralgewalt (Boyle, 1, S. 412). Er wollte ursprünglich auch die Tell-Legende dramatisieren, trat dieses Vorhaben aber an seinen Freund Friedrich Schiller ab. Im Abbruch der inneren ständischen Gliederung sieht er nur persönliche Bindungslosigkeit, damit das Chaos, das in einer Diktatur enden müsse (das 20. Jahrhundert mag ihm da wohl zeitweise recht geben). Goethe war auch kein Freund der nationalen Bewegung. Er untersagte seinem Sohn August, sich den Freiheitskämpfern anzuschließen. Napoleon hat er als »Naturereignis« bewundert und sprach, mit dem Orden der französischen Ehrenlegion ausgezeichnet, von »meinem Kaiser«. Kriege nannte er einmal die »Erbkrankheit« der Menschen.

Als leitender Verwaltungsbeamter in verschiedenen Ämtern suchte Goethe »die Masse der Übel zu vermindern«, wenn schon nicht, wie sich der aufgeklärte Despotismus vorgenommen hatte, die »Masse des Glücks herbeizuführen« (zu Eckermann, 20. Oktober 1830). Man muss, so schrieb er 1784 in einem Brief an Herzog Carl August, »Hindernisse wegnehmen, Begriffe aufklären, Beispiele geben, alle Teilhaber zu interessieren suchen: Das ist freilich beschwerlicher als befehlen, indessen die einzige Art, in einer so wichtigen Sache zum Zwecke zu gelangen und nicht verändern wollen, sondern verändern« (nach Hartung 1923, S. 74). Er verabscheute jenes Staatsmodell als »großes Hospital, wo einer des anderen humaner Krankenwärter ist« (wie im modernen Wohlfahrtsstaat). Das kann einem Liberalen wohl gefallen!

Als Verkehrs-, Kriegs-, am Ende sogar Finanzminister – der Kleinstaat stand mehrmals vor dem Bankrott – stürzte er sich zehn Jahre lang auf vielfältigste Verwaltungstätigkeit bis hin zu subalternen Vorgängen (Ausmessung von Rekruten, Beschriftung von Aktendeckeln und die viel besprochene Korrespondenz um die Lederhose des entsprungenen Husaren Thon).

Es gab für ihn nichts Unbedeutendes! Sein theoretisches Fundament war eher schmal. Offenbar war er kaum mit der Physiokratie oder Adam Smith' revolutionierendem Buch bekannt. Er soll in Stuarts und Galianis ökonomischen Schriften gelesen haben (Hartung). Insgesamt war angesichts seiner geringen Mittel der Erfolg seiner administrativen Tätigkeit bescheiden. Bei der Reaktivierung des Ilmenauer Bergwerks scheiterte er nach jahrzehntelangem Kampf gänzlich. Überliefert ist ein freundliches Bekenntnis zum Freihandel: »Der Freihandel der Begriffe und Gefühle steigere ebenso wie der Verkehr in Produktion und Bodenerzeugnissen den Reichtum und das allgemeine Wohlbefinden der Menschheit« (nach Dantz 1935, S. 30). Die Privatisierung der Bildungsanstalten gelang ihm nicht, nicht einmal der Universitätsmensa, da sich kein Unternehmer dafür fand.

Bemerkenswert ist seine private »Sozialpolitik«. Er unterstützte vom Schicksal benachteiligte Menschen mit Privatmitteln (anonym), so Plessing, Krafft, Peter im Baumgarten. Auch seine früheren Kollegen vom Sturm und Drang wie Lenz, Klinger ließ er nicht gänzlich im Stich. Er war seinen kongenialen Kollegen in Weimar ein guter Freund (Schiller, Herder, Wieland, Knebel).

War Goethe ein epikuräischer Egoist? Es ist der Egoismus des Meisters, der durch eben diese Konzentration auf seine Aufgabe vielen wohl mehr Glück und Freude gebracht hat, als wenn er sich ihnen direkt zugewendet hätte. Er war und ist der Mann, der anderen das Leben bedeutend machen kann, indem er seiner eigenen Erfahrung Bedeutung gibt (Boyle, 2, 1991, S. 701). Er plante einen Roman mit dem Titel »Die Egoisten« und schrieb einmal: »Man muss Egoist sein, um nicht Egoist zu werden.«

Seine »Wanderjahre« sind eine ins Ideale gesteigerte bürgerliche Welt des gegenseitigen Nutzens, des legitimen Eigeninteresses, des »entsagenden« Berufsmenschentums und seiner rationalisierten Lebensführung (Conrady 1988, 2, S. 513 ff.). »Meine Hauptlehre«, sagt er am 20. Oktober 1830 zu Eckermann, »ist vorläufig diese: Der Vater sorge für sein Haus, der Handwerker für seine Kunden, der Geistliche für gegenseitige Liebe und die Polizei störe die Freude nicht.«

Friedrich Schiller, der große Freiheitsdichter

Wenn Freiheitsstolz und Freiheitswille, der Wunsch zu einem selbstbestimmten Leben und zum Königsrecht auf Selbstbesitz matt werden, so bieten Schillers Schriften ein ideales Stärkungsmittel: nicht nur seine spektakulären Dramen wie Wilhelm Tell, auch viele seiner Gedichte und vor allem auch seine historischen Essays und großen Monografien zum Freiheitskampf der Niederländer und zum Dreißigjährigen Krieg. Eine aufmerksame Lektüre seines Essays »Die Gesetzgebung des Lykurgos und Solons« bietet die beste Einführung in den neueren Liberalismus und sollte zu den geistigen Grundnahrungsmitteln auf Schulen und im Privatleben gehören. Er verdient es, wieder und wieder gelesen zu werden – so wie Humboldts Versuch zu den Grenzen der Wirksamkeit des Staates. Im 19. Jahrhundert galt Schiller als der Dichter des aufsteigenden Bürgertums und auch die sozialistische Bewegung suchte sein Freiheitspathos in Anspruch zu nehmen. Zum Schillerfest in Stuttgart 1859 versammelten sich Zigtausende aus ganz Deutschland, in Europa und den USA feierten 500 weitere Orte dieses Ereignis; in öffentlichen Gärten und Plätzen wurden Statuen errichtet, viele stellten sein Werk wegen seines enthusiastischen Freiheitsbekenntnisses über Goethe, mit dem Schiller in den letzten Jahren seines wegen Krankheit und Armut schwer geprüften und zu kurzen Lebens trotz mancher Gegensätze eng befreundet war. In den Befreiungskriegen gegen Napoleon, die Schiller nicht mehr erlebte, waren viele seiner Gedichte und Lieder, besonders sein »Reiterlied« aus dem »Wallenstein« (»Frischauf, Kameraden aufs Pferd, aufs Pferd/ ins Feld, in die Freiheit gezogen …«) bei den ins Feld ziehenden Studenten beliebt. Sogar der Nationalsozialismus suchte ihn in Anspruch zu nehmen (bei welcher historischen Größe tat er das nicht?). Jedoch verbot Hitler 1941 die Aufführung des »Wilhelm Tell« und dessen Verwendung im Schulunterricht.

Wie bei Goethe und von Humboldt steht das Ideal der freien Persönlichkeit im Mittelpunkt. Freiheit zunächst verstanden als sittliche Freiheit, die Selbsterziehung durch Herrschaft über die Naturtriebe, die jedem Menschen möglich ist. Im vierten Brief zur ästhetischen Erziehung schreibt Schiller: »Jeder individuelle Mensch trägt der Anlage und Bestimmung nach einen reinen idealischen Menschen in sich, mit dessen unveränderlicher Einheit in allen seinen Abwechslungen übereinzustimmen die große Aufgabe seines Daseins ist.« Der erzogene Mensch gilt ihm nicht nur als moralisches, sondern auch ästhetisches Ideal. Es ist das Bild des Gentlemans oder der Gentlewoman, das hier aufscheint und wie es Shaftesbury gefeiert hat (»Brief über den Enthusiasmus«). Der moralisch-schöne Mensch ist dies ohne Anstrengung, er benötigt weder Naturrecht noch Metaphysik noch einen strafenden Gott noch Kants moralischen Rigorismus, um moralisch-sittlich zu handeln. Jeder soll das Königsrecht über sich selbst haben.

Die Universalgeschichte zeigt die Geschichte der Menschheit, wie sie sich aus urtümlicher Instinktgebundenheit und kollektivistischen Zwängen über alle Rückschläge hinweg (20. Jahrhundert, und heute?) schließlich zu Kultur und Zivilisation, die »sanfte Herrschaft der Verträge« hoch entwickelt hat. Die Vertreibung aus dem Paradies war eine glückliche Begebenheit, denn sie machte aus dem instinktgebundenen »Automaten« einen sittlich freien, zur Selbstherrschaft fähigen Menschen. »Das selbst gepflanzte Kraut überraschte ihn mit einer Schmackhaftigkeit, die er vorher nicht kennengelernt hatte; der Schlaf beschlich ihn nach der ermüdenden Arbeit und unter selbst gebautem Dach süßer als in der trägen Ruhe seines Paradieses« (Schiller 2004, S. 770). Mit den Menschen musste er jetzt um sein Dasein kämpfen, »einen langen, lasterreichen, noch jetzt nicht geendigten Kampf, aber in diesem Kampf allein konnte er seine Vernunft und Sittlichkeit ausbilden« (ebd.).

Mit der ursprünglichen Gleichheit (Rousseau) ist nichts verloren. Seit der Mensch zur Vernunft erwacht ist, bemerkt er den Unterschied zum Mitmenschen und hat den Willen, sich zu unterscheiden. »Kultur ist Wille zur Ungleichheit« (Safranski 2009, S. 314).

Der freie Staat ist nur Mittel zum Zweck und darf den Bürger nicht zum Instrument kollektiver Macht herabwürdigen und auch nicht als Beglückungsobjekt betrachten. »Der Staat selbst ist niemals Zweck, er ist nur wichtig als eine Bedingung, unter welcher der Zweck der Menschheit erfüllt werden kann, und dieser Zweck ist kein anderer als Ausbildung aller Kräfte, Fortschreitung. Hindert eine Staatsverfassung, dass alle Kräfte, die im Menschen liegen, sich entwickeln; hindert sie Fortschreitung des Geistes: So ist sie verwerflich und schädlich, sie mag übrigens noch so durchdacht und in ihrer Art noch so vollkommen sein« (Schiller 2004, S. 815). Also ein Plädoyer für den Minimalstaat, das Ideal des klassischen Liberalismus. Schiller argumentiert (überwiegend) naturrechtlich-universalistisch: »der Mensch«, »die Menschheit« jenseits aller historischen Gemeinschaftsgebundenheit und Volksrechte.

Wenden wir uns seinem Vergleich zwischen dem antiken Sparta und Athen zu, dem Vergleich zwischen der Gesetzgebung des Lykurg und des Solon. Das spartanische Staatswesen habe nur Platz für eine Tugend gehabt: die »Vaterlandsliebe«, also die Liebe zum Kollektiv. »Diesem künstlichen Trieb werden die natürlichsten Gefühle zum Opfer gebracht« (2004, S. 815). Das getrennte Leben der Geschlechter, die kollektive Aufzucht der Kinder (nach dem 7. Lebensjahr) haben dort die eheliche Liebe, die Mutterliebe, die kindliche Liebe, die Freundschaft zerstört. In der Brutalität gegen die versklavten Heloten wurde »die Menschheit beschimpft und misshandelt« (ebd., S. 816). Die Spartaner waren nur Mittel für die Größe des Kollektivs. Damit wurde die Grundlage der Sittlichkeit gesetzmäßig »eingerissen«. Die ganze Moralität wurde eingerissen, um etwas zu erhalten, das doch nur als Mittel zu dieser Moralität einen Wert haben kann. Alle privaten Handlungen wurden so zu öffentlichen Handlungen, das Eigentum sozialisiert, alle gleich arm gemacht. »Durch die gleiche gemeinschaftliche Armut fiel die Vergleichung der Glücksumstände, der Wunsch nach Besitztümern fiel mit der Gelegenheit weg, sie zu zeigen und zu nutzen« (2004, S. 813).

Im Mittelpunkt steht die Kriegsbereitschaft. Der Krieg wird von den Bürgern dieses Staates als Abwechslung und willkommenes Abenteuer erlebt. Die fade Einheitskost der berühmten »schwarzen Suppe« machte es leichter, im Krieg zu sterben, bemerkt Schiller ironisch.

Aller Kunst- und Gewerbefleiß wurde in Sparta zugunsten einer künstlichen Autarkie reglementiert, der freie Handel mit fremden Völkern verboten. Es könnten ja von außen Neuerungen und Kritik in dieses Staatswesen eindringen. Auch unerbittliche Zwangsgesetze, die jede freie Sittlichkeit ruinieren, wachen darüber, dass keine Neuerungen in diesem »Uhrwerk« aus »bruchstückhaften Menschen« stattfinden konnten. Diese Verfassung sollte unverändert auf ewig gelten. »Es gibt Staaten, aus denen es kein Unglück ist, verwiesen zu werden ...«

Dieser Kollektivismus zwang die Gesellschaft in eine »ewige Gleichförmigkeit«, in einen »traurigen Egoismus«. Der spartanische Staat bewegte sich nur um sich selber – »ein schülerhafter, unvollkommener Versuch«. Mochte es dem Spartaner nicht an seiner einzigen Tugend – der Hingabe an das Kollektiv – fehlen, so fehlte es ihm doch an der »gefälligen Anmut, welche alle Herzen gewinnt« (2004, S. 833), an der Schönheit der Handlungen, die nur aus sittlicher Selbstbestimmung hervorgehen kann: ein »Staat der Not« (derselbe Ausdruck wie bei Herder). Nebenbei wird auch das Römische Kaiserreich als sklavenmäßig verworfen.

Athen ist das überlegene liberale Gegenbild, noch nicht unter Drakon mit seiner Todesstrafe auf jedes kleine Vergehen, wohl aber nach seiner Neuordnung durch Solon. Durch eine freiheitliche und revidierbare Verfassung blühten alle Gewerbe und Künste, »regten sich alle Sehnen des Fleißes«. »Seine Gesetze waren laxe Bänder, an denen sich der Geist der Bürger frei und leicht nach allen Richtungen bewegte und nie empfand, dass sie ihn lenken« (2004, S. 832). In Sparta finden wir keinen Sophokles, Plato, Thukydides, keine Künstler, keine Dichter, keine Weltbürger (wir dürfen hinzufügen: keine Unternehmer, GH). »Um den atheniensischen Gesetzgeber stehen die Freiheit und die Freude, der Fleiß und der Überfluss – stehen alle Künste und Tugenden, alle Grazien und Musen herum, sehen dankbar zu ihm auf und nennen ihn ihren Vater und Schöpfer« (S. 833). Schiller erwähnt nebenbei, dass Athen auch eine liberale (heute stark eingeschränkte) Testierfreiheit kannte.

In modernen Staaten ist – nach Schillers zutreffender Analyse – nicht mehr jene Einheit von Mensch und Bürger, von Gesetz und Sitte möglich, die den politischen und sozialen Verhältnissen der griechischen Freistaaten ihren Zauber, ihre »lebendige Wärme« verlieh. Es bestehe bei uns die Gefahr, dass, wie er in den berühmten Briefen zur ästhetischen Erziehung des Menschen schreibt, »allmählich das einzelne konkrete Leben vertilgt (wird), damit das Abstrakte des Ganzen sein dürftiges Dasein fristet«. Der Staat bleibe seinen Bürgern fremd, »weil ihn das Gefühl nirgends findet«

(Schiller 1966, 6. Brief). Es bleibe nur eine »Freiheit unter dem Gesetz« möglich. Es ist dies für Schiller nicht die Freiheit persönlicher Willkür, nicht die »Freiheit des Raubtiers«, sondern nur das Recht und die Pflicht des Einzelnen, sich selbst zu ordnen, sich seine »Pflichten auszulesen«. Wo diese Freiheit zur sittlichen Selbstbestimmung herrsche, sei es gleichgültig, ob der Staat die äußere Form einer Monarchie, einer Demokratie oder Aristokratie annehme. Die Nähe zu Kant und Montesquieu – und zu Aristoteles' Theorie von den guten und den schlechten Staatsformen – ist deutlich.

Schiller hebt nicht nur die Kulturbedeutung des Eigentums und damit des Unterschieds hervor, sondern auch den Wettbewerb und damit den Antrieb, »die mannigfaltigen Kräfte des Menschen zu entwickeln. Dieser Antagonismus der Kräfte ist das große Instrument der Kultur« (6. Brief, 1966). Geschichte werde zwar von Menschen gemacht, aber man könne sie nicht planen. Eine »unsichtbare Hand«, wie er mit Adam Smith sagt, führe zu Resultaten, die vom individuell handelnden Menschen nicht vorausgesehen werden könne. Der Sieg der Freiheit ist nicht gewiss (Safranski 2009, S. 278).

Wettbewerb ist für Schiller die Voraussetzung für kulturelle Größe. Nichts ist darum für ihn weniger anziehend als die stationäre Gesellschaft eines Paradieses. Vielmehr ist die Vertreibung aus diesem Zustand »die glücklichste und größte Begebenheit in der Menschengeschichte« (2004, S. 767 ff.). Aus einem instinktgeführten Wesen wurde mit dem Sündenfall erst ein frei handelndes, zur Moral fähiges Geschöpf. Aus einem Automaten wurde ein Mensch mit Gewissen, damit war jener erste Schritt getan auf jener Leiter, welche die Menschen »nach vielen Jahrtausenden zur Selbstherrschaft führen werde« (ebd.). Wie andere Liberale seiner Zeit kennt Schiller noch die moralischen und ästhetischen Voraussetzungen einer Verfassung der Freiheit – die Dinge »jenseits von Angebot und Nachfrage«. Schillers Freiheitsbegriff ist »sozial« in dem Sinne, dass die Freiheit durch Sitte, Moral, Recht und Schönheitssinn gebändigt ist.

So wenig wie Adam Smith oder Hölderlin entging Schiller die andere Seite der arbeitsteiligen Spezialisierung: Sie lässt den Menschen in Hinsicht auf die Entfaltung seiner Anlagen und Kräfte verarmen. Je komplexer die freie Gesellschaft, desto weniger bedeutet der Einzelne, während in der griechischen Antike (freilich auf Basis von Sklavenarbeit) der Mensch eine Person als Totalität im Kleinen war. Stattdessen findet man heute unter den Menschen nur »Bruchstücke«, was zur Folge hat, »dass man von Individuum zu Individuum herumfragen muss, um die Totalität der Person zusammenzulesen« (nach Safranski 2009, S. 411). (Dafür hat der Mensch heute viel freie Zeit, die ihm ermöglicht, durch Liebhabereien, verschiedene Berufe nebeneinander, Reisen, gar Abenteuerreisen, Informations- und Bildungsmittel aller Art oder Selbstversorgung in der Hauswirtschaft und im Heimwerkertum diese Mängel abzumildern.)

Der Französischen Revolution stand Schiller anfangs abwartend gegenüber. Er pflanzte keinen Freiheitsbaum wie Hölderlin, Schelling und Hegel in Tübingen. Sein Ideal war eine konstitutionelle Monarchie. Rechtsstaat geht vor Demokratie. Demokratie ohne Rechtsstaat galt ihm als Pöbelherrschaft. Bald, nach den Septembermorden, dem Jakobinerterror und der Hinrichtung des Königs wurde er, obwohl französischer Ehrenbürger, ähnlich wie Goethe scharfer Kritiker der Revolution: »Der Versuch des französischen Volkes, sich in seine heiligen Menschenrechte einzusetzen … hat bloß das Vermögen und die Unwürdigkeit desselben an den Tag gebracht und in Barbarei und Knechtschaft zurückgeschleudert. Es waren also nicht freie Menschen, die der Staat unterdrückt hatte, nein, es waren bloß wilde Tiere, die er an heilsame Ketten legte« (nach Greulich 1962, S. 120). Oder (nach Safranski 2009, S. 331): »Der Moment war der günstigste, aber er fand eine verderbte Generation, die ihn nicht wert war.« Das beweise »unwidersprechlich, dass das Geschlecht der vormundschaftlichen Gewalt noch nicht entwachsen ist. Und dass derjenige noch nicht reif ist zur bürgerlichen Freiheit, dem noch so vieles zum Menschlichen fehlt.« Dieselbe Wertung findet sich auch an einer berühmten Stelle der »Glocke« (»Weh, wenn das Volk, zerreißend seine Ketten, zur Eigenhilfe schrecklich greift« usw.). In Wilhelm Tell schildert er einen einzelgängerischen Vater, der aus Notwehr einen bösen Tyrannen tötet, den politischen Mord verwirft er (Parricida!). Gleichwohl sind die letzten Worte des Tellschauspiels die des Rudenz: »Und frei erklär ich alle meine Knechte.«

Das Frauenbild Schillers ist traditionell, am besten ist die häusliche Frau und Mutter, »von der niemand spricht«. Aber er zeichnet nicht nur mit der Jungfrau von Orleans eine Reihe von Frauen, die sich durch Stärke, Unabhängigkeit, Ehrgeiz und Mut auszeichnen: so die Königin Elisabeth (»Maria Stuart«), die Gräfin Terzky (»Wallenstein«), Hedwig (die Frau Wilhelm Tells) oder Marina (»Demetrius«).

Schiller hat den Deutschen eine Freiheitsphilosophie gegeben, nicht aber einen Nationalmythos (wie den Schweizern). Dazu fehlte eben im 18. Jahrhundert die politische Grundlage: kein starkes Reich, sondern die oben geschilderte politische Fragmentierung. Über »Deutsche Größe« schreibt er: »Die Majestät des Deutschen ruhte nie auf dem Haupt seiner Fürsten. Abgesondert von dem Politischen hat der Deutsche sich einen eigenen Wert gegründet, und wenn auch das Imperium (das Deutsche

Reich, GH) unterginge, so bliebe die deutsche Würde unangefochten. Sie ist eine sittliche Größe, sie wohnt in der Kultur« (Safranski, S. 496). Deutschland sieht Schiller als große Kulturnation, nicht als politische Macht. Der Deutsche als geborener Kosmopolit, als Weltbürger …

Lesenswert sind seine beißenden Bemerkungen über den »Brotgelehrten« im Unterschied zum »philosophischen Kopf« vor seinen Jenenser Studenten. Der »Brotgelehrte verzäunt sich gegen alle seine Nachbarn, denen er neidisch Licht und Sonne missgönnt, und bewacht mit Sorge die baufällige Schranke, die ihn nur schwach gegen die siegende Vernunft verteidigt«; »Wo der Brotgelehrte trennt, vereinigt der philosophische Geist« (2004, S. 752 f.). Er erntete damit eine ähnliche Kritik seiner »brotgelehrten« Fachkollegen wie später Friedrich Nietzsche, als er die »Geburt der Tragödie« veröffentlichte.

Wie würde Schiller wohl zu unserem zeitgenössischen Wohlfahrtsstaat mit Staatsausgabenquoten von 50 Prozent und mehr, massiver Staatsversorgung mit Einschränkungen der Vertragsfreiheit (Sozialversicherung usw.) und des Eigentums stehen? Hat er nicht geschrieben, dass die Würde des Menschen auch materielle Voraussetzungen habe? »Nichts mehr davon, ich bitt euch. Zu essen gebt ihm, zu wohnen. Habt ihr die Blöße bedeckt, gibt sich die Würde von selbst.« Der Wohlfahrtsstaat ist ja notwendigerweise eine Zwangsordnung. Was würde er zur sog. Solidarität dieses Staates sagen? »Zur moralischen Schönheit der Handlungen ist Freiheit des Willens die erste Bedingung und diese Freiheit ist dahin, sobald man moralische Tugend durch gesetzliche Strafen erzwingen will.« »Kein bürgerliches Gesetz darf Treue gegen den Freund, Großmut gegen den Feind, Dankbarkeit gegen Vater und Mutter befehlen; denn sobald es dies tut, wird eine freie moralische Empfindung in ein Werk der Furcht, in eine sklavische Regierung verwandelt« (4. Brief 1966). So kann staatliche Zwangssolidarität die Moralität einer Gesellschaft untergraben.

Über die »Lokalvernunft«: Justus Möser

»Der Staat ist die Frucht einer vieljährigen unablässigen Arbeit, nicht aber das Werk eines kühnen Reformators« (Justus Möser).

Justus Möser lebte in dem Kleinstaat und Fürstbistum Osnabrück mit besonders komplexen Verfassungsverhältnissen und vielen Spuren der alten Zeit mit ihrer Agrarverfassung und einem unabhängigen Bauerntum. Die

Stadt Osnabrück hatte 1648 knapp die Reichsunmittelbarkeit verfehlt. Die Regierung wechselte zwischen einem protestantischen und einem katholischen, vom Domkapitel gewählten, Fürstbischof ab. Mösers Ideal ist die altsächsische Bauernverfassung, auf Eigentum, Freiheit und Markgenossenschaft gegründet, vor der Eroberung durch Karl den Großen. »Ehe Karl der Große die Sachsen überwand, zeigte sich die schönste Periode des freien Adels. Dessen Einrichtung, die Ökonomie ihrer Kräfte zur gemeinsamen Erhaltung ihrer Staatsverfassung im Kriege und im Frieden, ihre Religion, welche der Freiheit und der Tapferkeit günstig sein musste, ihre dahin abzielenden Gesetze, ihre Gebräuche, ihre Kriege mit den Franken, kurz alles, was man nur von ihnen weiß, arbeitet zu dem gemeinschaftlichen Endzweck der Freiheit« (Möser 1986, S. 236).

Arminius, dem Befreier Germaniens, hat er ein Drama gewidmet. Man kann ihn in mancher Hinsicht als einen Geistesverwandten von Hayek bezeichnen, der ihn auch gelegentlich erwähnt. Besonders zu rühmen ist auch sein Humor, der überall durchscheint. Dieser Humor war eine Veranlagung seines Gemütes, er äußerte sich nicht in glänzendem Witz oder sprühendem Esprit, sondern war, wie Ulrike Brünauer schön schreibt, der Ausdruck einer warmen gesunden Heiterkeit, die gewillt war, alles wohlgelaunt aufzunehmen (1933, S. 47). Wie Goethe, der ihm viel verdankt und ihm überschwänglich mehrere Seiten seiner Erinnerungen widmet (»Dichtung und Wahrheit«, 14. Kapitel), war auch er praktischer Staatsmann. Goethe, der sich mit Möser nach 1781 verschiedentlich in Bad Pyrmont traf, (Kröger 2005, S. 100), schrieb über ihn u. a.: »Wenn man sonst dem Deutschen Reiche Zersplitterung, Anarchie und Ohnmacht vorwarf, so erschien aus dem Möserschen Standpunkt gerade die Menge kleiner Staaten als höchst erwünscht zur Ausbreitung der Kultur nach den Bedürfnissen, welche aus der Lage und Beschaffenheit im Einzelnen hervorgehen« (Möser 2017, S. 152). Dies ist auch der Standpunkt des vorliegenden Buches.

Er war faktisch etliche Jahre der Chef der osnabrückischen Staatsverwaltung, wahrer »advocatus patriae«, da der eigentliche Regent – Friedrich Herzog von York – selten anwesend war. Möser war ein glänzender, volksnaher Publizist, er war Historiker seines kleinen Gemeinwesens und einer der ersten Institutionenökonomen. Seine Essaysammlung, »Patriotische Phantasien«, gehört zur Weltliteratur. Selbst deren Fragmente nannte Goethe noch »Goldkörner«. Auf ihn als einer ihrer Geistesväter berufen sich bis heute Pädagogen, Historiker, Soziologen, Volkskundler, Ökonomen wie Wilhelm Roscher (1874). Liberalen wie Konservativen ist er ein bedeutender Inspirator und auch einigen »Reaktionären«.

Von der Warte seiner Lebens- und Weltkenntnis aus enthüllten sich ihm die Schattenseiten einer zentralistisch durchorganisierten, bürokratischen Gesellschaft, ja moderner Staatsorganisation wie kaum einem anderen Zeitgenossen. Seine Vorliebe für Pluralismus und Nonzentralisation, für unmittelbare Erfahrung statt rationalistischer Theorie und Konstruktion geht so weit, dass er gute Worte auch für die höchste Form der Aufteilung und des Wettbewerbs politischer Macht findet: für die politische Selbsthilfe auch der kleinsten politischen Körper. In einem Essay, der Goethe zu seinem »Götz von Berlichingen« inspiriert hat, schreibt er zum Lobe des »Faustrechts«, das heißt des Rechts auf Privatkrieg (unter Aufsicht von Landesfriedensrichtern): Dieses Recht sei menschlicher gewesen, da Eigenschaften wie Mut, Stärke, Geschicklichkeit über den Ausgang der Auseinandersetzungen entschieden und der Schaden begrenzt war. »Es werden jetzt in einem Feldzuge mehr Menschen unglücklich gemacht als damals in einem ganzen Jahrhundert … Unsere ganze Kriegsverfassung lässt keiner persönlichen Tapferkeit Raum; es sind geschleuderte Massen ohne Seele, welche das Schicksal der Völker entscheiden; und der ungeschickteste Mensch, welcher nur seine Stelle wohl ausfüllt, hat ebenden Anteil am Siege, welchen der edelste Mut daran haben kann« (1986, S. 357). Möser spricht vom geregelten Privatkrieg als »Kunstwerk höchsten Stils«. Was würde er wohl zu den mechanisierten, gar automatisierten Kriegen der Gegenwart sagen?

Die moderne Konzeption von allgemeinen »Menschenrechten« lehnt er – wie Edmund Burke, der hier von »Gewäsch« spricht – ab. Es gebe nur historisch gewachsene Rechte, aber kein abstraktes Menschenrecht. Dies führe zum Despotismus und zur Zerstörung der gesellschaftlichen Gliederung. Es gibt für Möser auch einen demokratischen Despotismus. Er lehnt die Französische Revolution von Anfang an ab. Möser wird zum liebevollen Verteidiger all dessen, was sich als lokale Sitte und lokales Recht aus den Erfahrungen und Bedürfnissen der Individuen ergeben hat. Nie ist die Tradition schöner gelobt worden. Die Tradition ist das Resultat langjähriger, in der Praxis erprobter Erfahrung. Sie ist die beste Richtschnur für jedes Handeln. Er liebte »das Alte, wie ein Mann den Garten des Elternhauses liebt, in dem er als Kind gespielt hat« (Meinecke 1946, S. 307). Er ist ein Verherrlicher des Landlebens und des ländlichen Eigentums. Nur dort sei das wahre Glück zu finden.

Darum: »Der jetzige Hang zu allgemeinen Gesetzen und Verordnungen ist der gemeinen Freiheit gefährlich« (Möser, Bd. II, 1945, S. 22ff.). Der »wahre Plan der Natur« will Mannigfaltigkeit: Nur der Despotismus, die menschliche Willkür, will alles »nach wenigen Regeln zwingen«. »Die Herren beim Generaldepartment möchten gern alles, wie es scheint, auf einfache Grundsätze zurückgeführt sehen. Wenn es nach ihrem Wunsche ginge, so sollte sich der Staat nach einer akademischen Theorie regieren lassen und jeder Departmentsrat imstande sein, nach einem allgemeinen Plan den Lokalbeamten ihre Ausrichtung vorschreiben zu können. Sie wollten wohl alles mit gedruckten Verordnungen fassen und keine anderen als allgemeine Gesetzbücher dulden; vermutlich, um sich die Regierungskunst so viel bequemer zu machen und doch die einzige Triebfeder der ganzen Staatsmaschine zu sein.« Je allgemeiner die Regeln, »desto despotischer, trockener und armseliger wird der Staat« (wie Montesquieu).

Bedürfnisse, Erfahrungen, Wissen sind immer individuell, lokal gebunden, entsprechend verstreut. Darum sind schon allgemeine Polizeiordnungen, selbst nur Forstordnungen schädlich für das Gemeinwohl: »Wo an einem Ort das Holz geschont werden muss, mag es an einem anderen verschwendet werden. Wer kann hier eine Generalordnung machen und verbieten oder zulassen, ohne dem Privateigentum und eines jeden Forstes oder dessen Anwohner wahrer Nutzung zu schaden?« Mit jeder Zentralisierung gehe nützliches Wissen verloren, theoretischer Fortschritt werde mit praktischem Verlust gebüßt. Die theoretisierende oder planende Vernunft sei nach ihren Schranken zu befragen. So wird Möser ein poetisch bezaubernder Verteidiger der, wie er sich ausdrückt, »Lokalvernunft«. Sie bedeutet die zweckmäßige Anpassung des Menschen an die mannigfaltigen, vielfach wechselnden, wenn auch in ihren Grundbestandteilen einfachen und immer wiederkehrenden Notwendigkeiten des Lebens (Meinecke 1946, S. 345). Nicht die Gleichstellung, sondern die Sonderstellung ist es, was dem Menschen seine lebendige Physiognomie gibt. Kann man sich eine einleuchtendere Begründung des liberalen Subsidiaritätsprinzips wünschen? Möser ist eben *kritischer* Rationalist und damit Antikonstruktivist wie Hayek.

Aus diesen Gedanken erklärt sich auch Mösers schwärmerische Liebe zu den freien Städten des Mittelalters, der Hanse, den kleinen griechischen Stadtstaaten, von denen jeder seine eigene politische und religiöse Verfassung hatte. Durch fehlende Zentralisation konnten sie »alles, was ihnen die Natur gegeben, aufs Schärfste nutzen und aus jeder Menschensehne ein Ankerseil machen« (Möser 1921, S. 193). Darum sollte auch heute jedes Städtchen seine besondere politische Verfassung haben. Möser wird so zum liebevollen Verteidiger der Kleinstaaterei des alten Deutschen Reiches. Er tritt für eine Wiederbelebung der Hanse ein (mit landesherrlicher Genehmigung) und bedauert, dass es die alten deutschen Städte nicht zu einem nationalen Unterhaus (wie in England) gebracht hätten. Eine Gegenposition hierzu finden wir bei Voltaire, dem französischen Rationalisten.

In Mösers politischem und sozialem Denken ist für umverteilende Sozialpolitik anstelle von Selbstverantwortlichkeit kein Platz. »Jeder zahle seine Zeche selber!« (Möser 1945, Bd. II., S. 155). Soziale Generalkassen, auf deren Leistungen man einen Rechtsanspruch habe, würde die Nachfrage künstlich steigern. Wenn dies auf Fremdrechnung geschehen könne, würde mancher, der sonst nur ein Glas getrunken hätte, ein ganzes »Stübgen« trinken. (Wir sagen heute: »Freibier macht durstig.«) Die Kassen würden daher die Zahl abhängiger Bettler und lediger Mütter (heute: »Alleinerziehende«) vermehren. (»Samariterdilemma« würde ein moderner Ökonom dies nennen.) Wenn man sie schon nicht ganz abschaffen könne, richte man sie auf lokaler Basis ein, wo eine bessere Kontrolle der Mittelverwendung möglich sei. Grundsätzlich gelte: »Armut muss verächtlich bleiben.« Niemand solle im Staat sein Brot umsonst haben, weil die Versuchung zur Faulheit sonst zu stark werde. Wir finden bei Möser in dem Zusammenhang höchst ironische Betrachtungen: sein Essay »Was braucht man zum Leben?« zum Beispiel oder »Das Glück der Bettler«.

Einige Betrachtungen aus dieser Satire: »Was ist ein König, der nie zum Hungern oder Dürsten kommt, gegen einen solchen Bettler, der sechs Stunden des Tages Frost, Regen, Durst und Hunger ausgehalten und damit alle seine Bedürfnisse zum höchsten gereizt hat, jetzt aber sich bei einem guten Feuer niedersetzt, sein erbetteltes Geld überzählt, vom Stärksten und Besten genießt. Er schläft ruhig und unbesorgt; bezahlt keine Auflagen; tut keine Dienste; lebt ungesucht, ungefragt, unbeneidet und unverfolgt; erhält und beantwortet keine Komplimente; braucht täglich nur eine einzige Lüge; errötet bei keinem Loche im Strumpf, kratzt sich ungescheut, wo es ihn juckt; nimmt sich ein Weib und scheidet sich von ihm unentgeltlich und ohne Prozess; zeugt Kinder ohne ängstliche Rechnung, wie er sie versorgen will; wohnt und reist sicher vor Dieben, findet jede Herberge bequem; leidet nichts im Kriege oder von betrügerischen Freunden, trotzt dem größten Herrn und ist der ganzen Welt Bürger« (Möser 2008, S. 14).

Vollends ein Betreuungsstaat nach Beispiel des Jesuitenstaates von Paraguay schaffe nur »Schafmenschen« (1921, S. 234). Was würde er wohl zum Vorschlag eines »bedingungslosen Grundeinkommens« in der Art Götz Werners sagen?

Was macht denn ein Volk groß und glücklich? Die Bewältigung von Aufgaben: »Reizungen, die sie in Bewegung setzen, sie heben, sie erhitzen und zu großen Unternehmen begeistern«; dies könne sein eine große Gefahr, ein wichtiger Vorteil oder eine Entscheidung, wovon Ehre und Gut abhängt, die alle ihre Kräfte aufbieten und sie in sich selbst Entdeckungen von Eigenschaften machen lässt, »wovon sie in ihrer vorigen Stille kaum eine Vermutung hatten« (Art. »Möser« in: Rotteck/Welcker 1847). Der Despotismus drücke alle unteren »Federkräfte« nieder, »dass wir so gar ruhig und ordentlich leben – ohne Größe und ohne echtes Glück«. Ein »oberster Schäfer treibt eine Herde frommer Schafe spielend vor sich her« (ebd.) – das könnte auch Nietzsche gesagt haben.

Möser begeistert sich für England, dieses Land von »Eigentum und Freiheit«, das er auch selber bereist hat. Es sei dort »eine außerordentliche Menge von Seelenkraft in Bewegung und wo Redner, Dichter und Schriftsteller mit ihrer Begeisterung, durch große Beweggründe erhitzt, jede nützliche Wahrheit in ihr höchstes Licht setzen. Der geringste Mann macht hier das allgemeine Wohl zu seiner Privatangelegenheit« (nach Maurer 1987, S. 125).

In England begann damals auch der »Kapitalismus« aufzusteigen, den Möser keinesfalls ablehnt. Er empfiehlt dem deutschen Adel, dem englischen Beispiel zu folgen und sich als Unternehmer zu betätigen. Auch ist er für freien Getreidehandel statt der üblichen Regulierung des Kornpreises und der Magazinwirtschaft und für interlokalen Freihandel ohne Zölle. Den Staat vergleicht er mit einer Aktiengesellschaft, in dem die einzelnen Bodenbesitzer eine Landaktie, die Bürger eine Geldaktie besitzen und so nach dem Ausmaß ihres Eigentums über die Schicksale der »Staatskompagnie« bestimmen, während Nichteigentümer davon ausgeschlossen bleiben.

Sein wirtschaftspolitisches Programm ist im Übrigen nicht konsistent. Manches, wie die Verteidigung der Leibeigenschaft (dies meinte er freilich historisch) oder seine Ablehnung der Pockenimpfung wirkt seltsam. Unter den Liberalen ist er nicht unumstritten. Carl Theodor Welcker lobt ihn überschwänglich, Hermann Hettner ist in seiner Literaturgeschichte eher reserviert und mancher tadelt oder, wie heute Nicola Gomez Davila, lobt ihn als »Reaktionär«. Im 19. Jahrhundert wird die Botschaft des Wilhelm Heinrich Riehl ähnlich lauten.

Die Individualität der Gemeinschaften: Herder

Was hat Johann Gottfried Herder – ein Inspirator und (bis zum Bruch 1795) gern missgelaunter Weimarer Freund Goethes – zum Komplex freiheitlichen Denkens in Deutschland beigetragen? Er ist wie kaum ein anderer Kritiker des bürokratischen Staates, auch des aufgeklärten Despotismus wie unter dem großen preußischen König oder des radikalen Aufklärers Joseph II., der das Scheitern seiner rabiaten Reformen noch erleben musste. Auch ist er, wie so viele seiner berühmten bürgerlichen Zeitgenossen, nur anfänglich ein Freund der Französischen Revolution. Sein Urteil über die französischen Vorgänge lautet nach den Septembermorden 1792 ähnlich wie bei Schiller. Wer denkt dabei nicht an die bedrückenden Totalitarismen des 20. Jahrhunderts?: »Unglück bringende Menschen« nennt er die Jakobiner, »kecke, stolze, freche Menschen, die sich berufen glauben, alles zu ordnen, ihr Bildnis jedermann aufzuprägen ... Gut, dass diese Dämonen selten erscheinen, wenige von ihnen können auf Generationen Unglück verbreiten. Wir stehen an den Grenzen des Abgrunds der Barbarei« (nach Meinecke 1946, S. 456).

Den Vorzug gegenüber dem bürokratischen Staat haben für ihn die vorstaatlichen Zeiten, der ursprüngliche »Stand der Gesellschaft«, denn in diesem wird »der Mensch erzogen und geboren. Und die süßesten Namen der Menschheit: Vater, Kind, Bruder, Schwester, Geliebter, Freund, Versorger sind Bande des Naturrechts« (Herder 1966, S. 239). Der Staat dagegen sei eine »künstliche« Anstalt: Nur die »Not«, »tierische Laster und Leidenschaften machen uns eines Staates bedürftig«. Im Begriffe des Menschen liege kein ihm nötiger »Despot, der auch Mensch sei«. »Der Mensch müsse erst schwach gedacht werden, damit er eines Beschützers; unmündig, damit er eines Vormundes; wild, damit er eines Bezähmers, abscheulich, damit er eines Strafengels bedürfe« (1966, S. 243).

Der Ursprung des bürokratischen Staates liege im Krieg, im Überfall unruhiger Bergvölker auf die friedlichen Völker der Ebene (eine »Überlagerungstheorie« wie später bei Oppenheimer und von Rüstow). Die berühmtesten Namen schreibt er, ähnlich wie Voltaire, seien »Würger des Menschengeschlechtes, gekrönte oder nach Kronen ringende Henker« gewesen (1966, S. 241). So wäre es Herder am liebsten, wenn der »Staat der Not« ganz verschwinden könnte und die natürlichen Gruppen und Verbände sich wieder selber regierten, wie dies der Fall war, bevor die bürokratische Staatsmaschine aufkam. Dies müsse Ziel einer vernünftigen republikanischen Regierungsform, der »Aristodemokratie« sein (Barnard 1964, S. 98). In einer sozialen Partnerschaft sich selbst regierender Gruppen habe es wenig Sinn, besondere individuelle Rechte als Sicherung gegen Übergriffe nicht existenter Zentralgewalten zu formulieren (Barnard, S. 87). Die Gesellschaft reguliere sich auf Basis einer Gegenseitigkeitsethik, jenes »großen Gesetzes der Billigkeit und des Gleichgewichts«, nach der Goldenen Regel (1966, S. 127). Herder nähert sich dem Ideal eines staatslosen Kommuntarismus.

Herder ist also auch und gerade ein scharfer Kritiker des sozialinterventionistischen Maximalstaates. Je mächtiger ein Staat werde, desto mehr werde die »organische« Selbstorganisation, der natürliche Zusammenhang der gesellschaftlichen Glieder, zerstört. Die sozialen Gewebe würden zerrissen, der Mensch – seines gesellschaftlichen Rückhaltes beraubt – »vereinzelt, geschwächt, gequält, unterdrückt«, ja, im äußersten Fall, getötet, »dem Vieh gleich« (Herder 1942, S. 378).

Macht- und Wohlfahrtsstaaten erlauben nach Herder kein eigenkräftiges Handeln ihrer Bürger mehr; damit zerfalle auch die Gesittung, die nur auf dem Boden der Freiheit erwachsen könne, mit ihr verfielen Künste, Wissenschaften, Handel und Gewerbe (wie wir im gescheiterten Staatstotalitarismus des 20. Jahrhunderts vielfach erlebt haben). Denn wie könne der Despotismus, der die Völker »ruhig und gehorsam erhält«, sie aber in Wirklichkeit »tötet« und »einförmig erhält«, Kräfte erwecken? Der bürokratische Staat schaffe nur »leblose Räder einer großen hölzernen Maschine«. Welche größere Glückseligkeit solle es gewähren, »in dieser Maschine als gedankenloses Glied mitzudienen?« (1966, S. 224). Herder zieht dem – wie heute einige Anarcho-Libertarians – selbst mittelalterliche Zustände mit ihrem höchsten Grad an Nonzentralisation der Macht, »Unordnung«, »wilder Händelsucht«, »unvollkommener Verfassung« vor (1966, S. 157).

So können alle Macht- und Wohlfahrtsstaaten der Geschichte und besonders die Vielvölkerstaaten oder das Ideal eines »Weltstaates« vor Herders scharf richtendem Werturteil nicht bestehen. Im antiken römischen »Raubstaat« sieht er eine nivellierende Bürokratie auf Kosten der ausgeplünderten Völker am Werke: Brutale Vergnügungen und kulturelle Unproduktivität seien seine Kennzeichen gewesen. Nicht viel günstiger ist sein Urteil über den von Jesuiten und Philosophen wie Voltaire, Diderot und den Physiokraten (aber auch Leibniz und Christian Wolff) so gepriesenen chinesischen Kaiserstaat (von konfuzianisch gebildeten Beamten und ohne Priester regiert). Es habe sich dort eine Bürokratie der »mechanischen Triebwerke der Sittenlehre« zur Domestizierung ihrer Untertanen bemächtigt und damit »den freien Fortgang des Geistes auf immer aufgehalten« (1966, S. 280 ff.). Ähnlich lautet sein Urteil über die »polizierten Nationen« seiner Gegenwart, die im Namen der Glückseligkeit ihre Untertanen zu vereinheitlichen und zu verzwergen suchten.

Herder ist Kritiker der »Gedankenmonopolien«, des privilegierten Adels, der Leibeigenschaft, der Sklaverei, der Zensur, aller politischen Willkür – ein Liberaler, wenn auch nicht im Sinne des französischen Rationalismus. Seine gewaltige, pantheistisch überhöhte Geschichtsphilosophie

– nichts weniger als eine Universalgeschichte des Menschen ohne Zweckbestimmung als sich selber und zur Entfaltung aller menschlichen Kräfte in Freiheit und Wettbewerb – sieht in den Völkern Kollektivindividualitäten, die jede ihren besonderen Schöpfungsauftrag haben. Im Unterschied zu manchen rationalistisch-atomistischen Liberalen ist er ein Verherrlicher dieser Völker und ihrer Kulturen, jedes hat seinen Wert in sich – er lässt sie alle gleicherweise gelten, von den einfachen Stammesnationen bis zu den Kulturvölkern der Gegenwart, ohne deswegen in einen haltlosen historischen Relativismus oder »Multikulturalismus« zu fallen. »Jede Nation trägt den Mittelpunkt der Glückseligkeit in sich« und sollte keinen schwächlichen Zweifel an ihrem Wert pflegen. »Ein schönes Vorurteil veredelt« – und macht glücklich.

Im Geiste von Adam Smith bemerkt er an einer Stelle: »Nur durch freie Konkurrenz mit anderen lernen wir unsere Kräfte kennen und gebrauchen: Nur in werktätiger gegenseitiger Gemeinschaft (also: Arbeitsteilung und Handel, d. Verf.) lebt und gedeiht das Menschengeschlecht. Alle abgesonderten Glieder sind tote Glieder.« Durch die Arbeitsteilung werde die Bürde jedes Einzelnen vermindert und in dieser Konzentration auf das Eine gehe »nichts als eine leere Personalität verloren« (Schiller und Möser sahen das anders) (1942, S. 378). Herder ist Schöpfer des Wortes »Weltmarkt« – wie auch der Worte »Zeitgeist« und »Volkslied« – und des schönen deutschen Wortes »Einfühlung«.

Es erfreuen auch seine begeisterten Worte über die »Freistaaten» der Geschichte, die griechischen Stadtstaaten, die Schweiz, das durch die Revolution liberalisierte Frankreich (vor den Septembermorden und der Hinrichtung des Königs) oder über den phönizischen Handelsstaat. So schreibt er: »Die Regierung, unter der allein der Natur rechtes Maß und Verhältnis stattfindet, ist Freiheit« (1942, S. 380). Der Staat oder ein anderer Führer könne uns wohl den Weg verkürzen, aber er müsse uns selbst gehen lassen (Barnard 1964, S. 104). »Freiheit« ist die natürliche Bestimmung des instinktreduzierten Menschen, im Unterschied zum Tier oder zur Pflanze. Nur durch »Freiheit«, durch die schöpferische Selbstentfaltung von Individuen und Gemeinschaften lässt sich der »Humanität« näherkommen, worunter Herder all das fassen möchte, was er über »des Menschen edle Bildung zur Vernunft und Freiheit, zu feineren Sinnen und Trieben, zur zartesten und stärksten Gesundheit, zur Erfüllung und Beherrschung der Erde gesagt« habe (Barnard, S. 115). Talente im Menschen ungenutzt liegen zu lassen sei nicht nur »Hochverrat gegen die Menschen, sondern der größte Schaden, den ein Staat sich selbst zufügen« könne (Barnard, S. 100).

Dieser erhoffte und nicht zwangsläufige Fortschritt zur »Humanität« lässt sich für Herder nicht »konstruktivistisch« – durch Behördeninitiative – herbeiführen, auch nicht durch Gewalt und Revolution: »Mein Wahlspruch bleibt: fortgehende, natürliche vernünftige Evolution der Dinge, keine Revolution« (Barnard, S. 104). Ähnlich wie in seinen Tagen Ferguson und Burke oder später Savigny oder in unseren Tagen von Hayek, lehrt Herder, dass man eine Kultur nicht »machen« könne. Der Mensch sei mehr Geschöpf als Schöpfer seiner Kultur: »Das Edelste, was wir besitzen, haben wir nicht von uns selbst, unseren Verstand mit seinen Kräften, die Form, in der wir denken, handeln und sind, ist auf uns gleichsam herabgeerbt. Wir denken in einer Sprache, die unsere Vorfahren erfanden, in einer Gedankenweise, an der so viele Geister bildeten und formten, zu der auch in anderen Sprachen die schönsten Genies des Menschengeschlechts beitrugen« (1942, S. 397). Seine Evolutionslehre nennt er »Genetik« oder »genetisches Prinzip«.

Eine gesinnungsethische Begründung der Freiheit: Kant

Bei Schiller und von Humboldt stand eine ästhetische Begründung der Freiheit im Mittelpunkt: das Persönlichkeitsideal der Selbstentwicklung in Freiheit. Bei Kant tritt eine moralische Begründung in großer Rigorosität heraus. Für ihn hat jeder Mensch – das naturrechtliche Argument – Eigenwürde. Er kann und soll sich durch die ihm immanente »Vernunft« selbst bestimmen, das unterscheidet ihn vom instinktgebundenen Tier (Kant 1979, S. 265 ff.). Die menschliche Würde hängt davon ab, inwieweit der Mensch frei ist, sich seine Ziele selbst zu setzen und selbstverantwortlich, seinem Gewissen folgend, zu handeln, »dem Leben durch Handlungen einen Wert zu geben«.

»Vollkommenheit« ist für Kant die Fähigkeit, sich selbst zu leiten, mithin das Ergebnis von Eigentätigkeit. Wenn ein anderer Mensch über ihn verfügt, wird er zum bloßen Mittel für fremde Zwecke, zum Kind oder »Hausvieh« erniedrigt, »das man zu allen Diensten braucht, wie man will, und es auch darin ohne seine Einwilligung erhält, solange man will« (1979, S. 367). »Nachdem sie ihr Hausvieh zuerst dumm gemacht haben und sorgfältig verhüteten, dass diese ruhigen Geschöpfe ja keinen Schritt außer dem Gängelwagen, darin sie sie einsperrten, wagen dürften: So zeigen sie ihnen nachher die Gefahr, die ihnen drohet, wenn sie versuchen, allein zu gehen« (1976, S. 9). Konrad Lorenz wird im 20. Jahrhundert noch drastischer von einer »Verhausschweinung des Menschen« im Wohlfahrtsstaat sprechen. Kann es eine schärfere moralische Kritik an einer Regierung geben, die paternalistisch ihre Untertanen glücklich machen will? »Eine Regierung, die auf dem Prinzip des Wohlwollens gegen das Volk als eines Vaters gegen seine Kinder errichtet wäre ..., wo also die Untertanen als unmündige Kinder, die nicht unterscheiden können, was ihnen wahrhaftig nützlich oder schädlich ist, ist der größte denkbare Despotismus« (1979, S. 363). Es kommt vielmehr darauf an, sich durch den Kampf mit Hindernissen zu kultivieren, zivilisieren, moralisieren. Schmerz und Widerstand sind Stachel der Tätigkeit (Anthropologie 1912, S. 279). Jeder von uns ist ein Ausgangspunkt neuer schöpferischer Kräfte, wir wachsen in Auseinandersetzung und Wettbewerb. Kampf ist die Begleiterscheinung des Fortschritts.

Den Staat auf die »Glückseligkeit« (oder heute »Wohlfahrt«) zu erstrecken ist nach Kant bereits deswegen verfehlt, weil es kein objektives Kriterium des Glücks, keinen gemeinsamen Wertekodex geben kann: »In Ansehen der Glückseligkeit kann gar kein allgemeingültiger Grundsatz für Gesetze gegeben werden« (dies auch der Standpunkt der »subjektiven Wertlehre« und vorher schon von David Hume). Das Allgemeinwohl kann nur in der Geltung allgemeiner Regeln bestehen, die jedem die Freiheit geben, das Glück auf seine Weise zu suchen. Schon aus Gründen der Selbstachtung darf sich der Bürger diese Fremdbestimmung nicht gefallen lassen, denn zu den ersten Pflichten gehören die »Pflichten gegen sich selber«, »die Würde des Menschen auch in der eigenen Person zu ehren«, denn jeder Mensch ist zunächst einmal »Eigner seiner eigenen Person«, für sich verantwortlich. Ein radikales gesinnungsethisches Plädoyer für Freiheit!

Welches ist demgemäß die beste Regierungsform? Nicht jene, die – wie bei Aristoteles – Eudämonie (Wohlbefinden) verspricht, sondern jene, worin dem Bürger sein Recht am meisten gesichert ist (nach Falter 1911, S. 33). Der reine Rechtsstaat gegen den Wohlfahrtsstaat! Dieser Standpunkt zieht die Bejahung von Eigentum und Wettbewerb nach sich. Denn: Wie soll man ohne Mittel und Verantwortlichkeit für sein »Glück« sorgen? »Der Mensch will Eintracht; aber die Natur weiß besser, was für seine Gattung gut ist: Sie will Zwietracht ... Die natürlichen Triebfedern dazu, die Quellen der Ungeselligkeit und des durchgängigen Widerstandes, woraus so viele Übel entspringen, die aber doch auch wieder zur neuen Anspannung der Kräfte, mithin zu mehr Entwicklung der Naturanlagen antreiben, verraten also wohl die Anordnung eines weisen Schöpfers« (1979, S. 209). Die Verwandtschaft mit Adam Smith, auch die Beeinflussung durch ihn zeigen Oncken (1877) und V. Müller (1991).

Es fehlt auch nicht an positiven Bekenntnissen zum Freihandel und an einer Ablehnung von Staatswirtschaft und preispolitischen Eingriffen: Der Souverän soll »nie den Preis machen, nicht allein in der Staatsverwaltung, sondern auch nicht, wo er selbst Käufer ist. Er muss nicht handeln, nicht landbauen, nicht Künste für seine Rechnung treiben lassen« (zitiert nach Müller 1991, S. 99).

Was bleibt nach Kant an positiver Staatsagenda außer der Sicherung des gleichen Rechts? Armenpflege nach dem Grundsatz der Subsidiarität und als Subjekt – nicht als institutionelle Förderung. Dies gilt auch für das öffentliche Erziehungswesen. Also: ein liberaler Minimalstaat auf der Basis von Freiheit, Gleichheit und *Selbstständigkeit*, nicht »Brüderlichkeit«! Für die älteren Liberalen ist es klar, dass das Wahlrecht in einer Republik am Eigentum hängen muss und dass die Demokratie des gleichen Wahlrechts leicht auf einen Despotismus der besitzlosen Mehrheit hinausläuft. Es muss ein Staat von Eigentumsbürgern sein.

Die Französische Revolution begeisterte ihn zunächst und selbst 1798 nach all den Gräueln hält er an einer grundsätzlich positiven Bewertung dieses Ereignisses fest. Er will das Ergebnis, aber nicht die Methoden einer Revolution. Aber sind denn die Menschen seiner Zeit schon für die Freiheit reif? Kants Antwort: »Man kann zur Freiheit nicht reifen, wenn man nicht zuvor in Freiheit gesetzt worden ist« (zit. nach Haacke 1931, S. 37). Gleichwohl lehnt er ein Widerstandsrecht ab, nur den Protest mit der Feder will er gelten lassen.

Interessant das Urteil Kants über die Deutschen seiner Zeit: »Die Deutschen hängen nicht am Boden, sondern verpflanzen sich leicht allerwärts; sie sind kosmopolitisch aus Temperament und hassen kein Volk, als höchstens zur Wiedervergeltung. Haben sie nicht viel Genie, so haben sie gute Urteilskraft, die Produkte desselben zu nützen. Sind sie nicht blendend durch Neuigkeit, so sind sie tüchtig durch Stetigkeit. Sie sind gemacht, das Gute aller Nationen zu sammeln und zu vereinbaren, und nehmen alle gleich willig auf. Ein Völkerbund, der allgemein werden kann« (Aphorismen 2014, S. 184).

International tritt er, nicht unrealistisch, für einen Völkerbund auf föderativer Basis und nur mit republikanisch aufgestellten Staaten ein: keine Weltregierung, kein Weltgerichtshof, keine Weltpolizei. Weltbürgerrecht nur in der Form der Hospitalität (dem gegenseitigen Besuchsrecht), Recht auf Auswanderung (nicht auch auf Einwanderung) und im Übrigen die Globalisierung freier Märkte, der Handel als beste Friedensförderung.

Karl Jaspers bemerkte einmal zu Kant: »Sein Ethos ist das des Alltags. Mit ihm können wir leben. Ihm können wir folgen« (bei Schultz 1985, S. 167).

X.
Adam Smith in Deutschland

Wohl kein anderer Ökonom oder Sozialphilosoph hat so viel für das Verständnis einer »spontanen Ordnung«, des Kapitalismus, wie Adam Smith geleistet. Sein berühmtes Buch über den »Wohlstand der Nationen« wurde in alle bedeutenden Sprachen übersetzt und ist bis heute – abgesehen von seiner Arbeitswertlehre – aktuell, um die dynamisierende Wirkung des Kapitalismus zu verstehen: Im Rahmen eines moralisch disziplinierten Eigeninteresses ist jedermann im System der Arbeitsteilung genötigt, sich durch Dienst am Nächsten vorwärtszubringen. Der Kapitalismus als System gegenseitiger Dienste! Die vielleicht berühmteste Stelle seines Hauptwerkes lautet: »Nicht vom Wohlwollen des Metzgers, Brauers oder Bäckers erwarten wir unsere Mahlzeit, sondern von deren Bedachtnahme auf ihr eigenes Interesse. Wir wenden uns nicht an ihre Menschenliebe, sondern an ihre Eigenliebe und sprechen ihnen nie von unseren eigenen Bedürfnissen, sondern von ihren Vorteilen« (Smith 1999, Bd. 2, S. 98)

Diese Lehre blieb auch in Deutschland nicht ohne tiefen Eindruck, typischerweise hier über Universitäten und eine ökonomisch aufgeklärte Beamtenwelt, namentlich Preußens. Thomas Buckles Ansicht mag zutreffen: dass dieses Buch »mehr zum Glück der Menschheit beigetragen hat als alle Staatskunst von Politikern und Gesetzgebern« (zit. nach Oncken 1877, S. 4). Sein erster bekannter Übersetzer war Christian Garve, ein wenig gewürdigter Freiheitsdenker des 18. Jahrhunderts. Die Lehre des Adam Smith drang vor allem über die Universitäten Göttingen und Königsberg mit ihrer besonderen Beziehung zu England in Deutschland ein. Nach Göttingen strömten die jungen Adligen wie Stein, Hardenberg und Humboldt, die sich auf den Staatsdienst vorbereiteten. Dort lehrten schon liberal aufgeklärte Staatsrechtslehrer wie Johann Stephan Pütter oder August Ludwig Schlözer. Georg Sartorius arbeitete ein Handbuch der Staatswissenschaften nach Grundsätzen von Adam Smith aus (1794).

Wichtig für die Smith-Rezeption wurde auch die Universität Königsberg und hier ein enger Freund Kants: Christian Jakob Kraus (1753–1807), der dort das »einzig wahre, große, schöne, gerechte und wohltätige System« des Adam Smith feierte (Sell 1953, S. 139). Mit mehr oder weniger Konsequenz folgten dem Schotten auch Ökonomen oder Staatsrechtslehrer wie Lueder, Hufeland, Graf Soden, von Jakob, Behr. Bei Zachariae findet sich folgende hübsche Bemerkung im Sinne moderner Ökonomie der Äquivalenz: »Die, welche vom Staat alles, was sie wünschen und verlangen, erwarten und fordern, gleichen den Gästen, welche zu einem Festmahl geladen zu sein glauben, aber am Ende des Mahls mit der Rechnung überrascht werden« (nach Sheehan 1983, S. 44). »Ordnung durch Freiheit«: Das ist für staatsorientierte Denker und Publizisten bis heute ein schwer nachvollziehbarer Gedanke.

Ein Reichsritter reformiert Preußen

»*Allein dadurch, dass man das Gegenwärtige aus dem Vergangenen entwickelt, kann man ihm eine Dauer für die Zukunft geben*« (vom Stein, nach Heffter, S. 10).

Nach der katastrophalen Niederlage der preußischen Armee bei Jena und Auerstädt (1806) bekam die wirtschaftsliberale Ideenwelt des Adam Smith als eine Beamtenrevolution »von oben« auch im etatistischen Kriegerstaat Preußen ihre Chance. Hardenberg, einer der Reformer, hat 1807 geschrieben: »Der Wahn, dass man der Revolution am sichersten durch Festhalten am Alten … entgegenstreben könne, hat besonders dazu beigetragen, die Revolution zu befördern. Die Gewalt dieser Grundsätze ist so groß, sie sind so allgemein anerkannt und verbreitet, dass der Staat, der sie nicht annimmt, entweder seinem Untergange oder der erzwungenen Annahme derselben entgegensehen muss« (nach Sell 1953, S. 139 f.)

Eine führende Figur bei der Reformgesetzgebung nach 1806 war der imposante Reichsritter Freiherr vom Stein, gerade von seinem Nachbarfürsten in Nassau mediatisiert, ein Mann der großen Ambitionen, auch hinsichtlich des Reiches, dessen Wiederherstellung in ständischer Gliederung und mit einem Kaiser an der Spitze ihm vorschwebte. Anschaulich beschreibt ihn Ricarda Huch: hohe Stirn, zurückfliehend, Augen blitzend und durchdringend, obwohl nur mittelgroß, doch mächtig, gebieterisch wirkend. »Was unsichtbar von ihm ausstrahlte, unterwarf ihm die Seelen, wo er sich zeigte. Leicht erregte er Furcht, auch wo er nicht wollte. Seine Auffassung war schnell und scharf in beständigem Gedankenfieber, kannte keine Menschenfurcht, kein Titel, keine Übermacht imponierte ihm, er bevorzugte diejenigen, die sich kräftig ihm gegenüber behaupteten« (Huch 1932, S. 91 f.).

Wohl nichts widerstrebte ihm so wie die klein machende, schematisch herrschende Bürokratie der Fürsten, welche Selbsthilfe, Eigeninitiative und Selbstregierung korporativer Vereinigungen verdrängt hatte. Kein größerer Bürokratiekritiker in der deutschen Geschichte, von den rebellierenden Rittern des 16. Jahrhunderts (Hutten, Sickingen, Götz) abgesehen! Aus dem berühmten Brief an Heinrich von Gagern (zit. nach Thiede 1927, S. 41 f.): »Wir werden von besoldeten, buchgelehrten, interessenlosen, ohne Eigentum seienden Büralisten regiert. Diese vier Worte enthalten den Geist unserer und ähnlicher geistlosen Regierungsmaschinen; besoldet, also Streben nach Erhalten und Vermehren der Besoldeten; buchgelehrt, also lebend in der Buchstabenwelt und nicht in der wirklichen; interessenlos, denn sie stehen mit keiner der den Staat ausmachenden Bürgerklassen in Verbindung, sie sind also eine Kaste für sich, die Schreiberkaste, eigentumslos, also alle Bewegungen des Eigentums treffen sie nicht. Es regne oder scheine die Sonne, die Abgaben steigen und fallen, man zerstöre althergebrachte Rechte oder lasse sie bestehen. Alles das kümmert sie nicht, sie erheben ihr Gehalt aus der Staatskasse und schreiben, schreiben, schreiben im stillen, mit wohlverschlossenen Türen versehenen Bureau, ohnbekannt, ohnbemerkt, ohngerühmt. Und ziehen ihre Kinder wieder zu gleich brauchbaren Schreibmaschinen an …« Stein verbindet den Geist von Adam Smith mit dem von Montesquieu und Edmund Burke. Wie dieser polemisiert er gegen »Volkssouveränität« und bürokratischen Absolutismus, jene, die glauben, man könne sein Vaterland »wie ein Stück weißes Papier ansehen«, auf dem »man kritzeln könne, was einem beliebt« (Burke 1967, S. 242). England ist ihm Vorbild.

England war in der glücklichen Lage, den Versuch bürokratischer Planierung durch einen absolutistischen Staat (durch die Tudors und Stuarts) abgewehrt zu haben. So konnte sich das moderne England kontinuierlich aus der ständischen Selbstregierung der mittelalterlichen Gesellschaft entwickeln. Die kontinentaleuropäische und besonders deutsche Vorstellung, dass der Staat ein selbstständiges, über den Individuen stehendes Leben habe, dass er eine sonst angeblich in Atome auseinanderfallende Gesellschaft durch gesetzlichen Zwang zusammenhalten müsse, hatte hier, wie auch in der »altfreien« Schweiz, keine Chance, aufzukommen (vgl. Meyer 1915, S. 20 ff.). Es gab (wie in der Schweiz) vor dem späten 19. Jahrhundert weder eine professionell-bürokratische Staatsorganisation noch ein Juristenmonopol in der Verwaltung (Löwenstein 1967, S. 457 ff.). Der Staat löste sich, wie Wilhelm Dibelius schrieb (1925, Bd. 2, S. 207) fast ganz in der Gesellschaft auf. Es gab nicht einmal den abstrakten Begriff des »Staates«, sondern nur den der »Krone«, des Parlaments usw. Nicht die Gesetzesbefehle einer Staatsmaschine, sondern öffentliche Meinung, Sitte, Herkommen, das von unten gewachsene Common Law, Präzedenz und Majoritätsentscheidung waren die Bindemittel dieser Gesellschaft. Das vom Volk willig akzeptierte Gentleman-Ideal tat ein Übriges zur Integration des Landes. So wurde eine empirische Freiheit zur selbstverständlichen Lebenspraxis. Dagegen kannte Preußen bis dahin nur wenige vom Staat gewährte Freiheiten, »verteilte das Wenige aber mit gleichmäßiger Gerechtigkeit«, wie Dibelius lobend meinte (1925, S. 208).

Vom Stein ist kein liberaler Rationalist wie Hardenberg, dagegen ein Freund einer korporativ-genossenschaftlichen Gliederung, auch mit reformierten Zünften. Mit seinen Helfern wie Theodor von Schön oder Staatsminister Karl Freiherr von Altenstein war er für ein Jahr praktisch preußischer Diktator und hat in dieser kurzen Zeit Gewaltiges bewegt. (Napoleon zwang ihn zur Flucht.) Seine Gegner im Adel nannten ihn einen »Jakobiner«!

Die großen Denkschriften der leitenden Beamten Preußens (s. bei Winter 1931) lesen sich wie Auszüge aus Adam Smith oder wie ein Lehrbuch zur Kritik des Interventionismus. In einer berühmten Geschäftsinstruktion vom Steins an die Provinzregierungen Preußens vom 26. Dezember 1808 steht zu lesen: Bei allen Maßnahmen der Regierung »muss der Grundsatz leitend bleiben, einem jeden innerhalb der gesetzlichen Schranken die möglichst freie Entwicklung und Anwendung seiner Analysen, Fähigkeiten und Kräfte sowohl in moralischer als auch in physischer Hinsicht zu gestatten«. Oder: »Man gestatte einem jeden, sein eigenes Interesse auf seinem eigenen Wege zu verfolgen und sowohl seinen Fleiß als auch sein Kapital in die freieste Konkurrenz mit dem Fleiß und Kapital seiner Mitbürger zu bringen« (nach E. Wolff 1909, S. 104 f.).

Es sei beispielsweise des Staatsministers Freiherr von Altensteins umfangreiche Denkschrift näher betrachtet (Winter 1931, S. 364 ff.). Am wichtigsten ist ihm die Beseitigung der Gewerbemonopole, weil erst dadurch der »freie Gebrauch persönlicher Kräfte« möglich werde. Also: Beseitigung der Zunftverfassung. Mögen Zünfte früher notwendig gewesen sein, jetzt seien sie nur schädlich. Sie verteuern die Arbeit, fördern den Schlendrian, behindern Arbeitsteilung und Mobilität (Winter, S. 410). Auch sonst will er keine Monopole, mit Ausnahme der Patente für einige Jahre; er ist für die Abschaffung der Preis- und Lohntaxen. Protektionismus und Subventionen sowie ein planloser Interventionismus hätten nur »zur wechselseitigen Lähmung der Kräfte geführt« (Winter, S. 434). »Das eine Gewerbe zu erhalten, hätte man das andere gelähmt, und dieses andere in gleicher Absicht«, so habe man Ackerbau, Handel und Industrie in eine »allgemeine Verkrüppelung« geführt. Die »Polizei« (innere Verwaltung) müsse vor allem Hindernisse wegräumen, nicht künstlich schaffen, da »die Natur« von selbst spontan schaffe, wenn man ihr freien Lauf lasse. Die polizeiliche Bevormundung erzeuge nur »allgemeine Schwäche«. »Das eigene Spekulieren der Individuen wird an die Stelle toter Polizeiverfügungen treten und alles beleben« (Winter, S. 440). Auch mit Altensteins sonstigen Vorschlägen (Verbraucherschutz, Verkehr, Bildungswesen etc.) kann ein Liberaler unserer Zeit zufrieden sein. Zwei energische Wirtschaftsdiktatoren – vom Stein und Hardenberg – werden dieses Programm im Kernteil durchsetzen.

Die neue Freiheit der Bauern und der Städte

Das Oktoberedikt von 1808 brachte den Bauern in Preußen persönliche Freiheit, Freizügigkeit, Berufswahlfreiheit und – nicht selbstverständlich – Freiheit in der Ehegattenwahl. Der personenrechtliche Teil, die eigentliche Gutsuntertänigkeit, fiel mit dem Martinitag 1810 (»Ab dem Martinitag 1810 gibt es nur noch freie Leute!«) entschädigungslos weg. So fielen insbesondere fort: Treueid, Schollenpflichtigkeit, Heiratserlaubnis, Berufszwang, Zwangsgesindedienst, Stellenannahmezwang, Arbeitszwang, die besondere Strafgewalt, das besondere Entsetzungsrecht, die Loslassungsgelder bei einem Abzug. Damit kamen auch, im Gegenzug, die besonderen Fürsorgepflichten der Herrschaft zum Ende. Es blieb einstweilen noch beim Kirchenpatronat (mit dem Recht des Herrn zum Einschluss in das Kirchengebet!), der Polizeiobrigkeit innerhalb der Gutsgemeinde. Für den sachenrechtlichen Teil (freie Vermögensverpflichtungen) war der widerstrebende Adel mit Land und Geldleistungen für »Ablösungen« zu entschädigen, was viele Bauern nicht leisten konnten. Der Bauernschutz war ja abgeschafft. So wurden aus ihnen neben etlichen selbstständigen Existenzen viele auch nur freie Landarbeiter mit kleinem Landstück oder sie wanderten in die Stadt ab und trugen zum Aufbau der aufstrebenden Industrie bei; die Junker avancierten zu kapitalistischen Unternehmern (vgl. Knapp 1887); die Herren behielten noch lange die Patrimonialgerichtsbarkeit (bis 1850) und lokale Polizeigewalt in den Gutsbezirken (bis 1918 und manchmal noch darüber hinaus), auch fehlte noch lange eine freie Gemeindeordnung im Sinne Steins, aber immerhin: Die Bresche war geschlagen.

Die Städteordnung (29. November 1808) machte keineswegs aus den gedrückten, ihres Vermögens und ihrer Selbstbestimmung beraubten und bürokratisierten Kommunen wieder die früheren stolzen Stadtstaaten mit Selbstregierung, Gerichtshoheit, Steuerhoheit, Polizeigewalt und einer selbstständigen Miliz sowie freier Bündnispolitik. Sie boten damals das traurige Bild von Kommunen mit verknöcherter Ratsverfassung, einer starren Herrschaft von Gilden und Zünften, Heimlichkeit statt Öffentlichkeit, Wegfall der Bürgerversammlungen. »Spießbürgerliche Gesinnung, selbstische Privilegiensucht, engherziger Zunftgeist drohten den lebendigen bürgerlichen Gemeinsinn zu ersticken« (von Gierke 1957, S. 48). Auch wehrten sich die von oben »Beglückten« in Preußen teilweise heftig gegen ihre neuen Rechte auf Selbstentscheidung. Heinrich Heffter schreibt: »In einer ostpreußischen Kleinstadt musste die Bürgerschaft geradezu von der Regierung gezwungen werden, ihre Selbstverwaltung einzurichten. Und wenn dies auch ein extremer Fall war, so zeigte sich dies jeder Selbstverwaltung entwöhnte Bürgertum doch überall bei den ersten Gehversuchen in der Freiheit sehr ungelenk. Die Stellung eines Stadtverordneten gefiel noch am ehesten. Aber die Besetzung der Magistratsstellen schuf viele Schwierigkeiten. Die Bürger trauten sich oft solche Ämter gar nicht zu, namentlich bei dem Posten des Bürgermeisters, durch die Unsicherheit der Anstellungsbedingungen abgeschreckt; man hielt sich oft schon deshalb an die bisherigen, auch lebenslänglich angestellten Stadtbeamten, weil man sie sonst pensionieren musste« (Heffter 1969, S. 96 f.).

Es war auch soziologisch schwer möglich, eine Kommunalverfassung nach englischem Vorbild mit einer ehrenamtlichen Stellung des von der Krone ernannten Friedensrichters (aus der »Gentry«, die es in Preußen nicht gab) und einer wehrhaften Miliz (mit persönlichem Waffenrecht), ein echtes Selfgovernment nach den Idealen Rudolf Gneists mit auch selbstständiger Finanzierung (kommunale Grundsteuer) zu schaffen. (Immerhin hatte der altpreußische Landrat eine vergleichbare Stellung.) Die Realität blieb bis heute, dass es nur zu einer »administrativen Dezentralisation« kam; die staatliche Auftragsverwaltung, namentlich bei anschwellender Staatsagenda, und die Subordination unter die Ermessens- und Verfügungsgewalt der Zentralbürokratie (Bezirk, Provinz) blieben erhalten, auch fehlte es an Satzungs- und Verfassungsautonomie der Kommunen (einheitliche Verfassungsordnung für alle) wie auch an finanzieller Autonomie nach Vorbild der Schweiz. Wie Adolf Gasser schrieb: »Die Befehlsverwaltung blieb innerhalb der liberalisierten Obrigkeitsstaaten nach wie vor das beherrschende … Element, und was man ›Selbstverwaltung‹ nannte, das spielte im Grunde nur eine subsidiäre Rolle und verkörperte, weil aus ganz anderer Wurzel entstanden als in der Welt der Gemeindefreiheit, mehr ein formal-juristisches als ein geistig-sittliches, ein gemeinschaftsbildendes Prinzip.« Und weiter: »Während in England, Amerika, der Schweiz die Kommunen in sämtlichen Angelegenheiten, also auch im ›übertragenen‹ Wirkungskreis, umfassende Ermessens- und Verfügungsfreiheit besitzen, war es in den liberalisierten Obrigkeitsstaaten immer umgekehrt. Dort blieb aufgrund des administrativen Subordinationsprinzips in allen irgendwie umstrittenen Fällen grundsätzlich das freie Ermessen der Bezirksbürokratie maßgebend; d. h., sie war ausdrücklich ermächtigt, die Staatsinteressen gegenüber den Gemeinden auf dem Befehlswege zu wahren und dabei in allen Details nach Gründen der ›Zweckmäßigkeit‹ zu entscheiden« (Gasser 1947, S. 107 f.). Aber immerhin: Die Steinsche Städteordnung war weit entfernt von der französischen Kommunalverfassung– die Gemeinden als reine Verwaltungsstellen des Zentralstaates – und konnte wohl dazu beitragen, alten korporativen Geist wieder zu erwecken.

Der von Gasser kritisierte grundsätzliche Defekt änderte sich auch nach der Demokratisierung auf gesamtstaatlicher Ebene (1918) nicht, im Gegenteil, wenn man an die Erzbergersche Finanzreform von 1920 denkt. Die Gemeinden verloren ihre relative Finanzautomie und ihre Selbstständigkeit als angeblich »dritte Säule« (neben Bund und Ländern) geht bis heute kontinuierlich zurück. Besonders die Wandlung von der Bürger- zur Einwohnergemeinde zeigt die Degeneration kommunaler Selbstständigkeit. Wo soll hier kommunaler Bürgerstolz herkommen, wenn die Gemeinde kein Recht mehr dazu hat, ihr Stadtbürgerrecht feierlich zu verleihen, sondern jeder Zugezogene es ohne besondere Voraussetzungen, ohne Kenntnisse über Besonderheiten und Geschichte der Kommune, gar ohne »Bürgereid« automatisch besitzt?

Die Gemeinden der Gegenwart sind »janusköpfig« geblieben (als Ausführungsorgan staatlicher Entscheidungen und als »Selbstverwaltung« mit eigenen Restfunktionen). Die Gemeinden und Kreise sind heute »Hintersassen der Bundesländer« (Wolfgang Rudzio 2019), sie sind keine selbstständigen politischen Einheiten mehr, weder genossenschaftlich noch im liberalen Sinn von 1849 als Repräsentanten der »Gesellschaft« aus eigenem Recht.

Von oben erzwungene technokratische Gebietsreformen (größere Einheiten) verminderten zudem stark die Partizipationsmöglichkeiten der

Bürger. Die Zahl der selbstständigen Gemeinden ging allein bis 1978 in Westdeutschland von 24 000 auf 8500 Einheiten zurück. Dies wäre in der Schweiz unmöglich gewesen. Der »goldene Zügel« (Finanzzuweisungen vom Bundesland) verzerrt überdies die Prioritätensetzung.

So stehen liberale Reformer heute vor ähnlichen Aufgaben wie der Freiherr vom Stein zu seiner Zeit, wobei neben einer entschiedenen Deregulierung die Privatisierung vieler kommunaler Tätigkeiten eine wichtige Rolle spielen müsste. Die Gemeinde ist über umfassende »Daseinsvorsorge« und »Munizipalsozialismus« ein Wohlfahrtsstaat im Kleinen geworden. Bürokratisierung, Professionalisierung, Zentralisierung, Parteipolitisierung kennzeichnen diese Fehlentwicklung. Konrad Adenauer hat als Oberbürgermeister von Köln gegen diese Entwicklung schon 1921 vor seinen Kollegen auf dem deutschen Städtetag Stellung genommen: »So ist es gekommen, dass wir, die Gemeinden, immer mit den Brosamen abgespeist worden sind, die übrig bleiben. Daher meine ich, ist es staatspolitisch richtig, dass diejenigen, die letzten Endes für die öffentlichen Einnahmen verantwortlich sind, sagen: Die Interessen der Gemeinden sind den Interessen des Reiches in finanzieller Beziehung gleich zu achten« (bei Krabbe 1989, S. 167).

Was die Gewerbefreiheit betrifft, so war vom Stein hier nicht so konsequent wie Hardenberg. Er war nicht für eine radikale Abschaffung, sondern nur für eine Reform der Zunftverfassung als wichtiges Element der sozialen Gliederung und körperschaftlicher Selbsthilfe. Tatsächlich blieb die Liberalisierung nach der Durchsetzung der Gewerbefreiheit (1810) für den Bereich des Handwerks nur ein Zwischenspiel. Heute gibt es wieder 41 (bis 2004: 91) Handwerkszünfte mit »großem Befähigungsnachweis«, die in kleinlichster Weise wie nur je um exklusive Zuständigkeiten kämpfen (Habermann 1990) und nur mit einigem rabulistischem Aufwand die Abgrenzung zum sonstigen, namentlich industriellen Gewerbe aufrechterhalten können (»dynamischer« Handwerksbegriff). Die Gewerbefreiheit wurde in als »fortschrittlich« geltenden Ländern wie Baden oder Bayern erst viel später (1862/1868) durchgesetzt.

Exkurs: Preußen, aus liberaler Sicht betrachtet

Bis heute ist das Urteil liberaler Historiker, Publizisten, Philosophen, Schriftsteller und besonders Ökonomen über den »Nationalstaat« Preußen ambivalent, wo nicht ablehnend, auch schon im 18. Jahrhundert. National eingestellte Schriftsteller wie Treitschke, Droysen oder Schmoller sparten nicht mit Lob wegen der angeblich höheren nationalen Mission dieses Staatsgebildes und seines besonderen Staatsgedankens: Nationale Einheit vor Freiheit! Sie meinten, der höhere Zweck heilige die Mittel (Kriege!) und der äußere Erfolg gebe ihrem Standpunkt recht. Nach 1945 – freilich nicht das zwingende Ergebnis der preußischen Geschichte – wurden diese Stimmen leiser oder verstummten gänzlich. Die Preußen angedichtete nationale Mission wurde die Ursache des Untergangs seiner Staatlichkeit (s. u.).

Schon gleich mit Beginn der Hohenzollernherrschaft (1415) fällt die gewaltsame Machtpolitik dieses Gebildes bzw. seines Vorläufers Brandenburg auf. Albrecht Achilles ging gegen Nürnberg vor. Relativ freie Städte oder Mitglieder der Hanse wurden mit meist militärischem Zwang unterworfen, so, wie geschildert, beispielsweise Stendal oder vorher schon Berlin und Cölln. Mit aller Gewalt setzten sich die Herrscher auch gegen die sich selbst verwaltenden Stände in der Mark und – nach zähem Widerstand – in Ostpreußen und Cleve-Mark durch. Der Adel wurde unterworfen, die Landtage – durch ihr Steuerbewilligungsrecht lange Vetomächte gegen monarchischen Absolutismus und stehendes Heer – wurden kaltgestellt und verkümmerten nach und nach. Der Adel blieb zwar ökonomisch und lokalpolitisch privilegiert, aber als Militär- oder Zivilbeamter gleichzeitig in den Staatsdienst gezwungen: »Ständisches Freiheitsethos wandelte sich in politisches Dienstethos« (Forsthoff). Ein Gewaltherrscher wie Friedrich Wilhelm I. schrieb am Rande einer Eingabe der ostpreußischen Stände (Graf Dohna) die berühmten Worte: Er werde den Junkern ihre Autorität ruinieren »und die Souveränete stabilieren wie ein Rocher de Bronce«. Das heißt: unumschränkte Macht nach innen als oberstes Gebot seiner Politik!

Der Große Kurfürst machte hier keine Ausnahme und auch nicht der philosophische Machtmensch Friedrich der Große, ein Sklave der Staatsräson, volksfremd, zynisch, irreligiös, voll grimmiger Menschenverachtung. 1815 – bei der Neuordnung Deutschlands auf dem Wiener Kongress – gebärdete sich die preußische Politik rücksichtslos mit Absicht auf Machterweiterung (Rheinprovinzen, Sachsen zur Hälfte), ohne Erbarmen oder Interesse für die politisch enteigneten fürstlichen Kollegen. So auch Bayern, das skrupellos Franken und die alte Reichsstadt Nürnberg sowie die Fürstentümer Ansbach-Bayreuth endgültig annektierte. Dann die Bismarckschen Raubzüge: Schleswig-Holstein, das Königreich Hannover, die Reichsstadt Frankfurt, Kurhessen, Nassau. Besonders düster war das Ende der Selbstständigkeit der Reichsrepublik Frankfurt (1866): Hier traten die preußischen Generäle wie rücksichtslose Eroberer auf. Manteuffel drohte mit Plünderung, wenn die Stadt nicht binnen drei Tagen 25 Millionen Gulden zu den bereits erlegten 6 Millionen und Naturallieferungen im Werte von 3 Millionen zahle – für eine Stadt von damals 50 000 Einwohnern eine ungeheure Summe. Für jeden Tag der Verzögerung sollte die Forderung um eine Million erhöht, die Stadt gegebenenfalls abgesperrt und ausgehungert werden. In der Verzweiflung erhängte sich der bedrängte Bürgermeister (Sell 1953, S. 225).

Nun, man könnte sagen: Machtpolitik dieser Art trieben auch die anderen Staaten in jener Zeit (und leider wohl noch heute): Waren einige andere deutsche Potentaten nicht genauso skrupellos? Man denke an den Reichsdeputationshauptschluss von 1803 oder das brutal schachernde Paktieren mit Napoleon oder an Herrscher wie Gustav Adolf von Schweden, Karl XII., Ludwig XIV., Peter den Großen, Katharina II., selbst Joseph II. oder auch an die englische und französische überseeische Eroberungspolitik.

Entscheidend bei der liberalen Beurteilung der preußischen Politik ist indessen, was diese Politik im Inneren aus den Menschen machte. Das zunächst relativ kleine Brandenburg-Preußen (beim Tode von Friedrich Wilhelm I. 2,5 Millionen Einwohner) musste um seiner politischen Ambitionen willen aus seinem Staat eine Kaserne, ein modernes Sparta machen, eine wahre Staatsmaschine, der alles untergeordnet wurde, vor allem auch die Wirtschaft und das Privatleben. Man denke an den Ordensstaat Preußen als einen frühen Vorgänger. *Preußen war ein aristokratischer Kriegerstaat!* Drei Viertel des Haushalts gingen in das Militär, die Bürger verloren weitgehend ihre Privatautonomie, selbst in Fragen ihrer Lebensführung, die evangelischen Landeskirchen wurden ein gehorsames Instrument der Politik. Dem Militär wurde alles untergeordnet, ihm gehörte das höchste Prestige, bis 1918. Im ersten Weltkrieg kam es faktisch zu einer Militärdiktatur (von Hindenburg/Ludendorff, vgl. Görlitz 1997).

Friedrich Wilhelm I., der eigentliche Gründer dieses Militärstaates, wird als ein politisches und menschliches Monster und cholerischer Wüterich geschildert, der für das, war er für Staatsräson hielt, seinen Sohn, den späteren König Friedrich II., hinrichten lassen wollte und ihn jedenfalls in abscheulicher Weise demütigte. Ricarda Huch (o. J., S. 1089): »Er war herrschsüchtig und machtgierig in der Form des Topfguckers und Wüterichs, der überwacht, ob jeder Winkel im Haus und im Staate abgestaubt ist.« Pierre Gaxotte: »Er war misstrauisch, brutal, geizig, despotisch und pedantisch genau und vertrug weder Saumseligkeit noch Widerspruch … er prügelte seine Bediensteten, prüfte die Küchenabrechnungen, beschimpfte seine Gemahlin, seine Kinder, seine Minister, und auf seinen Promenaden in

Berlin teilte er reichlich Grobheiten und Stockschläge aus« (Bd. II, S. 38 f.). Ludwig Reiners fügt anschauliche Einzelheiten hinzu: »Wenn er in einem Haus Lärm hört, dringt er ein und zwingt die zankenden Eheleute, sich zu küssen. Faulenzende Bauarbeiter prügelt er eigenhändig, verschwenderische Seidenröcke reißt er auf der Straße selbst vom Leib, Kegelspieler jagt er auseinander und niemand – Offiziere ausgenommen – ist vor seinem Stock sicher. Kein Wunder, dass das Volk, wenn es ihn kommen sieht, davonläuft, wie wenn ein Tiger aus der Manege ausgebrochen wäre« (1980, S. 26 f.).

Friedrich Wilhelm war der Erste der preußischen Herrscher, der ständig in Uniform ging (»roi sergent«). Dieser Schrecken verbreitende, lächerliche, ja hassenswerte Mann wurde zum Schöpfer der preußischen Staatsverwaltung mit dem Generaldirektorium an der Spitze und einem umfassenden Spitzelsystem. Er wurde Organisator eines Heeres, das im grotesken Missverhältnis zur Größe des Landes stand. (Seine närrische Vorliebe für »Lange Kerls« war eine militärisch nutzlose Spielerei.) Er bereitete auch den allgemeinen Wehrzwang vor, organisierte das Kantonsystem zur Erfassung der Wehrfähigen, zunächst nur für Bauern. Bürger und Adel, der die Offiziere stellte, ausgenommen.

Das preußische Kriegswesen, zunächst kapitalistischen Kriegsunternehmern (»Obersten«) nach Art Wallensteins überlassen, wurde verstaatlicht, aus privaten Unternehmern wurden Offiziere.

Friedrich Wilhelm wie sein Sohn wurden auch Schöpfer eines Wohlfahrtsstaates, der in seinem systematischen und ausgefeilten Dirigismus eine große »Anmaßung von Wissen« darstellte. Damit sollte die »Glückseligkeit« der Untertanen und vor allem die Stärke des Staates gesichert werden. Er wurde zum Vorbild, an das Bismarck mit seiner Sozialpolitik anknüpfte.

Ideal waren die ökonomische Autarkie, der Protektionismus nach außen, Staatswirtschaft (Wolle, Leinen, Seide, Porzellan), eine umfassende Investitionslenkung, soziale Magazinpolitik und sogar ein umfassender »Verbraucherschutz« nach innen. Das Allgemeine Preußische Landrecht (1794) wies jedem Berufsstand seine Rolle zu und garantierte sie, jedermann wurde wie im späten Römischen Reich auf seine Funktion im Staat fixiert: gewiss ein unproduktives System. Hinzu kam noch die moralische Überwachung und anmaßende Bevormundung; ein Erziehungszwangsstaat, der vom Physiokraten Mirabeau (1793/1981) in Grund und Boden kritisiert und auch von anderen großen liberalen Geistern des 18. Jahrhunderts heftig verurteilt wurde, namentlich, wie beschrieben, von Kant und Wilhelm von Humboldt. In Preußen besaß nicht der Staat eine Armee, sondern die Armee einen Staat, wie Mirabeau bemerkte.

Friedrich II., der »Philosophenkönig«, führte die von seinem Vater geschaffene Staatsmaschine fort und ergänzte sie. Unter ihm verschlang die Staatsmaschine vollends die bürgerliche Gesellschaft (Otto Hintze). Er vergrößerte das Heer und nutzte es zu Eroberungszügen um seines persönlichen Ruhmes und der Macht des Staates willen. Dabei ging er fast zugrunde und nur großes Glück (der Tod der Zarin) rettete ihn. Auch war er eine zwar musische und philosophisch »aufgeklärte« Erscheinung, die viele Philosophen und Intellektuelle bezauberte, aber auf der anderen Seite stand seine zynische Menschenverachtung, sein demütigender Umgang mit seiner Beamten-»canaille« (die ausfälligen Randnotizen an Akten, die der gerne große Wilhelm II. später imitierte), die Behandlung seiner Untertanen als »kranke Kinder«, wie er sagte. Er machte sich selbst zu einem asketischen Rad in der Staatsmaschine, fast ohne Freunde, ohne wirkliche Ehefrau und – abgesehen von seiner Lieblingsschwester Amalie – ohne Familie, nur seinen Hunden zugetan – ein zunehmend kranker »workaholic«. Für den preußischen Staat mit seinen beim Tode Friedrichs ca. 200 000 Soldaten hieß es; »toujours en vedette« – immer in Kriegsbereitschaft. Ein Staat, aufgestellt zum Krieg, mit einem König immer in Uniform. Es ist bemerkenswert, dass nur in einem Fall vom Widerstand eines Offiziers gegen einen Befehl Friedrichs berichtet wird: Der Major Friedrich von der Marwitz weigerte sich, das sächsische Schloss Moritzburg niederzubrennen: »wählte Ungnade, wo Gehorsam Schande brachte« ist noch heute auf seinem Grabstein in Fredersdorf zu lesen. Auch später rebellierte diese Familie, als es um die Bauernbefreiung ging, diesmal gegen Hardenberg. Zu erwähnen ist in späterer Zeit auch der Prinz Friedrich Karl von Preußen, ein harter Vorgesetzter, dennoch von seinen Soldaten vergöttert, der einen Major, der sich für eine taktische Fehlleistung auf deren Anordnung durch einen Divisionskommandeur berief, angeherrscht hat: »Dafür sind Sie doch wohl Stabsoffizier geworden, dass Sie wissen können, wann man nicht gehorchen darf« (nach Hellpach 1954, S. 195). Typisch ist dieses Verhalten indessen nicht, auch und gerade später nicht.

Dies war die eine Seite Preußens, die bedenkliche. Die freundliche Seite hat kein anderer als Friedrich August von Hayek hervorgehoben: »Im Hinblick auf den Ruf, den Preußen im 19. Jahrhundert erwarb, mag es den Leser überraschen, zu erfahren, dass der Anfang der deutschen Bewegung für eine Regierung des Gesetzes in diesem Lande zu finden ist. In mancher Hinsicht war die Herrschaft des aufgeklärten Despotismus des 18. Jahrhunderts dort erstaunlich modern, tatsächlich möchte man sagen fast liberal, was rechtliche und administrative Grundsätze betrifft« (Verfassung 2005,

S. 251). So die Auffassung des Königs als »erster Diener des Staates«, die Trennung des Privaten vom Öffentlichen (»Entpatrimonialisierung«), die Bindung auch des Herrschers an Gesetze und Gerichtsurteile (der bekannte Fall des Müllers Arnold), die politische Funktionalisierung des Monarchen. Hier in Preußen kam es unter Cocceji zu einer ersten Kodifikation des Privatrechts (1751) – ein Schritt in Richtung auf die Herrschaft des Gesetzes. Hier begann eine selbstständige Verwaltungsgerichtsbarkeit – die Trennung von Justiz und Verwaltung. Neben Cocceji waren Carmer und Suarez liberal eingestellte Justizchefs des Königs.

Das Allgemeine Preußische Landrecht (1794) hatte, wie Tocqueville hervorhob, ein doppeltes Gesicht: Einerseits die bürokratische Fixierung eines überholten sozialen Status quo im Interesse der Staatsmacht, andererseits ist es auch als »Grundgesetz der Freiheit« und eine Art Verfassung bezeichnet worden. Die Bürger sollen an den Gebrauch ihrer eigenen Vernunft gewöhnt werden. Einer seiner Mitverfasser, Ernst Ferdinand Klein, bemerkte: »Je einsichtsvoller die Nation, desto weniger wird es nötig sein, ihrer Freiheit Schranken zu setzen«. Im § 83 zur Einleitung dieses Gesetzes findet sich der Satz: »Die allgemeinen Rechte des Menschen gründen sich auf die natürliche Freiheit, sein eigenes Wohl ohne Kürzung der Rechte eines anderen suchen und befördern zu können.« Diese Perspektive fehlt unserem zeitgenössischen Wohlfahrtsstaat. Es waren Deutsche (Rudolf Gneist, Otto Bähr u. a.), welche später die Theorie des Rechtsstaates entwickelten.

Im 19. Jahrhundert war Preußen von den Stein-Hardenbergischen Reformen an zweifellos ein Vorreiter des wirtschaftlichen Liberalismus mit dem Höhepunkt der Zollunion und der Gewerbeordnung (1869). Der Preußenfreund Ehrhardt Bödecker spricht gar von Bismarck als Schöpfer des ersten deutschen Wirtschaftswunders (2006, S. 16) und rühmt nicht ganz zu Unrecht die Solidität der preußischen Finanzpolitik und die geringe Steuerbelastung der Bürger.

Schon unter Friedrich Wilhelm I. wurden die Hexenprozesse eingestellt, unter seinem Sohn die Folter abgeschafft. Mehr aus religiöser Indifferenz als echter Toleranz wurde unter Friedrich die Religionsfreiheit gewährt, was noch nicht mit allgemeiner Meinungsfreiheit gleichzusetzen ist. Zwar einerseits: »Jeder soll nach seiner Fasson selig werden«, andererseits aber: »Pariert muss werden.« Die Monarchie als solche stand trotz aller vernunftrechtlichen Bekenntnisse Friedrichs nie in Zweifel. Immerhin wurde ein Kant geduldet.

Auch haben die preußischen Herrscher im 18. Jahrhundert auf ihren (verpachteten) Domänen, die gut ein Drittel des Landes umfassten, die

Leibeigenschaft abgeschafft, ohne allerdings die Bindung des Bauern an seine Stelle aufzuheben. Friedrichs Kolonisationsleistungen werden gerühmt (900 neue Dörfer, 57 000 Bauernstellen). Und »Spree-Athen« wurde zu einem Aufenthaltsort vieler hervorragender Köpfe, schon unter Friedrich (mit Voltaire und den anderen) und dann im 19. Jahrhundert. Und es ist sehr zu rühmen, was die preußischen Könige, besonders auch der romantische Friedrich Wilhelm IV., für die Verschönerung von Potsdam, Berlin, für die umgebenden Landschaften und auch das ferne Rheinland getan haben, auch im Sinne der Erhaltung oder Wiederherstellung von Kulturdenkmälern. Überall trifft man auf Spuren seines freundlichen künstlerischen Wirkens.

Preußen ist nicht Deutschland. Neben dem Absolutismus dieses Landes stand der süddeutsche und der fränkische Raum, das »Alte Deutsche Reich«, das sich besonders in Württemberg unter schweren Kämpfen (gegen Herzog Ullrich oder Karl Eugen) seine ständisch-konstitutionelle Verfassung bewahren konnte (seit dem Tübinger Vertrag von 1514) und wo die Macht der vielen kleinen und großen Reichsstädte und Ritterstaaten bis ins 19. Jahrhundert erhalten blieb. Auch Mecklenburg blieb ständisch-konstitutionell bis zuletzt, 1918.

Noch ein Wort zum Ende des preußischen Staates. Man kann mit Sebastian Haffner (1979) sagen, dass es zur Todesursache Preußens wurde, dass es sich eine deutsche Sendung aufreden ließ. Dafür hatte der alte König Wilhelm auch – in seinem Widerstand gegen Bismarcks Einigungspolitik – ein Gefühl. 1918/19 stellte es sich selber zur Disposition. Mit dem Staatsstreich von Papens am 20. Juli 1932 wurde die preußische Staatsregierung abgesetzt, von Papen schwang sich zum »Reichskommissar für Preußen« auf. Die Regierung Otto Braun – Oberherrin einer imponierenden Polizeimacht von 80 000 Mann – kapitulierte kampflos vor einer Handvoll Soldaten der Reichswehr. Hitler vollendete dann mit seinem Einheitsführerstaat dieses Werk. Nur noch den amtlichen Totenschein stellte am 25. Februar 1947 das Kontrollratsgesetz Nr. 46 der alliierten Siegermächte aus.

XI.
Liberalismus und Demokratie

Gewiss ist, dass Liberalismus und die demokratische Bewegung in Deutschland lange Zeit ein Kampfbündnis gegen monarchisch-feudale und bürokratische Willkür eingegangen sind und beide noch heute häufig für ununterscheidbar gehalten werden. Jedoch ist – nach Hayek – der unterscheidende Punkt, dass Liberalismus die Hauptaufgabe in der Beschränkung der Staatsgewalt sieht, sei sie demokratisch oder nicht. Der dogmatische Demokrat jedoch kennt nur eine Beschränkung der Staatsgewalt und das ist die Meinung der jeweiligen Majorität. Die Demokratie sagt, dass das Volk, faktisch die Mehrheit des Volks, herrschen soll (»Volkssouveränität«), aber sie sagt nicht, was das Volk tun darf. Es kann auch totalitäre Demokratien geben. Nicht wer herrschen soll, ist für den Liberalen die wichtigste Frage, sondern was die Herrschenden tun dürfen. Liberalismus schränkt die Souveränität ein, der dogmatische Demokrat setzt dieser keine Grenzen. Für den Liberalen ist die Demokratie nur Mittel (zur unblutigen Erhaltung der individuellen Freiheit), für den Demokraten ist sie Selbstzweck. Demokratie als Verfahren sagt nichts über die Ziele der Politik.

Zugunsten der Demokratie ist zu sagen, dass sie die einzige friedliche Methode des Austausches der Herrschenden und zur Entscheidungsfindung ist (durch Mehrheitsvotum); dass sie ein gewisser Bürge für die Freiheit ist; dass sie, wie besonders in der Schweiz zu sehen, das Verständnis für öffentliche Angelegenheiten und die Identifikation mit dem Gemeinwesen fördert und – nach Tocqueville – die Mehrheit politisch erzieht, sie ist auch ein Prozess der Meinungsbildung.

Veit Valentin schreibt (1931, S. 327): Der Liberalismus geht von der Person, der Bildung, der Humanität aus; die Demokratie vom Staatsvolk, vom Interesse, von der Macht. Treffend sieht Hasbach (1912, S. 276) die ethische Wurzel der Demokratie in der Würde des Menschen als Gattungseigenschaft, die des Liberalismus in der Idee der Persönlichkeit, die gerade auf jenen Eigenschaften beruhe, die sie von anderen unterscheide; die Demokratie erstrebe jene Freiheiten, welche die Menschen gleichmachen. Der Liberalismus wolle jene Gleichheit, die sie frei machen, ihre Persönlichkeit zu entwickeln. Er wolle Freiheit, nicht weil er an die Gleichheit, sondern weil er an die Ungleichheit glaube, die eine Fülle materieller und ideeller

Güter hervorbringe. Otto Bähr (1961, S. 169): »Die wahre Volksfreiheit besteht nicht etwa darin, dass ein relativ großer Teil des Volkes an der Herrschaft teilnehme, sondern darin, dass dem Individuum zur Entwicklung seiner Individualität der nötige Raum verbleibt.«

Auch der große Historiker des 19. Jahrhunderts, Franz Schnabel, sah dies so: »Der Liberalismus geht vom Glauben an den Wert des Einzelnen aus und will die Eigenart auch im Gemeinschaftsleben bewahrt wissen; die Demokratie dagegen geht vom Glauben an den Wert der Gesamtheit aus und will die Eigenart des Einzelnen ihr untergeordnet oder unterworfen sehen« (1964, Bd. 2, S. 129). Der Konflikt zwischen individueller Freiheit und einer Gleichheit, die über die Rechtsgleichheit (im materiellen Sinn) hinausgeht, ist unlösbar. »Individualkultur und demokratische Gleichheit heben sich voneinander ab wie zwei sich folgende Zeitalter« (ebd., S. 134). Liberale Publizisten des 19. Jahrhunderts wie z.B. Friedrich Murhard, sahen dies ähnlich: Es sei gleichgültig, ob der Despot ein Einzelner oder ob er vielköpfig sei wie die »Polyarchie« der Jakobiner, »ob die Völker monarchisch oder demokratisch despotiert werden« (RW, 1, S. 156f.)

Auch wenn der Nationalgedanke ein Bindemittel der liberalen Bewegung war, kann er – wie die Demokratie – leicht in einen freiheitsfeindlichen Kollektivismus übergehen, wie die späteren Jahrzehnte zeigten. Aus mildem liberalen Patriotismus, wie Gottfried Herder und viele Liberale des 18. und 19. Jahrhunderts ihn vertraten, kann ein wilder Nationalismus entstehen, der die Eigenart und Rechte anderer Völker missachtet.

1848

»Merkwürdig, dass manche uns den Liberalismus gern als Propheten ohne Schwert malen, wo es doch nicht nur im Begriff der Freiheit und der Politik, sondern durch die Tatsachen gegeben und erwiesen ist, dass für keine andere Idee so viele und heiße Schlachten gewagt, solche Ströme von Blut vergossen, so hartnäckig gekämpft und so großherzig Opfer gebracht wurden« (Benedetto Croce, Geschichte Europas, S. 42).

Wie es der deutschen Non-Zentralisation entsprach, setzte sich nach 1815 schrittweise von Staat zu Staat der liberale Verfassungsgedanke und der Rechtsstaat durch, an der Spitze Schaumburg-Lippe (1814) oder Sachsen-

Weimar (1816). Die Zeiten des willkürlichen Fürstenregimentes, des Patrimonial-, also quasi des monarchischen Privatstaates, sei es auch als aufgeklärter Wohlfahrtsstaat wie in Preußen, waren vorbei. Daran änderte auch das reaktionäre Regime des Deutschen Bundes und des Fürsten Metternich nichts. Der »gemeine Mann« trat, zum ersten Male seit dem Bauernkrieg von 1525, wieder in die deutsche Geschichte ein. Es war dies auch eine Zeit freundlicher biedermeierlicher Kultur. Heinrich Heffter, der Geschichtsschreiber der deutschen Selbstverwaltung, nennt die Zeit zwischen 1815 und 1866 die »glücklichste Zeit der deutschen Geschichte« (trotz des »Systems Metternich«), was man in kultureller Hinsicht vielleicht gelten lassen kann.

Wie häufig bildeten die Vorhut des Kampfes die Studenten, die – von Carl-August von Sachsen-Weimar geduldet – 1817 das berühmte Wartburgfest feierten, nicht ohne sich dabei nach Jugendart etwas absurd zu gebärden. Hier war denn auch eine spektakuläre »Bücherverbrennung« angesagt. Man denke an eine knorrige Gestalt wie Friedrich Ludwig Jahn oder den begeisterten Nationalismus Ernst Moritz Arndts, dem Freund vom Steins. Politische Lyrik und Gesänge dieser »vormärzlichen« Kampfzeit bilden bis heute noch den Kern liberaler Folklore: »Die Gedanken sind frei.« Der volkstümliche Sänger Johannes Wader hat sie in unseren Tagen wieder bekannt gemacht.

Nicht ohne Anteilnahme kann man die Schilderung des großen Hambacher Volksfestes (1832) lesen, unter den über 30 000 Teilnehmern auch viele (geflohene) Polen und Franzosen. Man saß an 1400 Tafeln unter schwarz-rot-goldenen Fahnen: ein politisches Volksfest mit Musik, Essen, Trinken und vielen Reden. Organisatoren und Hauptredner waren die Journalisten Philipp Jacob Siebenpfeiffer und Johann Georg August Wirth. Man forderte einen republikanischen Verfassungsstaat, die deutsche Einheit, Presse- und Redefreiheit, selbst ein »konföderiertes Europa«, auch hörte man schon Stimmen für die Gleichberechtigung der Frauen. Die Reaktion der etablierten Mächte war eine Verstärkung der Repression (Metternich!).

Ein tollkühner Studentenstreich war der Frankfurter Putschversuch von 1833, in dem die Studenten die Militärstation der Hauptwache stürmten, dann zum Zeughaus ziehen und schließlich sogar den Bundespalast, den Sitz des Bundestages, besetzen wollten und unterdessen auf die Unterstützung der Frankfurter Bevölkerung rechneten. Dieser dilettantische Versuch wurde ohne Mühe vom Militär niedergeschlagen.

1837 protestierten sieben Göttinger Professoren gegen die Aufhebung der relativ liberalen Verfassung des Königreiches Hannover durch König

Ernst-August. Sie wurden entlassen und drei von ihnen des Landes verwiesen. Die Namen dieser Mutigen verdienen Erwähnung, es sind angesehene Gelehrte: Friedrich Christoph Dahlmann, Heinrich Ewald, Georg Gottfried Gervinus, die Brüder Jacob und Wilhelm Grimm und Wilhelm Eduard Weber. Warum waren es nur sieben? Was dachten und taten die anderen?

Und dann 1848, ein herrliches Sonnenjahr, wie Ricarda Huch schreibt. »Die Heiterkeit des Himmels wandelte politische Tagungen in ein hohes Fest der Natur und des Volkes« (Götter 1998, S. 359). Es war wirklich etwas Außerordentliches, etwas Einzigartiges, »dass über alle regierenden Gewalten hinweg, nur durch sich selbst und das Vertrauen des Volkes beglaubigt, Privatleute sich zusammentaten, um Deutschland nach ihrem Gutdünken zu ordnen«. Erstaunlich bleibt, wie widerstandslos sich zunächst fast alle Fürsten, auch Preußens und Österreichs, Badens, Württembergs, Sachsens, Hannovers, Bayerns schon dem »Vorparlament« fügten und sich – einschließlich Bundestag – sogar vorübergehend der provisorischen Reichsregierung und dem »Reichsverweser« Erzherzog Johann unterstellten. Auch war die Revolution wie unvermeidlich polyzentrisch; in Berlin, in Wien, in Dresden, Stuttgart usw. triumphierten vorübergehend die revolutionären Bürger. Das Industrieproletariat spielte damals – mangels Masse – noch keine Rolle, allenfalls von der Proletarisierung bedrohte Handwerksgesellen.

Aber bald erwachten die alten Gewalten aus ihrer Schockstarre. Die Frankfurter Versammlung – ohne polizeilichen und militärischen Unterbau – musste sich gegen den gewalttätigen Aufstand radikaler Demokraten von den Fürsten retten lassen, eine Demütigung, die das Unternehmen beschädigte.

Mangels kraftvoller, kühner Führung nach Art Cavours oder Masaryks – die gemäßigten und vorsichtigen Liberalen im Geiste von Gagerns Mittelweg dominierten – und angesichts der objektiv fast unlösbaren Aufgabe, mit 39 deutschen Einzelstaaten und dem preußisch-österreichischen Dualismus und dazu ohne Zwangsgewalt einen Bundesstaat aufzubauen, und wohl auch mangels dauerhaftem Rückhalt durch die Bevölkerung der souveränen Staaten schlug das Unternehmen schließlich fehl. Entscheidend war, dass sich die Streitkräfte der wichtigsten Mächte, Preußen und Österreich, nicht der revolutionären Reichsregierung unterstellen ließen.

Die Verfassung, die schließlich fertig wurde, verdient alle Achtung und war Vorbild für das geltende Grundgesetz. Sie ist in wichtigen Punkten so liberal wie möglich, ohne diffuse Sozialklauseln. Sie beginnt mit den lange beratenen Grundrechten. Alles, was ein Liberaler erwarten kann, ist in 59

Paragrafen sorgfältig formuliert: das Recht zur freien Wahl des Wohnsitzes, also Personenfreizügigkeit, Freiheit des Gewerbes, Auswanderungsfreiheit, Aufhebung der Standesunterschiede, der »leeren Titel«, Gleichheit im Zugang zu öffentlichen Ämtern, gleiche Wehrpflicht ohne Stellvertretung (unter Liberalen freilich umstritten: ihr Ideal war ein Milizsystem mit freier Offizierswahl), Schutz der persönlichen Freiheit, Abschaffung der Todesstrafe, Unverletzlichkeit der Wohnung, Briefgeheimnis, Meinungs- und Pressefreiheit, Glaubens- und Gewissensfreiheit, Zivilehe, Freiheit der Wissenschaft, Abschaffung geistlicher Schulaufsicht, Freiheit für Privatschulen, Recht der Berufswahl, Petitionsfreiheit, Versammlungs- und Vereinsfreiheit, Unverletzlichkeit des Eigentums, Aufhebung aller Untertänigkeit und Patrimonialgerichtsbarkeit (ohne Entschädigung!), Aufhebung aller Jagdrechte auf fremdem Grund und Boden (auch ohne Entschädigung), Aufhebung der Familienfideikommisse, Unabsetzbarkeit der Richter, Öffentlichkeit des Gerichtsverfahrens, Schwurgerichtsbarkeit, Verfassung und Ministerverantwortlichkeit in jedem Bundesstaat, Gemeindeautonomie im Sinne Carl von Rottecks, entscheidende Stimme der Volksvertretung bei allen Gesetzen, Gleichberechtigung der nicht deutschstämmigen Bevölkerung, insbesondere ihrer Sprachen in Kirche, Schule, Gericht und Verwaltung (Sell 1953, S. 155). Dem Staat blieben weitgehende Rechte im traditionell staatlich beherrschten Verkehrswesen, bei der Post, inklusive Vorbereitung des Fernmeldemonopols, bei der Bahn und im Währungsbereich.

Weitere Einzelheiten wurden im volkswirtschaftlichen Ausschuss entschieden. Die Protokolle dieses Gremiums liegen komplett vor. Für das Bildungswesen ist wichtig: zwar elementare Unterrichtspflicht für alle, aber kein Schulmonopol: »Der häusliche Unterricht unterliegt keiner Beschränkung« (Protokolle, § 155). Für das unbemittelte Talent bereits Schulgeldfreiheit an allen öffentlichen Unterrichtsanstalten (§ 157) und für alle in Volksschulen und »niederen Gewerbeschulen«. Ein »Recht auf Arbeit« im Sinne einer staatlichen Gewährleistungspflicht für einen Arbeitsplatz, über das immerhin debattiert wurde, wurde von der liberalen Majorität abgelehnt. Man dürfe das Reich nicht zu einer »Reichsspeiseanstalt« machen, die Faulheit nicht aufmuntern. Gänzliche Erschlaffung sei zu befürchten! Nur das »Recht, nicht zu verhungern«, war unumstritten. Eine progressive Besteuerung wurde glatt verworfen, aber es darf auch keine Steuerprivilegien geben. Die Festsetzung eines gesetzlichen Mindestlohnes wird mit der ökonomisch korrekten Begründung abgelehnt: Dies fordere in letzter Konsequenz eine staatliche Bestimmung aller Preise. Der neue Zentralstaat sollte sich nicht aus Einkommensteuern, sondern aus Zollerträgen und Verbrauchsteuern finanzieren.

Diese Verfassung nach amerikanischem Vorbild sah einen kleindeutschen Bundesstaat (ohne Österreich) ohne Sezessionsrecht und auf Basis der Volkssouveränität vor; die Einzelstaaten – auch die kleinsten wie Schaumburg-Lippe oder die Fürstentümer Reuß – wurden zwar ihrer souveränen Selbstständigkeit beraubt, blieben aber doch als politische Einheiten in der überlieferten Staatsform bestehen und im »Staatenhaus« repräsentiert. Ihre Staatsform – Republik oder konstitutionelle Monarchie – blieb freigestellt. Die schwierige Frage eines Staatsoberhauptes wurde mit knapper Mehrheit zugunsten eines konstitutionellen Erbkaisers (nicht eines direkt gewählten Präsidenten) entschieden. Es zeigt die tiefe Verlegenheit des Parlamentes, dass diese Position dem preußischen König angetragen wurde, der sie, inzwischen erstarkt, in demütigender Weise verwarf, vor allem wegen der Volkssouveränität, die er als Herrscher »von Gottes Gnaden« ablehnte. Das große national-demokratisch-liberale Projekt war damit gescheitert. Es gelang nicht, die einzelstaatlichen Truppen über einen Loyalitätseid auf die Reichsregierung zu verpflichten.

In Frankfurt war die geistige Elite der Nation versammelt. Nie gab es ein gebildeteres Parlament. Wie Golo Mann schreibt: »Über hundert Professoren, über zweihundert gelehrte Juristen, dann Schriftsteller, Geistliche, Ärzte, Bürgermeister, hohe Verwaltungsbeamte, Fabrikanten, Bankiers, Gutsbesitzer, sogar ein paar Handwerksmeister und Kleinpächter, alles, was als Professor, Dichter, Schriftsteller, Advokat Rang und Namen hatte. Greise aus der Napoleonzeit (wie Ernst Moritz Arndt) und junge Leute, die noch das zwanzigste Jahrhundert sehen werden; Honoratioren aus der Kleinstadt, und weithin gerühmte Dichter (Ludwig Uhland), Rhetoren, Geschichtskenner, Politiker« (Geschichte, 210). Wir fügen hinzu: Keine Arbeiter, die Beamten als stärkste Fraktion! Es waren hier 830 Volksvertreter versammelt, mehr noch als im derzeitigen übergroßen Bundestag (709).

Hier war keine umfassende Gewalttat, hier war der »Goldene Mittelweg« angesagt. Da es nicht gelang und jenseits der radikalen Linken auch gar nicht angestrebt wurde, das Volk auf nationaler Ebene zu revolutionieren, und Deutschland seit Jahrhunderten polyzentrisch aufgestellt war, es auch an überragenden Führungsfiguren fehlte, konnte dieses großartige Unternehmen kaum gelingen. Die Gegensätze waren zu groß, die revolutionäre Energie zu schwach, auch innerhalb des Parlamentes.

Revolutionäre Republik Baden

Die radikale demokratische Bewegung resignierte nicht. Sie entfachte Aufstände in Sachsen, Baden und in der Pfalz mit volkstümlichen Führern wie Friedrich Hecker – einer Räuberhauptmannsfigur – Gustav Struve, Georg Herwegh (mit seiner »Deutschen Demokratischen Legion«) und dem »Condottiere der Freiheit«, dem emigrierten Polen Ludwik Mieroslawski, ein Typ wie Garibaldi und wie er militärisch geschult. Dem Erfolg am nächsten kam der Aufstand in Baden, der – zum ersten Mal in der deutschen Geschichte – auch übergelaufenes Militär sah: Die Garnisonen von Karlsruhe und Rastatt verbündeten sich mit den Aufständischen. Der badische Großherzog musste mit seiner Familie fliehen.

Die zum Teil bunten Scharen (Arbeiter, Bauern, Handwerker, mit alten Flinten oder Sensen bewaffnet) wurden schließlich von Bundestruppen mit preußischem Militär niedergemacht. Der »Heckerzug« im Frühjahr 1848 ist legendär geworden. (Er erinnert an Garibaldis Züge.) Er scheiterte. Ein Lied aus jener Zeit:

»Hecker hoch! Dein Name schallet / An dem deutschen ganzen Rhein;/Deine Liebe, deine Treue / Flößt uns all'n Vertrauen ein. / Hecker, großer deutscher Mann / Der für Freiheit sterben kann« usw.

Mit dem Sieg der Preußen bei Rastatt über Mieroslawski und seine gut geführten 5000 Soldaten im Juli 1849 war alles vorbei. Es gab viele Hinrichtungen. Friedrich Hecker emigrierte in die USA, später auch Gustav Struve. Mieroslawski stellte sich später in den Dienst Garibaldis. Auch diese hochgemuten, verwegenen Idealisten verdienen einen ehrenvollen Platz in der Geschichte der Freiheit in Deutschland, vor allem vom Typ II. 100 Jahre später bemerkt ein französischer Historiker: »Hecker und Struve glaubten als naive Intellektuelle, dass es möglich sei, die Massen des deutschen Volkes zu einer allgemeinen Erhebung für die demokratische Republik zu entflammen, dass es genüge, in Baden die Republik auszurufen, um in ganz Deutschland den Sturm zu entfachen« (Sigmann 1948, S. 40). Nun, hinterher ist man immer klüger.

Die radikale Entschiedenheit dieser Revolutionäre (antimonarchisch, antiklerikal, zum Teil sozialistisch) erschreckte so manchen bürgerlichen Liberalen, der umso eher bei traditionellen Ordnungsmächten Schutz suchte. Etwa 10 000 Revolutionäre flohen nach dem Scheitern in die Schweiz, Hunderttausende wanderten nach Amerika aus. Vorübergehend triumphierte erneut die Reaktion, nicht ohne Zugeständnisse an die liberale Bewegung in Verfassungsfragen, so in Preußen 1850.

Wie radikal war der deutsche Liberalismus?

Den zuversichtlichen Schwung und die Siegesgewissheit, welche die liberale Bewegung auch im »zurückgebliebenen« Deutschland im 19. Jahrhundert beseelte, mögen einleitend einige Zitate belegen. Das erste stammt von Paul Pfizer, einem damals bekannten schwäbischen Publizisten: »Die Freiheit ist jetzt eine Notwendigkeit geworden und keine menschliche Gewalt darf hoffen, jene weltbewegenden Ideen zu ersticken, die ihren Weg durch alle Hemmnisse und Schranken finden werden, bis ihre Bahn, die eine höhere Hand gezeichnet hat, durchlaufen ist« (nach Rotteck/Welcker [RW] 8, S. 535). Kaum weniger enthusiastisch schreibt der deutsch-schweizerische Staatsrechtslehrer Johann Caspar Bluntschli: »Die Menschheit hat ihren Höhepunkt noch nicht erreicht, aber sie nähert sich demselben offenbar an. Im Großen ist daher ihre Entwicklung liberal; die moderne Weltperiode ist geistig freier und selbstbewusster als jede frühere« (Bluntschli, Bd. 7, S. 747). Schließlich noch der Heidelberger Historiker Georg Gottfried Gervinus: »Der östliche Siegeszug der Freiheit wird vollendet werden, das scheint die Geschichte mit Zuverlässigkeit zu verkünden« (Gervinus 1853, S. 176).

In der Tat: Dies verkündete der breiter werdende Strom liberaler Publikationen, vom ungefügen Rotteck-Welckerschen Staatslexikon bis zu Bluntschlis mehrbändiger politischer Enzyklopädie oder Hermann Rentzsch' Handwörterbuch der Volkswirtschaftslehre (1866), abgesehen von den zahlreicher werdenden liberalen Einzelpublikationen.

Die Abrechnung mit dem alten System. Liberale und Servile

Dass am patriarchalischen Staatsabsolutismus der Vergangenheit von den geistigen Führern der liberalen Bewegung leidenschaftliche Kritik geübt wird, versteht sich. Eine Art Generalabrechnung findet sich im Vorwort der ersten Auflage des RW (Bd. 1, 1845). Es stammt von Carl von Rotteck und verdient, ausführlich zitiert zu werden: »Jahrhunderte hindurch wurden die Völker beherrscht durch Gesetze, Verordnungen oder Machtgebot«, so hebt Rotteck an. Die Völker wurden zum »Geben, Opfern, Tragen und Dulden der verschiedensten Art genötigt, oft misshandelt, gepeinigt, tyrannisiert« durch die jeweiligen Machthaber. Gewiss manchmal auch mit Wohltaten beglückt. Aber immer nahmen die Völker es gedankenlos hin als »bloße Ungunst oder Gunst des Schicksals, als Glück oder Unglück«, dem man sich fügt. Das Beste jedoch geschah außerhalb des Staates, oft gegen ihn: die Initiativen Einzelner oder freier Verbände. »Unendlich vieles, das groß und herrlich ist in Wissenschaft, Kunst, Handel, Schiffbau, Landbau, allgemein im Gewerbe, in Familie und Gesellschaft, Religion und Kirche« sei aus Privatinitiative hervorgegangen. Von diesem Standpunkt aus, so fährt der Autor fort, mag »oftmals die Untätigkeit des Staates selbst als ein Gutes erscheinen« und sogar ein schlecht organisierter Widerstand sei weniger verderblich »als die zum Dienst des Herrscherwillens vervollkommnete staatspolizeiliche Kunst«.

Europa sieht von Rotteck in Liberale und »Servile« gespalten, die einen mit dem fortschrittlichen Vernunftrecht – Rotteck ist Rationalist französischen Typs –, die anderen mit dem »historischen Recht« bewaffnet.

»Patriarchalismus«, selbst ein wohlwollender, ist für diese Liberalen immer eine Bevormundung von mündigen Menschen. Wie Kant spricht Welcker von der Väterlichkeit der Könige als »größtem denkbaren Despotismus« (RW, 12, S. 708 f.). Sie mag in früheren, einfachen Verhältnissen noch erträglich gewesen sein, schreibt Bluntschli, in den Großgesellschaften der Gegenwart fühlten sich »gebildete und freie Staatsgenossen vom patriarchalischem Wohlwollen beleidigt. Die ursprüngliche Wärme des Stammesgefühls, die den Patriarchalismus hervorgebracht hat, wird zu einem System der Lüge« (Bluntschli, 7, S. 756).

Nicht anders wird der unpersönliche Patriarchalismus der Wohlfahrtsbürokratie bewertet. Noch die absurdeste Maßregel sei mit dem Prinzip der allgemeinen Wohlfahrt begründet. So habe, »ausgerüstet mit diesem Talisman«, sich die Polizei beliebig ins Privatleben einmischen und »das ganze Gebiet der persönlichen, bürgerlichen und wirtschaftlichen Freiheit mit einem Netz von Reskripten, Mandaten, Ordnungen und Reglements überspinnen« dürfen (Gensel in Rentzsch 1866, S. 657). Die Beamtenschaft, gestützt auf das römische Recht, breche chronisch den Hausfrieden der Bürger, die »Heiligkeit des Hausrechts« gehe verloren, mit ihr die Wirkung der »Hausehre« (Maurer in Bluntschli, Bd. 5, S. 5). Man komme mit den Organen der Autorität selten in Berührung, ohne das Gefühl der persönlichen Demütigung davonzutragen (Brater in Bluntschli, 2, S. 295).

Scharf fällt die Abrechnung Carl von Rottecks mit besonders demütigenden Details der früheren Wohlfahrtspolizei aus, so etwa mit der Reglementierung der Hochzeitsfeierlichkeiten: »Ist das Hochzeitsmahl mittags gehalten worden, so durften des Abends nur kalte, von Mittag übrig gebliebene Speisen gegeben werden«, keine Hochzeit durfte länger als einen Tag, keine Hochzeitsmahlzeit über drei Stunden dauern; die Hochzeitsgesellschaft musste um zwei Uhr nachts spätestens auseinander gehen. »Musik ist erlaubt« (RW, 8, S. 655).

Sarkastisch schreibt auch ein Freiherr von Mylius gegen den väterlichen Polizeistaat: »Als die Feder die Regierung übernahm und die Staaten zu Papier- und Rechenstaaten umschuf, da wurde jedem Ei, das eine verborgene Henne gelegt, jeder Niederkunft einer Ziege nachgespäht, jeder Pfennig berechnet, über jedes Bällchen von Waren, über den Bau einer Dorfschule ganze Papierladungen beschrieben und mehrere Stunden weit versendet; da wurde alles protokolliert, untersucht, berichtet. Auf jedes Dutzend Untertanen kam ein Regierer« (bei Grambow 1903, S. 59).

Freiheit als Sozialprogramm

Als Freiheit galt für die älteren Liberalen nicht die Devise: »anything goes!« Sie wurde immer als moralisch gebundene Freiheit verstanden. Aus der Fremdordnung des Despotismus, auch des »aufgeklärten«, sollte eine freie Selbstordnung werden. So zitiert H. Ahrens ein Goethe-Wort: »Alles, was den menschlichen Geist befreit, ohne ihm zugleich die Herrschaft über sich selbst zu geben, wirkt verderblich« (bei Bluntschli, 3, S. 730).

Wie aus dem gezügelten Einzelinteresse durch Wettbewerb eine Gesamtordnung entsteht, zeigt eindrucksvoll der immer lebhafte und entschiedene Viktor Böhmert in Rentzsch' Handbuch (1866, S. 385 ff.) Er unterscheidet wie später Hayek eine Ordnung nach militärischen Prinzipien (Hayek: »Taxis«) von einer spontanen Marktordnung. Den Zauber dieser neuen Ordnung, der offenen Gesellschaft und »Freiheit unter dem Gesetz« malt Carl Theodor Welcker schwärmerisch aus: »Welch ein herrliches Bild, das eines großen Vereins freier Wesen, alle nach eigener, selbstständiger Überzeugung, nach ihrem Gewissen, ihren Gefühlen, Interessen und Ansichten frei ihre unendlichen Lebenszwecke verfolgend, und doch alle durch das Band freier Gesetzlichkeit zu friedlicher Eintracht und zu hilfreichem Zusammenwirken verbunden, auf Leben und Tod gegen jeden Gesetzesfeind, im In- und Ausland verbunden!« (RW, 5, S. 714, vgl. auch Ursa Krattiger 1972.)

Gern wird das soziale Programm der Liberalen (bis heute) als »egoistisches« Klassenprogramm dargestellt, dazu bestimmt, die wirtschaftlich Starken noch stärker zu machen. Bei der Lektüre der Quellen gewinnt man einen anderen Eindruck.

Bereits die Physiokraten wollten freien Wettbewerb im Interesse des bodengebundenen, erbuntertänigen Bauern: Er sollte seine Arbeitskraft zu eigenen Zwecken gebrauchen können. So war die Durchsetzung der Marktwirtschaft auch für die preußischen Reformer als Emanzipationsprogramm für die »sozial Schwachen« gedacht, die nichts als ihre Arbeitskraft, ihre Fähigkeiten und ihren Willen zum Aufstieg ihr Eigen nennen konnten. Dem Verarmen werde durch die Gewerbefreiheit vorgebeugt, heißt es in der oben ausführlich zitierten Denkschrift von Altenstein (bei Winter 1931, S. 449), auch werde eine Beschäftigung der Armen sowie ihr »Wiederübergang zur Tätigkeit« dann eher möglich sein. Damit werde auch die frühere Bevölkerungspolizei überflüssig; Heiratsbeschränkungen sind unnötig, wo es leicht ist, zu erwerben und auf dieser Basis sich und die Seinen zu ernähren (ebd., S. 451). So macht der Kapitalismus Liebesehen auch für das ärmere Volk möglich!

So wurde auch die Unantastbarkeit des Privateigentums nicht im Interesse der besitzenden »Starken«, sondern vornehmlich im Interesse jener unteren ländlichen und städtischen Bevölkerung verlangt, die unter der steuerlichen Willkür des Staates, des Adels oder des Patriziats am meisten gelitten hatte. Das Privateigentum war nach dieser Ansicht eine Schutzmauer des Individuums gegen politische Willkür. Durch eine Befreiung der Arbeit wurde es allen möglich, persönliches Eigentum zu bilden. Der Liberale Ludwig August von Rochau fasste diese Gedanken damals in den Worten zusammen: »Der freie Gebrauch wirtschaftlicher Kraft ist die rechtmäßigste, die unabweisbarste Forderung, welche das Proletariat an den Staat machen kann, und in Deutschland würde die aufrichtige Gewährung dieses Verlangens manchen ungültigen Anspruch und unerfüllbaren Wunsch zum Schweigen bringen, der nicht aus der Seele des Volks, sondern aus einer Stimmung hervorgeht, die durch das Gefühl einer unbilligen Beschränkung krankhaft gereizt ist« (1972, S. 151 f.).

Die beste Armutsprophylaxe ist also eine freie Marktwirtschaft. Armut musste in demselben Maße verschwinden, wie das liberale Reformprogramm umgesetzt war. Soweit sie, individuell bedingt, auf selbst verschuldeter zu großer Konsumtion beruhte, war ihr durch Sparsamkeit und Erziehung zur Wirtschaftlichkeit beizukommen (vgl. die heutige staatliche Insolvenzberatung), beruhe sie auf zu geringer Leistung, war Erhöhung der

Leistungsfähigkeit durch bessere Ausbildung das Programm (Grambow, 1903, S. 352 ff.). So blieben am Schluss nur die absolut Erwerbsunfähigen übrig (Sieche, Krüppel, Gebrechliche, Taube, Blinde, dazu verlassene, verwaiste, verwahrloste Kinder): Objekte der privaten oder staatlichen Armenfürsorge, die immer mit der Gefahr verbunden ist, die Armut zu konservieren und eine aggressive »Anspruchsmentalität« zu erzeugen, welche nur die Armut perpetuieren kann.

Unter den Liberalen des 19. Jahrhunderts war es umstritten, ob privater oder öffentlicher Wohltätigkeit der Vorrang zukomme. Übereinstimmung herrschte aber darin, dass man einen Rechtsanspruch auf Mildtätigkeit nicht gewähren könne, ohne die Gesellschaft zu demoralisieren, »indem man das Band der Sympathie zerschneidet, welches zwischen dem Wohltäter und dem Empfänger der Wohltaten besteht« (Rentzsch 1866, S. 1049). Bei Bestehen eines »Rechtsanspruchs« werde der Hilfesuchende in die Stellung eines Gläubigers versetzt, »der seine Befriedigung erhält, wo er doch nur ein Beschenkter sei« (von Rotteck 1964, S. 381). Dieser Gedanke wurde in der praktischen Gesetzgebung nach und nach aufgegeben. Heute wird dieser »Rechtsanspruch« um der »Menschenwürde« willen zugestanden, unter der freilich im 19. Jahrhundert gerade Selbsthilfe verstanden wurde (s. u.).

Äußerste Positionen des Wirtschaftsliberalismus

Die deutschen Liberalen unterschieden sich nach dem Grad ihrer Konsequenz. Hier zeigen wir an einigen Beispielen, wie weit ihr Bekenntnis zum Freihandel und zur Privatrechtsordnung im 19. Jahrhundert ging. Ihre Kritik ist in den meisten Fällen noch heute gültig.

Transportwesen: Unternehmertum des Staates auf dem Gebiet der neu aufkommenden und jubelnd gefeierten Eisenbahn wird von den Konsequenten mit demselben Misstrauen betrachtet wie auf anderen Märkten. »Die nicht interessierte Arbeit des Staates gleicht der Sklavenarbeit, welche zwar billiger sein mag, aber auch weit weniger leistet« (bei Grambow 1903, S. 260). Also: nur Privatbahnen. Der flächendeckende Ausbau ohne Rücksicht auf Rentabilität wird von Hermann Rentzsch scharf verworfen: Da könne ja jeder kleine Ort den Bau einer Eisenbahn aus Staatsmitteln verlangen (1866, S. 832). Ferner sei bei Staatsbahnen der Unternehmer Richter und Polizei in eigener Sache, was zu Wettbewerbsverzerrungen führen müsse. Es wird auch die Position einer Trennung von Netz und Betrieb vertreten. Diese Argumente sind trotz aller vordergründigen Bahnreform (Scheinprivatisierung über eine öffentliche AG) bis heute nicht durchgedrungen. Sie bleibt ein viel kritisiertes und hochverschuldetes Staatsunternehmen.

Bei Karl Mathy (RW, 3, S. 234ff.) findet sich eine bemerkenswerte Eloge auf die Eisenbahn, dieses »Göttergeschenk«: Sie bringe die Menschen zueinander, mache sie mobil, beseitige Armut, erweitere den Blickwinkel, führe zu einer internationalen Befreundung und beseitige die Kriegsgefahr. Eine Hoffnung, die heute vorübergehend auch mit der Globalisierung der Märkte und der Verbesserung der Kommunikationstechnik verbunden wurde (Internet, Demokratisierung des Reisens und der Bildungsmöglichkeiten).

Eindeutig ist auch die liberale Verfechtung des Privatunternehmertums beim Bau und Betrieb von Kanälen und der Post (Letztere inzwischen tatsächlich weitgehend privatisiert), auch im damals aufkommenden Telegrafen- oder Fernmeldewesen.

Versicherungen: Sie waren damals wie heute überreguliert. F. Makowiczka schreibt (bei Bluntschli, S. 11, 34): Man solle glauben, es gelte bei Versicherungen einen hereinbrechenden Feind unschädlich zu machen. Es wimmele an Vorsichtsmaßregeln, Kontrollen, widerruflichen Erlaubnissen, vorbehaltenen Genehmigungen, Beschränkungen und Verboten. Hinzu kommt das staatliche Versicherungsunternehmertum, z.B. bei der Feuerversicherung. Bis heute Schlussfolgerung für konsequente Wirtschaftsliberale: Verzicht auf unmittelbare Staatsaufsicht und das Konzessionssystem, stattdessen Einführung des Publizitätsprinzips, das heißt Öffentlichkeit der Geschäftsgrundlage und der Geschäftsergebnisse als beste Kontrollmethode (bei Rentzsch 1866, S. 34).

Berechtigungs- und Konzessionswesen: Dies ist heute nicht weniger ausgebreitet als im 19. Jahrhundert, auch häufig noch nach Einführung der sonstigen Gewerbefreiheit. Bei Grambow (1903) steht zu lesen: »Zu den heiligsten und natürlichsten Rechten des Menschen und Bürgers gehört es, dass jeder dasjenige Gewerbe betreiben kann, in welchem er sein Fortkommen am besten zu finden denkt und für das er sich am meisten befähigt glaubt; ein Staat aber, der seinen Bürgern dieses Recht versagt oder verkümmert, verletzt ein Gebot der einfachsten Gerechtigkeit und darf sich nicht einen verfassungsmäßigen Staat nennen wollen.« Es geht hier um die heute sog. Berufsordnungen und besonders die Handwerksordnung, die nach vorübergehender Liberalisierung wiedererstanden ist, also um die Konzessionierung von Ärzten, Advokaten und anderen sog. freien Berufen, Aktiengesellschaften, Banken und allerlei »Gefahrenberufen« im handwerklichen Bereich. Das bedeutete für die Liberalen jener Zeit: Abschaffung der Prüfungen (obligatorische Befähigungsnachweise), Aufhebung der Taxen, Beseitigung der Konzession, des Anwaltmonopols und sonstiger Niederlassungsbeschränkungen (etwa Bedürfnisprüfung vor Zulassung). Für den Arztberuf im Besonderen: Abschaffung der Approbation, Freiheit der Honorarvereinbarung, Verzicht auf die Verfolgung ärztlicher Außenseiter (»Kurpfuscher« oder »Quacksalber«). »Der Staat hat nicht die Aufgabe, den Einzelnen bei der Auswahl seines Arztes zu bevormunden« (RW, 7, S. 768). Der Gedanke des Verbraucherschutzes und der Qualitätssicherung wird souverän zurückgewiesen: Der Kunde soll prüfen und entscheiden. Staatlicher Verbraucherschutz verdumme.

Unterricht: von Humboldt hatte die Parole ausgegeben: Individualbildung vor Schulbildung. Die Liberalen jener Zeit sind im Bildungsbereich eher vorsichtig: Am Schulzwang im Elementarbereich (zur » Entwilderung« der Kinder der »Masse der Unmündigen«: Rentzsch) wird meistens festgehalten, aber das private Bildungswesen mit mehr Wohlwollen als heute betrachtet. Es solle die Wahlmöglichkeit zwischen privater und öffentlicher Schule geben, besonders wird auch häuslicher Privatunterricht – »home schooling« – zugestanden. Seitdem die Nationalsozialisten 1938 diese Wahlmöglichkeit abgeschafft haben, ist in Deutschland, im Unterschied zu den meisten anderen Ländern des Westens, privater Einzelunterricht so gut wie unmöglich. Eltern, die auf ihr natürliches Erziehungsrecht pochen, werden polizeilich bis zur Haft und Entziehung ihrer Kinder verfolgt.

Geistiges Eigentum: »Jede Erfindung ist nicht ein individuelles geistiges Produkt, sondern nur eine Blüte am Baum der Zivilisation« (Grambow 1903). Der Antimonopolismus konsequentester deutscher Freihändler erstreckte sich auch auf jene Monopole, die sich aus technischen Erfindungen ergeben, wenn sie durch staatlichen Schutz im Interesse des Erfinders gesichert werden. Patente verhinderten die allgemeine Nutzbarmachung neuer Ideen, die schnelle Ausbreitung technischer Innovationen. »Soll das Patent den Erfinder für gehabte Mühen und Kosten entschädigen, so kann er sich diese im freien Verkehr vermöge seiner Priorität weit sicherer erstatten lassen, ohne eines Monopols zu bedürfen« (Grambow 1903, S. 57). Ein Standpunkt, der sich nicht durchgesetzt hat. Vollends abgelehnt wird der modische Musterschutz.

Staatsindustrie, Staatsvermögen: Grundsätzlich werden staatliches Unternehmertum und staatlicher Besitz von Domänen und Waldungen abgelehnt, aber besonders beim Wald gab es den vorherrschenden Standpunkt, dass es wegen der externen Effekte der Wälder für Klima, Wasserhaushalt, Wohlbefinden der Menschen besser bei Staatseigentum bleibe (damals wie heute waren etwa 50 Prozent des Waldes in öffentlicher Hand). Selbst ein Mann wie W. H. Riehl, den auch Röpke und Hayek später gern erwähnten, verteidigt einen gewissen Waldkommunismus: das uralte Recht, in den Wäldern nach Belieben umherwandern, ja selbst für den persönlichen Bedarf Beeren, Pilze usw. ernten zu können, »ohne auf widerwärtige Zäune zu stoßen«. »Was hilft dem nordamerikanischen Großstädter seine Polizeilosigkeit in den Straßen, wenn er nicht einmal im Wald der nächsten Umgebung frei herumlaufen kann?« (Riehl o. J., S. 41) »Der Wald allein lässt uns noch den Traum einer von der Polizeiaufsicht unberührten persönlichen Freiheit genießen.« Man könne den Wald in Deutschland vielleicht vernichten, aber nicht sperren. »Das würde eine Revolution hervorrufen.« Riehl forderte im Sinne eines modernen Naturschutzes »das Recht der Wildnis« neben dem »Recht des Ackers«.

Steuern: »Keine Steuer ist eine gerechte Steuer, sofern sie die Individuen nicht in derselben relativen Lage lässt, in der sie sie vorfindet« (zit. nach F. K. Mann, 1937). »Find them as you leave them«: Diese Steuermaxime schließt jede Umverteilung aus. Auch Besteuerung wird von den entschiedenen Liberalen wie ein Marktvorgang aufgefasst. Der Staat schützt den Bürger, dafür zahlt der Bürger einen Preis: Assekuranz- oder Äquivalenztheorie. Aber: direkte oder indirekte Besteuerung? Das Meinungsbild ist nicht einheitlich. Eine Einkommensbesteuerung stand gar nicht zur Debatte, sondern allenfalls eine Objektsteuer (Grundbesitz/Vermögen). Der Äquivalenztheorie stand besonders die Gebühr (»Stempeltaxe«) für einzelne staatliche Leistungen nahe, eine Position, wie sie heute Robert Nef vertritt. Einhellig verworfen wurde eine progressive Einkommensteuer.

Fritz Karl Mann hat die bis heute gültigen Argumente der Liberalen gegen eine sozialpolitische Besteuerung zusammengestellt: Die Progression wäre ebenso frivol wie das Verhalten eines Händlers, der sich bei einem reichen Kunden sagte: »Dieser Mann ist reich, deshalb muss er mehr bezahlen.« Ein sinnvoller Höchstsatz der Progression lässt sich nicht ohne Willkür bestimmen; es gibt keinen Maßstab für den »gerechten« Verlauf einer Progression; Progression bestraft den Erfolg, belohnt Faulheit; sie hemmt die Kapitalbildung; ferner reizt sie zur Steuerhinterziehung und zum Steuerbetrug. Ähnlich werden später auch die Neoliberalen des 20. Jahrhunderts argumentieren.

Geldverfassung: Die deutschen Freihändler wie Otto Michaelis, Julius Faucher u. a. sprachen sich konsequenterweise auch für Bankfreiheit mit Vollreservehaltung, also gedecktes Privatgeld aus. Dies ist auch die Position der späteren Österreichischen Schule, namentlich von Ludwig von Mises, F. A. von Hayek, Murray N. Rothbard oder Guido Hülsmann, also Freihandel auch in Geld! (S. dazu Huber 2020.)

Der Glaube an die Selbsthilfe

Die Liberalen in Deutschland und überall sonst, wo sich die liberale Bewegung ausbreitete, zeigten ein Vertrauen auf die Selbsthilfe – die individuelle wie die kollektive sowie auch die private Fremdhilfe –, die heute nach dem Triumph des Kathedersozialismus und des Wohlfahrtsstaates erstaunen muss. Selbsthilfe war immer die erste, Staatshilfe nur die letzte Option. Jene Zeit besaß weit mehr Zutrauen in die Kraft des Einzelnen als heute, wo sich ein sozialer Defätismus breitgemacht hat.

Im Assoziations-, Vereins-, Genossenschafts- und privaten Versicherungswesen lag nach Ansicht liberaler Reformer wie Viktor Aimee Huber, Hermann Schulze-Delitzsch und Lujo Brentano für das in den großen Städten isolierte Individuum des Arbeiters ebenso wie für die bedrängten unteren Mittelschichten wie die Handwerker oder Kleinhändler eine Chance, durch freie Initiative und ohne polemische Frontstellung gegen die Marktwirtschaft, ihre Lage zu verbessern. Die Anhänger einer liberalen Reform lehnten staatliche Subventionen als »Almosen« wie auch jede andere Hilfe (außer der nach der Goldenen Regel der Gegenseitigkeit) ab. Nach Ihren Ideen sollte die Reform von unten ausgehen. Sie sollte mit der wirtschaftlichen Selbsterziehung des arbeitenden Menschen beginnen.

Lehrer wirtschaftlicher Tugenden

Wirtschaftliche Tugendlehren wie die von Benjamin Franklin oder später Samuel Smiles fielen auf fruchtbaren Boden, wurden bei den Führern der liberalen Bewegung – von Bastiat an – gern gelesen. »Was hilft es, bessere Zeiten zu wünschen«, lässt Franklin seinen »Armen Richard« ausrufen, »ändert euch nur selbst, so werden sich auch die Zeiten ändern. Fleiß hat nicht nötig zu wünschen« (Franklin 1819). Jeder ist seines Glückes Schmied, sein Lebenserfolg ist größtenteils von ihm selbst abhängig. Der Weg zum Aufstieg führt über harte Arbeit, Fleiß, Ordnung, Ehrlichkeit und vor allem Selbstdisziplin und rechten Zeitgebrauch: »Ist dir das Leben lieb, so verschleudere die Zeit nicht, denn sie ist der Stoff des Lebens. Wie viel Zeit verwenden wir unnötigerweise aufs Schlafen und bedenken nicht, dass der schlafende Fuchs kein Geflügel fängt, dass man im Grabe lange genug schlafen wird« (1819, S. 79). »Nehmt euch vor kleinen Ausgaben in acht: Viel wenig machen auch ein Viel; Arbeite heute – ein Heute ist mehr wert als zwei Morgen.«

Ähnlich Samuel Smiles in seinem viel gelesenen Büchlein zur ökonomischen Lebensführung: Selbsthilfe, Weg zum Wohlstand und Der Charakter. Smiles zeigt am Beispiel prominenter Aufsteiger – Shakespeare und Ben Johnson sind auch darunter –, was individuelle Zucht und Willenskraft vermögen. »Nicht soziale Rechte, sondern gute Lebensgewohnheiten tun uns not« (Smiles 1889, S. 154). Das Nichtbeachten kleiner Dinge sei die Klippe, an der schon viele Menschen gescheitert seien. »Ein streng geregeltes und geordnetes Hauswesen besteht aus einer Summe von Dingen, die an und für sich Kleinigkeiten sind, aber Kleinigkeiten, die auf etwas Bedeutungsvolles abzielen« (ebd., S. 142). Er lobt die Sparkassen und die Lebensversicherungen. Armut schände nicht. Viel entscheidender zum Lebensglück als materielle Güter sei die Anlage zum Glücklichsein. Gerade im Aufstieg aus der Armut durch den persönlichen Lebenskampf liege eine Quelle des Glücks, nichts schärfe auch den Verstand so sehr wie Armut: »So ist im Leben der meisten Menschen die glücklichste Zeit, in welcher sie mit der Armut kämpfen müssen und sich allmählich daraus emporarbeiten« (1889, S. 230). Erbauliche Geschichten vom »Meister Hämmerlein«, etwas platt-moralische Dialoge zwischen »Bierlich und Sparmann«, ja selbst die alte Fabel von der nur im Sommer singenden Grille und der fleißigen Biene (»Ja, wer im Sommer tanzt und singt, der muss im Winter arm und elend sein«) veranschaulichen die Vorzüge bürgerlich-disziplinierter Lebensführung, die unfehlbar Glück und Erfolg mit sich bringen soll.

Der Wohlfahrtsstaat unserer Tage scheint diese Regeln um ihren Ernst zu bringen, denn er sichert den Einzelnen auch gegen selbst verschuldetes Unglück ab. Ein »konventionelles Minimum« ist in jeder Lage da. Gleichwohl wird man diese Einstellungen und Empfehlungen nicht ungestraft in den Wind schlagen (vgl. Bollnow 1960, S. 31 ff.).

Gegenseitige Hilfe

Der großartigste Verkünder »solidarischer« freier Selbsthilfe im 19. Jahrhundert war der Amtsrichter Hermann Schulze-Delitzsch. Seit Wilhelm von Humboldt hatte niemand mehr so gewaltig seinen Glauben an die freie Initiative und ihre charakterbildende Macht formuliert und – über von Humboldt hinausgehend – in imposanten Genossenschaftsorganisationen auch in die Tat umgesetzt. Schaut ihr nach dem »sozialen Heiland«?, ruft er den Handwerkern und Arbeitern zu, »die Gesellschaft muss sich selbst zum Heiland« werden (Schulze-Delitzsch 1909, Bd. 1, S. 22).

Es sei die üble Gewöhnung an die jahrhundertelange polizeiliche Bevormundung, dass der Deutsche, statt an Selbsthilfe zu denken, gleich nach der Polizei rufe und den Schutz der Obrigkeit verlange, »als sei der eigene Schutzgeist gewichen« (1909, S. 56). Auf eine Hilfe von außen warten heiße jedoch, seine wirtschaftliche Selbstständigkeit preiszugeben und sich von fremder Gnade abhängig zu machen. Alle Hilfe jenseits der Gegenseitigkeit sei nur Almosen – und Almosen demoralisiere, »nimmt alle Selbstachtung, jeden Sporn zu tüchtigem Tun, stumpft Intelligenz und Tatkraft, lähmt das Vertrauen auf sich selbst und überliefert … der Trägheit und dem Leichtsinn« (1909, S. 180). Es sei ja gerade der Existenzkampf, der dem Leben Würze und Bedeutung gebe: »Nimmt man dem Menschen die Sorge um die Existenz, nimmt man ihm zugleich die beste Freude, die Freude am eigenen Schaffen und dessen Früchten« (bei Ziegenfuß 1948, S. 72).

Es gebe keinen Grund, kleinmütig zu sein. Die Natur habe dem Menschen Bedürfnisse, zugleich aber auch die Kräfte, deren richtiger Gebrauch zur Befriedigung dieser Bedürfnisse führe, gegeben. Selbstverantwortlichkeit sei die Grundlage. Reiche die persönliche Kraft eines isolierten Einzelnen nicht aus, so könne sich aus der Vereinigung vieler kleiner Kräfte eine »Großkraft« ergeben (1909, S. 12). Die Gesetze der kapitalistischen Wirtschaft könne man nicht überwinden; darum müsse man sich ihrer zum eigenen Vorteil bedienen.

So sucht Schulze-Delitzsch auf der Basis gegenseitiger Hilfe den »kleinen Mann« auch kreditfähig zu machen, den Kredit zu »demokratisieren«. Viele kleine Geschäftsanteile und Einlagen der vereinigten »Genossen« könnten auf der Basis unbeschränkter Haftung – ein wesentliches Element der Charakterbildung! – eine gemeinsame Kreditbasis schaffen.

Aber nicht nur die bis heute bestehenden Kreditgenossenschaften gehörten zum Programm. Fast jedes durch Kapitalmangel verursachte soziale und wirtschaftliche Problem sollte mit genossenschaftlichen Mitteln angegangen werden. Schulze-Delitzsch nennt außer Vorschuss-, Kredit-, Darlehensvereinen und Volksbanken auch Rohstoff- und Konsum-, Krankenkosten-, Gesundheitspflege-, Magazinvereine. An der Spitze sollten als krönender Abschluss die »Produktionsgenossenschaften« – die Arbeiter als Unternehmer – stehen (1909, Bd. 2, S. 135 f.). Indessen war diese Unternehmensform aus ökonomischen wie psychologischen Gründen bis heute nirgendwo dauerhaft erfolgreich.

Eine christlich geprägte Variante von Schulze-Delitzsch stellen die Bemühungen Friedrich Wilhelm Raiffeisens dar, zunächst mit einem von Schulze schärfstens getadelten karitativen Einschlag. Auch war Raiffeisens

Haltung zum Konkurrenzprinzip zwiespältig. Er sah in ihm das Wiedererscheinen des Faustrechts in veränderten Formen: Es gelte im wirtschaftlichen Verkehr »nur das Recht des Stärkeren. Vorläufig wird der Kampf noch mit friedlichen Waffen geführt. Es sind: die geistige Überlegenheit und das Geld« (Raiffeisen 1966, S. 100).

Trotz dieser Haltung, die von Schulzes freudiger Bejahung des Wettbewerbs deutlich absticht, setzt auch Raiffeisen in seinen berühmten Darlehensvereinen, speziell in der Landwirtschaft, ganz auf soziale Eigeninitiative und ist darum als Teil der großen liberalen Selbsthilfebewegung in Anspruch zu nehmen.

Gegen Brüderlichkeit am falschen Platze

Scharfe Kritik übt Schulze-Delitzsch auch an einer missverstandenen »Brüderlichkeit«. Diese sei als Wirtschaftsprinzip ungeeignet. In der Wirtschaft müsse das Prinzip der Gegenseitigkeit herrschen: nichts ohne Entgelt, Leistung gegen Leistung. Es sei absurd, den Menschen für andere arbeiten zu lassen, damit er für sich selbst nicht zu arbeiten brauche (Bd. 2, S. 102). Brüderlichkeit – wir sagen heute eher Solidarität – gehöre der Sphäre freier Sittlichkeit an, sie beginne dort, wo das Wirtschaften und der Staat aufhöre (Bd. 2, S. 107), etwa in diesem Fall: »Sie werden mir doch bei Gott dem Menschen, der vor Ihnen liegt mit gelähmten Gliedern oder gebundenen Händen, nicht zur Selbsthilfe auffordern, wenn er Ihre Unterstützung anfordert« (Bd. 2, S. 545). Das wahre Recht auf Arbeit gebe es nur in der Freiheit der Arbeit. Und das wahre Recht auf Lohn bestehe in der Freiheit des Tausches und der Konkurrenz (Bd. 2, S. 100). Ohne das lebendige Eigeninteresse könne es zu keiner Kapitalansammlung kommen, damit sei aber jeder Kulturfortschritt unmöglich. An der Stelle des Eigeninteresses müsse dann der »staatliche Treiber« walten.

Ein »sozialer Staat« wäre ein Paradies für Schwache und Taugenichtse; »während Tüchtige und Geschickte, Menschen mit Unternehmungslust und Tatkraft dadurch in ihrem Aufschwung gehemmt und darum gehindert werden, sich zu Zuständen emporzuschwingen, wie sie ihren Leistungen und Bedürfnissen gemäß sind« (Bd. 2, S. 103). Im »sozialen Staat« würden die Schlechten auf Kosten der Guten begünstigt. Wo die Subsistenz nicht mehr von eigenen Anstrengungen abhänge, wo man nicht für seinen Privat-, sondern den Staatsnutzen schaffe und aus Staatsmitteln seinen Unterhalt empfange, würden Güter und Dienste in immer geringerer Quantität und schlechterer Qualität hergestellt. Die Menschen würden somit auch immer schlechter und kärglicher versorgt. (Den empirischen Beweis dafür brachte das große sozialistische Experiment des 20. Jahrhunderts.)

Solche erfrischenden Betrachtungen hört man heute selbst von liberaler Seite selten. Es lohnt sich darum, Schulze-Delitzsch weiter zu folgen: Im sozialistischen Polizeistaat brauche jeder Mensch einen Aufseher, der ihn daran hindere, seine Kräfte zu missbrauchen; ja, im sozialen Staat benötige jeder einen »Treiber, der ihn zwingen muss, seine Kräfte überhaupt erst zu gebrauchen«. Die Folge sei ein kostspieliger Beamtenapparat, der nicht nur für die Produktion verloren gehe, sondern obendrein noch von den Arbeitenden unterhalten werden müsse. Wie solle die angestrebte Verteilung nach Bedürfnis und Verdienst denn vor sich gehen? »Welche Behörde kann mir zudiktieren, was ich bedarf, über einen Moment urteilen, welchen ich nur ganz allein in mir selbst empfinde?« (Bd. 2, S. 100; hier finden sich auch schon Überlegungen, welche das Problem der »Wirtschaftsrechnung« im Sozialismus berühren: ein großes Thema von Ludwig von Mises.)

Wenn der Staat darüber bestimmen könne, wie viel und wozu das, was die Einzelnen erhalten, verwendet werden solle, dann sei dies ein Eingriff in die Persönlichkeit, in den inneren Kern des Menschen, wie er nicht plumper und gehässiger gedacht werden könne, »eine Tyrannei, eine Einmischung der Behörde, einmal bis in die Schüssel an meinem Tisch, bis zu dem Topf an meinem Herd und dann in mein innerstes Herz, meine eigensten Gefühle« (Bd. 2, S. 101).

Und weiter: Das ganze Land werde dann »zu einer großen Arbeitskaserne werden, wo jeder nach amtlichen Direktiven seinen Bedarf zugemessen erhält, vielleicht ohne Sorge, aber auch ohne Freude am Leben, denn die beste Freude des Menschen ist die Freude am eigenen Tun«. Mit der Beseitigung der freien Konkurrenz sei zugleich das »große und reiche Lebensbildnis des menschlichen Verkehrs, die tausend mannigfaltigen Wechselbeziehungen zerstört, die Menschen aneinander knüpfen, und Neigung, Interesse und Streben beseitigt, jedes Ziel, jede Aussicht abgeschnitten, kurz, alles fortgenommen, was dem Einzelnen seinen Beruf wert, seine Arbeit lieb macht, ihm die Mühe seines Tagwerks versüßt« (Bd. 2, S. 103). Auch aller Schmuck, alle Schönheit des Daseins würde aufhören. (Man denke an die graue Tristesse des realsozialistischen Alltags!)

Aber noch nicht genug: In dieser egalisierten Gesellschaft gäbe es kein Vorwärts- und Emporstreben mehr, sondern nur noch ein gemeinsames »Herunterkommen«! Wo sich Leistung nicht mehr lohne, da müsse die Gesellschaft am Ende »verlumpen«. Man solle also nicht die »Garantie der

Existenz durch den Staat« verlangen, denn das führe unvermeidlich zur Aufgabe persönlicher Selbstständigkeit, diesem köstlichsten Wert, und zur staatlichen Tyrannei. Fazit: Wirtschaftliche Probleme dürften nur mit wirtschaftlichen Mitteln gelöst werden, nicht mit politischen. Schulze-Delitzsch hat sich mit solchen Betrachtungen für immer in die Herzen der echten Liberalen eingeschrieben. Wenn man die Genossenschaftsbewegung mit Helmut Faust (1967) als die größte soziale Leistung des deutschen Bürgertums bewertet, so muss man den Hauptteil daran dem volkstümlichen liberalen Reformer Schulze-Delitzsch zuerkennen.

Lujo Brentano

Lujo Brentanos »sozialliberale« Stimme verdient ebenfalls Gehör, obwohl sie – im Unterschied zu Schulze-Delitzsch – keine bleibenden Institutionen hinterlassen hat. Vom Kathedersozialismus eines Adolf Wagner oder Gustav Schmoller trennte ihn die Ablehnung staatlicher Unterstützung der Arbeiterschaft und die Ablehnung der Arbeitgeberpatronage durch Bismarcks Arbeiter»versicherung« sowie auch die strikte Vertretung des Freihandelsprinzips nach außen; von den strikten Liberalen wie Bamberger (s. u.) die Befürwortung der freien Kartellierung der Arbeiter in gewerkschaftlichen Koalitionen. Realistisch argumentierte er gegen den Staat als »Schutzgeist«. Ein Staatszuschuss zur geplanten Altersversicherung oder der Arbeitgeberbeitrag sei nichts als dem Arbeiter vorenthaltener Lohn. (Der Staatszuschuss liegt derzeit bei einem Viertel der Rente!) Man solle vielmehr die Selbstständigkeit der Arbeiter durch steigende Löhne, Stetigkeit der Beschäftigung und des Einkommens fördern, statt sie vom Staat oder Arbeitgeber abhängig zu machen (dies ist auch später die Position Ludwig Erhards).

Nicht der Staat, sondern die frei entstandenen neuen Gewerkvereine sollten die Träger einer Sozialreform sein. Man könne nicht leugnen, schreibt Brentano, dass von Gleichberechtigung auf dem Arbeitsmarkt so lange nicht die Rede sein könne, wie Unwissenheit und Armut den isolierten Arbeiter daran hinderten, als ebenbürtiger Verkäufer seiner Arbeitskraft dem Unternehmer gegenüberzutreten; er kenne weder seinen tatsächlichen Marktwert noch habe er die Möglichkeit zu regionalen oder beruflichen Alternativen. Erst der Zusammenschluss zu Gewerkvereinen im Kollektiv erlaube es dem Arbeiter, ein marktgerechtes Lohnniveau und günstige Arbeitsbedingungen durchzusetzen. (Er spricht freilich weder von »Tarifautonomie« mit hoheitlicher Gewalt noch von der Möglichkeit, Lohnverträge durch Staat oder Verbände »allgemeinverbindlich« zu machen, oder gar von einem gesetzlichen Mindestlohn.)

Die Stärkung der Verkäuferposition am Arbeitsmarkt sei jedoch nicht die einzige Funktion der Gewerkschaften. Hinzu kommen müsse ein freies soziales Kassen- und Versicherungssystem (Lohnfortzahlung bei Krankheit, Krankheitskostenübernahme durch überbetriebliche Berufskrankenkassen); Alters-, Invaliditäts- und Waisenversicherungen (bei Tod des Ernährers) seien auf dem Privatmarkt zu suchen, Arbeitslosenversicherung direkt über die Gewerkvereine (inzwischen ist fast alles beim Staat monopolisiert).

Vertrauen zu solchen Ideen gaben Brentano die liebevoll untersuchten Gewerkvereine Englands, die berühmten »friendly societies«, die dort fast flächendeckend die Arbeiter schützten (Brentano 1879). Die Vereine umfassten 1874 bereits ein Drittel der arbeitenden Bevölkerung (auch dort seit Langem durch den Beveridge-Wohlfahrtsstaat verdrängt).

Im Interesse preisgünstiger Lebensmittel kämpfte Brentano auch in der Hoch-Zeit der Schutzzollagitation für die Bewahrung des Freihandels. Es war dies für ihn die andere Seite der Sozialreform!

Es gab einmal liberale Gewerkvereine

»Die nur das Vernünftige und Sittliche anstrebenden Gewerkvereine appellieren vom 19. an das besser zu unterrichtende 20. Jahrhundert« (Max Hirsch).

Ebenso wie Brentano in der Theorie sind heute auch die hoffnungsvollen Ansätze einer liberalen Gewerkschaftsbewegung in der Praxis fast vergessen. Der entscheidende Organisator war hier (nach englischem Vorbild) Max Hirsch im Jahre 1868, wenige Monate vor Gründung der sozialistischen Gewerkschaften. Er nennt seine Initiative den »ernsten Versuch, die deutsche Arbeiterschaft auf dem Boden der freien Gesellschaft aus sich selbst heraus zur Erreichung einer sicheren, wirtschaftlich und geistig erhöhten Existenz zu organisieren« (Hirsch 1897, S. 17f.). Man wolle »Gegensätze vermitteln, Schwache durch Vereinigung stärken, Interessen des Kapitals und der Arbeit, der Produktion und Konsumtion harmonisch verbinden« (ebd., S. 22).

Für kurze Zeit schien es, als ob diese liberalen Initiativen die Konkurrenz um die Gunst der Arbeitermassen für sich entscheiden könnten. Doch eine erste Kraftprobe, der Waldenburger Streik der Bergleute 1869, schlecht vorbereitet und gegen den Rat der Zentrale durchgeführt, endete in einem Fiasko, welches dem Prestige dieser Organisationen einen unheilbaren Schaden zufügte. Es setzte sich in weitesten Kreisen die Meinung durch, dass »die deutschen (liberalen) Gewerkvereine einerseits streitsüchtig und gewissenlos, andererseits ungeschickt und ohnmächtig seien« (ebd., S. 55). Ein anderes Manko für die liberale Sektion des Gewerkschaftswesens war der Umstand, dass sie beim organisierten Liberalismus auf eine gewisse Skepsis stieß, sodass von dieser Seite die Unterstützung eher lau war. Waren nicht gewerkschaftliche Koalitionen Kartelle mit dem Ziel, den Wettbewerb für den Faktor Arbeit auszuschließen? Wollte nicht, wie später Götz Briefs schrieb (Briefs 1931, S. 698), eine Gewerkschaft genau dasselbe, was ein Kartell normalerweise anstrebt, nämlich eine Zusammenfassung der anbietenden Wettbewerber mit dem Ziel, der Nachfrage ein einheitliches Angebot gegenüberzustellen und nicht mehr dem einzelnen Grenzanbieter? So war bereits das Eintreten der Liberalen für Koalitionsfreiheit – das Recht, Sonderkorporationen zu bilden – nicht einheitlich. Es bedurfte des energischen Einsatzes von Prince-Smith, Schulze-Delitzsch, Faucher, Lette, Michaelis auf dem volkswirtschaftlichen Kongress von 1865, um einen Kurs durchzusetzen, der sich dann in der Gewerbeordnung von 1869 niederschlug. Dies gelang mit dem Argument, dass die Streikfreiheit, die mit dem Koalitionsrecht verbunden sei, gerade zum Aufhören der Streiks führen müsse, nämlich durch die Erfahrung, dass überhöhte Löhne nur Arbeitslosigkeit verursachen, dass andererseits Kapitalwachstum von selber die Nachfrage nach Arbeit steigern und entsprechend höhere Einkommen bringen würde (Born 1959, S. 37) – eine Hoffnung, die sich (leider) nicht erfüllt hat (vgl. Hayek 2005, S. 362 ff.).

Streik war darum für Max Hirsch allenfalls als Notstandsrecht zu vertreten. Besser wäre es, »das Faustrecht des Streiks in einem sozialen Frieden aufzuheben« (Hirsch 1893, S. 71), also eine Art Schweizer Friedensabkommen (mit Einigungsämtern) zu vereinbaren. Was Arbeitsbedingungen betrifft, so könnten dies »erwachsene Männer« selber in die Hand nehmen, etwa was die Arbeitszeit betreffe (dies ist heute bis ins Detail in Tarifverträgen oder gesetzlich geregelt).

Ferner wurde damals ein vielseitiges Unterstützungswesen geschaffen. Auf freiwilliger Basis konnten Unterstützungen bei Bewerbungsreisen, Umzügen, Krankheit, Invalidität, Arbeitslosigkeit, in außergewöhnlichen Notfällen, bei Sterbefällen gewährt werden. Ferner gab es Dienstleistungen im Rechtsschutz, bei der Arbeitsvermittlung und in der Weiterbildung.

Die Unterstützungsleistungen waren nur als äußerste Nothilfe konzipiert und ihre Inanspruchnahme wurde streng kontrolliert. Die Arbeitslosenkassen mussten indessen wenig in Anspruch genommen werden, denn auf dem wenig reglementierten Arbeitsmarkt zwischen 1890 und 1914 war die Beweglichkeit des Arbeitsfaktors noch groß. Die Arbeitslosenquote lag durchschnittlich nur bei drei bis dreieinhalb Prozent. Es herrschte praktisch Vollbeschäftigung. Die durchschnittliche Dauer der Arbeitslosigkeit betrug damals nur 14 Tage (Furtwängler 1957, S. 37). Heute beträgt sie in Deutschland mehrere Monate.

Wie damals üblich wurde mehr die ethisch-moralische als die materielle Seite der Unterstützungseinrichtungen betont. Sie sollten auf der Basis freier Verträge zu Solidarität und Opferwilligkeit erziehen. Darin liege die »ideelle gewerkschaftliche Kulturmission« (Zwing 1926, S. 88).

Diese großartigen freien Organisationen wurden seit Bismarcks antiliberaler Wende von den sozialen Sicherungsinitiativen des Staates an die Seite gedrückt. Dies geschah einerseits durch die Verfolgungen des Sozialistengesetzes, die Gewerkschaftstätigkeit überhaupt kriminalisierte, andererseits durch die Schaffung einer staatlichen Arbeiterversicherung, mit denen den Kassen der Gewerkvereine »vielfach ihr Wasser abgegraben wurde« (Hirsch 1893, S. 60). Die Invalidenkasse löste sich, funktionslos geworden, 1889 auf. So erging es nach und nach vielen weiteren sozialen Errungenschaften der liberalen Zeit, der Epoche des Vorrangs der Selbsthilfe, so auch Einrichtungen der privaten persönlichen Armenhilfe und der Philanthropie. Der damalige Hochkapitalismus ermutigte Initiativen »sozialer Wärme« in einem Umfang und einer Qualität, die heute staunen macht.

So das private Versicherungswesen, eine geniale Erfindung der Märkte für den »kleinen Mann«, die »sozial Schwachen«. Der Einzelne kann sich hier von einem professionellen Unternehmer für eine erschwingliche Prämie gegen Risiken versichern, deren Folgekosten allein zu tragen er nicht erschwingen kann. So wird auch der »kleine Mann« oder die »kleine Frau« über eine Rechtsschutzversicherung dazu befähigt, gegen ökonomisch Stärkere anzugehen. Haftpflichtversicherung, Lebensversicherung, Unfall- und Invaliditätskosten, Arbeitslosigkeit, Schaden am Hausrat durch Sturm, Feuer und Wasser, Begräbniskosten – für all das gibt es auch immer eine private Versicherungslösung ohne Staat, dessen Bürokratie und Anonymität unvermeidlich von »sozialer Kälte« begleitet ist. Die Privatversicherung ist die eigentliche »Sozialversicherung«.

»Soziale Wärme«: Private Fremdhilfe, Philanthropie, Mäzenatentum blühten

Hier geht es nicht um individuelle Selbsthilfe, sondern um individualisierte Fremdhilfe, um menschenfreundliche Caritas, die im 19. Jahrhundert in Deutschland einen weit größeren Umfang hatte als heute, wo der Staat das »Soziale« bei sich zu monopolisieren sucht. So gibt es das heute oft als »stigmatisierend« hochmütig gescholtene »Almosen« aus privater Tasche der Gutsbesitzer, Fabrikanten oder Privatiers. Bälle und andere Wohltätigkeitsveranstaltungen sind bis heute im Schwange, es gibt Vereinigungen wie Rotary oder Lions, es gibt die kirchlichen Einrichtungen, den »Klingelbeutel« und den Spendenkorb. Brigitte Hamann (2002) schildert das ausgedehnte private Fürsorgewesen im Wien um 1900: »Armutslotterie brachte regelmäßig Geld, Verlassenschaften verzinsten sich zugunsten Bedürftiger: Kirchen und Klöster gaben wie im Mittelalter Armensuppen aus. Reiche Häuser hatten ihre ›Hausarmen‹, die regelmäßig verpflegt wurden; in Gasthäusern und Spitälern durften ausgewählte Bedürftige Essensreste abholen (Funktion der heutigen ›Tafeln‹. GH). Es gab eine unübersehbare Fülle an wohltätigen privaten Stiftungen: für Arbeiter, Blinde, Beamte, Bürgerwitwen, Kriegsversehrte, Studenten, Krüppel und andere, auch Geld für Ausstattungen, Tagesplätze für Schulkinder, Essensplätze für Studenten, Spitalbetten.«

Es ist evident: Je freier die Marktwirtschaft, desto mehr Mittel stehen auch zur privaten Wohltätigkeit zur Verfügung. Die (indirekte) Sozialisierung freiwilliger Initiativen dieser Art hat die Gesellschaft unpersönlicher und liebloser gemacht, nicht aber »wärmer«. Eine Staatsapparatur, welche die Anspruchsvoraussetzungen schematisch sine ira et studio abarbeitet, kann nicht »sozial warm« sein.

Ein neuer Justus Möser

Gern wird heute eine Stimme überhört, die im 19. Jahrhundert die gute liberal-konservative Tradition der Burke, Justus Möser oder des Freiherrn vom Stein weiterführte: Wilhelm Heinrich Riehl, bekannt vor allem als Kulturgeschichtsschreiber und Soziologe. Er stellt wie der Old Whig unserer Tage, Friedrich August von Hayek, der ihn gern zitiert, den »wahren Individualismus« dar, was ihm den Ruf eines Konservativen, wo nicht Reaktionärs einbrachte.

Schon im Rotteck-Welckerschen Staatslexikon hatte sich Paul Pfizer gegen die Ansicht gewandt, der Liberalismus rufe zur Emanzipation von Religion, Moral und Sitte auf und sei zum Verständnis »organischer Gesellschaftsbildungen« unfähig (RW, Bd. 7, S. 523 ff.). Welcker hat betont, dass »die angeborenen englischen Rechte (English Birth Rights) wahre allgemeine Ur-, Natur- und Menschenrechte sind, in nationaler englischer praktischer Auffassung und Gestaltung, aber tausendmal fruchtbarer und heilsamer als unsere metaphysischen Schultheorien über diese Kräfte« (RW, 7, S. 558).

Heute unterscheidet von Hayek in diesem Sinne den »wahren« von einem »falschen« Individualismus (Hayek 1976, S. 9 ff.). Der echte Liberalismus zeichne sich dadurch aus, dass er die nicht auf politischem Zwang beruhenden Konventionen des gesellschaftlichen Zusammenlebens als wesentliche Faktoren für die Erhaltung einer sozialen Ordnung betrachtet. Er bejahe darum den Wert der Familie, den Wert der lokalen Selbstverwaltung und freiwilligen Verbindungen, den Wert von Tradition und Sitte. So würden flexible Regeln geschaffen, die das Verhalten anderer in hohem Maß voraussagbar machen und damit ohne politischen Zwang jenes Einverständnis erreichen, das sonst mit formaler Organisation und Staatszwang künstlich herzustellen versucht werden muss (Hayek 1976, S. 36 f.) Wie Graf Yorck von Wartenburg einmal schrieb: »Sandatome kann nur die geschlossene Faust zusammenhalten.«

In dieser Denktradition steht auch Wilhelm Heinrich Riehl. Eben diesen Wert der Familie und der Gruppen zwischen Staat und Individuum wollen seine kultursoziologischen Beiträge, vor allem seine »Naturgeschichte des deutschen Volkes« in vier Büchern (1848/1869), herausarbeiten – in polemischer Front gegen Zentralisation, Polizeistaat und »falschen« Individualismus. Wie Möser wurde auch Riehl gelegentlich als »Reaktionär« angegriffen, was aber seine liberal-konservative Ideenwelt keineswegs trifft.

So polemisiert er gegen die, wie er sie nennt, »Altliberalen« und meint damit die »sozialen Rationalisten«. Diese bekämpften zwar die Bürokratie in Kleinigkeiten, förderten sie aber in der Hauptsache, indem sie die überlieferten spontanen Ordnungen (»geschichtliche Gliederungen der Gesellschaft«, »kulturgeschichtliche Besonderheiten im Völkerleben«; Riehl o. J., S. 281) zu vernichten strebten. Ebenso wie der »Altliberalismus« sei auch der bürokratische Staat bestrebt, »die körperschaftliche Gliederung der

Gesellschaft auszuglätten, weil sich das Einförmige leichter administrieren und registrieren lässt als das Mannigfaltige, weil die zentralisierte Staatsverwaltung auch die zentralisierte Gesellschaft nach sich ziehen muss, weil ihm der Staat eine tote Maschine ist« (o. J., S. 280 f.). Sozialen Zusammenhang schaffen aber erst die Gruppen. (Riehl spricht von »Ständen«, meint damit aber nicht politische Zwangskörperschaften, sondern freie Vergesellschaftungen.) Jede Gruppe solle ihre Eigenheit bewahren, darin liege der Reichtum der Gesellschaft.

Nicht die abstrakte Freiheit, sondern die konkrete – freiwillige – Zugehörigkeit zu sozialen Kreisen konstituiert nach den kommunitarischen Idealen Riehls erst die Person. Der Bürger solle sich stolz als Bürger, der Bauer als Bauer fühlen, »der Aristokrat soll sich nicht bevorrechtet dünken und nicht alles zu beherrschen trachten«. Jeder solle sich »mit Freuden als Glied desjenigen Gesellschaftskreises bekennen, dem er durch Geburt, Erziehung, Bildung, Sitte, Beruf angehört«. Dies allein schaffe Persönlichkeiten, nicht »soziale Philister«, die nur ihrem Privategoismus folgen, und gebe jenes »feste Behagen, dass sich jeder in seinem Kreis recht wie in seiner Haut fühlt« (o. J., S. 171). Die Freiheit der ganzen Gesellschaft sei »nur durch die in ihrer Eigenart möglichst ungestörten Entwicklungen der einzelnen Gruppen gewahrt« (ebd.).

Welches ist das Bindemittel dieser freien sozialen Gliederungen? Nach Riehl nicht der politische Zwang, sondern die »Sitte«. Sie könne niemals von einem Einzelnen »willkürlich gemacht« werden, sie werde und wachse »wie das Volkslied«, an dem viele Generationen mitgetan hätten. »Die Sitte wird solchergestalt zu dem natürlichen organischen Produkt einer ganzen Kette menschlicher Entwicklungen, und das Vorurteil, dass eine Sitte schon darum gut sei, weil sie sehr alt ist, ist in der Regel nicht unbegründet.« Sie ist eben nicht »ein Gefäß des Witzes eines Einzelnen, sondern der Weisheit der Jahrhunderte«. Es ist also weit mehr menschliches Wissen in ihr repräsentiert, als die Vernunft eines Einzelnen erfassen kann. Am wichtigsten seien die »Kardinalsitten«, die eine Nation über Jahrhunderte zusammenhielten. »Die Nationen selber fallen in Trümmer, wenn einmal ihre Kardinalsitten fallen« (o. J., S. 348). Das hat Wilhelm Röpke gefallen und vor langer Zeit hätte gewiss auch Konfuzius zugestimmt.

Der »Geist der freiwilligen körperschaftlichen Gliederung« ist es also, der eine Nation zusammenhält, mit dem zentralen Pfeiler der Familie, des »Hauses«. Hier werde der Grund zur echten Freiheit gelegt, eine Freiheit, die das »Recht der Zugbrücke« als Wahrzeichen sozialer Selbstständigkeit einschließe.

Wie ein Konfuzianer sieht Riehl ferner, dass eine soziale Reform von der eigenen Person, von unten nach oben, ausgehen muss, nicht umgekehrt (durch politisch-institutionellen Zwang), wenn sie Bestand haben soll. »Vorerst kann der Privatmann nur in der Art wirkungsreich sozial reformieren, dass er persönlich das Beispiel gibt zu einem ernsteren, strengeren, bescheideneren Familien- und Gesellschaftsleben« (o. J., S. 171). So wird bei Riehl aus der »sozialen« eine individuelle Frage.

Aus den Gedanken Riehls wird verständlich, warum er gegen das Ideal sozialen Gleichmachens, die Idee einer sozialen oder Verteilungsgerechtigkeit eintreten muss. Die Idee, eine systematisch gerechte Verteilung des Besitzes einzuführen, schreibt er in seiner Naturgeschichte des Volkes (o. J., S. 314), ist dem Ehrgeiz vergleichbar, »systematisch das Wetter bestimmen zu wollen, sodass jeglicher für jeden Tag und für jede Stunde das einem besonderen Zwecke und Vorhaben erwünschte gute Wetter bekäme«. Die ungleichen Lebenslagen sind eben nicht von einem Einzelmenschen gemacht, sondern »Ergebnis sozialen Zusammenhandelns und Bewertens, an dem alle und keiner beteiligt ist«. Es sei ja auch nicht »ungerecht«, dass Eskimos und Feuerländer unter miserablen Lebensbedingungen verkümmerten, während dem »üppigen Orientalen die süßesten Früchte in den Mund wachsen«. Zustände oder die Ergebnisse vieler anonymer Wahlakte unterliegen eben keinen Gerechtigkeitskriterien (allenfalls einer »kosmischen« Gerechtigkeit), sondern nur das individuelle Handeln von Einzelmenschen – dies war auch die Position von Adam Smith oder Friedrich August von Hayek.

In diese gesellschaftliche Ordnung »korporativen Stolzes« sollen auch die noch »Namenlosen«, die Arbeiter, hineinwachsen, vor allem durch Selbstbildung, Selbsthilfe, Selbstbewusstsein. »Sie haben vom gemeinen Mann die Rohheit behalten und vom feinen Mann die bloßen Ansprüche an allerlei Lebensgenuss dazugewonnen« (zit. nach Preußer 1982, S. 162). Für die Arbeiter gelte darum »der alte Bauernspruch: Selbst ist der Mann!«. Für den Staat, der den Wohlstand nicht machen könne, bleibt prinzipiell nur die Rolle des Schiedsrichters im Interessenkampf. Nur subsidiär solle er dort schöpferisch eintreten, wo die Selbsthilfe des Einzelnen und der Genossenschaftler nicht ausreicht.

Die wirtschaftlich freieste Epoche der deutschen Geschichte

Zwar war der Sieg des politischen Liberalismus mit dem Scheitern des Paulskirchenparlamentes vorläufig vereitelt, indessen ging er auf wirtschaftlichem Gebiet ungebrochen weiter. Zum Verdienst der preußischen Ministerialbürokratie waren nicht nur die Stein-Hardenbergischen Reformen, besonders die Gewerbefreiheit, zu rechnen, auch nicht nur die Gründung der Musteruniversität Berlin (1810) durch die Brüder Alexander und Wilhelm von Humboldt, nach den Ideen liberaler Humanität gestaltet und dem freien wissenschaftlichen Geist gewidmet. Sie war lange Zeit ein Vorbild für alle deutschsprachigen Universitäten und strahlte darüber hinaus bis nach Amerika und Japan aus. Ein besonderes Ruhmesblatt preußischer Wirtschaftspolitik war die Befreiung von den zuletzt unerträglichen Binnenzöllen, die Einführung des freihändlerischen Zolltarifs von 1818, der die Bewunderung ganz Europas fand. Wilhelm Röpke bemerkte (1948, S. 214 f.), dass die Ära des internationalen Wirtschaftsliberalismus nicht erst durch England im Jahre 1846, sondern durch Preußen im Jahre 1818 eingeleitet worden ist. Es sind Beamte, die noch ganz im Geiste von Adam Smith die Reformen durchsetzten, etwa Friedrich von Motz oder später Rudolf von Delbrück. Bald darauf taten die Freihandelszone des Deutschen Zollvereins und die meist in privater Trägerschaft in unglaublichem Tempo entstandenen Eisenbahnlinien ein Übriges für den wirtschaftlichen Fortschritt. Zum geistigen Austausch trat der von Waren und Personen, das partikularistisch abgesonderte Leben wurde völlig verwandelt, die Bevölkerung wurde sich gemeinsamer Züge und noch unlängst kaum geahnter Verbundenheiten bewusst. Die politische Zersplitterung Deutschlands bewahrte es indessen vor der Hinordnung des Verkehrs auf eine einzige Hauptstadt und die deutsche Wirtschaft vor dem Übel einer maßlosen Zentralisierung (Gaxotte, 2, 1967, S. 188).

Die Epoche vom Zolltarif 1818 bis zum Bismarcktarif 1879 war die wirtschaftlich freieste Epoche der deutschen Geschichte. Im Vergleich dazu ist die aktuelle Wirtschaftsverfassung Deutschlands eher einem Monster ähnlich wie seinerzeit das Alte Deutsche Reich in den Worten Pufendorfs. Dies betrifft namentlich auch die Vertragsfreiheit. Die Abdingbarkeit von Verträgen, das heißt die Ersetzung von gesetzlichen Vertragsklauseln durch freie Vereinbarungen, ist – im Unterschied zum Kaiserreich – heute eher die Ausnahme, so bei Miet-, Arbeits-, Kaufverträgen. Bis zu seiner »Wende« von 1878 war Bismarck, nichts weniger als ein Liberaler, doch der Testamentsvollstrecker des Liberalismus. Dann nimmt Bismarck die friderizianische Linie des Merkantilismus, Autarkismus und Etatismus wieder auf.

Eine liberale Glanzleistung ist die Gewerbeordnung von 1869 und schließlich das Bürgerliche Gesetzbuch von 1900, ein konsequentes Dokument bürgerlich-liberalen Geistes, heute stark »sozial« und egalitär verwässert. Selbst um 1914 war das Deutsche Reich mit einer Staatsquote um 12 Prozent noch ein überwiegend wirtschaftsliberales Land. Die Goldwährung tat ein Übriges, um die allgemeine Sekurität und Prosperität der Bürger zu sichern, die »Welt von gestern« war bis 1914 eine belle epoque (vgl. Stefan Zweig 1982). Ebenso war für den Rechtsstaat gesorgt. Die monarchische Willkür konnte sich allenfalls noch in der Außen- und Militärpolitik betätigen, nicht eben zum Vorteil des Landes (Wilhelm II.!).

Der wunderbare Aufstieg des »kleinen Mannes«

Und natürlich auch seiner »kleinen Frau« und ihrer Familien! Das 19. Jahrhundert stand im Zeichen einer Überwindung der Massenarmut, nicht durch Initiative des sozialen Staates und seiner Bürokratie, sondern durch Unternehmerenergie und das Arbeitsethos der Arbeiterschicht, die im Zeichen der freien Märkte auch im »manchesterkapitalistischen« Deutschland ihren Siegeszug antreten konnte. Zunächst war bis 1914 eine Verdreifachung der Bevölkerungszahl innerhalb von 100 Jahren zu registrieren. Dies war möglich durch Ehefreiheit und Freizügigkeit für alle und die enorm verbesserten Lebensbedingungen, die materielle und medizinische Versorgung. Deutschland wurde industrialisiert und in demselben Maße schwand das Elend und wurde der ländliche »Pauperismus« überwunden. Entgegen dem Mythos der wachsenden kulturellen und wirtschaftlichen Verelendung der Massen, den sozialistische (auch »kathedersozialistische«) Propagandisten, besonders die marxistische Schule, nicht ohne Erfolg verbreiteten, zeigen alle Statistiken ein anderes Bild: Ob Einkommens-, Sparkassen-, Erbschafts-, ob Ausbildungs- und vor allem Sterblichkeitsstatistiken oder die Zahl der Unterstützungsempfänger: Es ging in jeder Hinsicht aufwärts – und dies bis heute (vgl. Sombart 1954, Bähr 1884).

Heute ist eher Über- als Unterernährung das Problem. Der »kleine Mann«, beinahe jeder, fährt eine Kutsche (Auto), die an Leistungsfähigkeit jede Kutsche privilegierter Schichten früherer Zeiten weit übertrifft. Fast jedermann kann sich luxuriöse Reisen in die ganze Welt erlauben, der Ausbildungsstand ist erstaunlich, die Bildungsmöglichkeiten sind enorm, die Kommunikationsmittel märchenhaft, technischer Luxus im Haushalt jenseits alles dessen, was sich die Menschen früherer Jahrhunderte vorstellen konnten (nebenher auch ein wichtiger Beitrag zur »Emanzipation« der Frauen), ganz abgesehen von der phänomenalen Freizeit. Das klassische Buch von Friedrich Engels zur sozialen Lage der arbeitenden Klasse in England wurde schon zu dessen Lebzeiten falsifiziert, woraus denn auch fortschrittliche Sozialdemokraten wie Eduard Bernstein (»Revisionismus-Debatte«) die richtigen Konsequenzen zogen.

Im absolutistischen Zeitalter galten die Armeen der Arbeitslosen, Bettler, Invaliden, Abgebrannten, Siechen und Verkommenen, die in Städten und auf den Landstraßen wimmelten und manchmal wie Hunde im Rinnstein oder Straßengraben verkamen, vor allem als ein Polizeiproblem. Der Kapitalismus setzte sie in Brot und Arbeit, wenn zunächst auch nur als »Proletarier«. Die letzte große Hungerkatastrophe traditioneller Art erlebte Deutschland in den Jahren 1815/1816. »Weder die ›rationalen Landwirte‹ noch die Bergwerks- und Hüttenbesitzer noch die Fabrikindustriellen«, schreibt der Wirtschaftshistoriker Wolfram Fischer (1982, S. 56), »schufen die Armut; sie zogen sie nur an, weil sie in einer Welt der Unterbeschäftigung Arbeitsplätze anboten und weil sie Löhne zahlten, die meist höher lagen als die Löhne, die man in anderen Beschäftigungen, sei es als Heimarbeiter, Tagelöhner, Transportarbeiter oder Dienstbote, am gleichen Ort verdienen konnte.«

Auch die äußeren Arbeitsumstände verbesserten sich stetig. Geregelte Arbeitsbedingungen, bessere hygienische Zustände, mehr Licht und Luft am Arbeitsplatz setzten sich durch (Fischer 1982, S. 80). Der unverdächtige Ökonom Bruno Hildebrand stellte fest, dass die industrielle Disziplin gewissenhafte Zeitbenutzung, Tatkraft und Energie förderten; dass die Notwendigkeit des gelegentlichen Gewerbe- oder Stellenwechsels die Beweglichkeit des Geistes anregte, das Blickfeld erweiterte, das Selbstvertrauen stärken konnte. »Während der Arbeiter der Vergangenheit in einem halbtierischen Zustand träge und arbeitsscheu dahinvegetierte und niemals über den nächsten Gesichtskreis hinaus seine Gedanken erweiterte, fühlt der Arbeiter der Gegenwart, der im Verkehr mit den Maschinen aufgewachsen ist, dass er mit den Fähigkeiten seines Kopfes und seines Armes auch an dem großen Bau der Geschichte mitarbeitet« (Hildebrand 1922, S. 186). Arbeitsteilung muss also nicht zur »Entfremdung« und mental-kulturellen Verkümmerung führen, wie sogar Adam Smith, Friedrich Schiller, Hölderlin oder Tocqueville behaupteten – zumal die wachsende Freizeit Kompensationsmöglichkeiten erlaubt (Weiterbildung, Sport, Heimwerkertum, Hobbys aller Art, Abenteuerurlaube usw.).

Woher kommt dann die pessimistische Behauptung einer »sozialen Frage«? Die tatsächliche Unzufriedenheit, welche radikale Agitatoren, aber auch bürgerliche »Staatsozialisten« erregen und ausnutzen konnten? Der große Theoretiker der Sozialpolitik, Hans Achinger (1958), meint zu Recht (und ähnlich argumentiert Wilhelm Röpke), dass es die mangelhafte moralische und kulturelle Integration der neu entstandenen Massen, vielleicht auch die aufreizende ständische Differenzierung zwischen »gebildeten« und »ungebildeten« Schichten gewesen sind, welche Unzufriedenheit hervorriefen. Die soziale Frage wäre dann keine »Magenfrage«, sondern eher eine geistig-sittliche Frage gewesen. Auch das Erklärungsmuster von A. L. Bowley hat einiges für sich: Die Menschen seien geneigt, den Fortschritt nicht an einer vergessenen Position der Vergangenheit zu messen, sondern an einem Ideal, das wie ein Horizont ständig zurückweiche. Die eigenen Nöte und Enttäuschungen würden im Lichte einer angenommenen Möglichkeit zu allgemeinem Wohlstand und Reichtum betrachtet (bei Fischer/Bajor 1967, S. 134).

Es entscheiden letztlich eben nicht Tatsachen, sondern Meinungen über Tatsachen. Der bereits gewürdigte W. H. Riehl schrieb: »Die sozialen Theoretiker, welche die hier zugrundliegende Begriffsverwirrung angestiftet, müssen zusehen, wie sie dies verantworten können; sie haben mehr dazu beigetragen, den Arbeiter elend zu machen, als es die ›Herrschaft des Kapitals‹ getan, denn sie haben ihm den einzig rettenden Gedanken aus der Seele hinausdisputiert, dass der Arbeiterstand sich aus sich selber reformieren und auch sich aufhelfen könne, ohne dass er vorerst beiläufig die ganze Welt zu reformieren braucht« (Riehl o. J., S. 314).

XII.
Gegen Bismarcks neuen Wohlfahrtsstaat

Im Banne Bismarcks

Bismarcks erfolgreiche Gewaltpolitik seit 1864 versetzte viele Liberale in einen Machtrausch, der sie überwältigte, und darüber wurden sie nicht alle, aber zum größeren Teil ihren alten Idealen entfremdet. Ohne die mächtige Persönlichkeit Bismarcks hätten sie zweifellos ihre liberaldemokratischen Ziele nach und nach durchgesetzt und Deutschland wäre staatenbündisch geeinigt worden oder vielleicht auch bundesstaatlich nach dem Vorbild der USA oder der Schweiz. So etwa nach dem Wunschbild Alexander von Humboldts (1848): »Was speziell Deutschland betrifft, so scheint dasselbe, mit seinen vielen Kulturzentren und seinem Mangel einer politischen Hauptstadt, am meisten unter den germanischen Nationen von dem antirömischen Prinzip der Dezentralisation durchdrungen, worin es dem alten Griechenland und dem neueren Italien verwandt ist. Die Aufgabe, welche es zu lösen hat, ist offenbar: jene beiden Elemente, der Kultur und der Politik, ohne Nachteil beider zu verschmelzen, statt wie bisher die Politik zu vernachlässigen über Bestrebungen allgemeiner Kultur« (zit. nach Röpke 1948, S. 218). Warum nicht: »Vereinigte Staaten von Deutschland«?

Es war das Unglück der Liberalen, dass Bismarck ein Mephistopheles von Format, Charme und echter Kraft war, der in lichten Augenblicken sogar die seltene Gabe des Maßes hatte. So schrieb Wilhelm Röpke. »Es ist nicht ganz unbegreiflich und nicht ganz unverzeihlich, wenn man es damals schwer hatte, sich von dem Banne der Persönlichkeit Bismarcks freizuhalten« (1948, S. 224). In seiner dämonischen Natur kreuzten sich die Widersprüche: Er war offen und verschlagen zugleich, brutal und zartfühlend (die Briefe an seine Braut und Gattin!), wenig eitel, aber auch wenig tolerant (sein Hass auf Richter, Windthorst und besonders Lasker), im Hassen leidenschaftlich, herrschsüchtig bis zum Tyrannischen und wieder von bezwingender weltmännischer Courtoisie. Großmut und Seelengröße waren in ihm hingegen schwach entwickelt (so beschreibt ihn Sell 1955, S. 199). Er erklärte sich politisch bereit, »mit jedem ansehnlichen Mädchen Kinder zu zeugen« (nach Klein Hattingen, 1903). Er war frei von ordnungspolitischer Gebundenheit und rühmte diese Freiheit noch als politische Kunst. Er spielte mit den Liberalen und dem Freihandel eine Zeit lang, bis es ihm zweckmäßig erschien, das Kostüm zu wechseln und als Merkantilist, Etatist und cäsaristischer Sozialpolitiker aufzutreten und am Ende gar wieder zum antibürokratischen Frondeur seiner Frühzeit zu werden, auch mit Plänen zur Auflösung des Reiches durch einen Staatsstreich mit den Fürsten (Zechlin 1929).

Vielen Liberalen imponierte die Kühnheit und Geschicklichkeit, mit der dieser »Meister der Politik« ihre nationalen Träume realisierte – er stahl ihnen aber ihren Donner. Es war beschämend, zu sehen, welch eine subalterne Rolle Vertreter des Reichstages 1871 in Versailles bei der Kaiserproklamation spielten. Die Demütigung begann bereits 1866 mit der Gewährung der Indemnität nach vierjährigem Verfassungskampf. Die Liberalen spalteten sich darüber und dann 1878 noch einmal. Es bildete sich die über Jahrzehnte mächtige Fraktion der Bismarck- oder Nationalliberalen (Idealtyp Bennigsen und später Miquel: »Bismarck sans phrase«), während die echten Liberalen und Freihändler um Bamberger, Eugen Richter oder Rudolf Virchow in die Opposition gingen. Die zynische Haltung Bismarcks zu den Liberalen, die bis heute nachwirkt, zeigt sich in zwei Zitaten besonders klar.

»Nun, meine Herren«, bemerkte er am 2. April 1881 in einer Reichstagsrede, »ich habe das Gefühl, dass der Staat auch für seine Unterlassungen verantwortlich werden kann. Ich bin nicht der Meinung, dass das ›laissser faire, laisser aller‹, das ›reine Manchestertum in der Politik‹, ›Jeder sehe wie er's treibe, jeder sehe, wo er bleibe‹, ›wer nicht stark genug ist zu stehen, wird niedergerannt und zu Boden getreten‹, ›Wer da hat, dem wird gegeben, wer nicht hat, dem wird genommen‹ – dass das im Staat, namentlich in dem monarchischen, landesväterlich regierten Staat Anwendung finden könne« (zit. nach Rothfels 1958, S. 354). Bei anderer Gelegenheit erklärte er die Freihandelstheorie für »eine gemeinschädliche Krankheit, die ähnlich wie der Coloradokäfer und dgl. uns heimsucht«. Sehr abschätzig ist auch ein von Raico (1989, S. 106) zitiertes Wort Bismarcks: »Die Fortschrittspartei und die Clique der Manchesterpolitiker, die Vertreter des mitleidlosen Geldsacks, sind immer unbillig gewesen gegen die Armen, sie haben immer nach Kräften dahin gewirkt, dass der Staat verhindert, sie zu schützen. Laissez faire, möglichst viel Selbstregierung, Unbeschränktheit, Gelegenheit zur Aufsaugung des kleinen Geschäfts durch das Großkapital, zur Ausbeutung des Unwissenden und Unerfahrenen durch die Klugen und Getriebenen. Der Staat soll bloß Polizei sein, besonders für die Ausbeuter.«

Die Sozialisten sprachen kaum anders. Die Wirkung derartiger Demagogie war nachhaltig. Im Übrigen freilich griff er das sozialistische Ideal als »Zuchthausstaat« an. »Das werden die erbarmungslosesten Tyrannen sein und die anderen Knechte der Tyrannen sein, wie sie je erfunden wurden« (Reichstagsrede vom 17. September 1878).

Bei der im Kampf mit den echten Liberalen (aber auch den Sozialdemokraten) durchgepaukten Arbeiterversicherung ging es Bismarck nicht um »praktisches Christentum in gesetzlicher Betätigung«, auch nicht um säkular-fürsorgerische Absichten, sondern vor allem darum, die arbeitenden Massen von Staatsleistungen abhängig zu machen, sie dadurch friedlich und loyal zu stimmen. »Mein Gedanke war, die arbeitenden Klassen zu gewinnen, oder soll ich sagen: zu bestechen, den Staat als soziale Einrichtung anzusehen, die ihretwegen besteht und für ihr Wohl sorgen möchte« (Bismarck, GW, Bd. 9, S. 195 f.). Entsprechend auch: »Wer eine Pension hat für sein Alter, der ist viel zufriedener und viel leichter zu behandeln als wer darauf keine Aussicht hat. Sehen Sie den Unterschied zwischen einem Privatdiener und einem Hofbediensteten an; Letzterer wird sich weit mehr bieten lassen …, denn er hat eine Pension zu erwarten« (Bismarck, Gespräche, Bd. 2, S. 337 f.).

Bei dem Kampf gegen Bismarcks neue Sozialpolitik, die an preußische Traditionen des 18. Jahrhunderts anknüpfte, bezweifeln die entschiedenen Liberalen wie Prince-Smith, Bernhard Oppenheim, Karl Braun, Julius Faucher, dass es so etwas wie die »soziale Frage« überhaupt gebe. Not und Elend seien bei den Unzulänglichkeiten alles Bestehenden so wenig ganz auszurotten wie Sünde, Laster, Krankheit und Tod (Braun/Oppenheim 1872, S. 18). Mit dem Fortschritt von Marktwirtschaft, Freiheit, Bildung und Verbesserung des Rechtssystems und vor allem mit der wachsenden Kapitalbildung werde wachsender Wohlstand Hand in Hand gehen. Es wird auf die diversen Reformen verwiesen, auf die Gesundheitsschutzgesetzgebung, das Genossenschaftswesen, die Koalitionsfreiheit, die Einsetzung gewerblicher Schiedsgerichte, die Verschärfung der Haftpflicht usw. Man weist den Vorwurf einer »egoistischen« und »herzlosen Ökonomie« mit bis heute gültigen Argumenten zurück. Eugen Richter antwortet auf den Vorwurf der moralisch verwerflichen »Selbstsucht«, welche der Markt anstachele: »Selbsterhaltungstrieb und Eigenliebe führen den Menschen weiter. Die Scheu vor Unzufriedenheit und Verarmung, die Hoffnung vorwärtszukommen, etwas vor sich zu bringen, nicht nur für sich, sondern auch für die Familie, das ist es, was den Einzelnen nicht ruhen und rasten lässt, was die Körperkräfte anspannt, den Geist schärft, die Unternehmungslust wachruft, zu Verbesserungen und Fortschritten anspannt, welche der ganzen Gesellschaft zum Vorteil gereichen« (Richter 1892, S. 312).

Entweder – oder

Der Kampf der entschiedenen, das heißt von einem klaren Ordnungsmodell ausgehenden Liberalen gegen Bismarcks Wendepolitik von 1878 (Schutzzölle, Arbeiterzwangsversicherung) erhielt seine besondere Schärfe dadurch, dass sie verstanden, worum es in diesem Kampf eigentlich ging. Nämlich nicht um den Kampf um etwas mehr oder weniger Staatsintervention, sondern um die Grundsatzentscheidung, in welche Richtung sich die Gesellschaft weiterentwickeln sollte: ob in Richtung eines sich selbst regulierenden »Kosmos« einer spontanen Ordnung im Sinne Hayeks, unter evolutorischer Weiterbildung des Rechtsrahmens, oder wieder in die Richtung einer staatlich gebundenen Gesellschaft wie im 18. Jahrhundert. Die technischen Fragen der staatlichen Sozialreform wie auch ihre materielle Tragweite waren gegenüber dieser Prinzipienfrage zweitrangig. So waren die Staatsrenten für die Arbeiter zunächst recht niedrig und zudem recht spät (ab 70 Jahren) angesetzt, die Zollsätze keineswegs prohibitiv. Nach heutigem Maßstab reicht die »belle epoque« des Liberalismus bis 1914. In der Sprache des Konfuzius begann die »Verwirrung der Begriffe« 1878, der entsprechende Niedergang der liberalen »Ordnung« zog sich dann über Jahrzehnte hin.

Einer von denen, welche die Tragweite dieses Umschlags voll erfassten, der immer angriffige und frohgemute Ludwig Bamberger, hielt darum im Unterschied zum opportunistischen Liberalismus von Bennigsen, Miquel u. a. Kompromisse in dieser Situation nicht mehr für möglich. »Derselbe Grund, welcher dafür sprach, durch Kompromisse die aufwärts führende Bewegung in Gang zu halten, spricht dagegen, die abwärtsrollende durch Kompromisse zu fördern« (Bamberger 1898, Bd. 5, S. 104). An anderer Stelle (ebd., S. 316): »Der Kompromiss hat ein Recht, als Not zu existieren, eine Tugend darf er nicht werden.« Oder: »Unser liberales Bürgertum hat sich im Laufe der Jahre im Zusammenleben mit dem überlegenen Kanzler zu Tode kompromittiert« (ebd., S. 311).

Bennigsen, der neben Miquel typischste Kompromissliberale jener Zeit hielt dagegen: »Der Regierung eine systematische Opposition auf wirtschaftlichem und politischem Gebiet zu machen, so etwa wie hervorragende Mitglieder unserer Partei es für geboten erachten, habe ich wenig Neigung, umso weniger, als die deutsche Bevölkerung in ihrer überwiegenden Mehrheit weder von einer radikalen Freihandelspolitik noch überhaupt von einer an die Fortschrittspartei sich anlehnenden, mehr radikalen inneren Politik etwas wissen will« (zit. nach Oncken 1910, S. 419). Wie aktuell ist diese Frontstellung innerhalb der liberalen Bewegung bis heute!

Wie stellten sich die entschiedenen Liberalen zu dem Vorwurf der praxisfernen Theorie und bloßen unfruchtbaren Prinzipienreiterei, die ihnen die Bismarck-Liberalen machten? Eugen Richter schreibt in der ersten Auflage seines »ABC-Buches für freisinnige Wähler« unter dem Stichwort »Theoretiker, Doktrinäre, Prinzipienreiterei«: »So werden gern diejenigen genannt, welche andere Ansichten haben, wie gerade der Reichskanzler sie vertritt. Die Theorie baut sich im politischen Leben auf aus den Erfahrungen verschiedener Zeiten und Länder, während die sogenannten Praktiker nur zu oft eine einzelne, aus verschiedenen zufälligen Ursachen sich ergebende Erscheinung ins Auge fassen und daraus willkürliche Schlüsse ziehen, also gerade als einseitige Theoretiker erscheinen« (Richter 1881, S. 184). Ein Ludwig von Mises hätte hier freilich noch eindeutiger – aus seiner Ansicht von den apriorischen Gegebenheiten des Handelns heraus – argumentiert.

Gegen die Staatsvergötzung: Ludwig Bamberger

Auch wenn es damals noch keine Public-Choice-Schule mit ihrer Staats- und Demokratiekritik gab, so war es doch den Vertretern der Fortschritts- oder freisinnigen Partei klar, dass der Staat kein irgendwie persönlich vorzustellender »objektiver Geist« gegenüber den bloßen »Privategoismen« der Gesellschaft ist, wie es die Hegelsche Tradition der Staatsmetaphysik und mit ihr Schmoller und Treitschke lehrten, sondern dass er sich nur in bestimmten Menschengruppen mit spezifischen Eigeninteressen verkörpern kann und allein so fassbar wird.

So schreibt der brillante Ludwig Bamberger in seinem Traktat »Deutschland und der Sozialismus« (1878, S. 86 f.): Bei dem Ausdruck »Regierung« denke man noch an die Menschen und komme nicht in Gefahr, das Menschliche der Sache zu vergessen. Sage man aber »der Staat«, so mische sich Philosophie in die Sache und »sofort stellt sich der Begriff, das Absolute, das Göttliche ein, dem man Ungemessenes zutrauen und zumuten kann«. Die Vorstellung, dass der Staat ein außerhalb der Individuen vorhandenes Wesen mit übermenschlicher Intelligenz und Moral sei, habe sich der Geister bemächtigt. »In den Hintergrund tritt das Bewusstsein, dass auch im Staat nur bald zusammen, bald einzeln handelnde Menschen alles tun, alles leisten und alles sind.« Auch Staatsweisheit bilde sich immer nur aus einzelnen Köpfen. Es sei darum noch mehr Wahrheit im allgemein abgelehnten Heroenkult als im Kultus des »unfassbaren Kollektivwesens, dem man göttliche Ehren erweist, nur wo und weil man es nicht sieht«. Die Parlamente sehe man noch an der Arbeit, man höre und kenne die Einzelnen, »und Gott weiß, wie man ihrer Unzulänglichkeit inne wird«. Auch die Regierungen erscheinen in Fleisch und Bein, »und Gott weiß, wie man sie zerzaust«. Aber »auf einmal sind Regierung und Parlamente fertig, der Vorhang fällt, zweiter Akt: der Staat: Nun ist alles Göttlichkeit. Und zwar gerade da, wo es anfängt, erst recht menschlich zu werden, an der Ausführung, an der Verwaltung, an der es sich den untergeordneten Werkzeugen anvertrauen muss.«

Ein ähnliches Abstraktum sei die »öffentliche Meinung«, hinter der sich nur schreibende Redakteure verbergen. Der in dieser Weise überhöhte Staat solle nun alles wissen, alles können, alle Schmerzen heilen und alle Vollkommenheiten herbeiführen. »Wo irgendetwas drückt, stellt sich sofort der Gedanke ein: Der Staat muss es beseitigen.« Diese übertriebene Auffassung von der Aufgabe des Staates wirke sich praktisch-politisch aus. Der Grundsatz der Selbsthilfe sei in Verruf gekommen (1898, Bd. 5, S. 243). Es sei auf dem Gebiet der Arbeit und des Erwerbs geradezu zu einem Dogma geworden, dass dem Schwachen nur über den Staat und auf Kosten und durch Schwächung des Starken geholfen werden könne. »Alle wenden sich daher in den beweglichsten Worten an den Schwachen, um ihm recht begreiflich zu machen, wie schwach und hilfsbedürftig er sei, wenn ihm nicht die Gewalt zu Hilfe käme, und lehren ihn, dem ihn an Kraft Überlegenen als seinen Feind zu hassen, mit Ausnahme immer des einen allgerechten und allmächtigen Staates, d. h. der Leute, welche im Besitz der höchsten Stellen sind« (1898, Bd. 5, S. 243). Damit werde die individuelle Kraft zu einem staats- und gesellschaftsfeindlichen Prinzip erklärt, die Schwäche zur wahren Gesundheit.

Es lohnt sich, weiter dieser selten klar und brillant formulierten liberalen Position zu folgen, die bis heute im politischen Raum kaum je Nachfolge gefunden hat: Der Staat müsse immer mit schematisierenden, schablonisierenden Methoden arbeiten. Sein Ideal sei das der Mechanisierung der gesamten Volks- und Staatskräfte in allen einzelnen Vorgängen der inneren und sogar der äußeren Politik (ebd., 253). Es handle sich deshalb bei diesem Vorgang um einen Ansturm der mechanischen Weltanschauung gegen die dynamische, »die Herausforderung, mit welcher allen geistigen und moralischen Kräften eine allerdings dem Verstand, aber nicht der höheren Vernunft dienende festgegliederte staatliche Macht den Kampf anbietet«. Was ist hier anderes beschrieben als der Wettbewerb von, hayekianisch gesprochen, Kosmos und Taxis, von spontaner und organisierter Ordnung?

Die »entmythologisierende« Analyse Bambergers zweifelt radikal an der sozialpolitischen Kompetenz des Staates, am staatlichen »Machen-Können« auf wirtschaftlichem und sozialem Gebiet, an der Weisheit »sogenannter positiver Programme«. Sie bestehe darin, »das Tun immer mehr aus der verantwortlichen und sachverständigen Fülle des millionenfachen Wissens und Gewissens in die eine unverantwortliche und beschränkte Einsicht des über dem Ganzen schwebenden Staates zu verlegen« (Bamberger, Bd. 1, S. 8). Von dieser Position aus war es nicht möglich, Bismarckschen oder kathedersozialistischen Reformprogrammen wie der staatlichen Arbeiterversicherung, der Verstaatlichung einzelner Gewerbezweige (z. B. der Eisenbahn) oder der Protektion von Industriebranchen und der Landwirtschaft die Hand zu bieten. Der heroische Kampf der entschiedenen Liberalen gegen Bismarck nach 1878 wird so verständlich.

Eine aktuelle Kritik an Sozialversicherung und Staatswirtschaft

Symbolisch für die Wendung in der politischen und wirtschaftlichen Gesamtsituation war besonders der Kampf um die Gestalt der gesetzlichen Unfallversicherung, worauf die Krankenversicherung und dann (1889), zunächst abschließend, die am stärksten einschneidende Alters- und Invaliditätsversicherung folgte (eine gesetzliche Arbeitslosenversicherung dann 1927, eine Pflegeversicherung im Bismarck-Stil 1995).

Wir fassen hier die damaligen Argumente gegen dieses folgenreiche Projekt zusammen.

1. Es ist unliberal, eine Gruppe von Erwerbenden als besonderen »Stand« herauszuheben und einer gesetzlichen Ausnahmeregelung zu unterwerfen. Man habe dem Arbeiter das Recht der Selbstverantwortung genommen und ihn in gesetzliche Zwangsvorschriften gesperrt (Bamberger), eine »Kleinkinderbewahranstalt« (Theodor Lohmann).
2. Es ist unliberal, wenn sich der Staat vormundschaftlich in die Einkommensverwendung des Arbeiters mische. »Wie kann man die Arbeiter

überhaupt zwingen, gerade zu einer bestimmten Kasse beizusteuern, wenn er seine Ersparnisse vielleicht lieber und vorteilhafter dazu verwendet, sich selbstständig zu machen, zu heiraten oder Grundbesitz zu erwerben?« (Zit. nach Grambow 1903, S. 101)

3. Es würden den Arbeitern damit die Mittel zur Eigenvorsorge genommen. Der Sparwille werde geschwächt, der Aufstieg zur Selbstständigkeit behindert. Sie sind hinfort zur Lohnabhängigkeit verdammt.
4. Die moralische Unterstützungspflicht von Kindern und Familienangehörigen wird durch die Zwangsversicherung gelockert.
5. Große Klassen der Bevölkerung würden sich daran gewöhnen, die Besserung ihrer Verhältnisse von der Reichsgesetzgebung zu erwarten. Die Parteien würden in einen Wettbewerb um das Gewähren weiterer Hilfe eintreten (Richter 1892, S. 175).
6. Am Ende werde »jedem Menschen ein Staatsgehalt« zum Ideal. (Mit dem »Bedingungslosen Grundeinkommen«, das derzeit diskutiert wird, ist dieses Ideal erreicht.)
7. Besonders mit dem Reichszuschuss zur Altersversicherung aus Steuermitteln werde das Reich zu einer »Suppenanstalt« (Braun 1883). Das sei der Gedanke der Römischen Republik im Verfall: Brot und Spiele für die Armen (Bamberger). Dieser »Zuschuss« beträgt heute (2018) ca. 76 von 312 Mrd. Euro.
8. Die privaten Versicherungen und die Hilfskassen der Gewerkvereine werden zurückgedrängt.
9. Es handle sich gar nicht um eine echte Versicherung, sondern um eine verbesserte Armenhilfe (Lujo Brentano), es werde kein echtes Eigentum mit Verzinsung und Vererbbarkeit gebildet.

In dem Zusammenhang bemerkt Ludwig Bamberger in seinem ironischen Essay »Die Kunst zu schenken« (1898, Bd. 1, S. 7 f.) zur umverteilenden Sozialpolitik: »Noch eher dürfte man aus den Taschen der armen Leute die Pfennige nehmen, um den großen Herren zehntausendweise zu schenken, als um ihnen, diesen Armen selbst, die aus ihrer Tasche genommenen Pfennige als Geschenk zurückzugeben.« Hier taucht erstmals das später gern von den Liberalen gebrauchte Bild der Geldwanderung von der linken in die rechte Tasche durch Umverteilung auf. Es werde mit alldem, schreibt Bamberger an anderer Stelle, ein neues Recht geschaffen, das nicht mehr untersuche, was mein und was dein ist, sondern frage: was mein ist und was dein sein sollte (zit. bei Grambow 1903, S. 106).

Als die Grundsatzentscheidung gefallen war, kämpften die entschiedenen Liberalen um die jeweils weniger etatistische Ausgestaltung im Detail:

Versicherungszwang, auch über Private, statt Zwangsversicherung; alleinige Beitragszahlung durch Arbeiter, gegen einen Reichszuschuss, gegen das Umlageverfahren. Auch gab es einen Kampf um die vollständige Rückerstattung der Beiträge beim Ausscheiden der Arbeiter aus der staatlichen Altersversicherung (etwa wenn ein Arbeiter sich selbstständig macht).

Ähnlich grundsätzlich wurde auch gegen die staatliche Krankenversicherung gekämpft (z. B. gegen das Sachleistungsprinzip und gegen die Familienprämie).

Die Schlacht ging für die Liberalen verloren. In der entscheidenden Abstimmung im Reichstag am 25. Mai 1889 stimmten 185 Abgeordnete für, 165 gegen das Gesetz zur Einführung einer Alters- und Invalidenversicherung, vier enthielten sich der Stimme. Bismarck konnte zwar nicht das Ideal einer rein steuerfinanzierten Staatsversorgung (wie später in England oder Schweden), durchsetzen, doch der Gedanke staatlicher Zuständigkeit für Angelegenheiten privater Zukunftsvorsorge »paukte sich durch« (Bismarcks Ausdruck). Die Liberalen und ihr Gesellschaftsmodell empfingen – wie auch auf anderen Gebieten – entscheidende Niederlagen. Aber ihre Argumente bleiben bis heute gültig.

Zu einem Grundsatzkampf kam es auch um einige andere staatswirtschaftliche Projekte wie in der Frage der Eisenbahnverstaatlichung. Alle Argumente gegen Staatsmonopole kamen zur Sprache (geringe Wirtschaftlichkeit, schwierige Kontrolle etc.). Die versuchte Gesamtverstaatlichung des Versicherungswesens wurde abgewehrt, auch der Plan eines staatlichen Tabakmonopols oder die Verstaatlichung der Branntweinproduktion. Durchgesetzt wurde hingegen die Zwangsverkammerung der Wirtschaft wie auch Schritte zur Wiedereinführung von privilegierten handwerklichen Zünften. (Eine »Handwerksordnung« besteht bis heute.)

Der Angriff der Interessengruppen

»Echte Staatskunst kann auf keinem Gebiet der allgemeinen Grundsätze entbehren, denn ihr ist eben das Allgemeine, die Gesamtheit anvertraut.« (Ludwig Bamberger)

Damals wie heute waren nicht nur die Staatssozialisten aller Couleur die Gegner der Liberalen, sondern besonders auch die Interessengruppen. Im Unterschied zu den Konsumenten, die damals so wenig wie heute eine wirksame Lobby hatten, können sich Produzentengruppen relativ leicht zusammenschließen, um durch politischen Druck Vorrechte und Subventionen zu erlangen. Wie soll sich eine Regierung dieses Drucks erwehren, wenn sie keine festen Grundsätze oder Regeln für ihre politischen Entscheidungen anerkennt? Sie wird dem Druck der jeweils stärksten Gruppe erliegen und im Laufe der Zeit ein immer komplizierteres System der Bevorzugungen (und »Geschenke«) schaffen.

So sah es damals ein Mann wie Bamberger, den wir hier gern wieder zu Wort kommen lassen. »Eine Regierungskunst«, so schreibt er (Bd. 5, S. 115), »welche es sich zum Grundsatz macht, unter Geringschätzung allgemeiner Maßstäbe auf die Einzelinteressen zu hören, setzt sich in Widerspruch zu dem Wesen des Staates.« Ein Vertreter der modernen ökonomischen Theorie der Politik würde Bamberger bestätigen, dass »die Kunst der Bevorzugung aller gegen alle aus dem Geheimnis besteht, wenigen berechenbare wirkliche Vorteile, ebenso wenigen berechenbare geringe Lasten und vielen unberechenbare große Lasten aufzuerlegen« (ebd., S. 118). Theorien dazu würden den Interessenten von »Scharlatanen auf Bestellung« geliefert. Der Interessenkampf werde zu einem Gefüge von Schranken und Hindernissen führen, mittels dessen »jeder die Tätigkeit seines Mitbewerbers unter dem Beistand der Staatsgewalt zu vernichten bestrebt ist« (ebd., S. 125). Der Gesamtnachteil entziehe sich der allgemeinen Wahrnehmung, »da sich unterdrückte oder erstickte Tätigkeiten nicht so leicht erfassen«. (Vgl. Bastiats berühmten Essay: »Was man sieht und was man nicht sieht«.) Unter dem Stichwort »Schutz der nationalen Arbeit« werde nun wirtschaftlicher Egoismus oder Bequemlichkeit als patriotische Tugend aufgeputzt.

Gern zitieren die Liberalen jener Zeit das Bastiatsche Beispiel der Kerzenmacher und Lampenfabrikanten, welche zum Schutz ihrer Gewerbe den Ausschluss des Sonnenlichts verlangen. Auch ein August Bebel fand es abstoßend, dass aus dem Foyer des Reichstages im Jahre 1897 eine, wie er schreibt, »Schacherbude« wurde. »Die Vertreter der verschiedensten Industriezweige und Agrarier bevölkerten zu Hunderten das Foyer und die Fraktionszimmer. Dort wurden die Kompromisse geschlossen, die nachher das Plenum sanktionierte« (Bebel 1914, Bd. 2, S. 101). Es sei ein Schachergeschäft auf Kosten der großen Masse gewesen. Ähnliche Beschreibungen liegen von Eugen Richter vor. Von Hayek spricht in unseren Tagen von »Schacherdemokratie«.

Es gibt kaum einen größeren Gegensatz zu dieser Position als die Ansichten des preußenfreundlichen Kathedersozialisten Gustav Schmoller, dessen historische Schule bald die ökonomischen Lehrstühle in Deutschland beherrschte. Er feiert die Ausschaltung und Behinderung des Wettbewerbs durch Kartellierung, Zentralisierung und Zollschutz als Fortschritt: »Die großen zentralisierten Kreditinstitute, die großen Verkehrsanstalten und die großen industriellen Aktiengesellschaften, Kartelle und Ringe, das sind die drei Arten von Organisationen, welche heute … mehr und mehr die Volkswirtschaft und bald auch den Staat beherrschen« (Schmoller 1898, S. 135). Diese Entwicklung sei unbedingt zu fördern. Die Gefahren, die von einem privaten Monopol ausgingen, könne man durch direkte Staatsleitung der Unternehmen abwenden!

Das Vordringen von Sonderinteressen zeigte sich markant bei der Wiedereinführung von Schutzzöllen. Sie waren zunächst begrenzt auf einzelne Importprodukte wie Tonwaren, Glas, Leder, chemische Produkte, Papier, Soda, Stein, Holz und Textilien, besonders aber auf Eisen, Brotgetreide und Vieh, weiteten sich in den Folgejahren dann aus.

Mit Bismarck begann 1879 auch die Protektion der Landwirtschaft, deren fragwürdiges Erbe schließlich die Europäische Union übernahm. Wenn man bedenkt, wie unter entschiedenen Liberalen mit religiöser Begeisterung der Freihandel auch als Mittel zu einer friedlichen Weltordnung angestrebt wurde, lässt sich ermessen, wie tief von ihnen der offizielle Bruch mit dem Freihandelsprinzip empfunden wurde. Vor allem die Rückkehr zum Schutzzoll führte zu einer erneuten Spaltung im liberalen Lager. Neben dem idealpolitischen Element führte Eugen Richter mit gnadenloser Präzision den ökonomischen und vor allem – in Bezug auf das Getreide – sozialpolitischen Widersinn der Schutzzollpolitik vor. Diese Politik entspreche jener Anschauung von »hinterwäldlerischen« Privathaushalten, die meinten, wenn sie alles im eigenen Haus selbst verfertigten und möglichst wenig Geld ausgäben, dass sie dann besser dastünden, als wenn sie das herstellten, wozu sie selbst am besten befähigt seien und dann durch Tausch ihrer Produkte gegen solche, die ihnen fehlten, ihre Lage verbesserten. Dasselbe gelte für die internationale Arbeitsteilung (das seit Ricardo feststehende Argument für freien internationalen Austausch) (Richter 1903, S. 227).

Das Negativste aber, fährt Eugen Richter fort, sei die Wirkung des Kornzolls auf Bevölkerungsschichten, die außerhalb der Landwirtschaft lebten, darunter wieder besonders die Ärmeren, insgesamt (1895) etwa 34 Millionen Menschen. »Die wohlhabenderen Klassen kräftigen sich besonders durch Fleischnahrung, der Ärmere dagegen ist auf Brot mehr angewiesen, weil ihm Fleisch zu teuer ist, und wenn man ihm den Brotkonsum verteuert, so wird er zu einem stärkeren Maß des Konsums beispielsweise von Kartoffeln herabgedrückt, die mehr den Magen füllen als zur Ernährung beitragen« (ebd., S. 240). Lasse man das billigere Getreide nicht nach Deutschland, würden die Menschen dorthin auswandern, wo es wachse (Amerika etwa).

»Brotwucher« wurde damals von Liberalen nicht unzutreffend die Kornzollpolitik genannt. Eugen Richter geht so weit, zu schreiben: »Die Getreidesteuer ist eine moderne Feudalleistung.« Den Liberalen kamen die wenigen Wissenschaftler zu Hilfe, die sich von der Oberherrschaft der Historischen Schule freizuhalten wussten, Heinrich Dietzel zum Beispiel (Kornzoll und Sozialreform, 1901), auch Lujo Brentano. Letzterer war bis zu seinem Tod (1931) ein getreuer Freihändler und damit von den eigentlichen Kathedersozialisten durch einen Graben getrennt.

Eugen Richter malte in seinen »Sozialdemokratischen Zukunftsbildern« (1891) aus, was eine Realisierung des sozialdemokratischen Staatssozialismus für das allgemeine Leben bedeuten würde – eine negative Utopie, die sich etwa in der DDR erschreckend realisierte (nur, dass es in der DDR keine rettende parlamentarische Opposition gab).

XIII.
Der Niedergang

Die Geschichte der genuin liberalen Parteien und Persönlichkeiten nach 1878 lässt sich in einer Reihe von resignierten Äußerungen charakterisieren. So etwa der Reichsparlamentarier Karl Braun, der als »Sezessionist« mit anderen wie Forckenbeck, Eduard Lasker oder Heinrich Rickert 1880 die Nationalliberale Partei verließ: »Im gegenwärtigen Augenblick ist es uns zuweilen vorgekommen, als wenn wir umsonst gelebt hätten, als wenn all unsere Arbeit zur Verbreitung wirtschaftlicher Aufklärung weggeworfen wäre, denn es sind alle die zurückgebliebenen Meinungen, die wir glaubten, besiegt zu haben, mit erneuter und verstärkter Gewalt wieder aufgestiegen.« Oder Franz von Stauffenberg, Vizepräsident des Deutschen Reichstages und seit 1884 Mitglied der Freisinnigen Partei: »Was man liberale Partei heißt, führt nur ein galvanisches Scheinleben. Unsere Rolle scheint ausgespielt zu sein, und ich vermag mich des täglich mehr drückenden Gefühls, ein halbes Leben pro nihilo gearbeitet zu haben, immer weniger zu erwehren … Wäre ein gemeinschaftlicher, motivierter Austritt aus dem parlamentarischen Leben nicht das Richtigste?«

Die Mutlosigkeit dieser Männer steht in größtmöglichem Kontrast zur frohen Siegesgewissheit, die noch wenige Jahre zuvor geherrscht hatte. Eine gewisse Ausnahme stellt Friedrich Naumann dar, eine – im Unterschied zu Eugen Richter – sehr einnehmende Persönlichkeit. Aber er war in seinem Bestreben, das liberale mit dem »sozialen« und dem nationalen Gedanken zu verbinden, kein Liberaler im echten Sinne mehr, wie seine Polemik gegen Eugen Richter zeigt. Er nannte sich selbst »Christ, Darwinist und Imperialist«. Es gelang ihm nicht, ausreichend Wählerstimmen für seinen national-sozialen Verein zu gewinnen. Aber es gelang ihm, die Freundschaft eines so bedeutenden Mannes wie Max Weber zu gewinnen, dessen undogmatischer Liberalismus sich ebenfalls mit imperialistischen Gedanken verband. Beide wirkten an der Weimarer Verfassung mit, die nicht eben einen Triumph des Liberalismus darstellte.

Der Niedergang liberalen Denkens begann mit der »Kapitulation« der Nationalliberalen unter Bennigsen und Miquel. Ein Anhänger Naumanns, der spätere Präsident der kurzlebigen Münchener Räterepublik, Kurt Eisner, nennt Bennigsen einen »echten Irrealpolitiker im Wahne realistischer

Politik« und behauptete, dass seit ihm und Miquel »das Erreichbare die Begräbnisformel geblieben (ist), mit der seither jeder liberale Grundsatz zur Ruhe bestattet worden« sei (Eisner 1919, S. 343, 382). Hasserfüllt ist die Ablehnung Bennigsens und seiner Richtung bei dem liberalen Parteihistoriker Klein-Hattingen, Verfasser auch einer feindseligen Bismarck-Biografie. Bennigsen habe keine Widerstandskraft gegen Bismarck. Er treibe Politik, »als ob es sich um ein Blumenarrangement handle« (Klein-Hattingen 1912, S. 409). Miquel sei ein Mann ohne Treue, gerieben, ein Fuchs, ein Verräter am Liberalismus (ebd., S. 429).

Zeugnisse großer Verbitterung liegen von Theodor Mommsen vor, dem großen Historiker Roms und Freund Bambergers. Er nennt die Liberalen nach 1878 mehr eine Reminiszenz als einen politischen Faktor (Mommsen 1905, S. 478). Bismarck habe ihnen das Rückgrat gebrochen. Es gebe keine politischen Parteien mehr, nur noch wirtschaftliche Interessenvertreter. »Jetzt sollen die verbündeten Interessen niedrigster Art darüber entscheiden, ob Kanäle und Flotten gebaut und wie zum Besten der regierenden Cliquen der Staatsbürger auszubeuten und die Wissenschaft zu knebeln ist« (Mommsen 1902, 164). Die Nationalliberalen hätten den Namen des Liberalismus wie den der Nation geschändet. Die Deutschen hätten keinen Bürgersinn. Ihnen habe der Militarismus und die Bismarckerei die Selbstbestimmung gründlich ausgetrieben. Bismarck bezeichnet er als »Spottgeburt von Dreck und Feuer«, als »Großkophta« oder »Großvezier« und als die »Korruption Deutschlands« (nach Demandt 2005, S. 96). In seiner berühmten Testamentsklausel von 1899 kommt es noch ärger (bei Alfred Heuss 1956, S. 282).

Umgekehrt hasste Bismarck auch konsequente und mutige Liberale wie Bamberger, Richter und besonders Eduard Lasker, der so entschieden für die Durchsetzung des Rechtsstaates gekämpft hatte. Als es um eine Beileidskundgebung anlässlich seines Todes (1884) ging, hielt Bismarck im Reichstag ein schimpfliches Totengericht über den Verstorbenen: »… dass der Abgeordnete Lasker Mitglied derjenigen Fraktion war, deren Existenzunterlage nur die gemeinsame Abneigung gegen mich und die von mir vertretene kaiserliche Politik war. Une haine commune … war das einzige positive Bindemittel.« Und: »Lasker hat jede Unterstützung, die die Regierung und ich als Kanzler von dieser Fraktion erwarten konnte, nach Möglichkeit abgeschwächt, verwässert, sozusagen die Suppe versalzen.« Er, Bismarck, lasse sich nicht an den Triumphwagen eines Verstorbenen anspannen, »der mir das Leben in dem wenigen, was ich für Deutschland habe tun können, sauerer gemacht hat als irgendein anderer« (bei Laufs 1984, S. 126).

Theodor Barth spricht um 1905 von einem Prozess der Erschlaffung und Degeneration, in dem der deutsche Liberalismus stecke, Er fange an, das Erreichte als Endziel anzusehen (Barth 1905, S. 6). »Die wirtschaftlichen Interessenkämpfe haben das ehedem liberale Bürgertum entnervt und entwürdigt.«

Im Ersten Weltkrieg klagt der liberale Ökonom und Soziologe Leopold von Wiese, die literarische Jugend verbinde mit dem Wort liberal »den Geruch von Schlafrock und Pantoffeln, von Rückständigkeit und Engherzigkeit« (1917, S. 70). Aus der politischen Praxis könne man nicht mehr deutlich das Wesen des Liberalismus erkennen, so zahlreich seien die Kompromisse mit ganz anders gerichteten Bestrebungen. Und wie später Hayek: Die soziale Sphäre sei zum Ersatz der religiösen gemacht. Sozial zu sein gelte so viel wie »gut oder vor Gott gerecht zu sein«. Der Staat sei der Prometheusfelsen, an den der moderne Deutsche geschmiedet sei und an dem er täglich sein Herz den Geiern zum Fraße preisgeben muss.

Prägnant hat der Kapitalismus-Historiker und Ökonom aus der historischen Schule, Werner Sombart, die Situation des Liberalismus in jener Zeit zusammengefasst: »Ein prinzipienloser öder Opportunismus, eine schwunglose Geschäftsmäßigkeit haben die Herrschaft über unsere Politik errungen.« Wer möge heute noch über die prinzipielle Berechtigung des Staatsbetriebes, des Arbeiterschutzes, der Gewerbefreiheit, der Genossenschaftsorganisation, des Freihandels mit Feuer streiten? »Man möchte es fast für unmöglich halten, dass dasselbe Volk, in dem vor hundert Jahren Stein, Hardenberg, Schön und Thaer Gesetze machten, in dem vor einem halben Jahrhundert eine Versammlung wie die der Männer in der Paulskirche die Geschicke der Nation berieten, in dessen Parlament vor wenigen Jahrzehnten Männer wie Bennigsen (!), Lasker, Bamberger, Windhorst, Reichensperger mit einem Bismarck die Klinge kreuzten, dass dieses Volk einen solchen Tiefstand des politischen Lebens erreicht hat?« (Sombart 1954, S. 474 f.)

Sollen wir fortfahren in dieser deprimierenden Analyse? Oswald Spengler behauptet in den Zwanzigern gar: »Es gibt in Deutschland verhasste und verrufene Grundsätze, verächtlich aber ist auf deutschem Boden allein der Liberalismus« (Spengler 1920, S. 34). Er sei nur noch eine »Sache für Tröpfe«. Ähnliches wird damals von Ernst Jünger vermerkt. 1933 kapituliert das, was an Liberalismus noch übrig geblieben ist, beinahe kampflos vor den Nationalsozialisten Hitlers, sogar ein Theodor Heuss (vgl. Wilhelm Högner 1977).

Noch einige Jahrzehnte später, nach dem Untergang des Hitler-Regimes, im Jahre 1952, ist von neuem Aufbruch unter den liberalen Politikern zunächst kaum die Rede. Ein Mann wie Reinhold Maier klagt, es sei vom Liberalismus »entsetzlich wenig übrig geblieben«. Zwar habe man – außerhalb der Reichsnährstandpolitik in der Landwirtschaft – wieder eine freie gewerbliche Wirtschaft. Symptomatisch sei aber, dass sie »vorsichtshalber nur als ›soziale Marktwirtschaft‹ durch ein freudloses Leben gehe. Verschämt muss sie ihr hervorstechendstes Merkmal verdecken. Wahrhaftig, der Liberalismus steht am Pfahl gebunden, wie es in dem Gedicht heißt, ›verarmt, zerrüttet, unbeschuht‹« (Maier 1978, S. 52 f.). Recht niederschmetternd meint später ein liberaler Professor, Walter Erbe, wichtige Voraussetzungen des Liberalismus seien nicht mehr gegeben. Die Masse der Staatsbürger denke nicht mehr in Eigentums-, sondern in Einkommenskategorien, »deshalb sind der Geisteshaltung nach die meisten Staatsbürger Proletarier« (Walter Erbe 1978, S. 70). Dies hat sich seither kaum geändert.

Bis zum Abgang Eugen Richters blieb die Programmatik der kleinen Gruppe entschiedener Liberaler noch einigermaßen konsistent. Ihre Grundsatztreue trug ihnen bis heute den Ruf eines bloßen Negativismus und doktrinärer Starrheit ein. Nach Richters Tod begannen sozialpolitische Anpassungsbewegungen auch bei dieser Gruppierung, bis hin zu jenem »Auch«-Liberalismus, der sich nur durch das etwas geringere Maß tolerierter Interventionen von anderen »bürgerlichen« Gruppen unterschied, von dem etwas üppigeren Einsatz liberaler Rhetorik abgesehen (vgl. Wenck 1911). Ja, es konnte sogar die realitätsfremde Meinung aufkommen, das liberale Programm sei heute erfüllt und Sache aller demokratischen Parteien – dies selbst bei einem Liberalismus-Kenner wie Hans Fenske (2019).

Im Spiegel der Parteiprogramme

Es ist reizvoll, den Abschied liberaler Parteien vom klassischen Liberalismus anhand von Parteiprogrammen zu verfolgen. 1884 stehen sich die Programmatik der entschiedenen Liberalen (damals: »Freisinnige«) und der Nationalliberalen noch klar gegenüber. So heißt es im Programm des Freisinns (vom 8. März 1884): »Bekämpfung des Staatssozialismus sowie der auf Bevormundung und Fesselung des Erwerbs- und Verkehrslebens, der Gewerbefreiheit und Freizügigkeit gerichteten Maßregeln.« Dagegen in der unter Miquels Einfluss verfassten Heidelberger Erklärung der Nationalliberalen aus demselben Jahr, man billige die »auf eine erhöhte Fürsorge für das Wohl der arbeitenden Klassen gerichteten Bestrebungen des Reichskanzlers« (zit. nach Mommsen 1960, S. 159).

1890 zeigt sich die Programmatik der Nationalliberalen (»Berliner Erklärung«) noch stärker interessenbezogen (Landwirtschaft und gewerblicher Mittelstand). Die Wiedereinführung des obligatorischen Befähigungsnachweises im Handwerk – die Wiederherstellung einer Zunftordnung – wird immerhin abgelehnt.

Das Programm von Naumanns »Nationalsozialem Verein« (25. November 1896) passt eigentlich nicht mehr in die Geschichte liberaler Parteiprogramme. So wird u. a. eine Erhöhung der Lohnquote verlangt und die »Unterstützung des politischen Kampfes der deutschen Arbeit gegen die Übermacht vorhandener Besitzrechte« (Mommsen, S. 167).

1906 beginnen die Nationalliberalen ihr Programm mit einem pathetischen Gelöbnis »für Kaiser und Reich«. Im Weiteren wird ein reichhaltiges »Förderungsprogramm« für Landwirtschaft, Handwerk, Kleingewerbe sowie des »Arbeiterstandes« entwickelt. Ein Reicharbeitsamt wird verlangt und eine Einbeziehung der Privatangestellten in die Arbeiterzwangsversicherung (!). Vorangestellt werden Floskeln von Allgemeinwohl und gegen Sonderinteressen.

Derlei setzt sich dann in einem Einigungsprogramm dreier »linksliberaler« Gruppierungen fort (1910). Die Ausdehnung der Zwangsversicherung macht ihnen keine Probleme mehr, auch nicht eine progressive Einkommensbesteuerung und arbeitsmarktpolitische Eingriffe. Ein wirtschaftsliberaler Außenseiter, der Ökonom Richard Ehrenberg, stellt damals fest: »Unsere Liberalen wetteifern mit den Sozialisten im Streben nach staatlicher Sozialpolitik, sozialistischer Finanzpolitik, Staats- und Kommunalsozialismus, nach Schwächung und Erdrückung des Einzelwesens durch die organisierte Gesamtheit« (Ehrenberg 1909, S. 12).

Die liberale Selbstaufgabe erreicht dann mit der Deutschen Demokratischen Partei, die sich 1919 »Partei der Arbeit« nennt und einen Staat des »sozialen Rechts« fordert, einen neuen Höhepunkt. Nötigenfalls wird eine Verstaatlichung von Unternehmen nicht ausgeschlossen, ein Rechtsanspruch auf eine soziale Mindestversorgung macht keine Probleme, auch nicht eine Progressivbesteuerung und die »Demokratisierung der Wirtschaft«. Privatschulen sollen nicht mehr geduldet werden. Nach ihrer Umbenennung in »Deutsche Staatspartei« (1930) kommt es noch schlimmer: Als Zeichen des nahen Endes verkündet ihr Vorsitzender Hermann Dietrich am 9. November 1930: »Wir gehen davon aus, dass das Zeitalter des Liberalismus hinter uns liegt. Der einzelne Bürger muss zur Staatsidee erzogen werden. Die Bürger, erzogen zu wahren Gliedern des Staates, dienen ihm als Verkörperung ihres Volkes.« Der Pressedienst der Partei meldet auf dieses Zeugnis der Kapitulation: »Stürmischer, lang andauernder Beifall und immer neue minutenlange Ovationen« (zit. nach Stephan 1973, S. 403). Wähler fand die Partei mit diesem opportunistischen Programm nur noch wenige und gab sich 1933 kampflos selbst auf.

Kaum weniger unerfreulich ist das Programm der Deutschen Volkspartei, in der die Nationalliberalen weiterlebten. Zwar lehnt sie eine Sozialisierung der Wirtschaft ab, tritt aber für eine Kartellierung des Arbeitsmarktes und eine berufsständische Durchorganisation der Wirtschaft bis hoch zu einem Reichswirtschaftsrat ein! Hinzu kommen etliche Förderprogramme, sogar für eine autarke Landwirtschaft (Mommsen, S. 527). Kann man angesichts solcher Programmatik überhaupt noch von der Existenz liberaler Parteien in der Weimarer Republik sprechen?

Exkurs: Keine »Vereinigten Staaten von Deutschland«. Zur Weimarer Verfassung

Die schwindende Substanz des Liberalismus zeigt sich auch in der Weimarer Verfassung. Der Abstand zur Paulskirchenverfassung von 1849 nach Geist und konkreter Programmatik ist groß. Zunächst: Es kam nicht zu liberal wünschenswerten »Vereinigten Staaten von Deutschland«, sondern zu einem Einheitsstaat. Hugo Preuß, einer der Väter der Verfassung, bemerkte im August 1919: »Und im Anfang der Verhandlungen war starke Neigung vorhanden, die neue Verfassung … in der Art anzufangen, dass die einzelnen Staaten einen Bund schließen, dass also das Erste die Einzelstaaten und das Reich nur ihr bündischer Zusammenschluss ist. Anders sieht es jetzt aus. An der Spitze steht die Einheit des deutschen Volkes … Und die Länder sind nur Gliederungen« (Preuß 2006, S. 424).

Nach Wilhelm Röpke versetzte diese Verfassung der Föderativstruktur Deutschlands den Gnadenstoß (s. o.). »Erst jetzt, dank der Zentralisierung der Finanzen, der Verkehrsmittel, des Heeres und vieler anderer Bereiche, wurde Deutschland zu einem wirklichen Einheitsstaat« (Röpke 1948, S. 232). Artur Salz schreibt, dass die Weimarer Verfassung ein Kompromiss zwischen individualistisch-kapitalistischer und kollektivistisch-sozialistischer Wirtschafts- und Gesellschaftsauffassung sei. Sie leiste dem Glauben an die staatliche Omnipotenz Vorschub (Salz 1930, S. 102). Wohlfahrtsstaatliches Denken schlägt sich besonders in den Wirtschaftsartikeln der Verfassung nieder (Art. 151 ff.). Der Gebrauch des privaten Eigentums solle »Dienst« (!) sein für das »gemeine Beste« (Art. 153). Artikel 155 formuliert eine Art Obereigentum des Staates am Boden. Artikel 156 erteilt dem Staat eine Sozialisierungs- und Kartellierungsvollmacht. Das Arbeitsrecht (als neues Sonderrecht jenseits des liberalen BGB) erhält Verfassungsrang (Art. 157). Artikel 161 gibt der Arbeiterversicherung eine Verfassungsgarantie; Artikel 163 formuliert eine »sittliche Pflicht« zur Arbeit; Artikel 164 legitimiert Mittelstandsprotektionismus und der darauffolgende Artikel zeigt den Triumph des Syndikalismus (Arbeiter- und Wirtschaftsräte).

Abseits der Heeresstraße

Wenn auch der große Zug der Zeit seit 1878 und besonders 1914 in die kollektivistische Richtung fuhr und der neue Versorgungsstaat im Gleichklang mit der Demokratisierung mit gewaltiger Wucht in allen deutschsprachigen Gebieten und am Ende selbst (mit entschieden geringerer Wucht) in der urliberalen wie nonzentralen und demokratischen Schweiz sich durchsetzte, gab es doch immer wieder einige kritische Außenseiter und selbst Organisationen, die zumindest eine Erwähnung und kurze Charakterisierung wert sind und in einer Geschichte der Freiheit in Deutschland nicht fehlen sollten.

So etwa *Max Weber*, der große Soziologe, Historiker und Ökonom. Zwar neigte er anfangs auch zu nationalistisch-imperialistischen Überspannungen und war jedenfalls kein Freihändler im Sinne der Schule, auch kein Utilitarier. Vor kollektivistischen Versuchungen bewahrte ihn seine ökonomische Schulung und Vertrautheit auch mit der »Österreichischen Schule« der Ökonomie (vgl. Eisermann 1993, befreundet mit Mises), ferner sein »ethischer Individualismus« im Sinne Kants und des frühen Fichte. Auch bewahrte er selbst trotz seines dezidierten Patriotismus immer das Maß und war niemals blind für die Eigenart und Würde anderer Nationen, Kulturen und besonders auch Religionen. Er war ein Virtuose der »verstehenden Methode« und also des methodologischen Individualismus. So war er auch – wie sein Bruder Alfred – ein Außenseiter unter den Kathedersozialisten des Vereins für Sozialpolitik. Seine Kritik an der »Wald- und Wiesensozialpolitik« und dem aufkommenden Wohlfahrtsstaat mit seiner naiven Beglückungs- und Bevormundungspolitik sowie an der mit ihm verbundenen Bürokratisierung (»Ägyptisierung«) ist unvergesslich und dazu auch seine Kritik am »Sozialismus«. Als Erster neben und zeitgleich mit Ludwig von Mises bewies er die Unmöglichkeit rationaler, zentraler Planung im Sozialismus ohne effektive Preise, ohne Wirtschaftsrechnung. Der »Kapitalismus« war für ihn das wichtigste strukturelle Gegenwicht zur staatlichen Bürokratie. Die Bürokratie herrsche nach Beseitigung des Kapitalismus allein und sei damit »unentrinnbar«. Selbstständiges Menschentum sei damit unmöglich, und nicht nur das: auch die Massenversorgung und eine erträgliche Existenz.

Friedrich Nietzsche ist gewiss kein Liberaler, ja er ist sogar ein Verächter der liberalen Ideale von Frieden und Wohlstand und also auch des Utilitarismus (vgl. Habermann 2010). Er verachtet die Unternehmer (»Krämer«) wie auch die Demokratie und die liberale Gleichheitslehre (»Schaf gleich Schaf«). Aber seine Persönlichkeitsphilosophie – aristokratisch übersteigert – macht ihn auch für Liberale interessant; er ist ja ein geistiger Bruder R. W. Emersons und Bewunderer Goethes. Seine diesbezügliche Philosophie ist ein Feuerwerk für den auch durch Not (»Not ist nötig«), Leiden und Lebenskampf sich vollendenden Einzelnen und gegen seine »Verkleinerung« im Großstaat, den er als großes Ungeheuer charakterisiert. Er warnt – wie Max Weber – vor dem »letzten Menschen, der das Glück erfunden hat«. Seine Philosophie ist voller widersprüchlicher und manchmal abstoßender Gedanken, aber auch der Liberale geht nicht ohne Bereicherung aus einer Auseinandersetzung mit ihm hervor, sei es auch »nur« als Quelle von Lebensweisheit und Lebensbejahung.

Leopold von Wiese: Dieser liberale Sozialwissenschaftler, von Hayek erwähnt, hat schon vor dem Ersten Weltkrieg eindrucksvoll vor bürokratischer Sozialpolitik und dem aufkommenden Versorgungsstaat gewarnt: »Hinter allen sozialpolitischen Anordnungen steht die polizeiliche Kontrolle, dann Zwang und Strafbestimmungen« (von Wiese 1910, S. 25). Jeder sozialpolitische Akt stelle eine Machtverschiebung von der Gesellschaft zum Staat dar. Sozialpolitik müsse Menschen als »Masse« behandeln – dies habe menschlich verödende Wirkungen.

Heinrich Herkner: In den Nachkriegsschriften dieses »Kathedersozialisten« aus dem Verein für Sozialpolitik findet sich eine überraschende Wendung zur lange bekämpften »Manchesterlehre« und der Österreichischen Schule, ohne Wenn und Aber und in harscher Selbstkritik. Er kritisierte die falsche Wirtschafts- und Sozialpolitik, Krieg und Inflation und vor allem die Sozialpolitik nach 1918, welche die wirtschaftlichen und sozialen Übel vergrößert habe. Gute Wirtschaftspolitik sei die beste Sozialpolitik,

Produktion vor Verteilung – eine Botschaft, die Deutschland auch heute wieder wird lernen müssen.

Walter Weddigen (1931): Er lieferte eine erfrischende Kritik an der Sozialpolitik und am Versorgungsstaat, deren Argumente sich auch heute, gerade heute, hören lassen. Er unterwarf das Werk Bismarcks, die Arbeiterversicherung, nüchternen ertragstheoretischen Überlegungen: Die Sozialversicherung unterliege wie die gesamte Wirtschaft dem Produktivitätsgesetz: entsprechend dem Aufwand zunächst zunehmender, dann kulminierender, schließlich abnehmender Ertrag. Je höher der Stand der Einkommen und der wirtschaftlichen Bildung sei, umso weniger Nutzen könne eine Zwangsversorgung haben, denn die einbezogenen »guten Risiken« seien ja fähig, aus eigenen Mittel sich selbstständig gegen die Gefahren von Einkommensverlusten zu sichern. So wird bald auch ein Ludwig Erhard argumentieren. Schon 1913 warnte Ludwig Bernhard vor »unerwünschten Folgen der deutschen Sozialpolitik«, blieb aber im Detail hängen, ohne ordnungstheoretischen Ansatz.

Gustav Hartz (1928) ging ebenfalls in diese Richtung: Er sah die Sozialversicherung als Einrichtung zur »Verewigung des Proletarismus«. Eigentumsbildung statt Kollektivvorsorge – allerdings forderte er zumindest einen Vorsorgezwang. Die sympathische Konzeption des selbstständigen Eigentumsbürgers! Ein Arzt namens *Erwin Liek* (von Mises zitiert) kritisierte besonders die gesetzliche Krankenversicherung, die Krankheiten und Rentenneurosen züchte. Und auch eine Stimme vom Standpunkt liberaler Persönlichkeitstheorie ist zu hören. Der Philosoph *Ernst Horneffer* (1930) kritisiert den Wohlfahrtsstaat im Geiste von Goethe und Nietzsche in Grund und Boden. Er kritisierte im Besondern auch die gesetzliche Regulierung der Arbeitszeit als Vergewaltigung des Einzelwillens und seiner Verantwortlichkeit. Ein Gesetz, das den Fleiß verbiete, vor Arbeit schütze, sei ein »Frevel am Volk«.

Im Unternehmerlager finden sich in jener Zeit nur wenige Vertreter einer beherzten unternehmerischen und marktwirtschaftlichen Freiheit. Der Zug ging ja allgemein in Richtung Kartellierung und Monopolisierung, die gesamte Volkswirtschaft erstarrte nach und nach unter Absprachen zur Verminderung der Konkurrenz. Immerhin kämpften Arbeitgeberverbände gegen die Zwangskartellierung des Arbeitsmarktes durch Tarifverträge usw. – am Ende vergeblich (Tarifvertragsordnung vom 23. Dezember 1918).

Eine Ausnahme machte *Alexander Tille*, ein früh verstorbener freihändlerischer Heißsporn von darwinistischer Schroffheit. Und schließlich soll der freihändlerische, wenig bekannte »Hansabund« erwähnt werden, der schon 1913 etwa 200 000 Unternehmer umfasste. In einer seiner Publikationen steht zu lesen (1928): »Wir fordern die Beseitigung der durch die Machtpolitik des Staates, durch Staatskapitalismus und Sozialismus errichteten wirtschaftlichen Schranken, um Deutschland, Europa, der Menschheit am besten zu dienen.« Ernst Mosich, letzter Vorsitzender dieses Unternehmerbundes, beklagt 1932 »die völlige parteipolitische Heimatlosigkeit der individualistischen Wirtschaftsgesinnung« (1932, S. 3).

Es sei nicht verschwiegen, dass es in der deutschen Geistesgeschichte einen – wenn auch dünnen – Strom von nicht nur Staatsskeptikern oder Staatsminimalisten, sondern auch (theoretischen) Staatsabschaffern gegeben hat. *Max Stirner* ist eine der bekannteren Figuren, ein Sonderling der Extraklasse (»Der Einzige und sein Eigentum«, 1913). Sein extremer Nominalismus führt ihn zur Ablehnung von allen Kollektivbegriffen (Staat, Wirtschaft, Gesellschaft) und Abstracta wie Pflicht, Tugend usw. Es gibt für ihn nur das Ego und seinen Wunsch nach Machtmaximierung (was zu ziemlich radikaldarwinistischen Schlussfolgerungen führt). Private freiwillige Vereine sollen den Staat ersetzen. Die preußische Zensur hielt es nicht für nötig, sein Buch zu verbieten, weil kein normaler Mensch seine Gedanken nachvollziehen könne. Mit mehr ökonomischem und historischem Hintergrund sei auch *Franz Oppenheimer* erwähnt, der nicht ohne Einfluss auf Ludwig Erhard war (»Der Staat«, 1929). Später beeindruckte *Hans Hermann Hoppe* durch seine Radikalkritik von Staat und Demokratie (»Demokratie, der Gott, der keiner ist«, 2003). Sein Ideal ist eine Privatrechtsordnung. An die Stelle staatlicher Gewalt sollen private Sicherheitsunternehmer im Wettbewerb die Basisregeln des Zusammenlebens (vor allem Eigentumsregeln) durchsetzen, vom persönlichen gun right abgesehen. In ähnliche Richtung zielen auch die Schriften von *Stefan Blankertz* oder vom fröhlichen Schweizer *David Dürr*. Die kleine anarchische Gemeinde trifft sich regelmäßig zu einer Konferenz auf der Insel Usedom. Sie bleibt unbeeindruckt davon, dass ihre Vorstellungen von Delegitimation von Staat und Demokratie bei den Massen durchaus nicht verfangen wollen. Dieses Ziel soll nun besonders über lokale Sezessionen angestrebt werden.

XIV.
Wiedererwachen und neuer Kampf

»Wie kann der Geist die Tatsachen gestalten, wenn er sich selbst vor den Tatsachen verbeugt?« (Walter Eucken 1937)

Nach dem Niedergang, ja der Selbstaufgabe der Liberalen in Deutschland nach 1878 konnte wohl kaum jemand ein so kraftvolles Wiederaufleben nach dem Zweiten Weltkrieg erwarten. Doch gab es die markanten Widersacher einer »Taxis« schon als junge Wissenschaftler in der Weimarer Zeit. Nur kamen ihre Gedanken im Zuge der allgemeinen Krise und mit dem Aufkommen der totalitären Tyrannis nicht mehr zur Wirkung.

Es waren Persönlichkeiten, überwiegend Ökonomen und Sozialphilosophen, die in nichts den großen Liberalen des 19. Jahrhunderts nachstanden, sie in der Weite des Horizontes, die aus elementaren Erfahrungen des Totalitarismus gewachsen war, in der Vielseitigkeit des Wissens noch übertrafen und ihnen an Kampfesmut gewiss nicht unterlegen waren, wenn die meisten von ihnen auch nicht in den Parlamenten, sondern nur über ihre Schriften politisch wirkten. Mit Wilhelm Röpke, der von seinem Genfer »Hochsitz« aus publizierte, mit Alexander Rüstow, mit Ludwig von Mises und Friedrich August von Hayek, mit Franz Böhm, Walter Eucken und Ludwig Erhard – um nur die wichtigsten zu nennen – waren dem liberalen Gedanken erneut Persönlichkeiten markanten Profils verfügbar. Es gab wie im 18. Jahrhundert wieder liberales Denken aus dem Ganzen, gesellschaftliche Ordnungskonzepte, liberale Sozialphilosophie, Maßstäbe für eine wirklich offene Gesellschaft sowie konkrete Vorschläge für den Weg dorthin. Hans-Peter Schwarz sprach von einer »Renaissance der bürgerlichen Gesellschaft« und vom »augusteischen Zeitalter des liberalen Kapitalismus« (1981, S. 449 f.). Das Denken dieser Männer setzte sich nicht vollständig durch und wurde nur zögernd von der Politik aufgenommen, aber es gab Impulse von großer Tragweite und Taten und Reformen, die bleibende Erinnerung verdienen. Es gab sogar wieder eine Partei, die man mit einigem Recht liberal nennen konnte, auch wenn es nicht, wie im 19. Jahrhundert, die größte war, sondern mehr nur ein bürgerliches Korrektiv der Massenparteien darstellte.

In der Geistesgeschichte steht der Beitrag der deutschsprachigen Ökonomen und Sozialwissenschaftler zur soziologischen Fundierung einer liberalen Gesellschaft und zur Institutionenlehre einzigartig da. Bei jeder ins Grundlegende gehenden Reform, auch »jenseits von Angebot und Nachfrage«, wird man auf sie zurückgreifen müssen. Sie waren nicht nur Ökonomen.

Die neuliberalen »Österreicher«

Das Hauptverdienst dieser in Wien ursprünglich beheimateten Schule (Carl Menger, Böhm-Bawerk, Ludwig von Mises, Friedrich August von Hayek u. a.) liegt im Verständnis einer auf subjektive Werte und freien Traditionen gegründeten »spontanen« Ordnung; ebenso in einer soliden wissenschaftlichen Fundierung des Liberalismus und seiner Freiheitslehre, ökonomisch wie politisch und kulturell. Die Österreichische Schule liefert alle wesentlichen Argumente, die im Kampf gegen die Kollektivismen von rechts oder links vonnöten sind, gegen die totalitäre Demokratie ebenso wie gegen den totalitären Wohlfahrtsstaat oder den sozialen Konstruktivismus der Marxisten oder der aktuellen »Kulturmarxisten«, die in einem eigenartigen egalitären Ideengemisch aus dem alten ökonomischen Marxismus hervorgegangen sind und statt der ökonomischen Basis nun die führende Rolle des intellektuellen »Überbaus« einer Gesellschaft betonen und ausnutzen (Bildungseinrichtungen, Wissenschaft, Medien).

Welche Gedanken haben diese »neuliberalen« Denker im Besonderen zum Patrimonium des Liberalismus hinzugefügt?

Ludwig von Mises: Die praktische Undurchführbarkeit des Sozialismus

Dieser kompromisslose Streiter hat – neben Max Weber – als Erster die Undurchführbarkeit rationaler zentraler Planung mangels Knappheitspreisen als Informations- und Entscheidungsmittel in einer markt- und unternehmerfreien Wirtschaft aufgezeigt. Ohne Knappheitspreise weiß niemand, was, wo, wann, in welcher Menge und Qualität hergestellt werden muss.

Man kann nicht kalkulieren, ist praktisch blind, produziert ins Blaue. Das Ergebnis: statt Planwirtschaft ein ökonomisches Chaos.

An der Kalkulationsfrage muss jeder Sozialismus in einer komplexen Gesellschaft grundsätzlich scheitern, wie der Zusammenbruch des Sowjetsystems eindrücklich zeigte und jedes weitere Experiment auch. Sozialismus führt in Armut für alle und in eine totale Herrschaft der Klasse, die monopolistisch über die Ökonomie verfügt. »In Fragen, die über Sein und Nichtsein der Gesellschaft entscheiden, gibt es keine Konzession aus Schwachheit und übel angebrachter Höflichkeit« (1927, S. 137). Entweder – oder! Punktuelles Eingreifen – »Interventionismus« – ist nur ein langsamer wirkendes Mittel zur Zerstörung einer arbeitsteiligen Marktgesellschaft. Mises floh nach Hitlers Machtergreifung von Wien aus in die Schweiz und dann in die USA, wo sein Denken heute mehr Einfluss hat als in seiner Heimat Österreich. Es gibt in den USA auch ein einflussreiches Mises-Institut – mit anarchokapitalistischen Tendenzen (Murray N. Rothbard).

Friedrich August von Hayek: Gegen die Anmaßung von Wissen

Auch von Hayek zeigt die Grenzen des zentralen Planens auf: Die Daten/das Wissen sind zu vielfältig und regional und persönlich verstreut, zudem ständig im Fluss. Kein Computer der Welt kann dieses Wissen zentral erfassen und dann die Gesellschaft wie eine Maschine lenken. Auch das Wissen, das in Moral und Sitten, in Tradition, in evolutionärer Selektion spontan entstanden und auf Dauer gespeichert ist, kann zentral nicht ermittelt und gelenkt werden. Hayek nennt diese Steuerungsillusion »Konstruktivismus«. Hayek – als Gegenspieler von Lord Keynes mit seinen Steuerungsillusionen – ist auch Gegner einer sog. Makroökonomie, die fiktive Gesamtgrößen zu handelnden Einheiten macht (was auch eine Art Metaphysik ist). Er ist Kritiker einer Gemeinschaftsethik am falschen Platz, in unpersönlichen Tauschbeziehungen nämlich, die nur nach abstrakten Regeln funktionieren können. Gemeinschaftsethik (emotionale Solidarität, Ethik des Teilens und der sog. sozialen Gerechtigkeit) kann nur in Kleingruppen funktionieren.

Es gibt kaum einen schärferen Kritiker des Wohlfahrtsstaates und seiner sog. sozialen Gerechtigkeit. Diese beschreibt vielmehr den »Weg zur Knechtschaft« (Titel seines bekanntesten Buches). Hayek tritt für eine »Entnationalisierung des Geldes«, also für Freihandel in Geld, ein, was sonst kein Liberaler in dieser Konsequenz gefordert hat. Er hat Entwürfe für eine Demokratiereform vorgelegt, deren Kern eine Wiederherstellung der Gewaltenteilung im Sinne Montesquieus ist. Er wirkte vor allem in London und den USA und kehrte erst spät nach Europa, nach Salzburg und zuletzt Freiburg i. Br. zurück. Sein bescheidenes Grab ist in Neustift am Walde (Wien) zu sehen.

Hayek war mehr als Mises ein Gentleman in Wort und Auftritt. Sympathisch mutet sein Bekenntnis zu einer liberalen Utopie an. So schrieb er 1949: »Was uns heute mangelt, ist eine liberale Utopie, die weder eine bloße Verteidigung des Bestehenden ist noch einfach als verwässerter Sozialismus erscheint, die weder die Empfindlichkeiten der bestehenden Interessengruppen schont noch glaubt, so ›praktisch‹ sein zu müssen, dass er sich auf Dinge beschränkt, die heute politisch möglich erscheinen. Was der echte Liberalismus vor allem aus dem Erfolg der Sozialisten lernen muss, ist, dass es der Mut zur Utopie war, der ihnen die Unterstützung der Intellektuellen gewann und damit jenen Einfluss auf die öffentliche Meinung hatte, der schrittweise das möglich machte, was eben noch unmöglich schien« (Hayek 2004, S. 15). Wer sich dagegen immer nur auf das beschränke, was beim gegebenen Stand der Meinungen durchführbar erscheine, habe bald erkennen müssen, dass auch das politisch unmöglich wurde, weil Kräfte, auf die er keinen Einfluss genommen hatte, die öffentliche Meinung geändert hätten. Und 30 Jahre später bemerkte er: Auch wenn Utopie und Ideologie Schimpfworte geworden seien, brauche man doch ein Idealbild einer Gesellschaft oder eine Leitvorstellung einer anzustrebenden Gesamtordnung, »nicht nur als unerlässliche Voraussetzung jeder rationalen Politik, sondern auch als Hauptbeitrag, den die Wissenschaft zur Lösung des praktischen Problems der Politik leisten kann« (2003, S. 67). Diesen Beitrag hat er vor allem in seiner »Verfassung der Freiheit« (1971) und später in »Recht, Gesetz und Freiheit« geliefert.

Im Umkreis des »Ordoliberalismus«

Mehr als die Österreichische Schule legen die Vertreter dieser gleichfalls urliberalen Richtung Wert auf die Betonung der namentlich politisch »richtigen« Rahmensetzung. Ordo steht lateinisch für das, was sonst als »natürliche Ordnung« beschrieben wird. Die Wirtschaftsordnung steht in »Interdependenz« mit den anderen Ordnungen der Politik und der Kultur.

Ohne Wirtschaftsfreiheit ist auch die politische Freiheit nicht zu halten, die liberale Demokratie. Wer über die zentrale Planwirtschaft das wirtschaftliche Leben des Einzelnen in der Hand hat (z. B. über die Berufszuweisung und Einschränkung der Freizügigkeit, da sonst der Plan nicht funktioniert), hat ihn insgesamt in der Hand. Dies betrifft auch die geistige Freiheit, wenn der Staat über das Bildungssystem, die Medien, über Verlage, Druckereien etc. verfügen kann und auch zum Bodenmonopolisten wird. Wie z. B. einen Versammlungsraum für eine religiöse Veranstaltung finden, wenn die Raumzuteilung behördlicherseits genehmigt werden muss? Wie ein kritisches Buch veröffentlichen, wenn Staatsunternehmen über Papier- oder Computerzuteilung, Energieversorgung usw. befinden?

Der Zusammenbruch der alten liberalen Ordnungen erfolgte wegen staatlicher Zulassung, ja Förderung von Kartellen und Monopolen, als Folge einer Einschränkung des Freihandels (Protektionismus) usw. Die Marktordnung wurde durch ein Übermaß an punktuellen Eingriffen und Interventionen langsam paralysiert. Der Markt kann unter diesen Bedingungen den Ausgleich zwischen Angebot und Nachfrage nicht mehr reibungslos zustande bringen, z. B. während der Massenarbeitslosigkeit in der Weltwirtschaftskrise, als ein starres Tarifsystem und ein ausgedehntes Sonderarbeitsrecht diesen Ausgleich verhinderte.

Es ist vor allem Walter Eucken, der mit Franz Böhm u. a. in glasklarer Weise die institutionellen Bedingungen der Freiheit und einer funktionierenden Marktwirtschaft darlegte – als vorbildlichen Wegweiser bis heute. Was ist aus der von den Ordoliberalen geforderten Geldwertstabilität, Berechenbarkeit der Politik, Eigentumssicherheit, Vertragsfreiheit, Wettbewerbspolitik usw. geworden? (Zum Teil sind Kompetenzen auf die EU übergegangen wie das misslingende Währungsexperiment des Euro.) Auch konkrete Wirtschafts- und Sozialpolitik ist nur als Wirtschaftsordnungspolitik auf Dauer erfolgreich. Ein unschätzbarer Beitrag deutscher Ökonomen zur Institutionenökonomie und damit zur Sicherung der individuellen Freiheit!

Wilhelm Röpke: Marktwirtschaft ist nicht genug

Als der feurigste Kopf für eine Wiederherstellung einer liberalen »Civitas Humana« (Titel eines seiner Bücher, 3. Aufl. 1979) kann der Ökonom und Sozialphilosoph Wilhelm Röpke gelten. Er war ein Mann, der keinen Schritt vor dem Nationalsozialismus (und auch dem Linkstotalitarismus und dem Wohlfahrtsstaat) zurückwich. Bedroht an Leib und Leben, musste er 1933 zunächst nach Istanbul fliehen. Er kam schließlich in Genf unter, wo er seine grundlegenden kultursoziologischen Werke wie »Die Gesellschaftskrisis der Gegenwart« und schließlich sein berühmtes »Jenseits von Angebot und Nachfrage« (zuletzt 2009) schrieb, die auch heute sorgfältige Lektüre verdienen, denn die Fortschritte von Kollektivismus, Zentralisierung, »soziologieblindem« Ökonomismus gingen auch nach dem Untergang des NS-Regimes (und später des Sowjetsystems) weiter.

Seine Grundlehre ist von ihm mit dem Wort »Dezentrismus« beschrieben: Wiederherstellung des Privateigentums und des privaten Raumes überhaupt mit Selbstverantwortlichkeit und Verwurzelung im kleinen Kreis, von der Familie über Vereine aller Art, lokaler Selbstverwaltung und echtem Föderalismus aufwärts. Heute ist seine Kritik am Wohlfahrtsstaat und »Fiskalsozialismus« besonders aktuell.

Sein Freund Alexander Rüstow unterstützte ihn mit eigenen umfassenden Analysen (z. B. »Ortsbestimmung der Gegenwart« in drei Bänden). Er war einflussreicher Freund Erhards, dieses »Bruders im Geiste«, bei Konzeption und Aufbau der »Sozialen Marktwirtschaft«. Inzwischen haben wir faktisch eine sozialistische Marktwirtschaft mit »komfortabler Stallfütterung«. Röpke war Kulturkritiker im großen Stil (was nicht mit fatalistischem »Kulturpessimismus« gleichzusetzen ist). Wir müssen uns hier mit einem Verweis auf seine Bücher begnügen und dürfen im Übrigen auf die ausführlichere Würdigung in meinem Buch (»Der Wohlfahrtsstaat. Ende einer Illusion«, zuletzt 2015) und auf mein Wilhelm-Röpke-Brevier (»Das Maß des Menschlichen«, zuletzt 2006), verweisen, zudem auf Henneckes schöne Röpke-Biografie (»Ein Leben in der Brandung«, 2005).

Ludwig Erhard: eine Gesellschaft der Eigentümer

Ein Glück für die (West-)Deutschen war es, dass ein politischer Visionär wie Ludwig Erhard die politische Laufbahn im Nachkriegsdeutschland suchte und wenigstens im gewerblichen Bereich die Markt- und Tauschwirtschaft gegen alle Widerstände in seiner Partei, der CDU, sogar gegen die Alliierten, eine feindselige öffentliche Meinung und einen gewerkschaftlichen Generalstreik durchsetzte. Bis zuletzt kämpfte er auch gegen den bevormundenden Wohlfahrtsstaat, gegen dessen Fortschritte er machtlos war.

Erhard wollte eine Gesellschaft von Eigentumsbürgern, welche auf die Prothesen des Versorgungsstaates (Sozialversicherung usw.) verzichten konnte, da sie zur selbstverantwortlichen Eigenvorsorge imstande war (durch stabiles Geld, gute Wirtschafts- als Wettbewerbspolitik, »Wohlstand für alle«). Er war später ein Vorbild der liberalen Reformer Neuseelands, namentlich von Roger Douglas, oder Polens (L. Balcerowicz). Man wird immer auf seine Konzeption vom selbstständigen Bürger zurückgreifen müssen, wenn man nach einer humanen Sozialkonzeption, einer Wiederbelebung seiner »Sozialen Marktwirtschaft« sucht.

Individuelle Freiheit war für eine kurze Zeit (die 50er-Jahre) wieder das wahre Sozialprogramm wie für die begeisterten Liberalen des 19. Jahrhunderts. Erhards Popularität trug ihn bis zur Nachfolge Adenauers als Kanzler. Gegen die Intriganz des politischen Betriebes kam er indessen nicht an und scheiterte in dieser Rolle. Hans-Peter Schwarz, der große Politologe und Zeithistoriker schrieb 1985: »Der in die Politik verschlagene Theoretiker kann langfristig weiterwirken, auch wenn er im Alltagsgeschäft der Politik letztlich hängenbleibt. Seine Ideen wirken über den Tag hinaus. Er wird auf lange Zeit hinweg die Besten und Weitschauendsten packen und motivieren, selbst wenn er am Ende praktisch unterlegen ist.«

Die eigentliche Erhard-Partei war lange Zeit die FDP, die mit ihm gegen die Sozialisierungsparagrafen des Grundgesetzes (Art. 15), gegen die »dynamische Rente« (1957) und für den Vorrang der staatsfreien Privatsphäre eintrat, aber inzwischen über manche Wandlungen hinweg auch teilweise sozialinterventionistischen und zentralistischen Gedanken (Bildungswesen, Europapolitik) erlegen ist. Immerhin ist sie noch am ehesten eine Partei, die für das Eigentum und niedrige Steuern eintritt.

XV.
Freiheit im Deutschland der Gegenwart

Die individuelle Freiheit, auf die es vor allem ankommt, ist im Wohlfahrtsstaat der Gegenwart stark in der Defensive. Für die Masse der Bürger ist die echte Vertragsfreiheit nur noch eine Reminiszenz. Man denke an die Sozialversicherungszwänge oder an die »Sozialisierung der Einkommensverwendung« durch den Steuer- und Abgabenstaat: Bei realistischer Rechnung bleiben den meisten nur noch ein Drittel ihres Einkommens netto. Sie wurden mit ihren eigenen Mitteln vom Staat, von »öffentlichen Gütern«, abhängig gemacht. Es gibt inzwischen selbst eine Art Rundfunksteuer für alle, auch für jene, die das öffentliche Rundfunkwesen nicht nutzen. Das Bildungs- und Gesundheitswesen sind ein Monster an Staatswirtschaft. Eine egalitäre Gesellschaftspolitik (»Gleichstellung«, Inklusion, »Antidiskriminierung«) hat die Meinungs- und Vertragsfreiheit ausgehöhlt. Die Familie wird sukzessiv (durch staatliche Familienersatzeinrichtungen und staatliche Familienfinanzierung) geschwächt. Der sog. Kulturmarxismus dringt mit utopisch-egalitären Idealen im kulturellen Überbau des Bildungswesens und der Medien vor und zersetzt freiheitliche Institutionen und Loyalitäten, von der Familie angefangen (vgl. Scruton, 2019). Die Eigenvorsorge, das private Geldvermögen wird durch eine verfehlte Geldpolitik (»Nullzinspolitik« der EZB) bedroht, die Staatsverschuldung ist so hoch wie nie außerhalb von Kriegszeiten. Die Wirtschaft wird durch willkürliche Zinssignale, die »Politik des billigen Geldes«, nach und nach »zombifiziert« (Günter Schnabl), das heißt, sie ist in Teilen nicht mehr wettbewerbsfähig, weil sie die Unternehmer auf Dauer zu unrentablen Investitionen verleitet. Energie- und sog. Klimapolitik sind in ein planwirtschaftliches System überführt. Das Auftauchen eines »schwarzen Schwanes« wie die aktuell grassierende Corona-Epidemie hat den politischen Interventionismus und Dirigismus weiter entfesselt, bis hin zur Lahmlegung weiter Teile der Wirtschaft und des freien öffentlichen und privaten Lebens, abgesehen von einer gesteigerten Staatsverschuldung (auch international). Man wagt sich derzeit (September 2020) kaum auszumalen, was dies noch für Freiheit und Eigentum bedeuten kann. Eine überholte Asylpolitik hat zudem eine Massenwanderung aus asiatischen und afrikanischen Ländern in das deutsche Sozialsystem ausgelöst. Von dort drohen große, auch finanzielle, Risiken.

Aus alldem ergibt sich der Zwang zu einer grundlegenden Korrektur der Geld-, Wirtschafts- und Gesellschaftspolitik im Sinne der Österreichischen Schule und des Ordoliberalismus: »Gebt den Bürgern Geld und Verantwortung zurück«, wie es in Neuseeland und im England Margaret Thatchers oder den USA unter Ronald Reagan hieß. Subsidiarität muss wieder den Vorrang haben, das heißt liberalisieren, privatisieren und mit alldem dezentralisieren im Sinne Wilhelm Röpkes!

Der politische Wettbewerb (Kommunen, Bundesländer und auf europäischer Ebene) ist durch Finanzausgleich und Egalisierungspolitik bis zur Unkenntlichkeit entstellt. Und doch sind Dezentralisation und Wettbewerb das Leitthema der deutschen und europäischen Geschichte und waren die Voraussetzung für den Aufstieg des Kontinentes (vgl. Vaubel, Gerken).

Auch die kollektive Mitbestimmung (Freiheit vom Typ II) ist durch eine teilweise steuerfinanzierte Parteienoligarchie, die Elemente direkter Demokratie und Wettbewerb nicht zulassen mag, zurückgedrängt.

Zwar ist die völkerrechtliche Selbstbestimmung (Freiheit vom Typ III) mit der Wiedervereinigung (1990) weitgehend wieder errungen, aber durch europäischen Zentralismus vielfach (besonders geld- und finanzpolitisch) prekär gestellt. Was die utopische Asylpolitik der europäischen Wohlfahrtsstaaten, vorweg Deutschlands – der deutsche Wohlfahrtsstaat als eine weltweit anziehende Allmende, die Einwanderung in seine Sozialsysteme fördert – aus diesem Land und aus der Identität der europäischen Nationen insgesamt langfristig machen wird, ist nicht abzusehen (vgl. Scruton 2019, H.-P. Schwarz 2016, Sarrazin 2020). Die negative demografische Entwicklung tut ein Übriges. Eine ökosozialistische, utopische »Klimapolitik« kann ebenfalls zur Gefährdung der individuellen Freiheit und des Wohlstands führen. Man kann sich kaum eine größere Anmaßung von Wissen vorstellen als den Versuch, das Weltklima von Deutschland aus zu steuern.

Es gibt zum Programm der echten Liberalen keine attraktive Alternative. Nur ein Freiheits- und Subsidiaritätsprogramm in Wirtschaft und Gesellschaft, das die Erfolgsregeln von Marktwirtschaft und die Überlebensregeln eines politischen Gemeinwesens beachtet, wird die Zukunft dieses Landes und Europas sichern können. Gibt man den Menschen Geld und Verantwortung zurück, so wird das unvermeidlich dynamisierende Folgen haben. Sucht man einen methodischen Wegweiser – eine »Ökonomik der Reform« –, so findet man ihn bei Heinger/Straubhaar (2004) oder Krull (2020).

Die Idee hat keine Eile

»In jeder Generation«, so schrieb der italienische Politikwissenschaftler Gaetano Mosca (1950), »gibt es eine Anzahl hochgesinnter Menschen, die alles Edle und Schöne lieben und einen Großteil ihrer Tätigkeit dem Kampf gegen den Verfall der Gesellschaft widmen. Das ist jene kleine moralische und geistige Aristokratie, die die Menschheit hindert, im Sumpf des Egoismus und der materiellen Begierden zu verrotten. Dieser Aristokratie verdanken es die Völker, wenn sie der Barbarei entronnen und niemals wieder in sie zurückgefallen sind. Selten gelangen die Mitglieder dieser Aristokratie zu höchsten Stellungen der politischen Hierarchie. Aber sie leisten mehr. Sie formen den Geist und die Gefühle ihrer Zeitgenossen und vermögen so, ihr eigenes Programm den Herrschenden aufzuzwingen. Es ist undenkbar, dass sich in der jungen Generation keine solch hochgesinnten Charaktere finden sollten.«

Indessen: Die »Idee hat keine Eile« (Benedetto Croce); wohl nur steigender Problemdruck kann auch zum Problemlöser werden wie so oft in der Geschichte, auch der deutschen. Die Geschichte der Freiheit wird weitere überraschende Kapitel für uns bereithalten. Die Liberalen gehen jedenfalls wieder einem »Leben in der Brandung« entgegen – oder sind schon mittendarin.

Anhang: Auflehnung gegen die Tyrannis im 20. Jahrhundert

Luthers Botschaft vom leidenden Gehorsam gegenüber der Obrigkeit oder Kants Zurückhaltung in Sachen Widerstandsrecht hat die Deutschen nicht generell unfähig gemacht, einer offenbaren Tyrannis kraftvoll und selbst mit Gewalt zu widerstehen. Wir erwähnten schon die liberale Bewegung des 19. Jahrhunderts, die auch um den Preis des Verfolgt- und Vertriebenseins, des Verlustes der bürgerlichen Existenz und selbst des Lebens sich monarchischer Willkürherrschaft entgegengestellt hatte. »Der eine fragt: Was kommt danach? / Der andre fragt nur: Ist es recht? / und also unterscheidet sich / der Freie von dem Knecht« (Theodor Storm).

Im 20. Jahrhundert müssen wir diese Geschichte um einige bewundernswerte Kapitel erweitern. Umso bewundernswerter, als es hier um Widerstand gegen totalitäre Obrigkeiten ging, die, alle Fesseln der Humanität und Menschenachtung abgestreift, alle, auch nie gekannte technische und ökonomische, Macht- und Kontrollmittel gegen abweichende Meinungen und Kritiker ihrer Politik bis zur Vernichtungsdrohung einsetzte. »Bei uns ist nur noch der Schlaf privat«, bemerkte einmal ein Nationalsozialist. Es wurden ohne Skrupel, ohne rechtliche Verfahren Hunderttausende, ja Millionen auf viehische Weise, gar »industriell« umgebracht. Der staatliche Terror war in machtvollen Organisationen allgegenwärtig, er schien den meisten unentrinnbar. Verglichen damit waren die Geheimpolizei der absoluten Monarchien und selbst des venezianischen »Rates der Zehn« harmlos. Widerstand zu leisten, Opposition zu bilden erforderte einen Mut, eine Überzeugungstreue und eine Klugheit, über welche die Masse der Bürger naturgemäß nicht verfügte; die meisten liefen, im Banne des dämonischen »Führers«, oft mit schlechtem Gewissen und illusionärer Ausblendung dessen, was oft vor ihren Augen geschah, einfach so mit: Es schien nicht wahr zu sein, weil es nicht wahr sein konnte oder durfte, so etwa die Pogromnacht vom 9. November 1938 oder die Judendeportation in die Vernichtungslager am hellen Tage. Die Existenz solcher Lager versuchte das Regime auch möglichst geheim zu halten.

Widerstand im »Dritten Reich«

Der Widerstand gegen die totalitäre NS-Herrschaft war gleichwohl konstant, groß, versteckt und sogar in vielen Fällen mit Todesmut offen. Drei Millionen Deutsche durchlitten die Lager und Zuchthäuser des Regimes, 800 000 wegen aktiver Widerstandstätigkeit. Man schätzt, dass etwa 32 000 Bürger in dieser Zeit aufgrund von Todesurteilen hingerichtet wurden, dazu 20 000 von Militärgerichten. Wahrscheinlich sind diese Zahlen zu niedrig gegriffen: Die »auf der Flucht Erschossenen« sind hier ebenso wenig erfasst wie die in den Lagern Verhungerten, zu Tode Geprügelten, an bestialischen Experimenten zugrunde Gegangenen oder die Zahl der Selbsttötungen (Peter Hoffmann 1974). Sie kamen aus allen Schichten, Institutionen und ideologischen Orientierungen. Studenten, Priester aus allen Kirchen, Beamte, Politiker, Lehrer, Militärs, Unternehmer wie Robert Bosch, Wissenschaftler, Künstler.

Schon 1938 gab es ein Staatsstreichkomplott (die Offiziere Beck und Halder, »Septemberverschwörung«), der durch die für Hitler zunächst erfolgreiche Außenpolitik (Münchener Konferenz) entmutigt wurde. Die Attentatsversuche auf Hitler waren zahlreich, wohl über 40. Dem Erfolg, der Tötung des Tyrannen, am nächsten kam der schwäbische Handwerker Georg Elser (November 1939). Sein Schicksal ist mehrfach verfilmt. Seine im Hofbräuhaus platzierte Bombe verfehlte sein Objekt nur um Minuten. (Hitler reiste wegen Nebel am Flughafen vorzeitig ab.) Die Anschläge der Offiziere von Gersdorff, Bussche, von Kleist, Breitenbach gelangen ebenfalls nicht, sind auch an Zufälligkeiten gescheitert.

Ein Großteil der deutschen Elite emigrierte oder floh: Thomas Mann etwa, Wissenschaftler vom Range Albert Einsteins, Philosophen und Ökonomen wie Wilhelm Röpke, Alexander Rüstow, Ludwig von Mises, Friedrich August von Hayek oder Gottfried Haberler. Ein anderer Teil ging in die »innere Emigration« wie Ricarda Huch, Gottfried Benn, Ernst Wiechert oder Ernst Jünger. Jünger war literarisch als kriegerischer Nationalist gestartet, hatte sich bald von den Nazis zurückgezogen und dann 1939 zu einem Widerstandsbuch (»Auf den Marmorklippen«) gefunden; ein Mut, der ihn fast den Kopf gekostet hätte. Schwer zu entscheiden, was moralisch höher stand: die Flucht oder das Ausharren. »Whether 'tis nobler in the mind / to suffer the slings and arrows of outrageous fortune/, or to take arms against a sea of troubles / and by opposing end them?« (Hamlet III, 1).

Zu erwähnen ist der hochherzige, tollkühne Widerstand der Münchener Studentengruppe der »Weißen Rose« (1943) mit Sophie Scholl und ihrem Bruder Hans, Kurt Huber, Alexander Schmorell, Willi Graf und den anderen. Sie blieben auch im Verhör standhaft und wurden per Guillotine hingerichtet. Im ersten Flugblatt der »Weißen Rose« hatte Hans Scholl den Vers aus dem »Erwachen des Epimenides« von Goethe angeführt, der mit dem dreifachen Rufe »Freiheit! Freiheit! Freiheit!« endete. »Freiheit und Ehre« hieß es im letzten Flugblatt: »Zehn Jahre haben Hitler und seine Genossen die beiden herrlichen deutschen Worte bis zum Ekel ausgequetscht, abgedroschen, verdreht. Der deutsche Name bleibt für immer geschändet, wenn nicht die deutsche Jugend aufsteht, rächt und sühnt zugleich, die Peiniger zerschmettert und ein neues geistiges Europa aufrichtet. Studentinnen! Studenten! Auf uns sieht das deutsche Volk, von uns erwartet es wie 1813 die Brechung des napoleonischen, so 1940 die Brechung des nationalsozialistischen Terrors! Unser Volk steht im Aufbruch gegen die Verknechtung Europas durch den Nationalsozialismus, im neuen gläubigen Durchbruch von Freiheit und Ehre!« (nach Huch 1997, S. 97). Der Kreisauer Kreis um Helmuth James Graf von Moltke, der, wie auch Carl Friedrich Goerdeler, Gewaltanwendung gegen den Tyrannen ablehnte, auch die Freiburger Widerstandsgruppe mit Adolf Lampe oder Gerhard Ritter (mit ökonomischen Konzepten für das Nachkriegsdeutschland) seien nicht vergessen. Und das sind längst nicht alle Persönlichkeiten und Gruppen, die den Mut zum Widerstand fanden.

Ein fast gelungener Staatsstreich

All dies fand seinen Höhepunkt in dem gut vorbereiteten, klug ausgedachten Attentat auf den Tyrannen am 20. Juli 1944 in seiner »Wolfsschanze« in Ostpreußen. Der Kreis um die adligen Offiziere Henning von Tresckow und Claus Schenk Graf von Stauffenberg und die Heeresgruppe Mitte waren die treibenden Kräfte. Es scheiterte erneut an Zufälligkeiten (Verlegung einer Besprechung in eine Baracke, Verschiebung der abgelegten Aktentasche mit dem Sprengstoff), vielleicht auch an der inneren Unmöglichkeit der Beteiligten, mit den teuflischen Methoden des Regimes zu arbeiten. So weigerte sich einer der Hauptverschworenen in Paris, der Militärbefehlshaber in Frankreich General Carl-Heinrich von Stülpnagel, 1400 schon festgenommene SS-Leute umgehend erschießen zu lassen. Ricarda Huch schreibt (1997, S. 83): »Was fast allen Führenden im Kampf gegen Hitler fehlte, war ein Schuss Feuer im Blute, das sie den Gegnern ebenbürtig gemacht hätte. An Schlangenklugheit und Schlangengefährlichkeit waren sie Hitler und seinen Genossen nicht gewachsen. Hat das Fehlen der Unbedenklichkeit eines dämonischen Machtbegehrens und Herrscherwillens unsere Helden des Erfolges beraubt, so lässt es ihre Ehrenhaftigkeit umso klarer hervorleuchten.« In Paris, Wien und Prag schien der Staatsstreich einen Augenblick lang zu gelingen.

Dieses missglückte Attentat kostete 5000 darin irgendwie Verwickelten das Leben, darunter herausragenden Militärs wie Ludwig Beck und Erwin von Witzleben. Der militärisch gloriose und populäre Generalfeldmarschall Erwin Rommel, freilich im Widerstand eher zögernd, nahm nach offizieller Aufforderung Gift und bekam ein Staatsbegräbnis. Unvergänglich ist das gesinnungsethische Diktum von Henning von Tresckow:

»Das Attentat muss erfolgen, coute que coute. Sollte es nicht gelingen, so muss trotzdem in Berlin gehandelt werden. Denn es kommt nicht mehr auf den praktischen Zweck an, sondern darauf, dass die deutsche Widerstandsbewegung vor der Welt und Geschichte den entscheidenden Wurf gewagt hat. Alles andere ist dagegen gleichgültig … Der sittliche Wert eines Menschen beginnt erst dort, wo er bereit ist, für seine Überzeugung sein Leben hinzugeben« (Fest 1994, S. 176, 291).

Joachim Fest schreibt in seinem maßgebenden Buch zum Widerstand: »An der Vergeblichkeit seiner Anstrengungen und seinen unerfüllten Hoffnungen ist der Widerstand aber nicht zu messen … Denn die Akte der Selbstachtung und der moralischen Unbeirrbarkeit sind auch in der Geschichte nicht weniger als jene Großdaten, die das Kalenderbewusstsein beherrschen. Moralisch wiegt der Versuch so viel wie der Erfolg« (1994, S. 346).

Der 17. Juni 1953: Aufstand gegen ein totalitäres Marionettenregime

Die Deutschen zwischen Elbe und Oder hatten das besondere Unglück, nach dem verlorenen Hitler-Krieg unter sowjetrussische Fremdherrschaft zu fallen, während im westlichen Teil ein milderes Regime waltete (Amerikaner, Engländer, Franzosen). Zum ersten Male in der deutschen Geschichte ging auch die Freiheit vom Typ III – die Selbstbestimmung nach außen – verloren und man musste sich 1945 fragen, ob die Deutschen nicht in jeder Hinsicht auf Dauer ausgespielt hätten, jedenfalls lag ihr politisches Schicksal nicht mehr in ihren Händen. Selbst die Jagdwaffen wurden konfisziert.

Am 17. Juni 1953 – nach dem Tod des Tyrannen Stalin – gab es einen spontanen Protest gegen die Exzesse der mit viel Gewalt nach sowjetischem Muster durchgesetzten zentralen Planwirtschaft, der sich binnen Kurzem zu einer großen Volksbewegung, zu einem wahren Volksaufstand steigerte. Allein in Ost-Berlin gingen 100 000 Menschen auf die Straße, in Halle 60 000, in Leipzig 40 000. In etwa 400 weiteren Städten kam es zu ähnlichen Erhebungen. Zu den Demonstrationen kamen Streiks in den Betrieben. Treibende Kräfte waren die Arbeiter. Es wurden freie Wahlen und ein Rücktritt des Marionettenregimes Ulbricht gefordert. Eine zentrale Führung mit auffälligen Persönlichkeiten gab es dabei nicht. Nur die sowjetrussischen Panzer retteten das verhasste Regime. Bei den Kämpfen wurden etwa 70 Protestierende erschossen. Ähnlich viele sowjetische Soldaten, die sich weigerten, gegen die deutsche Bevölkerung vorzugehen, wurden hingerichtet (Schroeder 2000).

Auch die große Fluchtbewegung von Ost nach West (ca. 3,5 Millionen Menschen, darunter fast die gesamte Unternehmerschicht, Bauern, Freiberufler, viele Wissenschaftler und Künstler) zeugten davon, dass der Freiheitswille bei den Ostdeutschen nicht erloschen war, dass man sie nicht beliebig zu Staatssklaven herabwürdigen konnte. Die monströse Berliner Mauer (13. August 1961) war eine Bankrotterklärung des Regimes. Es war ein großer, jedermann berührender, nationaler Freudentag, als sie am 9. November 1989 fiel.

Annus mirabilis 1989

Nach Jahrzehnten der Unterdrückung und Misswirtschaft geriet das diskreditierte Regime der DDR erneut unter starken Druck. Die Produktivität der ostdeutschen Wirtschaft lag 1989 bei etwa 16 bis 20 Prozent der westdeutschen. Der sog. Wettlauf der Systeme war verloren, die Infrastruktur und die Städte und Dörfer des Landes verfielen dramatisch, die DDR stand vor dem Bankrott (Schürer-Gutachten vom 27. Oktober 1989). Es bildete sich, ermutigt durch den Sowjetreformer Michail Gorbatschow, eine Bürgerbewegung des friedlichen Widerstandes. Am 9. Oktober 1989 zogen etwa 70 000 couragierte Menschen im Anschluss an »Friedensgebete« in vier Kirchen unter Rufen wie »Wir sind das Volk« und »keine Gewalt« den Leipziger Innenstadtring entlang. Die politische Führung – Honecker, Mielke, Krenz – fand glücklicherweise nicht mehr die Entschlossenheit, hier unter den Fernsehkameras des Westens eine blutige »chinesische Lösung« wie auf dem »Platz des himmlischen Friedens« in Peking gegen das eigene Volk herbeizuführen. Damit war der Damm gebrochen. Die Demonstrationen weiteten sich über das ganze Staatsgebiet aus. Aus der Parole »Wir sind das Volk« wurde die nationale »Wir sind ein Volk«. Am 9. November 1989 fiel die Berliner Mauer.

Neben dem Mut der meist jungen Leute war entscheidend, dass die sowjetrussischen Panzer auf Befehl Gorbatschows in den Kasernen blieben. Diesmal gab es auch eindrucksvolle Wortführer wie u. a. Bärbel Bohley, Angelika Barbe oder Vera Lengsfeld, die auch später noch politisch von sich reden machte. Am 3. Oktober 1990 feierten die glücklichen Deutschen ihre Wiedervereinigung. Die Freiheit in allen ihren Ausprägungen (Typ I, II und III) war für alle Deutschen wieder errungen, wenn auch vielfach in übernationale Verträge eingebunden, durch den Wohlfahrtsstaat beschränkt und zunehmend in vieler Hinsicht wieder gefährdet.

Aus der benutzten Literatur

Übersicht

Zunächst wichtig waren einige allgemeine Deutsche Geschichten: so von Gaxotte, Rovan, Veit Valentin, Huch, Freund, besonders Mirow.

Dann eine Reihe von Spezialgeschichten zu Recht und Wirtschaft, so Conrad, Mitteis, Bechtel, Planitz, Lütge, Franz; zur Verfassung: Hartung, Forsthoff, Willoweit; zur Kirchengeschichte: Link, Heussi, Erler. Zur Militärgeschichte: Delbrück, March, Schulze-Wegener.

Schließlich die Spezialliteratur und Monografien zu einzelnen Gesichtspunkten und Abschnitten sowie verschiedene Quellensammlungen, z. B. bei Reclam. Hervorgehoben seien auch die großartigen Handbücher zur Territorialgeschichte, so Köbler, March, Künzel/Rellecke und Sante/Ploetz (»Territorienplötz«). Dankbar zu erwähnen sind div. Artikel der großen Enzyklopädien (Meyers, Brockhaus, Wikipedia). Leider zu spät zur Kenntnis gelangte mir das wunderbare Buch von Wolfgang Braunfels: Abendländische Stadtbaukunst. Herrschaftsform und Baugestalt, Köln 1976.

Dieses Verzeichnis ist umfangreich geworden, aber es wird vielleicht den einen oder anderen zu Nachfolgestudien auf die Spur setzen können. Es ist außerdem eine Danksagung an lebende und tote Autoren.

Alphabetisch

Abelshauser, Werner (Hrsg.): Die Weimarer Republik als Wohlfahrtsstaat, Stuttgart 1987.

Achinger, Hans: Sozialpolitik als Gesellschaftspolitik, Reinbek 1958.

Alföldy, Geza: Das Imperium Romanum als Vorbild für das vereinte Europa?, Basel 1999.

Alt, Peter Andre: Schiller, 2 Bde. München 2009.

Althoff, Gerd: Spielregeln der Politik im Mittelalter, Darmstadt 1993.

Andermann, Ulrich: Leben im Reichsstift Herford, Münster 2011.

Andreas, Willy: Carl August von Weimar. Ein Leben mit Goethe, Stuttgart 1953.

Arndt, Hans-Wolfgang: Aktuelle Probleme, Entwicklungstendenzen und Perspektiven des Föderalismus in der Bundesrepublik Deutschland, in: Meier-Walser/Hirschler (Hrsg.): Krise und Reform des Föderalismus, München 1999, S. 27 ff.
Arnim, Hans Herbert von: Der Staat als Beute, München 1993.
Aubin, Hermann: Vom Altertum zum Mittelalter, München 1949.
Ausbüttel, Frank M.: Germanische Herrscher, Darmstadt 2007.
Baader, Roland: Fauler Zauber. Schein und Wirklichkeit des Sozialstaates, Gräfelfing 1997.
Baader, Roland: Geldsozialismus, Gräfelfing 2010.
Bader, Karl Siegfried: Dorfgenossenschaft und Dorfgemeinde, 1963.
Bagus, Philipp: Die Tragödie des Euro, Auburn 2010.
Bähr, Otto: Der Rechtsstaat, Neudruck Aalen 1961.
Bähr, Otto: Eine deutsche Stadt vor 60 Jahren (Kassel), Leipzig 1884.
Bamberger, Ludwig: Deutschland und der Sozialismus, Leipzig 1878.
Bamberger, Ludwig/Barth, Theodor/Broemel, Max: Gegen den Staatssozialismus, Berlin 1884.
Bamberger, Ludwig: Gesammelte Schriften, 5 Bde., Berlin 1898.
Bamberger, Ludwig: Erinnerungen, Berlin 1899.
Bandulet, Bruno: Beuteland. Die systematische Plünderung Deutschlands seit 1945, Rottenburg 2016.
Banniard, Michel: Europa von der Spätantike zum frühen Mittelalter, München 1993.
Barnard, Frederick M.: Zwischen Aufklärung und Romantik. Eine Studie über Herders soziologisch-politisches Denken, Berlin 1964.
Bartels, Adolf, Die Dithmarscher, Hamburg 1928 (Roman).
Barth, Theodor: Was ist Liberalismus?, Broschüre 1905.
Bartholomew, James: The Welfare State We're in, London 2004.
Bartlett, Robert: Die Geburt Europas aus dem Geist der Gewalt, München 1996.
Bayern, Prinz Konstantin von: Ohne Macht und Herrlichkeit. Hohenzollern, Wittelsbach, Habsburg. München 1961.
Bebel, August: Aus meinem Leben, 3 Bde., Stuttgart 1910/1914.
Bechtel, Heinrich: Wirtschafts- und Sozialgeschichte Deutschlands, München 1967.
Becker, Julius: Das deutsche Manchestertum, Karlsruhe 1907.
Below, Georg von: Städtewesen und Bürgertum, Bielefeld und Leipzig 1898.
Below, Georg von: Der deutsche Staat im Mittelalter, Leipzig 1925.
Bergsträsser, Ludwig: Geschichte der politischen Parteien in Deutschland, 11. Aufl., München 1965.

Berlin, Isaiah: Freiheit. Vier Versuche, Frankfurt/Main 1994.
Bernhard, Ludwig: Unerwünschte Folgen deutscher Sozialpolitik, Berlin 1913.
Bessard, Pierre/Hoffmann, Christian (Hrsg.): Sackgasse Sozialstaat, Zürich 2011
Biedermann, Flodoard Freiherr von: Goethes Gespräche, 5 Bde., hrsgg. von Wolfgang Herwig, München 1988.
Biegel, Gerd (Hrsg.): Sachsen-Anhalt: 1200 Jahre Geschichte, Braunschweig 1993.
Bielschowsky, Albert: Goethe, 2 Bde., 24. Aufl., München 1911.
Biermann, Felix/Herrmann, Christopher/Koperkiewicz, Arkadiusz: Alt-Altenburg, in: Köster/Link (Hrsg.), 2019, S. 274 ff.
Birtsch, Günter (Hrsg.): Grund- und Freiheitsrechte im Wandel von Gesellschaft und Geschichte, Göttingen 1981.
Bismarck, Otto von: Gespräche, hrsgg. von Willy Andreas, Ausgabe Birsfelden/Basel o. J.
Bismarck, Otto von: Gesammelte Werke (Friedrichsruher Ausgabe), 1924/1935: Bd. 9.
Blaese, Hermann: Schillers Staats- und Rechtsdenken, in: Kunst und Recht, Festgabe für Hans Fehr, Karlsruhe, 1948.
Blankart, Charles B.: Föderalismus ind Deutschland und Europa, Baden-Baden, 2006.
Blankart, Charles B.: Öffentliche Finanzen in der Demokratie, 8. Aufl., München 2011.
Blankertz, Stefan und Goodman, Paul: Staatlichkeitswahn, ohne Ort, 1980.
Blickle, Peter: Der Bauernkrieg. 5. Aufl., München 2018.
Blickle, Peter: Deutsche Untertanen. Ein Widerspruch. München 1981.
Blickle, Peter: Von der Leibeigenschaft zu den Menschenrechten, München 2003
Bluntschli, Johann Caspar: Deutsches Staatswörterbuch, 10 Bde., Stuttgart und Leipzig, 1857–1870.
Bödecker, Erhardt: Preußen und die Marktwirtschaft, München 2007.
Bödecker, Erhardt: Preußen- eine humane Bilanz, München 2010.
Bollnow, Otto Friedrich: Wesen und Wandel der Tugenden, Frankfurt a. M., 1960.
Bolz, Norbert: Diskurs über Ungleichheit. München 2009.
Böni, Franz: Piraterie und Marktwirtschaft, Konstanzer Universitätsreden, 2008.
Bonn, M. J.: Lujo Brentano als Wirtschaftspolitiker, in M. J. Bonn/M. Palyi (Hrsg.): Die Wirtschaftswissenschaft nach dem Kriege, Festgabe für Lujo Brentano zum 80. Geburtstag, München und Leipzig 1925, Bd. 1, Geleitwort.
Borchardt, Knut: Wirtschaftliche Ursachen des Scheiterns der Weimarer Republik, in: Erdmann, Karl Dietrich/Schulze, Hagen (Hrsg.): Weimar. Selbstpreisgabe einer Demokratie, Düsseldorf 1979, S. 211 ff.
Borchmeyer, Dieter: Die Weimarer Klassik, 2 Bde., Königstein 1980.

Borchmeyer, Dieter: Was ist deutsch?, Berlin 2017.
Born, Karl Erich: Staat und Sozialpolitik seit Bismarcks Sturz, Wiesbaden 1957.
Borsche, Tilman: Wilhelm von Humboldt, München 1990.
Borst, Arno (Hrsg.): Das Rittertum im Mittelalter. 2. Aufl., Darmstadt 1993.
Bosl, Karl: Die Gesellschaft in der Geschichte des Mittelalters, Göttingen 1966.
Botzenhart, Erich: Die geistigen Grundlagen der Staats- und Reformideen des Freiherrn vom Stein, Tübingen 1927.
Bouillon, Hardy: Wirtschaft, Ethik und Gerechtigkeit, Vaduz (ECAEF) 2010.
Bouillon, Hardy/Gebauer, Carlos A. (Hrsg.): Freiheit in Geschichte und Gegenwart. Festschrift für Gerd Habermann, Reinbek 2020.
Boyle, Nicholas: Goethe, bisher 2 Bde., München 1991.
Braun, Johann: Wahn und Wirklichkeit. Über die innere Verfassung der Bundesrepublik Deutschland, Tübingen 2008.
Braun, Karl: Der Kampf zwischen der Selbsthilfe und dem Staatssozialismus, in: *Vierteljahresschrift für Volkswirtschaft und Kulturgeschichte*, 20, 1883, S. 145 ff.
Brenner, Peter J.: Schillers politischer Nachruhm, in: Bernd Rill (Hrsg.): Zum Schillerjahr 2009, München 2009 (Hanns-Seidel-Stiftung).
Brentano, Lujo: Die Arbeiterversicherung gemäß der heutigen Wirtschaftsordnung, Leipzig 1879.
Brentano, Lujo: Artikel »Gewerkvereine«, im Handwörterbuch der Staatswissenschaften, 3. Aufl., Jena 1909.
Brentano, Lujo: Das Freihandelsargument, 2. Aufl., Berlin 1910.
Brentano, Lujo: Mein Leben im Kampf um die soziale Entwicklung Deutschlands, Jena 1931.
Briefs, Goetz: Ausgewählte Schriften, hrsgg. von Streithofen, Heinrich und von Voss, Rüdiger Berlin 1980.
Brinkmann, Carl: Richard Cobden und das Manchestertum (Quellensammlung), Berlin 1924.
Brion, Marcel: Goethe, München 1982.
Brüchert, Hedwig: Geschichte von Rheinland-Pfalz, in: Künzel/Rellecke (Hrsg.), Geschichte deutscher Länder, Münster 2005, S. 279 ff. (auch zur Mainzer Republik).
Brückner, Sigrid (Hrsg.): Tangermünde. 1000 Jahre Geschichte, 2008.
Brünauer, Ulrike: Justus Möser, Berlin 1933.
Brunner, Otto: Land und Herrschaft, 5. Aufl., Wien 1965.
Bühler, Arnold: Herrschaft im Mittelalter, Stuttgart 2013 (reclam).
Bühler, Johannes: Bauern, Bürger und Hansa, Leipzig 1929.
Bühler, Otmar: Finanzgewalt im Wandel der Verfassungen, in: Festschrift für Richard Thoma zum 75. Geburtstag, Tübingen 1950, S. 1 ff.

Burckhardt, Jakob: Historische Fragmente, Basel 1942.
Burke, Edmund: Über die französische Revolution. Frankfurt 1967.
Cappis, Oscar Bernhard: Die Idee des Kleinstaates im Deutschland des 19. Jahrhunderts, Diss., Basel 1922.
Clark, Colin: Preußen. Aufstieg und Niedergang, 1660–1947, 12. Aufl., München 2008.
Conrad, Hermann: Deutsche Rechtsgeschichte, 2 Bde., Karlsruhe 1966.
Conrad, Hermann: Der deutsche Staat (843–1945), Frankfurt/M. 1960.
Conrady, Karl Otto: Goethe, 2 Bde., Frankfurt/M. 1988.
Conze, Werner: Möglichkeiten und Grenzen der liberalen Arbeiterbewegung in Deutschland. Das Beispiel Schulze- Delitzsch, Heidelberg 1965.
Creveld, Martin van: Aufstieg und Untergang des Staates, München 1999.
Croce, Benedetto: Geschichte Europas im 19. Jahrhundert, Zürich 1947.
Cunliffe, Barry: Rom und sein Weltreich, 3. Aufl., Bergisch Gladbach 1997.
Dannenbauer, Heinrich: Die Entstehung Europas, 2 Bde., Stuttgart 1959/1962.
Dannenbauer, Heinrich: Vom Werden des deutschen Volkes, Tübingen 1935.
Dantz, Antonie: Goethe und die Wirtschaft, Diss. Münster 1935.
Delbrück, Hans: Geschichte der Kriegskunst, Band 1, Hamburg 2006.
Demandt, Alexander: Es hätte auch anders kommen können. Wendepunkte der deutschen Geschichte, Berlin 2010.
Demandt, Alexander: Über die Deutschen, 2. Aufl., Berlin 2008.
Demandt, Alexander: Vandalismus.Gewalt gegen Kultur, Berlin 1997.
Demel, Walter/Schraut, Sylvia: Der deutsche Adel, München 2014.
Derks, Heidrun: Kalkriese und die Varusschlacht, 2015.
Deutsche Geschichte in Quellen und Darstellungen, 11 Bde., Stuttgart 2001 ff. (Reclam).
Deutscher Genossenschaftsverband (Hrsg.): Schultze-Delitzsch, Wiesbaden 1958.
Dibelius, Otto: England, 2 Bde., 4. Aufl., Leipzig und Berlin 1925.
Diefenbacher, Michael/Beyerstedt, Horst Dieter/ Bauernfeind, Martina: Nürnberg. Kleine Stadtgeschichte. 2. Aufl., Regensburg 2017.
Dietzel, Heinrich: Sozialpolitik und Handelspolitik, Berlin 1902.
Doering, Detmar: Die Freiheit und das Ende der Armut, in: Hoffmann, Christian/Bessard, Pierre (Hrsg.): Das Ende der Armut, Zürich 2012, S. 45 ff.
Doering, Detmar: Liberalismus – ein Versuch über die Freiheit, St. Augustin 1993.
Doering, Detmar: Mythos Manchestertum, St. Augustin 2004.
Doering, Detmar: Traktat über die Freiheit, München 2009.
Dollinger, Philippe: Die Hanse, 3. Aufl., Stuttgart 1981.
Dorn, Thea/Wagner, Richard: Die deutsche Seele, München 2011.

Dörrbecker, Alexander: Geschichte und Freiheit. Ein Lord-Acton-Brevier, Zürich 2010.

Droz, Jacques: Deutschland und die Französische Revolution, Wiesbaden 1955.

Durant, Will: Kulturgeschichte der Menschheit, Bd. 6: Das frühe Mittelalter. Frankfurt a. M./Berlin/Wien 1981.

Durant, Will: Kulturgeschichte der Menschheit, Bd. 9: Das Zeitalter der Reformation. Frankfurt a. M./Berlin/Wien 1981.

Dürr, Ernst-Wolfram: Wesen und Ziele des Ordoliberalismus, Winterthur 1954.

Eberle, Friedrich/Stamm, Theo: Die Französische Revolution in Deutschland (Quellensammlung), Stuttgart 1989 (Reclam).

Ehrenberg, Richard: Die Kathedersozialisten und die Reichsfinanzreform, Berlin 1909.

Ehrenberg, Richard: Terrorismus und Wirtschaftswissenschaft, Berlin 1910.

Einhard: Vita Caroli Magni/Das Leben Karls des Großen, Stuttgart 1986 (Reclam).

Eisermann, Gottfried: Max Weber und die Nationalökonomie, Marburg 1993.

Eisold, Norbert/Lautsch, Edeltraud: Sachsen-Anhalt, Ostfildern, 2012.

Elias, Norbert: Studien über die Deutschen, 1992.

Elias, Norbert: Über den Prozeß der Zivilisation, 2 Bde., Frankfurt 1976.

Engehausen, Frank: Die Revolution von 1848/49, Paderborn 2007.

Engehausen, Frank: Kleine Geschichte der Revolution in Baden, Karlsruhe 2010.

Engel, Evamaria: Die deutsche Stadt des Mittelalters, München 1993.

Engel, Eduard: Goethe, Berlin 1909.

Engel, Hans Ulrich (Hrsg.): Deutsche unterwegs. Von der mittelalterlichen Ostsiedlung bis zur Vertreibung im 20. Jahrhundert. München/Wien 1983.

Erbe, Walter: Freiheit als Beruf und Berufung, in: Peter Julius (Hrsg.) Was heißt heute liberal?, Gerlingen 1978, S. 63 ff.

Erhard, Ludwig: Deutsche Wirtschaftspolitik, Düsseldorf 1962.

Erhard, Ludwig: Wohlstand für alle, Ausgabe Düsseldorf 1990.

Erler, Adalbert: Kirchenrecht, 3. Aufl., München/Berlin 1965.

Eucken, Walter: Unser Zeitalter der Mißerfolge, Tübingen 1951.

Eucken, Walter: Grundsätze der Wirtschaftspolitik, 4. Aufl., Tübingen/Zürich 1968.

Falter, Gustav: Staatsideale unserer Klassiker, Leipzig 1911.

Faust, Helmut: Die Genossenschaftsbewegung, Frankfurt a. M., 1965.

Felkel, Alain: Aufstand. Die Deutschen als rebellisches Volk, Bergisch-Gladbach 2009.

Fenske, Hans: Auf dem Weg zur Demokratie. Das Streben nach deutscher Einheit 1792–1871, Reinbek 2018.

Fenske, Hans: Der deutsche Liberalismus. Ideenwelt und Politik von den Anfängen bis zur Gegenwart, Reinbek 2019.
Fest, Joachim: Staatsstreich. Der lange Weg zum 20. Juli, Berlin 1994.
Fischer, Wolfram/Bajohr, Georg (Hrsg.): Die soziale Frage, Stuttgart 1967.
Fischer, Wolfram: Armut in der Geschichte, Göttingen 1982.
Fischer-Fabian, Siegfried.: Die ersten Deutschen, Bergisch-Gladbach, 2003.
Fischer-Fabian, Sigfried: Karl der Große, Wien 2004.
Flaig, Egon: Weltgeschichte der Sklaverei, 2. Aufl., München 2011.
Forsthoff, Ernst: Deutsche Verfassungsgeschichte der Neuzeit, Stuttgart 1961.
Franklin, Benjamin: Nachgelassene Schriften und Korrespondenz, Bd. 5, Weimar 1819.
Franz, Günther: Der deutsche Bauernkrieg, 11. Aufl., Darmstadt 1977.
Franz Günther: Der Dreißigjährige Krieg und das deutsche Volk, Stuttgart 1961.
Franz, Günther: Die Geschichte des Bauernstandes, Stuttgart 1970.
Frenkel, Max: Föderalismus, 2 Bde., Bern 1986.
Freund, Michael: Deutsche Geschichte, München 1981.
Frey, Bruno S.: Ein neuer Föderalismus für Europa. Die Idee des FOCJ. Tübingen 1977.
Fuhrmann, Horst: Überall ist Mittelalter, München 2002.
Furtwängler, Franz Josef: Die Gewerkschaften, Hamburg 1956.
Gasser, Adolf: Geschichte der Volksfreiheit und der Demokratie, 2. Aufl. 1949.
Gasser, Adolf: Gemeindefreiheit als Rettung Europas, 2. Aufl., Basel 1947.
Gause, Fritz: Mittelalterliche deutsche Ostsiedlung (Quellensammlung), Stuttgart 1968.
Gaxotte, Pierre: Geschichte Deutschlands und der Deutschen, 2 Bde., Freiburg 1965.
Gehrig, Hans: Die Begründung des Prinzips der Sozialreform, Jena 1914.
Gehrlein, Thomas: Das Haus Reuss, Werl 2015.
Geo Epoche: Die Germanen, Nr. 34, Hamburg 2008.
Geo Epoche: Die Völkerwanderung, Nr. 76, Hamburg 2013.
Geo Epoche: Die Hanse, Nr. 82, Hamburg 2017.
Geramb, Viktor von: Wilhelm Heinrich Riehl, Salzburg 1954.
Gerken, Lüdger: Der Wettbewerb der Staaten, Tübingen 1999.
Gerken, Lüdger: Walter Eucken und sein Werk, Tübingen 2000.
Gervinus, Georg Gottfried: Einleitung in die Geschichte des 19. Jahrhunderts, Leipzig 1853.
Gierke, Otto von: Das deutsche Genossenschaftsrecht, Bd. 1, Berlin 1868.
Gierke, Julius von/Gierke, Otto von: Die erste Reform des Freiherrn vom Stein. Die Steinsche Städteordnung (zwei Reden), Darmstadt 1957.

Goetz, Hans-Werner/Kalwei, Karl-Wilhelm (Hrsg): Altes Germanien, 2 Bde. (Quellentexte), Darmstadt 1995.

Goldschmidt, Karl: Die deutschen Gewerkvereine (Hirsch-Duncker), Berlin 1907.

Görlitz, Walter: Geschichte des deutschen Generalstabs, Augsburg 1997.

Görlitz, Walter: Die Junker, Limburg/Lahn 1964.

Gotthardt, Axel: Das Alte Reich 1495–1806, 3. Aufl., Darmstadt 2006.

Graichen, Gisela/Hammel-Kiesow, Rolf: Die deutsche Hanse, Reinbek bei Hamburg 2011.

Grambow, Ludolf: Die deutsche Freihandelspartei zur Zeit ihrer Blüte, Jena 1903.

Graßmann, Antjekathrin (Hrsg.): Lübeckische Geschichte, 2. Aufl., Lübeck 1989.

Graul, Hugo: Das Eindringen der Smithschen Nationalökonomie in Deutschland, Diss. Halle 1928.

Gregorovius, Ferdinand: Geschichte der Stadt Rom im Mittelalter, B.I, 1, Darmstadt 1978.

Greulich, Wolfgang: Recht und Staat in Schillers Werken, Diss. Köln 1962.

Grönbech, Wilhelm: Goethe, Stuttgart 1949.

Grönbech, Wilhelm: Kultur und Religion der Germanen, Darmstadt 1997.

Groten, Manfred: Die deutsche Stadt im Mittelalter, Stuttgart 2013 (Reclam).

Habermann, Gerd: Der Wohlfahrtsstaat. Ende einer Illusion, 3. Aufl., München 2013.

Habermann, Gerd: Der bürgernahe Staat, in: Orientierungen zur Wirtschafts- und Gesellschaftspolitik der Ludwig-Erhard-Stiftung, 56, 1993, S. 2 ff.

Habermann, Gerd (Hrsg.): Das Maß des Menschlichen. Ein Wilhelm-Röpke-Brevier, 2. Aufl., Bern 2005.

Habermann, Gerd: Die deutsche Handwerksordnung als Relikt der Gewerbebindung, Ordo, 41, 1990, S. 173 ff.

Habermann, Gerd: Freiheit oder Knechtschaft? Ein Handlexikon für liberale Streiter, München 2011.

Habermann, Gerd: Eidgenossenschaft, du hast es besser, in: Hirt, Walter/Nef, Robert/Ritter, Richard C.: EigenStändig. Die Schweiz- ein Sonderfall, Zürich 2002, S. 212 ff.

Habermann, Gerd: Wir Liberalen und die Philosophie Friedrich Nietzsches, in: mut. Forum für Kultur, Politik und Geschichte, Nr. 517, 2010, S. 76 ff.

Habermann, Gerd: Der Untergang des Römischen Reiches. Ein historisches Lehrstück zum Thema Freiheit und Bürokratie, in: Baader, Roland (Hrsg.): Die Enkel des Perikles. Liberale Positionen zu Sozialstaat und Gesellschaft, Gräfelfing 1995, S. 21 ff.

Habermann, Gerd (Hrsg.): Philosophie der Freiheit. Ein Friedrich-August von Hayek-Brevier, 6. Aufl. Zürich 2019.

Haffner, Sebastian: Preußen ohne Legende, 4. Aufl., Hamburg 1998.
Hahn, Roland: Wilhelm Röpke, St. Augustin, 1997.
Hahnemann, Ulrich: Das Haus Schwarzburg. 1249 Jahre eines thüringischen Adelsgeschlechts, 2. Aufl., Werl 2014.
Haller, Johannes/Dannenbauer, Heinrich: Der Eintritt der Germanen in die deutsche Geschichte, 1957.
Hamann, Brigitte: Hitlers Wien, 5. Aufl., München 2002.
Hammel-Kiesow, Rolf/Puhle, Matthias/ Wittenburg, Siegfried: Die Hanse, Darmstadt 2015.
Hampe, Karl: Der Zug nach dem Osten, Berlin 1921.
Hampe, Karl: Herrschergestalten des deutschen Mittelalters, Darmstadt 1967.
Hans Adam II. Fürst von Liechtenstein: Der Staat im dritten Jahrtausend, Liechtenstein 2010.
Hansabund: Freiheit der Wirtschaft, Denkschrift, November 1928.
Hartung, Fritz: Deutsche Verfassungsgeschichte, 8. Aufl., Stuttgart 1950.
Hartung, Fritz: Das Großherzogtum Sachsen-Weimar unter der Regierung Carl-Augusts, Weimar 1923.
Hartung, Fritz: Goethe als Staatsmann, in: Volk und Staat in der deutschen Geschichte, Leipzig 1940, S. 165 ff.
Hasbach, Wilhelm: Die allgemeinen philosophischen Grundlagen der von Francois Quesnay und Adam Smith begründeten politischen Ökonomie, Berlin 1891 (Nachdruck 2009).
Hasbach, Wilhelm: Die moderne Demokratie, 1912/2006.
Hasenfratz, Hans Peter: Die Germanen, Erftstadt 1992.
Hauptmeyer, Carl-Hans: Souveränität, Partizipation und absolutistischer Kleinstaat (Schaumburg Lippe), Hildesheim 1980.
Hayek, Friedrich August von: Die Verfassung der Freiheit, 5. Aufl., Tübingen 2005.
Hayek, Friedrich August von: Liberalismus, Tübingen 1979.
Hayek, Friedrich August von: Der Weg zur Knechtschaft, 4. Aufl., Tübingen 2004.
Hayek, Friedrich August von: Recht, Gesetz und Freiheit, Tübingen 2003.
Heffter, Heinrich: Die deutsche Selbstverwaltung im 19. Jahrhundert, 2. Aufl., Stuttgart 1969.
Hein, Dieter: Die Revolution von 1848/49, München 2007.
Heiniger, Yvonne/Straubhaar, Thomas/Rentsch, Hans/Flückiger, Stefan/Held, Thomas: Ökonomik der Reform: Wege zu mehr Wachstum in Deutschland, Zürich 2004.
Heinse, Jens: Johann Gottfried Herder, 2. Aufl., Hamburg 2006.
Hellpach, Willy: Der deutsche Charakter, Bonn 1954.

Hennecke, Hans Jörg: Friedrich August von Hayek. Die Tradition der Freiheit. Düsseldorf 2000.

Hennecke, Hans Jörg: Wilhelm Röpke. Ein Leben in der Brandung. Stuttgart 2005.

Hennecke, Hans Jörg: Nachwort zu W. H. Riehl: Land und Leute, Ausgabe Waltrop/Leipzig 2010.

Hentschel, Volker: Die deutschen Freihändler und der volkswirtschaftliche Kongreß, Stuttgart 1975.

Hentschel, Volker: Geschichte der deutschen Sozialpolitik 1880–1980, Frankfurt a. M. 1983.

Herder, Johann Gottfried: Werke in zwei Bänden, hrsgg. von Karl-Gustav Herold, Sonderausgabe 1982.

Herder, Johann Gottfried: Mensch und Welt (Auswahl), hrsgg. von Erich Ruprecht, Jena 1942.

Herder, Johann Gottfried: Mensch und Geschichte (Auswahl), hrsgg. von Willi Koch, Stuttgart 1957.

Herkner, Heinrich: Der Verein für Sozialpolitik in Vergangenheit, Gegenwart und Zukunft, in: Verein für Sozialpolitik, Schriften, Bd. 163, 1922, S. 83 ff.

Herkner, Heinrich: Unbestrittene und bestrittene Sozialpolitik, in: Schmollers Jahrbuch, 48, 1924, S. 102 ff.

Herwig, Wolfram: Die Germanen, 9. Aufl., München 2009.

Heuss, Alfred: Theodor Mommsen und das 19. Jahrhundert, Kiel 1956.

Heuss, Theodor: Schulze-Delitzsch, Tübingen 1956.

Heussi, Karl: Kompendium der Kirchengeschichte, Tübingen 1956.

Hildebrand, Bruno: Die Nationalökonomie der Gegenwart und Zukunft, Jena 1922.

Hilgers, Werner: Deutsche Frühzeit, Frankfurt a. M./Berlin/Wien 1976.

Hintze, Otto: Die Hohenzollern und ihr Werk, Berlin 1916.

Hintze, Otto: Feudalismus-Kapitalismus, hrsgg. von Gerhard Oestreich, Göttingen 1970.

Hintze, Otto: Gesammelte Abhandlungen zur Staats-, Rechts- und Wirtschaftsgeschichte Preußens, 2. Aufl., Göttingen 1967.

Hintze, Otto: Geist und Epochen der preußischen Geschichte, Leipzig 1943.

Hintze, Otto: Staat und Verfassung, Göttingen 1962.

Hirsch, Erhard: Dessau- Wörlitz. Aufklärung und Frühklassik, Halle/Saale 2006.

Hirsch, Max: Die Arbeiterfrage und die deutschen Gewerkvereine, Leipzig 1893.

Hirsch, Max: Die gegenseitigen Hilfskassen und die Gesetzgebung, Berlin 1875.

Hirt, Walter/Nef, Robert/Ritter, Richard C. (Hrsg.): EigenStändig. Die Schweiz – ein Sonderfall, Zürich 2002.

Hoffmann, Peter: Widerstand Staatsstreich Attentat. Der Kampf der Opposition gegen Hitler, München 1974.

Högner, Wilhelm: Flucht vor Hitler. Frankfurt a. M., 1977.

Hohmann, Karl (Hrsg.): Ludwig Erhard: Gedanken aus fünf Jahrzehnten, Düsseldorf/Wien/New York 1988.

Holmes, Stephen: Die Anatomie des Antiliberalismus, 1995.

Hölzle, Erwin: Justus Möser über Staat und Freiheit, in: Aus Politik und Geschichte, Gedächtnisschrift für Georg von Below, Berlin 1928, S. 167 ff.

Hölzle, Erwin: Bruch und Kontinuität im Werden der deutschen modernen Freiheit, in: Das Problem der Freiheit in der deutschen und schweizerischen Geschichte, Konstanz 1955, S. 159 ff.

Hoppe, Hans Hermann: Demokratie. Der Gott, der keiner ist, Leipzig 2003.

Horneffer, Ernst: Der Sozialismus und der Todeskampf der deutschen Wirtschaft, Leipzig 1931.

Horneffer, Ernst: Frevel am Volk. Gedanken zur deutschen Sozialpolitik, 2. Aufl., Leipzig 1930.

Huber, Elias: Die deutschen Freihändler und der Nachtwächterstaat, Diss. 2020 (Manuskript).

Huch, Ricarda: Deutsche Geschichte, Gesammelte Werke, 10. Band, Gütersloh o. J.

Huch, Ricarda: Im alten Reich (Städtebilder, Auswahl), Leipzig und Zürich 1927.

Huch, Ricarda: Im alten Reich (Städtebilder, weitere Auswahl), Frankfurt/Berlin/Wien, 1980.

Huch, Ricarda: Alte und neue Götter. Die Revolution des 19. Jahrhunderts in Deutschland, Frankfurt a. M./Wien, 1998.

Huch, Ricarda: Stein, 3. Aufl., Berlin 1932.

Huch, Ricarda: In einem Gedenkbuch zu sammeln. Bilder deutscher Widerstandskämpfer, Leipzig 1997.

Hülsmann, Guido: Mises. The last Knight of Liberalism, Auburn (Alabama) 2007.

Humboldt, Wilhelm von: Ideen zu einem Versuch, die Grenzen der Wirksamkeit des Staates zu bestimmen, Stuttgart 1962.

Humboldt, Wilhelm von: Auswahl aus seinen Schriften, hrsgg. von Walter Flemmer, München 1964.

Hummler, Konrad und Schwarz, Gerhard (Hrsg.): Das Recht auf sich selbst, Zürich 2003.

Jouvenel, Bertrand de: Über die Staatsgewalt, Freiburg 1972.

Jouvenel, Bertrand de: Über Souveränität, Neuwied 1963.

Kaegi, Werner: Historische Meditationen, 2 Bde., Zürich 1941/1946.

Kaiser, Reinhold: Das römische Erbe und das Merowingerreich, München 2004.

Kämpf, Hellmut (Hrsg.): Herrschaft und Staat im Mittelalter, Darmstadt 1964.
Kampelmann, Felix: Das Haus Schaumburg-Lippe, Werl 2005.
Kant, Immanuel: Anthropologie in pragmatischer Hinsicht, 5. Aufl., Berlin 1912.
Kant, Immanuel: Von den Träumen der Vernunft. Kleine Schriften zur Kunst, Philosophie, Geschichte und Politik, Wiesbaden 1979.
Kant, Immanuel: Aussprüche und Aphorismen, Köln 2014.
Katholische Gemeinde Schöntal (Hrsg.): Ein Gang durchs Kloster Schöntal, 2. Aufl., Lauda-Königshofen, 2009.
Kawohl, Irmgard: Wilhelm von Humboldt in der Kritik des 20. Jahrhunderts, Ratingen 1969.
Kern, Fritz: Gottesgnadentum und Widerstandsrecht, Darmstadt 1954.
Kern, Fritz: Recht und Verfassung im Mittelalter, Darmstadt 1965.
Kirk, Russell: Lebendiges politisches Erbe. Freiheitliches Gedankengut von Burke bis Santayana, Erlenbach/Zürich 1959.
Kittel, Erich: Geschichte des Landes Lippe, Köln 1957.
Klein-Hattingen, Oskar: Geschichte des deutschen Liberalismus, 2 Bde., Berlin 1912.
Klotz, Heinrich: Von der Urhütte zum Wolkenkratzer. Geschichte der gebauten Umwelt, München 1991.
Knapp, Georg Friedrich: Die Bauernbefreiung und der Ursprung der Landarbeiter in den älteren Teilen Preußens, 2 Bde., Leipzig 1887.
Köbler, Gerhard: Historisches Lexikon der deutschen Länder, 7. Aufl., München 2007.
Koch, Rainer: Staat oder Gemeinde? Zu einem politischen Zielkonflikt in der bürgerlichen Bewegung des 19. Jahrhunderts, in: *Historische Zeitschrift*, 36, 1983, S. 73 ff.
Kohr, Leopold: Das Ende der Großen. Zurück zum menschlichen Maß. Salzburg und Wien 2002.
Köster, Gabriele/Link, Christina (Hrsg.): Faszination Stadt. Die Urbanisierung Mitteleuropas und das Magdeburger Recht, Ausstellungskatalog, Magdeburg 2019.
Kötzschke, Rudolf: Geschichte der ostdeutschen Kolonisation, Leipzig 1937.
Krabbe, Wolfgang R.: Die deutsche Stadt im 19. und 20. Jahrhundert, Göttingen 1989.
Krall, Markus: Die bürgerliche Revolution, 5. Aufl., Stuttgart 2020.
Krattiger, Ursa: Mündigkeit, Bern 1972.
Krieger, Leonhard: The German Idea of Freedom, Boston 1957.
Krippendorff, Ekkehart: Goethe. Politik gegen den Zeitgeist, Frankfurt a. M./Leipzig 1999.

Krockow, Christian Graf von: Die Deutschen in ihrem Jahrhundert. 1890–1990, Reinbek 1990.
Krockow, Christian Graf von: Preußen. Eine Bilanz, München 1994.
Kröger, Stefan: Osnabrück, Osnabrück 2005.
Kuehnelt-Leddin, Erik R. von: Gleichheit oder Freiheit? Tübingen 1985.
Künzel, Werner/Rellecke, Werner (Hrsg.): Geschichte der deutschen Länder, Münster 2005.
Lange, Peter: Kleinstaatlichkeit und Wirtschaftsentwicklung in Thüringen, in: John, Jürgen (Hrsg.): Kleinstaaten und Kultur in Thüringen vom 16. bis 20. Jahrhundert, Köln 1994, S. 187 ff.
Langenbeck, Wilhelm: Geschichte des deutschen Handels, Leipzig 1909.
Langewiesche, Dieter: Liberalismus in Deutschland, Frankfurt a. M., 1988.
Laufer, Heinz/Münch, Ursula: Das föderative System der Bundesrepublik Deutschland, Opladen 1998.
Laufer, Heinz/Pilz, Frank (Hrsg.): Föderalismus. Studientexte zur bundesstaatlichen Ordnung. München 1973.
Laufs, Adolf: Eduard Lasker. Ein Leben für den Rechtsstaat. Göttingen/Zürich 1984.
Leisner, Walter: Der Gleichheitsstaat, Berlin 1980.
Lengsfeld, Vera: Neustart, München 2006.
Lenk, Werner: Dokumente aus dem deutschen Bauernkrieg, Frankfurt/M., 1983.
Leube, Kurt (Hrsg.): Die österreichische Schule der Nationalökonomie, Wien 1995.
Liek, Erwin: Die Schäden der sozialen Versicherungen, München 1927.
Link, Christoph: Kirchliche Rechtsgeschichte, 3. Aufl., München 2017.
Löwenstein, Karl: Staatsrecht und Staatspraxis von Großbritannien, 2 Bde., Berlin/Heidelberg/New York 1967.
Lübbing, Hermann: Stedinger, Friesen, Dithmarscher. Freiheitskämpfe niederdeutscher Bauern. Jena 1929.
Lütge, Friedrich: Deutsche Wirtschafts- und Sozialgeschichte, 3. Aufl., Berlin 1979.
Lutter, Christina/Reinitz, Helmut (Hrsg.): Römer und Barbaren, München 1993.
MacGregor, Neil: Deutschland. Erinnerungen einer Nation, München 2015.
Maier, Hans: Das Freiheitsproblem in der deutschen Geschichte, in: Juristische Studiengesellschaft Karlsruhe, Schriftenreihe Nr. 201, 1992.
Maier, Hans: »Teutsche Libertät« und deutsche Freiheit, in: Eine Kultur oder viele? Politische Essays, Stuttgart 1995.
Maier, Reinhold: Liberalismus und Demokratie, in: Juling, Peter (Hrsg.): Was heißt heute liberal?, Gerlingen 1978, S. 48 ff.

Maisch, Andreas/Stihler, Daniel: Schwäbisch-Hall. Geschichte einer Stadt, Künzelsau 2006.
Mann, Fritz Karl: Steuerpolitische Ideale, Jena 1937.
Mann, Golo: Deutsche Geschichte des 19. und 20. Jahrhunderts, 14. Aufl. Frankfurt a. M., 1979.
March, Ulrich: Die deutsche Ostsiedlung, 2. Aufl., Bonn 1991.
March, Ulrich: Grundzüge der Militärgeschichte, Aachen 2014.
March, Ulrich: Kleine Geschichte deutscher Länder, Graz 2017.
Marquardt, Andreas/Philipp Bagus: Wir schaffen das – alleine. München, 2017.
Mayer, Georg: Die Freihandelsschule zur Zeit ihrer Blüte, Jena 1927.
Meier, Mischa/Patzold, Steffen: August 410. Ein Kampf um Rom. Stuttgart 2013.
Meier-Walser, Bernhard/ Hirscher, Gerhard (Hrsg.) Krise und Reform des Föderalismus, München 1999.
Meinecke, Friedrich: Die deutsche Katastrophe, Wiesbaden 1947.
Meinecke, Friedrich: Die Entstehung des Historismus, 2. Aufl., München 1946.
Meinecke, Friedrich: Weltbürgertum und Nationalstaat, 5. Aufl., München 1963.
Menze, Clemens: Wilhelm von Humboldt, St. Augustin 1993.
Mielke, Robert: Das deutsche Dorf, 3. Aufl., Leipzig 1920.
Mielke, Siegfried: Der Hansabund für Gewerbe, Handel und Industrie, Diss. Göttingen 1972.
Minogue, Kenneth: Die demokratische Sklavenmentalität. Waltrop und Leipzig, 2013.
Mirabeau/Mauvillon, Jakob: Von der preußischen Monarchie unter dem Großen Friedrich, 4 Bde., Braunschweig/Leipzig 1793 (Neudruck 1981).
Mirow, Jürgen: Geschichte des deutschen Volkes, Köln 1996.
Mises, Ludwig von: Die Gemeinwirtschaft. Untersuchungen über den Sozialismus, Neudruck der 2. Aufl., München 1981.
Mises, Ludwig von: Liberalismus, Jena 1927.
Mises, Ludwig von: Im Namen des Staates, Stuttgart 1978.
Mises, Ludwig von: Nationalökonomie. Theorie des Handelns und Wirtschaftens, München 1980.
Mitteis, Heinrich: Deutsche Rechtsgeschichte, 10. Aufl., München/Berlin 1966.
Mitteis, Heinrich: Der Staat des hohen Mittelalters, 7. Aufl., Weimar 1962.
Mommsen, Theodor: Was uns noch retten kann, in: Die Nation, 20, 1902, S. 163 ff.
Mommsen, Theodor: Ludwig Bamberger, in: Reden und Aufsätze, Berlin 1905, S. 468 ff.
Mommsen, Wilhelm (Hrsg.): Deutsche Parteiprogramme, München 1960.
Mommsen, Wilhelm: Die politischen Anschauungen Goethes, Stuttgart 1948.
Mommsen, Wolfgang J.: 1848. Die ungewollte Revolution, Frankfurt a. M. 1998.

Mommsen, Wolfgang J.: Max Weber und die deutsche Politik, 2. Aufl., Tübingen 1974.
Mosca, Gaetano: Die herrschende Klasse, Bern 1950.
Möser, Justus: Patriotische Phantasien, 2 Bände, Oldenburg/Berlin 1943.
Möser, Justus: Patriotische Phantasien (Auswahl), Leipzig 1986.
Möser, Justus: Patriotische Phantasien (Auswahl), Münster 2008.
Möser, Justus: Lesebuch, zusammengestellt von Martin Siemsen, Köln 2017.
Mosich, Ernst: Material zu wirtschaftspolitischen Gegenwartsfragen, Nr. 10 der Denkschriften des Hansabundes, 1932.
Müller, Rudi: Die Stellung der liberalen Parteien im Deutschen Reichstag zu den Fragen der Arbeiterversicherung und des Arbeiterschutzes bis zum Ausgang des 19. Jahrhunderts, Diss. Jena 1922.
Müller, Volker: Staatstätigkeit in den Staatstheorien des 19. Jahrhunderts, Opladen 1991.
Müller-Freienfels, Richard: Psychologie des deutschen Menschen und seiner Kultur, München 1930.
Müller-Sternberg, R.: Deutsche Ostsiedlung – eine Bilanz für Europa, 1969.
Münkler, Herfried: Die Deutschen und ihre Mythen, Berlin 2009.
Muschg, Walter: Tragische Literaturgeschichte, Zürich 2006.
Nack, Emil: Germanien, Wien/Heidelberg, 1977.
Nahrgang, Alfred: Die Aufnahme der wirtschaftspolitischen Ideen von Adam Smith in Deutschland zu Beginn des 19. Jahrhunderts, Diss., Frankfurt a. M. 1934.
Neckel Gustav: Altgermanische Kultur, Leipzig 1925.
Nef, Robert: Der Wohlfahrtstaat zerstört die Wohlfahrt und den Staat (Broschüre); Flaach 2002.
Nef, Robert: Lob des Nonzentralismus, Berlin 2001.
Nef, Robert (Hrsg.): Dichter der Freiheit. Ein Friedrich Schiller-Brevier, Thun 2006.
Nef, Robert: Kämpfer für die Freiheit. Hommage an einen bedeutenden Liberalen, hrsgg. von Ruch, Peter/Bessard, Pierre/Eisele, Daniel, Luzern 2012.
Nemo, Philippe: Was ist der Westen?, Tübingen 2005.
Nestriepke, Siegfried: Die Gewerkschaftsbewegung, 3 Bde., 3. Aufl., Stuttgart 1925.
Nissen, Nils R.: Kleine Geschichte Dithmarschens, 5. Aufl. 1995.
Nixey, Catherine: Heiliger Zorn. Wie die frühen Christen die Antike zerstörten, München 2019.
Ohler, Norbert: Krieg und Frieden im Mittelalter, München 1997.
Oncken, August: Adam Smith und Immanuel Kant, Leipzig 1877.
Oncken, Hermann: Rudolf von Bennigsen, 2 Bde., Stuttgart und Leipzig 1910.

Oppenheim, H. B.: Der Kathedersozialismus, Berlin 1872.
Oppenheimer, Franz: Der Staat, Frankfurt am Main 1907.
Ostrom, Elinor: Die Verfassung der Allmende, Tübingen 2019.
Ottmann, Henning: Geschichte des politischen Denkens, Bd. 3/2, Stuttgart 2008.
Palmer, Tom (Ed.): After the Welfare State, Atlas Foundation, 2012.
Paulus, Peer-Robin (Hrsg.): Unter freien Menschen. Ein Wilhelm von Humboldt-Brevier, Bern 2008.
Peter, Antonio: Geschichte Thüringens, in: Künzel/Rellecke, 2005, S. 385 ff.
Philippovich, Eugen von: Das Eindringen der sozialpolitischen Ideen in die Literatur, in: Die Entwicklung der Volkswirtschaftslehre im 19. Jahrhundert. Festschrift für Gustav Schmoller zum 70. Geburtstag, Leipzig 1908.
Pirenne, Henri: Stadt und Handel im Mittelalter, Köln 2009.
Planitz, Hans: Deutsche Rechtsgeschichte, Graz und Köln 1971.
Planitz, Hans: Die deutsche Stadt im Mittelalter, 5. Aufl., Wiesbaden 1997.
Plickert, Philip: Wandlungen des Neoliberalismus. Eine Studie zur Entwicklung und Ausstrahlung der Mont Pelerin Society, Stuttgart 2008.
Plumpe, Werner: Das kalte Herz. Kapitalismus. Die Geschichte einer andauernden Revolution, Berlin 2019.
Pohanka, Reinhold: Die Völkerwanderung, Wiesbaden 2008.
Pohanka, Reinhold: Die Herrscher und Gestalten des Mittelalters, Wiesbaden 2006.
Pohanka, Reinhold: Das Rittertum, Wiesbaden.
Polleit, Thorsten/von Prollius, Michael: Geldreform, Grevenbroich 2010.
Pollmann, Bernhard (Hrsg.): Lesebuch zur deutschen Geschichte, 3 Bde., Dortmund 1984.
Popper, Karl: Die offene Gesellschaft und ihre Feinde, 2 Bde., 3. Aufl., Bern/München 1973.
Preuß, Hugo: Staat, Recht und Freiheit (Aufsätze aus vierzig Jahren), Hildesheim 2006.
Prince-Smith, John: Gesammelte Schriften, Berlin 1877.
Prollius, Michael von: Die Pervertierung der Marktwirtschaft, München 2009.
Prosi, Gerhard: Die Verdrängung der Selbsthilfe durch den Staat, in: Schwarz, Gerhard (Hrsg.): Das Soziale der Marktwirtschaft, Zürich 1990, S. 49 ff.
Preußer, Norbert: Armut und Sozialstaat, 3 Bde., München 1982.
Radbruch, Gustav: Rechtsphilosophie, 6. Aufl., Stuttgart 1963.
Radkau, Joachim: Max Weber, München/Wien 2005.
Radnitzky, Gerard: Marktwirtschaft frei oder sozial? in: Radnitzky, Gerard/Bouillon, Hardy (Hrsg.): Ordnungstheorie und Ordnungspolitik, Heidelberg 1991, S. 47 ff.

Raico, Ralph: Die Partei der Freiheit, Köln 1989.
Raiffeisen, Friedrich Wilhelm: Die Darlehenskassen-Vereine, 8. Aufl., Neuwied 1966.
Reif, Heinz: Adel im 19. und 20. Jahrhundert, München 1999.
Reinecke, Albert: Geschichte der Freien Reichsherrschaft Schauen, eines der allerkleinsten Gebiete im alten deutschen Reich, Osterwieck/Harz, 1889.
Reiners, Ludwig: Friedrich, München 1980.
Reinhard, Wolfgang: Die Geschichte der Staatsgewalt. Eine vergleichende Verfassungsgeschichte Europas, 2. Aufl., München 2000.
Rentzsch, Hermann (Hrsg.): Handbuch der Volkswirtschaftslehre, Leipzig 1866.
Richter, Eugen: Die Irrtümer der Sozialdemokratie, Berlin 1890.
Richter, Eugen: Politisches ABC-Buch für freisinnige Wähler, verschiedenen Auflagen, zuletzt 7. Aufl. 1892.
Richter, Eugen: Sozialdemokratische Zukunftsbilder, Berlin 1891.
Riehl, Wilhelm Heinrich: Die Naturgeschichte des deutschen Volkes, hrsgg. von Hans Naumann, Leipzig o. J.
Ritter, Gerhard: Stein, 2 Bde., Stuttgart/Berlin 1931.
Rochau, Ludwig August von: Grundsätze der Realpolitik, Ausgabe Frankfurt a. M. 1972.
Röpke, Wilhelm: Die deutsche Frage, 3. Aufl., Erlenbach-Zürich 1948.
Röpke, Wilhelm: Civitas Humana, 4. Aufl., Bern 1979.
Röpke, Wilhelm: Jenseits von Angebot und Nachfrage, Neuauflage Düsseldorf 2009.
Rörig, Fritz: Die europäische Stadt und die Kultur des Bürgertums im Mittelalter, Göttingen 1964.
Rörig, Fritz: Ursachen und Auswirkungen des deutschen Partikularismus, Tübingen 1937.
Roscher, Wilhelm: Geschichte der Nationalökonomie in Deutschland, München 1874.
Rösener, Werner: Die Bauern im Mittelalter, München 1985.
Roßbach, Karl: Geschichte der freien Reichsdörfer Sulzbach und Soden, Seeheim 1924.
Rothe, Wolfgang: Der politische Goethe, Göttingen 1998.
Rothfels, Hans: Bismarck und der Staat. Ausgewählte Dokumente, 4. Aufl., Stuttgart 1964.
Rotteck, Carl von/ Welcker, Carl Theodor: Das Staatslexikon. Enzyklopädie der Gesamten Staatswissenschaft (RW), 12 Bde., 2. Aufl., Altona, 1845–1848.
Rougemont, Denis de: Die Schweiz. Modell Europas. Wien/München 1963.
Rovan, Joseph: Geschichte der Deutschen, München, Wien 1995.

Rudzio, Wolfgang: Das politische System der Bundesrepublik Deutschland, 10. Aufl., Wiesbaden 2019.
Rüstow, Alexander: Ortsbestimmung der Gegenwart, 3 Bde., Erlenbach-Zürich, 1950/1963.
Rüstow, Alexander: Rede und Antwort, Ludwigsburg 1963.
Safranski, Rüdiger: Goethe, München 2013.
Safranski, Rüdiger: Goethe und Schiller, 3. Aufl., Frankfurt/M. 2015.
Safranski, Rüdiger: Romantik. Eine deutsche Affäre, Frankfurt/M., 2009.
Safranski, Rüdiger: Schiller oder die Erfindung des deutschen Idealismus, 3. Aufl., München 2009.
Salz, Artur: Freiheit und Gebundenheit in der kapitalistischen Wirtschaftsordnung, in: Lederer, F. (Hrsg.), Die Grenzen der Sozialpolitik, Berlin 1929, S. 49 ff.
Salz, Artur: Macht und Wirtschaftsgesetz, Leipzig und Berlin 1930.
Sante, Georg Wilhelm/Ploetz-Verlag (Hrsg.): Geschichte der deutschen Länder (»Territorien-Ploetz«), Würzburg 1964.
Sarrazin, Thilo: Der Staat an seinen Grenzen, München 2020.
Schäfer, Dieter: Die Hanse, Bielefeld und Leipzig 1905.
Schelsky, Helmut: Der selbständige und der betreute Mensch, Stuttgart 1976.
Scherer, Martin: Der Gentleman, München 2003.
Scheuner, Ulrich: Die Auswanderungsfreiheit in Verfassungsgeschichte und Verfassungsrecht Deutschlands, in: Festschrift für Richard Thoma zum 75. Geburtstag, Tübingen 1950, S. 199 ff.
Schiller, Friedrich: Historische Schriften, Bd. IV, hrsgg. von Peter-Andre Alt, München/Wien 2004.
Schiller, Friedrich: Theoretische Schriften, 3. Teil, DTV-Gesamtausgabe, München 1966.
Schmölders, Günter: Stein und Adam Smith. Historische Forschungen und Probleme. Peter Rassow zum 70. Geburtstag, hrsgg. von Born, Karl Erich, Wiesbaden 1961, S. 235 ff.
Schmoller, Gustav: Über einige Grundfragen der Sozialpolitik und der Volkswirtschaftslehre, Leipzig 1898.
Schnabel, Franz: Deutsche Geschichte im 19. Jahrhundert, 8 Bände, Freiburg 1964.
Schoeck, Helmut: Das Recht auf Ungleichheit, 3. Aufl., Frankfurt/Berlin 1990.
Schönburg, Alexander von: Die Kunst des lässigen Anstands, München 2018.
Schöntal, Abtei: s. unter Katholische Gemeinde Schöntal.
Schroeder, Klaus: Der SED-Staat. München 2000.
Schüller, Alfred (Hrsg.): Property Rights und ökonomische Theorie, München 1983.

Schüller, Alfred/Voigt, Stefan: Von der Ordnungstheorie zur Institutionenökonomik, Stuttgart 2008.
Schulte, Aloys: Fürstentum und Einheitsstaat in der deutschen Geschichte, Berlin 1921.
Schulte, Aloys: Der deutsche Staat. Verfassung, Macht und Grenzen 1919–1914. Stuttgart/Berlin 1933.
Schultz, Uwe: Kant, Reinbek 1965.
Schulze, Hagen: Gibt es überhaupt eine deutsche Geschichte?, Berlin 1989.
Schulze-Delitzsch, Hermann: Schriften und Reden, hrsg. von F. Thorwart, Berlin 1909.
Schulze-Wegener: Deutsche Kriegsgeschichte. Von den Anfängen bis heute, Graz 2010.
Schungel, Wilfried: Alexander Tille, 1979.
Schwarz, Hans-Peter: Die Ära Adenauer. Gründerjahre der Republik. Stuttgart/Wiesbaden 1981.
Schwarz, Hans-Peter: Die neue Völkerwanderung nach Europa, München 2017.
Schwerin, Claudius Freiherr von: Freiheit und Gebundenheit im germanischen Staat, 1933.
Scruton, Roger: Von der Idee, konservativ zu sein, München 2019.
Sell, Friedrich C.: Die Tragödie des deutschen Liberalismus, Stuttgart 1953.
Selzer, Stephan: Die mittelalterliche Hanse, Darmstadt 2010.
Sheehan, James J.: Der deutsche Liberalismus 1770–1914, München 1983.
Sheehan, James J.: The Career of Lujo Brentano, Chicago 1960.
Sieber, Eduard: Die Idee des Kleinstaates bei den Denkern des 18. Jahrhunderts in Deutschland und Frankreich, Basel 1920.
Sigmann, Jean: Die Revolution von 1848 in Baden, Freiburg 1948.
Smiles, Samuel: Der Weg zu Wohlstand, Heidelberg 1889.
Smiles, Samuel: Selbsthilfe, Leipzig 1907.
Smiles, Samuelson: Der Charakter, Stuttgart 1948.
Smith, Adam: Der Wohlstand der Nationen, München 1978.
Smith, Adam: Theorie der ethischen Gefühle, Hamburg 1985.
Söllner, Fritz: System statt Chaos. Plädoyer für eine rationale Migrationspolitik, Wiesbaden 2019.
Somary, Felix: Krise und Zukunft der Demokratie, Zürich/Wien/Konstanz.
Sombart, Werner: Die deutsche Volkswirtschaft im 19. und am Anfang des 20. Jahrhunderts, 8. Aufl., Darmstadt 1954.
Souza, Philip de: Die Kriege des Altertums, Leipzig 2008.
Speler, Ralf Torsten: Der Traum vom idealen Staatswesen. Anhalt-Dessau als Symbol des aufgeklärten Absolutismus, in: Biegel/John 1993, S. 136 ff.

Spengler, Oswald: Preußentum und Sozialismus, München 1920.
Stadelmann, Rudolf: Soziale und politische Geschichte der Revolution von 1848, 2. Aufl., Darmstadt/München 1962.
Staiger, Emil: Goethe, Bd. 1, Zürich 1952.
Starbatty, Joachim: Tatort Euro, Wien/Berlin/München 2013.
Starke, Dieter: Herrschaft und Genossenschaft im Mittelalter, 2. Aufl., Stuttgart 1975 (Quellen).
Stemplinger, Eduard/Lamer , Hans: Deutschtum und Antike in ihrer Verknüpfung, Leipzig und Berlin, 1920.
Stephan, Werner: Aufstieg und Verfall des Linksliberalismus 1918–1933, Göttingen 1973.
Stirner, Max: Der Einzige und sein Eigentum, Leipzig 1844.
Stolper, Gustav/Häuser, Karl/Borchardt, Knut: Deutsche Wirtschaft seit 1870, Tübingen 1964.
Suckale, Robert: Die mittelalterlichen Stifte als Bastionen der Frauenmacht, Köln 2001.
Tacitus, Publius Cornelius: Sämtliche erhaltene Werke, Essen 2006.
Tamm, Sascha: Eigentum. Grundprinzipien und Denkanstöße, Berlin 2010.
Tettamanti, Tito: Manifest für eine liberale Gesellschaft, Zürich 1996.
Tettamanti, Tito: Schutz von der Wiege bis zur Bahre. Wie bürgerliche Werte vernichtet werden (Privatbroschüre), 2012.
Thiede, Klaus: Die Staats- und Wirtschaftsauffassung des Freiherr vom Stein, Jena 1927.
Tille, Alexander: Die Berufspolitik des Gewerbe- und Handelsstaates, 3 Bde., Berlin 1910.
Tocqueville, Alexis de: Der alte Staat und die Revolution, Reinbek 1969.
Treitschke, Heinrich von: Deutsche Geschichte im 19. Jahrhundert, 5 Bde., Leipzig 1886–1894.
Treue, Wilhelm: Adam Smith in Deutschland, in: Deutschland und Westeuropa, Festschrift für Hans Rothfels, Düsseldorf 1951, S. 101 ff.
Tümmler, Hans: Goethe in Staat und Politik, Graz 1964.
Tümmler, Hans: Goethe als Staatsmann, Göttingen 1976.
Vaubel, Roland: Zwischenstaatlicher politischer Wettbewerb, Berlin 2018.
Valentin, Veit: Geschichte der Deutschen, Köln 1979.
Valentin, Veit: Geschichte der deutschen Revolution 1848/1849, 2 Bde., Berlin 1931.
Vogel, Walter: Bismarcks Arbeiterversicherung, Braunschweig 1951.
Vogt, Claus/Leuschel, Roland: Die Wohlstandsvernichter, 2. Aufl., München 2020.
Vogtmeier, Michael: Das Arminius-Lesebuch, Rosdorf 2009.

Volckart, Oliver: Wettbewerb und Wettbewerbsbeschränkung in Politik und Wirtschaft (Deutschland im Mittelalter und früher Neuzeit), Marburg 2002.

Vorländer, Hans (Hrsg.): Verfall oder Renaissance des Liberalismus?, München 1987.

Vries de, Jan: Die geistige Welt der Germanen, Darmstadt 1964.

Waas, Adolf: Die alte deutsche Freiheit, München und Berlin 1939.

Waas, Adolf: Der Mensch im deutschen Mittelalter, Wiesbaden 1996.

Wahl, Rudolf: Karl der Große, Hamburg 1955.

Walther, Lutz (Hrsg.): Varus, Varus. Antike Texte, Stuttgart 2008 (Reclam).

Watrin, Christian: Der Weg zur Freiheit, Freiburg 1991.

Weber, Adolf: Armenwesen und Armenfürsorge, Leipzig 1907.

Weber, Adolf: Sozialpolitik, München/Leipzig 1931.

Weber, Friedrich: Geschichte der fränkischen Reichsdörfer Gochsheim und Sennfeld, Schweinfurt 1913.

Weber, Max: Wirtschaft und Gesellschaft, 2 Bde., Köln und Berlin 1964.

Weber, Max: Die sozialen Ursachen des Unterganges der antiken Kultur, in: Max Weber: Soziologie, Weltgeschichtliche Analysen, Politik. 3. Aufl., Stuttgart 1964, S. 1 ff.

Weber-Kellermann, Ingeborg: Landleben im 19. Jahrhundert, München 1987.

Weddigen, Walter: Grundfragen der Sozialversicherungsreform, Jena 1931.

Weddigen, Walter: Grundzüge der Sozialpolitik und der Wohlfahrtspflege, Stuttgart 1957.

Weede, Erich: Wirtschaft, Staat und Gesellschaft, Tübingen 1990.

Weede, Erich: Freiheit und Verantwortung. Aufstieg und Niedergang, Tübingen 2012.

Wegener, Konstanze: Theodor Barth und die Freisinnige Vereinigung, Tübingen 1968.

Wegener, Konstanze/Albertin, Lothar: Linksliberalismus in der Weimarer Republik, Düsseldorf 1980.

Wenck, Martin: Handbuch für liberale Politik, Schöneberg 1911.

Wiese, Leopold von: Gibt es noch Liberalismus?, in: Bonn, M. J. und Palyi, M. (Hrsg.: Die Wirtschaftswissenschaft nach dem Kriege. Festgabe für Lujo Brentano zum 80. Geburtstag, München und Leipzig 1925, Bd. 1, S. 13 ff.

Wiese, Leopold von: Der Liberalismus in Vergangenheit und Zukunft, Berlin 1917.

Wiese, Leopold von: Staatssozialismus, Berlin 1916.

Wikipedia: Artikel Reichsdorf.

Wild, Karl: Carl Theodor Welcker. Ein Vorkämpfer des älteren Liberalismus, Heidelberg 1913.

Willoweit, Dietmar: Deutsche Verfassungsgeschichte, München 2013.
Wilson, Peter H.: Heart of Europe. A History of the Holy Roman Empire, Cambridge, Mass. 2016.
Winkler, Heinrich August: Auf ewig in Hitlers Schatten? Anmerkungen zur deutschen Geschichte, München 2007.
Winkler, Heinrich August: Streitfragen der deutschen Geschichte, München 1997.
Winschuh, Josef: Grenzen der Sozialpolitik, Leipzig 1929.
Winter, Georg Hrsg.: Die Reorganisation des Staates unter Stein und Hardenberg, 1. Teil: Allgemeine Verwaltungs- und Behördenreform, Leipzig 1931.
Winterstein, H.: Sozialpolitik mit anderen Vorzeichen, Berlin 1969.
Wolf, Julius: System der Sozialpolitik, Stuttgart 1892.
Wolff, Emil: Grundriß der preußisch-deutschen und volkswirtschaftlichen Geschichte von 1640 bis zur Gegenwart, 3. Aufl., Berlin 1909.
Wolters, Reinhard: Die Schlacht im Teutoburger Wald, 2. Aufl., München 2009.
Wunder, Heide: Die bäuerliche Gemeinde in Deutschland, Göttingen 1986.
Wünsche, Horst Friedrich: Ludwig Erhards Gesellschafts- und Wirtschaftskonzeption. Soziale Marktwirtschaft als Politische Ökonomie, Stuttgart 1986.
Zechlin, Egmont: Staatstreichpläne Bismarcks und Wilhelms II., Stuttgart 1929.
Ziegenfuß, Werner: Die Genossenschaften, Berlin 1948.
Ziegler, Uwe: Die Hanse, Bern, München, Wien 1994.
Zimmermann, Reinhold: Staat und Wirtschaft bei Justus Möser, Jena 1933.
Zimmermann, Wilhelm: Der große deutsche Bauernkrieg, Köln 1999.
Zippelius, Reinhold: Staat und Kirche, 2. Aufl., Tübingen 2009.
Zweig, Stefan: Die Welt von gestern, 1982.
Zwing, Karl: Geschichte der freien deutschen Gewerkschaften, Jena 1926.

Personenregister

Achinger, Hans 214
Acton, Lord 17
Adolf I. von Schauenburg und Holstein 67
Adolf II. von Schaumburg und Holstein 69, 103
Ahrens, H. 192
Alarich 30
Albrecht Achilles, Kurfürst 97, 177
Albrecht Alkibiades, Markgraf 97
Alföldy, Geza 32
Alfons von Kastilien 50
Altenstein, Karl Sigmund vom Stein zum 172 f., 193
Andermann, Ulrich 126 f.
Aristoteles 139 f., 155, 167
Arminius (»Hermann«), Gaius Julius 28–30, 34 f., 40, 73, 84, 158
Arndt, Ernst Moritz 185, 188
Artus, König (Sagenheld) 25, 52
Atterdag, Waldemar, dänischer König 100

Bähr, Otto 181, 184, 212
Balcerowicz, Leszek 243
Bamberger, Ludwig 203, 218 f., 221–224, 228 f.
Barbe, Angelika 254
Bardenfleth, Bolko von 72
Bartels, Adolf 59 f.
Barth, Theodor 229
Basedow, Johann Bernhard 119
Bastiat, Frederic 198, 224
Behaim, Martin 96
Behr, Joseph Wilhelm 170
Bennigsen, Rudolf von 216, 218, 227–229
Biedermann, Karl 114
Bismarck, Otto von 15, 50, 106, 112, 115–117, 131, 135 f., 177, 179, 181 f., 203, 206, 211 f., 215–219, 221, 223, 225, 228 f., 235
Bismarck, Sybille Gräfin von 86
Blankertz, Stefan 236
Blickle, Peter 17, 60, 77
Bluntschli, Johann Caspar 190 f.
Bödecker, Erhardt 181
Böheim, Hans (Pfeifer von Niklashausen) 77
Bohley, Bärbel 254
Böhm, Franz 237, 241
Böhm-Bawerk, Eugen Ritter von 16, 238
Böhmert, Viktor 192
Bonaparte, Napoleon (Napoleon I.) Kaiser der Franzosen 15, 53 f., 65, 86, 95, 97, 106, 110, 112 f., 115–117, 121, 123, 138, 150, 152, 172, 178, 188
Borchmeyer, Dieter 22
Bouillon, Hardy 17
Braun, Karl 217, 227
Braun, Otto 182
Breitenbuch, Eberhard von 250
Brentano, Lujo von 198, 203 f., 222, 226
Briefs, Götz 205
Bruch, Max 29
Buckle, Thomas 169

Burckhardt, Jakob 129, 141
Burke, Edmund 159, 166, 171, 207

Calvin, Johannes 129, 132
Caracalla 31
Carl August, Herzog 150
Cäsar, Gaius Julius 31, 34
Cavour, Camillo Benso di 186
Cirksena, ostfriesische Adelsfamilie 73
Civilis, Gaius Julius 34 f.
Cocceji, Samuel von 181
Constant, Benjamin 110
Cranach, Lukas 96
Croce, Benedetto 17, 184, 247
Crotus Rubeanus 131
Custine, Adam-Philipp de 128

Dahlmann, Friedrich Christoph 186
Dávila, Nicolás Gómez 162
Delbrück, Hans 31
Delbrück, Rudolf von 211
Deleuze, Gilles 17
Demandt, Alexander 22
Derrida, Jacques 17
Descartes, René 127
Detmat tom Dyk 72
Dibelius, Wilhelm 172
Dietrich von Bern (Sagenheld) 52
Dietrich, Hermann 231
Dietzel, Heinrich 226
Doering, Detmar 17
Dohna, Graf 177
Douglas, Roger 243
Droysen, Gustav 15, 114, 177
Drusus, Nero Claudius, römischer Feldherr 28
Dürer, Albrecht 96
Dürr, David 236

Eckermann, Johann Peter 148, 150 f.
Ehrenberg, Richard 231
Eisner, Kurt 227
Elias, Norbert 22, 82
Elisabeth von der Pfalz 127
Engel, Eduard 113
Engel, Evamaria 92
Engels, Friedrich 15, 76, 213
Erasmus von Rotterdam 85, 130 f., 133
Erbe, Walter 230
Erdmannsdorff, Friedrich Wilhelm von 120
Erhard, Ludwig 203, 235–237, 242 f.
Erzberger, Matthias 175
Eucken, Walter 237, 241
Ewald, Heinrich 186
Eyserbeck, Johann Friedrich 120

Faucher, Julius 197, 205, 217
Fenske, Hans 230
Ferguson, Adam 166
Fest, Joachim 252
Fichte, Johann Gottlieb 115, 233
Fischer, Wolfram 213
Flavius Magnentius, römischer Kaiser 31
Flavus (Bruder des Arminius) 28 f.
Fontane, Theodor 94, 118
Forkenbeck, Max von 227
Foucault, Michel 17
Franklin, Benjamin 147, 198
Franz II., deutscher Kaiser 54, 86, 95
Franz von Sickingen 77, 84
Franz, Fürst und Herzog von Anhalt-Dessau 119–122
Franz, Günther 61, 77
Freiligrath, Ferdinand 118
Freund, Michael 17
Frey, Bruno S. 77

Freytag, Gustav 114
Friedrich I., Herzog von Württemberg 57, 95
Friedrich II. der Große, König von Preußen 40, 49, 117, 178, 180
Friedrich II., deutscher Kaiser 72, 91, 96
Friedrich Karl, Prinz von Preußen 180
Friedrich Wilhelm I., König in Preußen 178, 181
Friedrich Wilhelm IV., König von Preußen 182
Fririon, Inspektor 97

Gagern, Heinrich von 171, 186
Gaismaier, Michael 78
Galba, römischer Kaiser 34
Garibaldi, Giuseppe 189
Garve, Christian 169
Gasser, Adolf 17, 72, 74, 137, 174 f.
Gaxotte, Pierre 17, 38, 109, 178
Geibel, Emanuel 106
Georg von Frundsberg 84 f.
Gerhard II., Erzbischof von Bremen 72
Gersdorff, Rudolf-Christoph Freiherr von 250
Gervinus, Georg Gottfried 186, 190
Geyer, Florian 77, 84
Gneist, Rudolf von 174, 181
Goerdeler, Carl Friedrich 251
Goethe, Johann Wolfgang von 15 f., 29, 77, 81, 85, 106, 111–115, 119–121, 131, 139, 143, 145–147, 149–152, 158 f., 162, 192, 234 f., 251
Götz von Berlichingen 77, 81, 84 f., 97, 149, 159
Goltz, Reinhild von der 128
Gotthardt, Axel 138
Grabbe, Christian Dietrich 29, 118
Graf, Willi 251
Graichen, Gisela 103
Grambow, Ludolf 195
Gregor IX., Papst 72
Gregorovius, Ferdinand 33
Grete Minde (Tangermünde) 94
Grimm, Jacob 186
Grimm, Wilhelm 87, 186
Grimmelshausen, Hans Jakob Christoffel 132
Grote, Otto 122 f.
Gundobad, burgundischer König 31
Gustav Adolf, König von Schweden 65, 178
Gütschow, Anton Diedrich 105

Haffner, Sebastian 182
Haller, Karl Ludwig von 141, 148
Hamann, Brigitte 207
Hans Adam II., Fürst von Liechtenstein 142
Hardenberg, Karl August Fürst von 86, 169 f., 172 f., 176, 180 f., 211, 229
Hartz, Gustav 235
Hasbach, Wilhelm 183
Hayek, Friedrich August von 16 f., 19, 109, 111, 139 f., 143, 158 f., 166, 180, 183, 192, 196 f., 208, 210, 218, 221, 224, 229, 234, 237–240, 250
Hecker, Friedrich 189
Hecker, Gustav 114
Heeren, Arnold Hermann Ludwig 141
Heffter, Heinrich 170, 174, 185
Hegel, Friedrich Wilhelm 15, 33, 115, 156, 219
Heinrich der Löwe 48, 67, 69, 103
Heinrich I. (der »Vogler«) 67, 126

Heinrich II., Graf von Büdingen 124
Heinrich III., deutscher Kaiser 45
Heinrich IV., Herzog von Schlesien 45–47, 57, 66, 69
Heinrich VI., deutscher Kaiser 21, 48
Heinrich VII., deutscher Kaiser 49
Heinrich von Sachsen-Römhild 112
Heinrich XXII. (Reuß) 115
Hellpach, Willy 22
Helmold von Bosau 69
Henlein, Peter 96
Henneberg, Berthold von 52
Herder, Johann Gottfried 16, 33, 114 f., 118, 151, 154, 162–166, 184
Herkner, Heinrich 234
Herwegh, Georg 189
Hettner, Hermann 162
Heuss, Theodor 229
Heussi, Karl 131
Hildebrand, Bruno 213
Hintze, Otto 180
Hipler, Wendel 78
Hirsch, Max 204 f.
Hitler, Adolf 15, 86, 152, 182, 229, 239, 250–252
Hoffmann von Fallersleben, August Heinrich 114
Hoffmann, Peter 250
Hölderlin, Friedrich 29, 155 f., 213
Homer 82
Honecker, Erich 254
Horneffer, Ernst 235
Huber, Kurt 251
Huber, Viktor Aimee 198
Huch, Ricarda 33, 92, 129 f., 170, 178, 186, 250 f.
Hufeland, Christoph Wilhelm 170
Hülsmann, Guido 197
Humboldt, Alexander von 79, 115, 215
Humboldt, Wilhelm von 15 f., 115, 144–146, 151 f., 166, 169, 179, 196, 199, 211
Hume, David 167
Hutten, Ulrich von 29, 77, 83 f., 171

Innozenz III., Papst 49
Isebrand, Wulf 73

Jahn, Friedrich Ludwig 185
Jaspers, Karl 168
Johann, Erzherzog 186
Johann I., dänischer König 73
Johann XI., Papst 45
Johnson, Ben 199
Joseph II., deutscher Kaiser 163, 178
Jost Fritz 77
Jouvenel, Bertrand de 17, 19, 23
Jünger, Ernst 229, 250

Kaegi, Werner 142
Kaehler, Erich von 22
Kant, Immanuel 15 f., 152, 155, 166–170, 179, 181, 191, 233, 249
Karl der Große 40 f., 59, 158
Karl Eugen, Herzog von Württemberg 182
Karl Friedrich von Baden, Großherzog 110
Karl IV., deutscher Kaiser 50, 94
Karl V., deutscher Kaiser 85, 129
Karl XII., schwedischer König 178
Katharina II. die Große, Kaiserin von Russland 178
Keller, Gottfried 147
Kern, Fritz 24
Klatt, Hartmut 138
Klein-Hattingen, Oskar 228
Kleist, Ewald-Heinrich von 250

Kleist, Heinrich von 29
Klopstock, Friedrich Gottlieb 29
Klotz, Heinrich 125
Knebel, Karl Ludwig von 151
Kohr, Leopold 142
Konrad von Marburg 91
Kraft, Adam 96
Krattiger, Ursa 192
Kraus, Christian Jakob 169
Krenz, Egon 254

Lamer, Heinrich 13
Lampe, Adolf 251
Lange, Peter 110
Lasker, Eduard 215, 227–229
Leibniz, Gottfried Wilhelm 164
Lengsfeld, Vera 254
Leopold III., Friedrich Franz von Dessau 119
Lette, Wilhelm Adolf 205
Liek, Erwin 235
Lohmann, Theodor 221
Löns Hermann 116
Lorenz, Konrad 166
Luden, Heinrich 147
Ludwig I., König von Bayern 35
Lueder 170
Lützow, Ludwig Adolf von 120
Luther, Martin 16, 77, 79, 84, 108, 127, 129–133, 249

MacGregor, Neil 22
Maier, Hans 17
Maier, Reinhold 230
Makowiczka, Franz 195
Mann, Fritz Karl 197
Mann, Golo 188
Mann, Heinrich 106
Mann, Thomas 15, 106, 250
Manteuffel, Edwin von 177
Marbod 30
March, Ulrich 72
Maria von Burgund 52
Marwitz, Ernst Ludwig von der 86
Marwitz, Johann Friedrich Adolf von der 180
Marx, Karl 15, 212, 238, 245
Masaryk, Tomáš 186
Mathy, Karl 195
Maximilian, deutscher Kaiser 52, 84 f., 96
Melanchthon, Philipp 130 f.
Metternich, Klemens Wenzel von 185
Meyer, Markus 105
Michaelis, Otto 197, 205
Michels, Gödeke 101
Mielke, Erich 254
Miquel, Johannes von 216, 218, 227 f., 230
Mirabeau, Comte de 140, 179
Mirow, Jürgen 17, 20, 22, 61
Mises, Ludwig von 16, 197, 202, 219, 233-235, 237–240, 250
Mitteis, Heinrich 49
Möser, Justus 29, 113, 139f., 149, 157–162, 165, 207 f.
Mohl, Robert von 108
Moltke, Helmuth James Graf von 251
Mommsen, Theodor 228
Montesquieu, Charles de Secondat Baron de 33, 138, 155, 160, 171
Mosca, Gaetano 247
Motz, Friedrich von 211
Müller, Johannes von 140, 148 f.
Müller-Freienfels, Richard 22
Münkler, Herfried 16, 22
Müntzer, Thomas 78

Murhard, Friedrich Wilhelm August 184
Murray, Douglas 17
Muschg, Walter 92
Mylius, Ferdinand Heinrich von 95, 192
Naumann, Friedrich 227, 231
Nef, Robert 17, 74 f., 197
Nicolaus von Cusa 51
Nietzsche, Friedrich 16, 118, 145, 157, 162
Novalis 115

Oldendorp, Johann 105
Oncken, August 167
Oppenheim, Bernhard 217
Oppenheimer, Franz 163, 236
Otho, römischer Kaiser 34

Papen, Franz von 182
Papke, Gerhard 17
Pappenheim, Gottfried Heinrich zu 91
Paternostermaker, Hinrich 104
Paul, Jean 115
Pauline, Regentin des Fürstentums Lippe 116 f.
Paulus, Peer Robin 17
Peter der Große 178
Petillius Cerialis 34
Pfizer, Paul 190, 208
Piccolomini, Äneas Silvius 92
Pirckheimer, Willibald 83, 96, 131
Platte, Hans 118
Popper, Karl R. 140
Preuß, Hugo 232
Prince-Smith, John 205, 217

Radbruch, Gustav 149
Radnitzky, Gerard 75
Raico, Ralph 216
Raiffeisen, Friedrich Wilhelm 200
Ranke, Leopold von 76
Raspe, Heinrich 50
Reagan, Ronald 246
Reichensperger, Peter 229
Rentzsch, Hermann 190, 192, 194, 196
Repgow, Eike von 60, 143
Reuter, Fritz 108, 114
Rhenanus, Beatus 131
Richter, Eugen 215–217, 219, 224–228
Rickert, Heinrich 227
Riehl, Wilhelm Heinrich 162, 196, 207–210, 214
Riehm, Andreas R. 122
Riemenschneider, Tilman 96
Ritter, Gerhard 251
Rochau, Ludwig August von 193
Rodbertus, Karl 15
Rommel, Erwin 252
Romulus Augustulus (letzter weströmischer Kaiser) 33
Röpke, Wilhelm 16 f., 22, 79, 92, 136 f., 196, 209, 211, 214 f., 232, 237, 241 f., 246, 250
Rörig, Fritz 101
Roscher, Wilhelm 158
Roßbach, Karl 63 f.
Roswitha von Gandersheim 126, 128
Rothbard, Murray N. 25, 197, 239
Rotteck, Carl von 108, 187, 190–192, 208
Rovan, Joseph 17
Rudzio, Wolfgang 175
Rüstow, Alexander 163, 237, 242
Ruprecht von der Pfalz 50

Sachs, Hans 96
Safranski, Rüdiger 146, 149

Salimbene von Parma 49
Salz, Artur 232
Savigny, Friedrich Carl von 166
Schelling, Friedrich Wilhelm 115, 156
Schill, Ferdinand von 120
Schiller, Friedrich 15 f., 22, 91, 108, 113–115, 143, 149–157, 163, 165 f., 213
Schlegel, August Wilhelm 115
Schlegel, Friedrich 115
Schmoller, Gustav 15, 177, 203, 219, 224
Schmorell, Alexander 251
Schnabel, Franz 184
Scholl, Hans 251
Scholl, Sophie 251
Schön, Theodor von 172, 229
Schüller, Alfred 18
Schulze-Delitzsch, Hermann 198–203, 205
Schürer, Gerhard 253
Schwarz, Hans-Peter 237, 243, 246
Scruton, Roger 13
Segestes (Schwiegervater von Arminius) 29
Seibt, Ferdinand 70
Shakespeare, William 199
Sidonius Apollinaris 31
Siebenpfeifer, Philipp Jakob 185
Siegfried (Sagenheld) 25
Smiles, Samuel 198 f.
Smith, Adam 149 f., 155, 165, 167, 169–172, 210 f., 213
Soden, Friedrich Julius Graf von 170
Sombart, Werner 229
Spengler, Oswald 229
Staiger, Emil 114
Stauffenberg, Claus Schenk Graf von 86, 251
Stauffenberg, Franz von 227
Staupitz, Johann von 130
Stein, Carl Freiherr vom 86, 170–173, 176, 181, 207, 211, 229
Stirner, Max 145, 236
Storm, Theodor 249
Störtebeker, Klaus 101
Stoß, Veit 96
Struve, Gustav 189
Stülpnagel, Carl-Heinrich von 251
Suarez, Carl Gottlieb 181

Tacitus, Publius Cornelius 23, 25, 27, 29, 30, 34, 84
Tamm, Sascha 17
Thaer, Albrecht 120, 229
Thammo von Huntorp 72
Thatcher, Margaret 246
Thusnelda (Frau des Arminius) 29 f.
Tieck, Ludwig 115
Tille, Alexander 235
Tilly, Johann von 91
Tocqueville, Alexis de 181, 183, 213
Treitschke, Heinrich von 15, 54 f., 111, 113, 135, 177, 219
Tresckow, Henning von 251 f.
Truchseß von Waldburg 84

Uhland, Ludwig 188

Valentin, Veit 17, 183
Varus, Publius Quinctilius 28
Vaubel, Roland 17
Veleda (weise germanische Frau) 27, 34 f.
Velleius Paterculus 29
Vespasian 34
Virchow, Rudolf 216
Vitellius (römischer Kaiser) 34
Vries, Jan de 24, 27
Vulpius, Christiane 146

Waas, Adolf 81, 89
Wader, Johannes 185
Wagner, Adolf 15, 203
Wagner, Richard 185
Walaburga 27
Warendorp, Brun 100, 103
Wartenburg, Graf Yorck von 208
Weber, Friedrich 64, 66
Weber, Max 81, 90, 99, 227, 233 f., 238
Weber, Wilhelm Eduard 186
Weddigen, Walter 235
Wekherlin, Wilhelm Ludwig 121
Welcker, Carl Theodor 162, 190, 191 f., 208
Wenzel von Böhmen 50
Wernher von der Gaertenehre 83
Wieland, Christoph Martin 29, 57, 111, 115, 119, 151
Wiese, Leopold von 229, 334
Wilderink, Wilhelm 18
Wilhelm II., deutscher Kaiser 180, 212
Windthorst, Ludwig 215
Wirth, Johann Georg August 185
Wittenborg, Johann 100
Witzleben, Erwin von 252
Wolff, Christian 164
Wolfgang Ernst, Fürst zu Ysenburg und Büdingen 124
Wullenwever, Jürgen 105
Wurm, Polizeidirektor 97

Zachariae, Heinrich Albert 170
Zasius, Ulrich 131
Zimmermann, Wilhelm 78
Zinzendorf, Nikolaus Ludwig von 124
Zwingli, Huldrych 85, 129

FRITJOF MEYER

ist 1932 in Magdeburg geboren. Der schiere Aberwitz, was er sich als Knabe vorgenommen hatte: Eines Tages begegne ich dem Fürsten dieser Welt in seiner Moskauer Burg, dem Kreml. Tatsächlich begegnete er später dem Mann im Kreml, der nun Breschnew hieß. Dessen Nachfolger Andropow wies ihn auf der Schwelle zurück. Gorbatschow trug er auf, was er auf dem Herzen hatte. Begegnete seinem Nachfolger Jelzin und dessen Favoriten Putin. In einer Höhle bei Jenan entdeckte er das Hochzeitsbett Maos. Vom Nachfolger Hua Guofeng wurde er in der Pekinger Großen Halle des Volkes empfangen.

»Eine faszinierende Reise in die eigene Vergangenheit. SPIEGEL-Russland Experte Fritjof Meyer begibt sich unter dem Decknamen ›Karl‹ auf seine eigenen Spuren als Kreml-Astrologe. Zwischen Breschnew, Gorbatschow, Putin und Augstein.«

Stefan Aust (Herausgeber WeltN24)

Fritjof Meyer beschreibt romanhaft sein bewegtes Leben und gibt tiefe Einblicke in seine aufregende journalistische Tätigkeit als Leitender Redakteur für Ost- und Außenpolitik beim Nachrichtenmagazin DER SPIEGEL. Fast sein ganzes Leben widmete Fritjof Meyer dem politischen Journalismus, wobei ein großer Teil seiner aktiven Tätigkeit in die Jahre des »Kalten Krieges« fiel. Dabei bereiste er über 100-mal die Sowjetunion, veröffentlichte 108 Titelgeschichten, führte Interviews mit den wichtigen Ostblock-Führern und chinesischen Spitzenleuten und knüpfte engen Kontakt zu Michail Gorbatschow. Doch besser befriedigte seine Neugier die Begegnung mit den Machtlosen. Er wurde eine der Autoritäten für Europas sogenannten »Osten«.

Mit einem Vorwort von Michail Gorbatschow.